東海学園高等学校

〈収録内容〉

JN108056

便利な DL コンテンツは右の QR コードから

解答用紙　過去年度　非対応 リスニング ⇒

※データのダウンロードは 2025 年 3 月末日まで。

※データへのアクセスには、右記のパスワードの入力が必要となります。 ⇒ 591320

〈合格最低点〉

※学校からの合格最低点の発表はありません。

本書の特長

実戦力がつく入試過去問題集

- ▶ 問題 …………… 実際の入試問題を見やすく再編集。
- ▶ 解答用紙 …… 実戦対応仕様で収録。
- ▶ 解答解説 …… 詳しくわかりやすい解説には、難易度の目安がわかる「基本・重要・やや難」の分類マークつき（下記参照）。各科末尾には合格へと導く「ワンポイントアドバイス」を配置。採点に便利な配点つき。

入試に役立つ分類マーク

基本 確実な得点源！
受験生の90%以上が正解できるような基礎的、かつ平易な問題。
何度もくり返して学習し、ケアレスミスも防げるようにしておこう。

重要 受験生なら何としても正解したい！
入試では典型的な問題で、長年にわたり、多くの学校でよく出題される問題。
各単元の内容理解を深めるのにも役立てよう。

やや難 これが解ければ合格に近づく！
受験生にとっては、かなり手ごたえのある問題。
合格者の正解率が低い場合もあるので、あきらめずにじっくりと取り組んでみよう。

合格への対策、実力錬成のための内容が充実

- ▶ 各科目の出題傾向の分析、合否を分けた問題の確認で、入試対策を強化！
- ▶ その他、学校紹介、過去問の効果的な使い方など、学習意欲を高める要素が満載！

解答用紙ダウンロード 解答用紙はプリントアウトしてご利用いただけます。弊社ＨＰの商品詳細ページよりダウンロードしてください。トビラのＱＲコードからアクセス可。

UD FONT 見やすく読みまちがえにくいユニバーサルデザインフォントを採用しています。

東海学園高等学校

▶ 交通　地下鉄鶴舞線「原」駅下車，徒歩12分
市バス「平針新屋敷」「平針南住宅」下車，徒歩３分
名鉄バス「天白消防署前」下車，徒歩12分

〒468-0014　名古屋市天白区中平2-901
☎052-801-6222
https://tokaigakuen.ed.jp/

沿　革

明治21年、浄土宗の僧侶養成機関として、東京に本校が置かれ、全国８か所に支校が置かれました。その支校のひとつであった東海学園は一世紀余を経た現在、東海中学校、東海高等学校、東海学園高等学校、そして東海学園大学と、時代の流れを捉えながら総合学園へと発展してきました。

本校は昭和37年に女子高校として開校し、平成12年に男女共学化され東海学園高等学校と名称を変えました。開校以来、建学の精神に基づく教育目標を具体化したものとして三綱領を掲げ、仏教に基づいた宗教的情操を養い、優れた人格の形成を目指しています。

〔三綱領〕

一、知性高く　愛情深く　信念ある人となりましょう。

一、勤倹誠実の校風を尊重してよい個性を養いましょう。

一、平和日本の有要な社会人となりましょう。

建学の精神

共生(ともいき)

自分・他者・社会・自然というすべてが共に生き、共に生かされていることを自覚する中で、過去から受け継いだ尊い自分の存在に感謝の念をもちながら、同じく尊い他者への深い慈悲をたくわえた生き方を追求する「共生(ともいき)」の精神のもと、生きる力・人間教育に重点をおき、しなやかな知性と豊かな感性をそなえた人間の育成に努めています。

教育課程

＜東海学園高校での学び＞

高等学校は大学などの高等教育に向けた準備

玄関の壁画「邂逅」

をする役割を担っており、中学校までと異なって生徒の個性や希望にあわせて学びを深めるべきものと考えています。このため、第1学年は入学者全員が同じ環境で様々な活動を行うこととし、将来に様々な可能性を持つ皆さんが、自らの進む道をゆっくり見定めそれに応じた学びを進めてゆく準備期間として位置づけます。そして、それぞれの希望と学習成果に応じて、第２学年のクラスを編成します。

第２・３学年は文理分けにあわせて特別進学クラスを編成し、特に高い目標を定めた生徒の皆さんに向けて成果が上がる環境を提供し、入試の多様化に対応したきめ細やかな指導で進路実現を目指します。

なお、東海学園大学へは、高大連携ガイダンスを実施した上で、審査により内部推薦試験の受験資格が与えられることもあり、毎年多くの生徒が進学しています。

部活動

●体育系　バレーボール部　テニス部　なぎなた部　サッカー部　バスケットボール部　水泳同好会

●文化系　演劇部　合唱部　華道部　茶道部　書道部　写真部　放送部　弁論部　美術部　文芸部　漫画研究部　家庭科部　メカトロ部　吹奏楽部　ボランティア部　ESS同好会　ダンス同好会　軽音楽同好会　MCS同好会　クイズ同好会

礼拝堂

年間行事

４月／降誕会
５月／遠足（１年），レクリエーション大会（２・３年），ウエサカ祭
６月／祖山参拝（１年）
８月／海外語学研修
９月／体育祭・文化祭
10月／芸術鑑賞（1・2年），歌舞伎鑑賞（３年）
11月／創立記念日
12月／二灯式（３年）
１月／明照祭
２月／修学旅行（２年），３年生を送る会
３月／卒業式

進路状況

●主な進学先（過去３年間）

北海道大，筑波大，お茶の水女子大，東京外大，愛知教育大，愛知県立大，静岡大，早稲田大，上智大，青山学院大，立教大，中央大，法政大，関西学院大，同志社大，立命館大，愛知大，中京大，南山大，名城大，愛知学院大，愛知工業大，愛知淑徳大，金城学院大，椙山女学園大，大同大，中部大，名古屋外大，名古屋学芸大，日本福祉大，名古屋学院大，名古屋女子大，愛知県立総合看護専門学校，東海学園大学（Ｒ５年度実績149名合格）

◎2024年度入試状況◎

学　科	普　通
募　集　数	400
応 募 者 数	1347
受 験 者 数	非公表
合 格 者 数	非公表

過去問の効果的な使い方

①　**はじめに**　入学試験対策に的を絞った学習をする場合に効果的に活用したいのが「過去問」です。なぜならば，志望校別の出題傾向や出題構成，出題数などを知ることによって学習計画が立てやすくなるからです。入学試験に合格するという目的を達成するためには，各教科ともに「何を」「いつまでに」やるかを決めて計画的に学習することが必要です。目標を定めて効率よく学習を進めるために過去問を大いに活用してください。また，塾に通われていたり，家庭教師のもとで学習されていたりする場合は，それぞれのカリキュラムによって，どの段階で，どのように過去問を活用するのかが異なるので，その先生方の指示にしたがって「過去問」を活用してください。

②　**目的**　過去問学習の目的は，言うまでもなく，志望校に合格することです。どのような分野の問題が出題されているか，どのレベルか，出題の数は多めか，といった概要をまず把握し，それを基に学習計画を立ててください。また，近年の出題傾向を把握することによって，入学試験に対する自分なりの感触をつかむこともできます。

過去問に取り組むことで，実際の試験をイメージすることもできます。制限時間内にどの程度までできるか，今の段階でどのくらいの得点を得られるかということも確かめられます。それによって必要な学習量も見えてきますし，過去問に取り組む体験は試験当日の緊張を和らげることにも役立つでしょう。

③　**開始時期**　過去問への取り組みは，全分野の学習に目安のつく時期，つまり，9月以降に始めるのが一般的です。しかし，全体的な傾向をつかみたい場合や，学習進度が早くて，夏前におおよその学習を終えている場合には，7月，8月頃から始めてもかまいません。もちろん，受験間際に模擬テストのつもりでやってみるのもよいでしょう。ただ，どの時期に行うにせよ，取り組むときには，集中的に徹底して取り組むようにしましょう。

④　**活用法**　各年度の入試問題を全問マスターしようと思う必要はありません。できる限り多くの問題にあたって自信をつけることは必要ですが，重要なのは，志望校に合格するためには，どの問題が解けなければいけないのかを知ることです。問題を制限時間内にやってみる。解答で答え合わせをしてみる。間違えたりできなかったりしたところについては，解説をじっくり読んでみる。そうすることによって，本校の入試問題に取り組むことが今の自分にとって適当かどうかが，はっきりします。出題傾向を研究し，合否のポイントとなる重要な部分を見極めて，入学試験に必要な力を効率よく身につけてください。

数学

各都道府県の公立高校の入学試験問題は，中学数学のすべての分野から幅広く出題されます。内容的にも，基本的・典型的なものから思考力・応用力を必要とするものまでバランスよく構成されています。私立・国立高校では，中学数学のすべての分野から出題されることには変わりはありませんが，出題形式，難易度などに差があり，また，年度によっての出題分野の偏りもあります。公立高校を含め，ほとんどの学校で，前半は広い範囲からの基本的な小問群，後半はあるテーマに沿っての数問の小問を集めた大問という形での出題となっています。

まずは，単年度の問題を制限時間内にやってみてください。その後で，解答の答え合わせ，解説での研究に時間をかけて取り組んでください。前半の小問群，後半の大問の一部を合わせて50%以上の正解が得られそうなら多年度のものにも順次挑戦してみるとよいでしょう。

英語

英語の志望校対策としては，まず志望校の出題形式をしっかり把握しておくことが重要です。英語の問題は，大きく分けて，リスニング，発音・アクセント，文法，読解，英作文の5種類に分けられます。リスニング問題の有無(出題されるならば，どのような形式で出題されるか)，発音・アクセント問題の形式，文法問題の形式(語句補充，語句整序，正誤問題など)，英作文の有無(出題されるならば，和文英訳か，条件作文か，自由作文か）など，細かく具体的につかみましょう。読解問題では，物語文，エッセイ，論理的な文章，会話文などのジャンルのほかに，文章の長さも知っておきましょう。また，読解問題でも，文法を問う問題が多いか，内容を問う問題が多く出題されるか，といった傾向をおさえておくことも重要です。志望校で出題される問題の形式に慣れておけば，本番ですんなり問題に対応することができますし，読解問題で出題される文章の内容や量をつかんでおけば，読解問題対策の勉強として，どのような読解問題を多くこなせばよいかの指針になります。

最後に，英語の入試問題では，なんと言っても読解問題でどれだけ得点できるかが最大のポイントとなります。初めて見る長い文章をすらすらと読み解くのはたいへんなことですが，そのような力を身につけるには，リスニングも含めて，総合的に英語に慣れていくことが必要です。「急がば回れ」ということわざの通り，志望校対策を進める一方で，英語という言語の基本的な学習を地道に続けることも忘れないでください。

国語

国語は，出題文の種類，解答形式をまず確認しましょう。論理的な文章と文学的な文章のどちらが中心となっているか，あるいは，どちらも同じ比重で出題されているか，韻文(和歌・短歌・俳句・詩・漢詩)は出題されているか，独立問題として古文の出題はあるか，といった，文章の種類を確認し，学習の方向性を決めましょう。また，解答形式は，記号選択のみか，記述解答はどの程度あるか，記述は書き抜き程度か，要約や説明はあるか，といった点を確認し，記述力重視の傾向にある場合は，文章力に磨きをかけることを意識するとよいでしょう。さらに，知識問題はどの程度出題されているか，語句(ことわざ・慣用句など)，文法，文学史など，特に出題頻度の高い分野はないか，といったことを確認しましょう。出題頻度の高い分野については，集中的に学習することが必要です。読解問題の出題傾向については，脱語補充問題が多い，書き抜きで解答する言い換えの問題が多い，自分の言葉で説明する問題が多い，選択肢がよく練られている，といった傾向を把握したうえで，これらを意識して取り組むと解答力を高めることができます。「漢字」「語句・文法」「文学史」「現代文の読解問題」「古文」「韻文」と，出題ジャンルを分類して取り組むとよいでしょう。毎年出題されているジャンルがあるとわかった場合は，必ず正解できる力をつけられるよう意識して取り組み，得点力を高めましょう。

数学　出題傾向の分析と合格への対策

●出題傾向と内容

本年度の出題数は，大問が6題，設問数にして20題と，ほぼ例年通りであった。

1は数量分野からの基本的な計算力を確かめる5題の小問，2は数の性質，反比例，確率，多角形の内角の和，立体の相似のやはり基本的な小問が5題，3は食塩水に関する方程式の利用の問題，資料の活用の問題，4は平面図形と空間図形の計量問題，5は関数・グラフと図形の融合問題，6は方程式の利用の問題であった。

中学数学のほぼ全範囲から中学数学の大切な事柄が身についているかを問う基本的な問題や典型的な問題が大半であるが，思考力や応用力を必要とする問題も混じっていて，全体的にバランスのとれた出題といえる。

学習のポイント

教科書の徹底的な学習に力を入れよう。例題や章末問題などが完全に解けるように，しっかり復習しておくこと。

●2025年度の予想と対策

来年度も問題量に多少の差はあっても，出題形式や出題内容，レベルに大きな変化はないものと思われる。中学数学の全範囲から，基本的事項を重視した良問が，小問数にして20題前後出題されるだろう。

数・式の計算，方程式，関数，確率などは，多少の工夫が必要な形で出されても教科書レベルを超えるものはない。関数とグラフ，図形に関してのやや難しいものも，基本的な事柄から順に解いていくような形で出題されるので，やはり教科書内容の完全把握が大切である。

三平方の定理に関するものも出題されることがあるが，基本をおさえておけば十分である。

▼年度別出題内容分類表 ••••••

出題内容			2020年	2021年	2022年	2023年	2024年
数と式		数の性質	○	○	○		○
		数・式の計算	○	○	○	○	○
		因数分解		○	○		○
		平方根	○	○	○	○	○
方程式・不等式		一次方程式	○	○		○	○
		二次方程式	○	○	○	○	○
		不等式			○		
		方程式・不等式の応用	○		○	○	○
関数		一次関数	○	○	○	○	○
		二乗に比例する関数	○	○	○	○	○
		比例関数		○			○
		関数とグラフ	○	○	○	○	○
		グラフの作成					
図形	平面図形	角度	○	○	○	○	○
		合同・相似	○	○	○	○	
		三平方の定理	○				
		円の性質			○	○	
	空間図形	合同・相似				○	○
		三平方の定理					
		切断	○				
	計量	長さ			○	○	○
		面積	○	○	○		○
		体積		○		○	○
		証明					
		作図					
		動点	○				
統計		場合の数					
		確率	○		○	○	○
		統計・標本調査	○	○	○	○	○
融合問題		図形と関数・グラフ	○	○	○	○	○
		図形と確率					
		関数・グラフと確率					
		その他					
その他				○	○		

東海学園高等学校

英語 出題傾向の分析と合格への対策

●出題傾向と内容

本年度は，リスニング問題，長文読解問題，語句補充・選択，語句整序の大問にして計4題であった。

昨年までは記述式解答だったが，本年度は全問マークシート方式となり，大問数も6題から4題となっている。

長文は英問英答，内容吟味など，正確な内容理解を確認したりする設問から構成されている。

その他の文法問題では，語彙，文法，構文などの知識がさまざまな形式で出題されているが，ほぼ全て基礎的な英語力を問うものである。

リスニング問題は，対話文を聞いて最後の応答文を選ぶ問題，対話文を聞いて対話の内容に関する質問に答える問題，英文を聞いて文章の内容に関する質問に答える問題の3パターンが出題された。

学習のポイント

読解問題は，標準的な難易度のものを多く読もう。文法問題は，多様な出題形式に慣れておこう。

●2025年度の予想と対策

来年度もマークシート方式になると予想される。問題構成は本年度と大きく変化することはないであろう。

長文問題の対策には，読解問題中心の問題集を活用して，特に比較的平易な論説文を多く読み，内容吟味や代名詞の内容を問う問題を対策しておきたい。

文法問題の対策は，まず教科書レベルの重要構文を頭に入れた後，問題集を使用して頻出の書き換えパターンを練習し，さまざまな出題形式にも慣れておきたい。

リスニング問題は来年度も出題される可能性が高いので，テレビやCDなどを利用したり，教科書などの音読も普段からしておくとよい。

▼年度別出題内容分類表 ・・・・・・

	出題内容	2020年	2021年	2022年	2023年	2024年
話し方・聞き方	単語の発音					
	アクセント					
	くぎり・強勢・抑揚					
	聞き取り・書き取り	○	○	○	○	○
語い	単語・熟語・慣用句		○	○	○	
	同意語・反意語				○	
	同音異義語					
読解	英文和訳(記述・選択)					
	内容吟味	○	○	○	○	
	要旨把握	○				
	語句解釈				○	
	語句補充・選択	○	○	○	○	
	段落・文整序					
	指示語	○			○	
	会話文					
文法・作文	和文英訳					
	語句補充・選択	○	○	○	○	○
	語句整序	○	○	○	○	
	正誤問題					
	言い換え・書き換え	○	○	○		
	英問英答	○	○	○	○	
	自由・条件英作文	○	○	○		
文法事項	間接疑問文	○			○	
	進行形	○		○	○	
	助動詞	○	○		○	○
	付加疑問文					
	感嘆文					
	不定詞	○	○	○	○	○
	分詞・動名詞	○	○	○	○	○
	比較	○	○	○	○	○
	受動態	○	○		○	○
	現在完了	○	○	○	○	○
	前置詞	○	○	○	○	
	接続詞	○	○	○	○	
	関係代名詞	○			○	○

東海学園高等学校

理科　出題傾向の分析と合格への対策

●出題傾向と内容

問題数は大問が6題，小問が25題であり，試験時間は40分である。問題は標準的なレベルの問題が中心である。

出題単元は，[1]，[6]が各分野からの小問集合，[2]～[5]は，それぞれ物理・化学・生物・地学の各分野からの出題で，各分野からほぼ均等に出題されている。最後に実験に基づく結果の正誤判断の問題がある。

計算問題もあるが，公式などを正しく理解していれば解答できるレベルである。学校での学習を理解し，多くの練習問題を解くことによって学力を身につけるようにしたい。

学習のポイント

教科書の要点をしっかりと理解し，必要な事項は確実に覚えよう。

●2025年度の予想と対策

教科書を中心とした学習をまず行うこと。各分野から均等に出題されるので，苦手分野をつくらないようにし，標準的なレベルの問題は確実に解答できるように問題集などで十分学習しておこう。

過去には，生物の遺伝や気象，運動とエネルギーの分野からの出題が比較的目立った。しかし，小問集合もあり，理科全般の知識が必要である。

また，問題数が多くないので，1問当たりの配点が高く，ミスをしないようにすることが重要である。計算ミスや，答え方のミスなどがないよう細心の注意を払うようにしたい。

▼年度別出題内容分類表……

	出題内容	2020年	2021年	2022年	2023年	2024年
第一分野	物質とその変化	○	○		○	
	気体の発生とその性質	○			○	
	光と音の性質	○				
	熱と温度					
	力・圧力		○	○	○	
	化学変化と質量	○	○	○	○	○
	原子と分子	○	○			
	電流と電圧					○
	電力と熱					○
	溶液とその性質		○	○		
	電気分解とイオン		○	○		○
	酸とアルカリ・中和		○	○		
	仕事	○				○
	磁界とその変化			○		
	運動とエネルギー		○		○	
	その他				○	
第二分野	植物の種類とその生活					○
	動物の種類とその生活			○		
	植物の体のしくみ	○	○	○	○	○
	動物の体のしくみ					
	ヒトの体のしくみ		○	○		○
	生殖と遺伝	○	○			
	生物の類縁関係と進化			○	○	
	生物どうしのつながり					
	地球と太陽系	○		○	○	
	天気の変化		○	○	○	○
	地層と岩石		○		○	○
	大地の動き・地震	○				○
	その他					

東海学園高等学校

社会 出題傾向の分析と合格への対策

●出題傾向と内容

本年度は大問数は前年の4から5に増えたが，小問は25で変化がない。分野別の出題割合は前年同様に地理的分野が8，歴史的分野が8，公民的分野が9問であった。3分野とも幅広く出題され，やや細かい部分まで問われている。

地理の内容は世界，日本の両方が出され今年は世界地理の方がウェイトは高く，地形，気候，時差，諸地域の地誌などが出された。歴史の内容は古代から現代までの日本史も世界史も出されている。公民は憲法，人権，安全保障，財政などと時事的なことも出された。

学習のポイント

地理：時差計算，雨温図には慣れておこう。
歴史：歴史の流れをテーマごとにも整理しよう。日本と中国や欧米との歴史の接点に注意。
公民：用語の意味や手順を正確に覚える。

●2025年度の予想と対策

地理では，幅広く出題されることが多いので，教科書の記述を理解して，地図や統計を活用しながらポイントを覚えておきたい。時差計算はマスターしておこう。

歴史では，細かい年号よりも，それぞれの出来事の因果関係を考えながら流れを把握しておこう。日本の出来事に関連する外国の出来事についても押さえておきたい。

公民では，政治，経済の各分野で細かな知識が問われる問題も出されるので要注意。

3分野とも，参考書・資料集などを使い総合的な知識を積み上げておくようにしたい。記号選択問題が多いので，選ぶ個数，正誤のいずれを選ぶのかなどに注意が必要である。時事的な題材を取り扱った問題が出題されることも予想されるので，普段から新聞やテレビのニュースに気をつけておくことが大切である。

▼年度別出題内容分類表……

		出題内容	2020年	2021年	2022年	2023年	2024年
地理的分野	（日本）	地形図				○	○
		地形・気候・人口		○	○	○	○
		諸地域の特色	○	○	○	○	○
		産業			○		
		交通・貿易				○	
	（世界）	人々の生活と環境	○	○	○	○	○
		地形・気候・人口	○	○	○	○	○
		諸地域の特色	○	○	○	○	○
		産業	○	○	○		○
		交通・貿易				○	
	地理総合						
歴史的分野	（日本史）	各時代の特色	○	○	○	○	○
		政治・外交史	○	○	○	○	○
		社会・経済史	○	○	○	○	○
		文化史		○	○	○	○
		日本史総合					
	（世界史）	政治・社会・経済史		○	○	○	○
		文化史					
		世界史総合					
	日本史と世界史の関連						
	歴史総合						
公民的分野	家族と社会生活						
	経済生活		○		○	○	○
	日本経済		○		○	○	○
	憲法（日本）			○			○
	政治のしくみ		○	○	○	○	○
	国際経済						
	国際政治		○		○		
	その他			○	○	○	○
	公民総合						
各分野総合問題							

東海学園高等学校

国語　出題傾向の分析と合格への対策

●出題傾向と内容

本年度も，現代文の読解問題が2題と漢字の読み書きの独立問題が1題，古文の読解問題が1題の計4題の大問構成であった。

論理的文章では論説文が採用され，文脈把握や内容吟味を通して筆者の考えを正確に捉えさせる出題となっている。文学的文章は小説が採用され，情景や心情の理解が主に問われている。語句の意味の知識問題も大問に含まれて出題されている。古文は『室町物語草子集』からの出題で，内容吟味を中心に主語の把握や心情などが問われている。

解答形式は，漢字の書き取りも含めて，すべて記号選択式となっている。

学習のポイント

新聞や新書など論理的な内容の文章に積極的に触れよう。その際には，意味のわからない言葉を調べて語彙を増やしておこう。

●2025年度の予想と対策

来年度も，文学的文章と説明的文章からの出題に加えて，古文が出題される可能性が高い。

文学的文章では，登場人物の心情を，文章全体をふまえて読み取れるようにしておきたい。普段から物語や小説に親しみ，心情・情景を読み取る力をつけておくとよいだろう。説明的文章の読解では，指示語や接続語，言い換え表現に注意して文脈を把握し，筆者の主張を読み取っていくことが大切である。

古文では，仮名遣いや，おもな古語の意味などの基礎的事項の習得を心がけ，普段から古文に慣れるようにしておく。

漢字の読み書き，慣用句などを含む語句の意味，有名な作品の作者名などの基本的知識や，現代文と古文における文法の知識も，きちんとおさえておくことが大切である。

▼年度別出題内容分類表……

出題内容			2020年	2021年	2022年	2023年	2024年
内容の分類	読解	主題・表題			○		○
		大意・要旨	○		○	○	○
		情景・心情	○	○	○	○	○
		内容吟味	○	○	○	○	○
		文脈把握	○	○	○	○	○
		段落・文章構成				○	
		指示語の問題					
		接続語の問題				○	○
		脱文・脱語補充	○	○	○	○	○
	漢字・語句	漢字の読み書き	○	○	○	○	○
		筆順・画数・部首					
		語句の意味		○	○	○	○
		同義語・対義語		○			
		熟語					
		ことわざ・慣用句	○		○		○
	表現	短文作成					
		作文(自由・課題)					
		その他					
	文法	文と文節	○	○	○	○	
		品詞・用法		○	○		
		仮名遣い		○			
		敬語・その他					
	古文の口語訳			○	○	○	
	表現技法					○	
	文学史		○			○	○
問題文の種類	散文	論説文・説明文	○	○	○	○	○
		記録文・報告文					
		小説・物語・伝記	○	○	○	○	○
		随筆・紀行・日記					
	韻文	詩					
		和歌(短歌)					
		俳句・川柳					
	古文		○	○	○	○	○
	漢文・漢詩						

東海学園高等学校

2024年度 合否の鍵はこの問題だ!!

数学 5

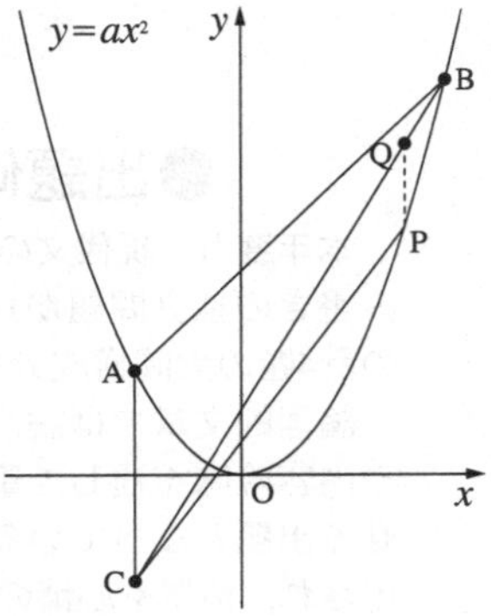

(1)　$y=ax^2$にA$(-2,\ 2)$を代入して，$2=a\times(-2)^2$より，$a=\dfrac{1}{2}$である。

(2)　$y=\dfrac{1}{2}x^2$に$x=4$を代入すると，$y=\dfrac{1}{2}\times4^2=8$であるから，B$(4,\ 8)$

点Cは点Aをx軸を対称の軸として対称移動した点であるから，C$(-2,\ -2)$である。辺ACを底辺として，$\triangle$ACB$=\dfrac{1}{2}\times4\times6=12$である。

(3)　$\triangle$PBCの面積を点Pを通りy軸に平行な直線で2つに分けて求めることができるかどうかがポイントであった。$y=\dfrac{1}{2}x^2$に$x=t$を代入すると，$y=\dfrac{1}{2}t^2$であるから，P$\left(t,\ \dfrac{1}{2}t^2\right)$と表せる。直線BCの傾きは$\dfrac{8-(-2)}{4-(-2)}=\dfrac{5}{3}$であるから，直線BCの式を$y=\dfrac{5}{3}x+b$とおいて，B$(4,\ 8)$を代入すると，$8=\dfrac{5}{3}\times4+b$より，$b=\dfrac{4}{3}$　よって，直線BCの式は$y=\dfrac{5}{3}x+\dfrac{4}{3}$である。点Pを通り$y$軸に平行な直線と直線BCとの交点をQとすると，点P，Qのx座標は等しくtである。$y=\dfrac{5}{3}x+\dfrac{4}{3}$に$x=t$を代入すると，$y=\dfrac{5}{3}t+\dfrac{4}{3}$であるから，Q$\left(t,\ \dfrac{5}{3}t+\dfrac{4}{3}\right)$と表せる。

$\triangle$PBC$=\triangle$PBQ$+\triangle$PCQであり，$\triangle$PBCは$\triangle$ACBの$\dfrac{1}{6}$となるから，$\triangle$PBC$=\dfrac{1}{6}\times12=2$である。よって，

$\triangle$PBQ$+\triangle$PCQ$=2$より，$\dfrac{1}{2}\times\left\{\left(\dfrac{5}{3}t+\dfrac{4}{3}\right)-\dfrac{1}{2}t^2\right\}\times(4-t)+\dfrac{1}{2}\times\left\{\left(\dfrac{5}{3}t+\dfrac{4}{3}\right)-\dfrac{1}{2}t^2\right\}\times\{t-(-2)\}=2$　$3t^2-10t-4=0$　$t=\dfrac{-(-10)\pm\sqrt{(-10)^2-4\times3\times(-4)}}{2\times3}=\dfrac{5\pm\sqrt{37}}{3}$　$0<t<4$より，$t=\dfrac{5+\sqrt{37}}{3}$である。

英語 4

語句整序問題は，正確な文法知識が必要とされるため，多くの受験生が苦手とする問題である。特に以下の問題は注意が必要である。

(1)　私が図書館から借りた本はとても面白かった。

この文の主語は「私が」ではなく「本は」であるので注意しよう。したがって the book から始まる英文になる。すると「私が図書館から借りた本」は the book I borrowed from the library となり，日本語と英語の語順が異なってくる。このような後置修飾は，語句整序問題では頻出なので，様々な問題を解いて慣れておきたい。以下が後置修飾であるので気をつけよう。

・関係代名詞　・分詞の形容詞的用法　・不定詞の形容詞的用法

(6)　私はあなたに仕事を手伝ってほしいです。

この場合に，want to ～ とする間違いが多い。語句整序問題においては want to よりも以下のものの出題が多いので覚えておこう。

・want ＋人＋ to ～「人に～してほしい」
・tell ＋人＋ to ～「人に～するように言う」
・ask ＋人＋ to ～「人に～するように頼む」

語句整序問題は，典型的な英文がよく出題される。したがって，数多くの問題に触れることによって得点源にできる問題である。過去問や問題集を何度も解いて，多くの英文の形を身につけよう。

理科　[3]

[2]で，呼吸や血液循環に関して，[3]で，イオン化傾向とボルタ電池に関して，[4]で，回路と電力に関して，[5]で，地震の観測に関して，思考力を試す問題や計算問題が出された。このように，本校においては，多くの分野において，思考力を試す問題や計算問題が出されるので，しっかりとした対策が必要である。

[3]の(1)は，イオン化傾向に関する思考力を試す問題であった。この場合，金属Xとしては銀などの金属が考えられる。

(2)は，身近に使われている電池に関する知識問題であった。

(3)と(4)は，ボルタ電池のしくみに関する問題であった。亜鉛板と銅板の表面で起きている化学変化をしっかり理解しておく必要があった。また，電気分解と電池のしくみの違いを理解しておくことも重要である。さらに，代表的な電池として，ダニエル電池のしくみについても，しっかり理解しておく必要があった。

(5)では，最も大きな電圧を取り出すことができる電池のしくみに関する問題であった。

社会　第2問

第2問は地理の問題。(1)から(7)まであり，枝問を含めると全部で8題。(1)，(2)，(4)が日本地理，残りが世界地理となっている。(1)は日本の中のいくつかの都道府県に関する問題で，(4)は北海道に関する問題。どちらも基本的な内容なので得点しやすいものではある。(2)は日本地理全般の常識のような問題で，地形図の知識も必要ではある。残りの世界地理に，やや難しいものもある。(3)は世界地理全般の知識，(5)，(6)，(7)は世界の国々の特徴などに関する問題。(6)では枝問があり，問1が時差から経度を割り出して国を答える問題，問2は主要国の食べ物に関する問題。また，(7)は世界の主要都市の月ごとの気温と降水量の平均を示した表を見て，それぞれの都市がある環境の写真との組み合わせを考える問題。この(6)，(7)は地理の勉強をしっかりとやっているかどうかで差がついてくる問題といえる。時差から経度を考える問題や，気温と降水量の表を見て何気候のものかを考えるのは，やや高度な問題といえる。特に，気候のもので地中海性気候とサンフランシスコを結びつけるのは難しいかもしれない。

国語 【1】(7)

★ 合否を分けるポイント

冒頭の段落の「政治とは何でしょうか」という問題提起に対して，筆者はアーレントの考えを説明した上で，筆者の考えを読み取るという構造を読み取ることがポイントになる。大問のまとめの問題でもあるので，この問題に答えられるかどうかが合否を分けることになる。選択肢の①では「政治」について，②では「私的領域」について，③④では「公的領域」について，⑤⑥では「アーレント」の考えについて書かれていることを確認して，それぞれの内容が書かれている部分に注目して正誤を判断しよう。

★ こう答えると「合格」できない！

それぞれの選択肢は本文の内容を言い換えたものとなっているので，本文にそのままの表現が書かれていないかを探すと，見つけられず「合格」できない。難解な用語や内容であっても，自分なりの言葉に置き換えながら読み進めることで，意味を理解することができる。

★ これで「合格」！

まず，①に「政治は」とあるので「政治」について書かれている冒頭の段落に注目しよう。「世界中で同じ決定が行われるのは理想」とは書かれていないので，①は合致しない。②は「政治」と「私的領域」の関わりについて述べているが，「政治」は「公的領域」に通じるものなので，これも合致しない。「市民たちは」で始まる段落の「『私』だけにとっての利害に目を奪われることなく，『みんな』にとっての利害について……議論する」は，③の「自らの立場に距離をとった思考」と言い換えられるので，③が合致する。さらに，「彼女はまず」で始まる段落の「私的領域と公的領域に区別します」に，「補い合う関係」とある④も合致しない。最終段落の「他者と議論を重ねながらも，他者と連帯し，ともに活動することが必要」には，「個人がより強く他の個人と結びつくようになるべき」とある⑥が合致する。最終段落に「ともに活動することが必要」とあるので，「話し合いという方法だけで」とある⑤が合致しないことを確認すれば，正答の③と⑥を選べ，「合格」だ！

2024年度

入 試 問 題

2024年度

東海学園高等学校入試問題

【数 学】（40分）　＜満点：100点＞

【解答上の注意】

1　解答は，解答用紙の問題番号に対応した解答欄にマークしなさい。

2　問題の文中の$\boxed{1}$，$\boxed{2}\boxed{3}$，$\sqrt{\boxed{4}\boxed{5}}$，$\dfrac{\boxed{6}}{\boxed{7}}$などの□には，数字（0から9），または符号（−，±）が入ります。1，2，3，…の一つ一つは，これらのいずれか一つに対応します。それらを解答用紙の1，2，3，…で示された解答欄にマークして答えなさい。

3　分数形で解答する場合，分数の符号は分子につけ，分母につけてはいけません。

例えば，$\dfrac{\boxed{11}\boxed{12}}{\boxed{13}}$に$-\dfrac{4}{5}$と答えたいときは，$\dfrac{-4}{5}$として答えなさい

また，それ以上約分できない形で答えなさい。

例えば，$\dfrac{2}{3}$と答えるところを$\dfrac{4}{6}$のように答えてはいけません。

分数形では分子，分母の順で答えます。解答欄に注意し，マークしなさい。

4　小数の形で解答する場合，指定された桁数の一つ下の桁を四捨五入して答えなさい。また，必要に応じて，指定された桁まで⓪にマークしなさい。

例えば，$\boxed{14}.\boxed{15}\boxed{16}$に4.5と答えたいときは，4.50として答えなさい。

5　根号を含む形で解答する場合，根号の中に現れる自然数が最小となる形で答えなさい。

例えば，$\boxed{17}\sqrt{\boxed{18}}$に$6\sqrt{2}$と答えるところを$3\sqrt{8}$のように答えてはいけません。

6　根号を含む分数形で解答する場合，例えば$\dfrac{\boxed{19}+\boxed{20}\sqrt{\boxed{21}}}{\boxed{22}}$に$\dfrac{1+2\sqrt{2}}{2}$と答えるところを，

$\dfrac{2+4\sqrt{2}}{4}$や$\dfrac{2+2\sqrt{8}}{4}$のように答えてはいけません。

（例）　$\dfrac{\boxed{31}\boxed{32}}{\boxed{33}}$の答えを$-\dfrac{3}{7}$とする場合，以下のようにマークしなさい。

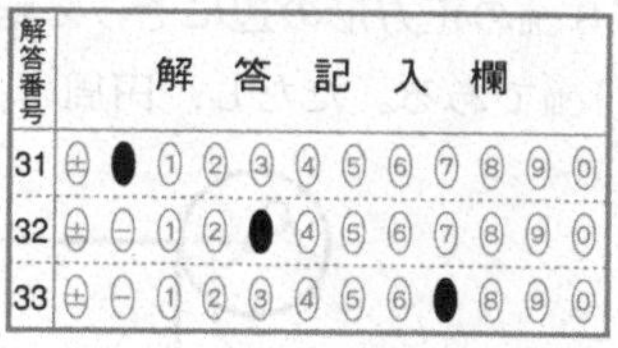

$\boxed{1}$　次の各問いに答えなさい。

⑴　$-(-3)^2-3^2+(3+3)^2=\boxed{1}\boxed{2}$

⑵　$2024^2-2023^2+2022^2-2021^2=\boxed{3}\boxed{4}\boxed{5}\boxed{6}$

⑶　$\dfrac{18}{\sqrt{3}}-\sqrt{27}=\boxed{7}\sqrt{\boxed{8}}$

⑷　方程式$x^2-x-1=0$の解は$x=\dfrac{\boxed{9}\pm\sqrt{\boxed{10}}}{\boxed{11}}$である。

⑸　$3xy^2-9xy-30x$ を因数分解すると，$\boxed{12}\,x(y-\boxed{13})(y+\boxed{14})$ である。

$\boxed{2}$　次の各問いに答えなさい。

⑴　絶対値が３以下となる整数の個数は$\boxed{15}$個である。

⑵　反比例 $y=\dfrac{15}{x}$ のグラフ上の点で，x 座標，y 座標がともに整数である点の個数は$\boxed{16}$個である。

⑶　50円，10円，５円の硬貨が１枚ずつある。この３枚を同時に投げるとき，表の出る硬貨の合計金額が15円以上になる確率は $\dfrac{\boxed{17}}{\boxed{18}}$ である。

⑷　十二角形の内角の和は$\boxed{19}\boxed{20}\boxed{21}\boxed{22}$°である。

⑸　相似比が２：３の相似な２つの立体Ａ，Ｂがある。Ａの表面積が128㎠のとき，Ｂの表面積は$\boxed{23}\boxed{24}\boxed{25}$㎠である。

$\boxed{3}$　次の各問いに答えなさい。

⑴　容器Ａには食塩水が40ｇ，容器Ｂには食塩水が30ｇ，容器Ｃには水が50ｇ入っている。容器Ａから10ｇ，容器Ｂから20ｇ，容器Ｃから30ｇを取り出して混ぜると８％の食塩水ができた。また，容器Ａ，Ｂ，Ｃに残った液体をすべて混ぜると９％の食塩水ができた。容器Ａ，容器Ｂに最初に入っていた食塩水の濃度をそれぞれ求めると，容器Ａが$\boxed{26}\boxed{27}$％，容器Ｂが$\boxed{28}\boxed{29}$％である。

⑵　値がすべて異なる20個のデータが，左から値の小さい順に並んでいる。
並んでいるデータについて述べた文として正しいものを，次の①～④のうちから一つ選び，番号で答えなさい。$\boxed{30}$

①　中央値より小さいデータの個数は９個である。

②　最小値を１個削除しても第１四分位数は変わらない。

③　第３四分位数は左から数えて15番目のデータである。

④　第１四分位数より小さいデータと，第３四分位数より大きいデータをすべて削除すると，残りのデータの個数は10個である。

$\boxed{4}$　次の各問いに答えなさい。

⑴　右の図のように，半径２㎝の円Ｏが，１辺の長さが８㎝の正方形の辺にそって転がって１周するとき，点Ｏが動いてできる線の長さは（$\boxed{31}\boxed{32}+\boxed{33}\pi$）㎝である。ただし，円周率を π とする。

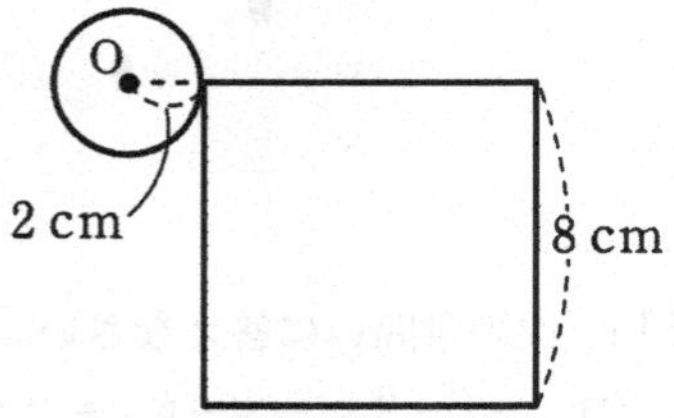

⑵　次のページの図のように，底面の半径が６㎝，　高さが10㎝の円柱形の水槽に，深さ５㎝の位置まで水が入っている。この水槽に半径３㎝の鉄の球を沈めるとき，水面の位置について述べた文として正しいものを，次の①～④のうちから一つ選び，番号で答えなさい。ただし，水槽は水平な床の上に置かれており，水槽の厚さは考えないものとする。$\boxed{34}$

①　水面の位置は１㎝上昇する。

② 水面の位置は1.5㎝上昇する。

③ 水面の位置は２㎝上昇する。

④ 水面の位置は変化しない。

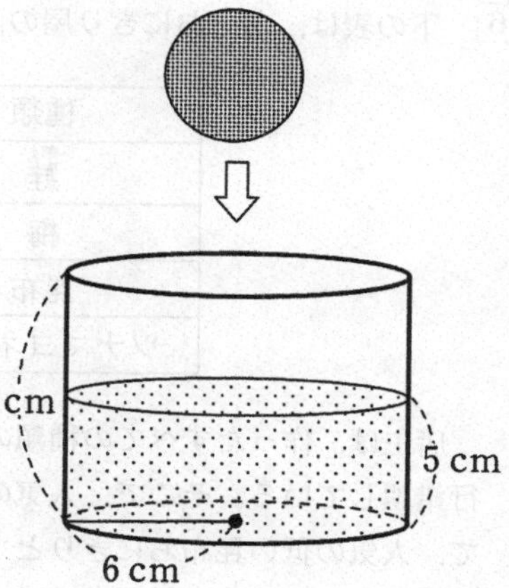

5 下の図のように，放物線 $y=ax^2$ 上に２点Ａ，Ｂがある。点Ａの座標は（－２，２）であり，点Ｂの x 座標は４である。点Ｃは，点Ａを，x 軸を対称の軸として対称移動した点である。このとき，次の各問いに答えなさい。

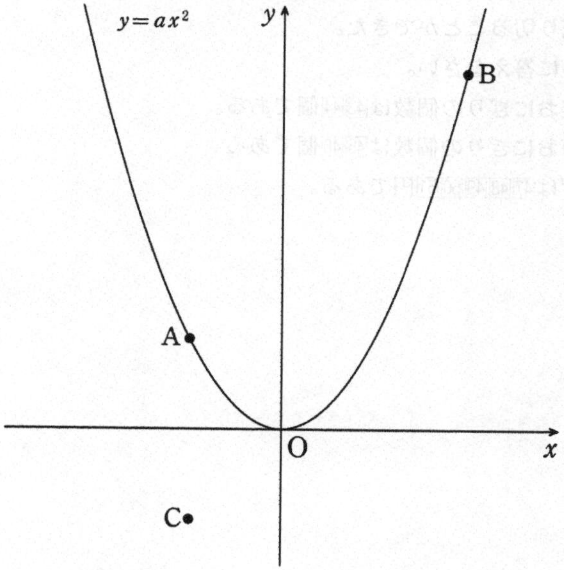

⑴ a の値を求めると，$a=\frac{\boxed{35}}{\boxed{36}}$ である。

⑵ △ACBの面積は $\boxed{37}\boxed{38}$ である。

⑶ 放物線 $y=ax^2$ 上に点Ｐをとる。点Ｐの x 座標を t とするとき，△PBCの面積が△ACBの面積の $\frac{1}{6}$ となる t の値を求めると，$t=\frac{\boxed{39}+\sqrt{\boxed{40}\boxed{41}}}{\boxed{42}}$ である。ただし，$0<t<4$ とする。

[6] 下の表は，あるおにぎり屋の商品の種類と，代金および人気順位をまとめたものである。

種類	代金（税込み）	人気順位
鮭《さけ》	150円	1位
梅	130円	2位
昆布	130円	3位
ツナマヨネーズ	160円	4位

店主は，作ったすべての種類のおにぎりを売り切るために，それぞれ何個ずつ作るか日頃から試行錯誤している。そこで，人気の高い鮭おにぎりと梅おにぎりの個数は前日の売り上げを反映させて，人気の低い昆布おにぎりとツナマヨネーズおにぎりの個数は前日の売り上げに関わらず同じ個数を作ることにした。月曜日は，鮭おにぎりと梅おにぎりを合わせて140個，昆布おにぎりとツナマヨネーズおにぎりをそれぞれ30個ずつ作った。その結果，鮭おにぎり，昆布おにぎり，ツナマヨネーズおにぎりは売り切れたが，梅おにぎりは売れ残ってしまった。店主は，月曜日の売り上げを反映させて，火曜日は月曜日より鮭おにぎりの個数を20％増やし，梅おにぎりの個数を10％減らして，月曜日よりも鮭おにぎりと梅おにぎりを合わせて10個多く作った。その結果，火曜日はすべての種類のおにぎりを売り切ることができた。

このとき，次の各問いに答えなさい。

(1) 月曜日に作った鮭おにぎりの個数は[43][44]個である。

(2) 火曜日に作った梅おにぎりの個数は[45][46]個である。

(3) 火曜日の売り上げは[47][48][49][50][51]円である。

【英　語】（40分）　＜満点：100点＞

1　放送される英文とその指示を聞いて，答えとして適切なものを，それぞれ下から一つずつ選び，番号で答えよ。

Section 1

No. 1 [1]

① It's my favorite.
② Since last summer.
③ With my friends.

No. 2 [2]

① Sure, I'll be ready then.
② No, it's still raining.
③ Yes, Dad is going to send me.

No. 3 [3]

① I know you like baseball.
② I didn't call you today.
③ I have plans on that day.

Section 2

No. 1 [4]

① She played with her friends.
② She had pineapples.
③ She enjoyed surfing.
④ She went swimming.

No. 2 [5]

① They want him to keep playing the piano.
② They will buy him another instrument.
③ It would be too loud.
④ It would be too expensive.

No. 3 [6]

① He has made a new friend.
② He has a lot of homework to do.
③ He does not like the soccer coach.
④ He cannot play soccer well.

No. 4 [7]

① She cleans the floor there.
② She eats a lot of soup there.
③ She works very hard there.
④ She enjoys working there.

Section 3

No. 1 [8]

① Because Emily forgot her homework.
② Because Emily forgot to meet Tom.
③ Because Emily didn't help Tom.
④ Because Emily didn't wait for Tom.

No. 2 [9]

① She likes to watch movies.
② She is thinking about her future job.
③ She takes care of her cats.
④ She works at the zoo.

No. 3 10

① To find a restaurant on the internet.　② To cook Chinese food at home.

③ To go to a restaurant downtown.　④ To meet her friend downtown.

＜リスニングテストスクリプト＞

Section 1

No. 1

☆ : That's a nice bag.

★ : Thanks. I like it, too.

☆ : How long have you had it?

No. 2

☆ : Sam, it's raining hard today. Do you need me to take you to school?

★ : That's great, Mom. Thanks a lot.

☆ : Is it OK if we leave in five minutes?

No. 3

☆ : I'm going to watch a baseball game for the first time next Saturday.

★ : I didn't know you are interested in baseball.

☆ : Would you like to come with me?

Section 2

No. 1

☆ : Did you have a good vacation, Meg?

★ : It was great. I went to Okinawa and stayed there for five days with my family.

☆ : Was it hot there? What did you do while you were there?

★ : We went swimming in the sea. The sea was great.

Question: What did Meg do on vacation?

No. 2

☆ : What did you ask your parents to get you for your birthday, John?

★ : Well, I want a saxophone, but they said no.

☆ : Really? Do they think it would be too loud? Or was it too expensive?

★ : No. They think I should keep playing the piano instead of changing to a new instrument.

Question: Why won't the boy's parents buy him a saxophone?

No. 3

☆ : Hey Mike, I just heard the school is starting a soccer team for both boys and girls. Let's join it.

★ : Sounds interesting! But I'm not very good.

☆ : That's not important. Come on. It'll be fun to play together.

★ : I don't know. I'll think about it.

Question: What does the boy say?

No. 4

☆：How is your new job at the restaurant, Kelly?

★：It's a fun place to work at, and it isn't too hard.

☆：Have you learned any useful skills there?

★：Yeah. I can make really good soup now.

Question: What is one thing Kelly says about her job at the restaurant?

Section 3

No. 1

Emily was going to meet Tom yesterday. But she was very busy doing her homework and forgot about meeting Tom. Tom waited for two hours at the station, and he was very angry. Emily called Tom and said she was very sorry.

Question: Why was Tom very angry?

No. 2

Cathy likes animals, so she has two dogs at home. She often goes to the zoo and sees people taking care of the animals there. In the future, she wants to become a person who takes care of many kinds of animals, so she always watches TV programs about animals every weekend.

Question: What is true for Cathy?

No. 3

Next week is Stacy's birthday. Her parents are going to take her out to a restaurant for dinner. They said she could choose a restaurant downtown. Stacy likes Chinese food, so she is checking Chinese restaurants on the internet. She wants to visit one that she has not visited before. Finally, she has found one on the internet that looks nice.

Question: What is Stacy going to do next week?

2 次の英文を読んで，以下の設問に答えよ。

If you are not good at math or science, you may be wondering why you have to study them. Did you study them harder to *enter your favorite high school? That may be important, but there is one more important reason to study those subjects.

Many people have made a lot of inventions all over the world. Some of them are not useful, but there are some helpful inventions for people in need. Here is an example. You may have a bike. It has *pedals, wheels, a seat and a *rack above the back wheel, doesn't (1) it? But does your bike have water *filters? Have you ever been to rivers with your bike to get some *fresh water?

A few years ago, a Japanese *engineer designed a bike to make clean water. There are a lot of earthquakes in Japan every year. When a big earthquake happens like the one in 2011, we can get little water to drink for a while. We also cannot use any lights or air conditioners. (2) <u>At such a time</u>, this bike is helpful. The bike has water filters on the rack. You only have to go to a river or a pond near your house. You don't have to make electricity. All you have to do is to pedal this bike. Then *dirty water comes up to the bike from a *hose. The water goes through the filters and becomes clean and fresh. After you pedal the bike for an hour, you will be able to make enough water for about 100 people. A lot of cities and towns in Japan have already gotten (3) <u>these bikes with filters for emergencies.</u>

You may think that these bikes are used only if there is a big earthquake, but you are wrong. There are a lot of people who have water problems, especially in Asia and Africa. It is difficult for them to get fresh water, so a lot of babies and children fall ill and die. *Recently, the engineer sent his bike to a poor country in Asia. The people made a lot of fresh water to drink with the bike, so a lot of lives were saved. They were very glad to have this present from a far east country. Since then, many people have used the bikes in many parts of the world.

If you are interested in math and science and keep studying them, you may become such an engineer or a scientist. Then your efforts may lead to useful inventions. Often, new inventions not only (4) our life convenient, but also they have the power to (5) a lot of people's lives.

(注) enter 入学する　pedal ［名］ペダル［動］（ペダル）をこぐ　rack 荷台　filter フィルター
fresh 新鮮な　engineer 技師　dirty 汚い　hose ホース，管　recently 最近

問1　下線部(1)，(2)が指し示すものを，それぞれ次の①～④のうちから一つずつ選び，番号で答えよ。

(1) 11　① an example　② an invention　③ a seat　④ a bike

(2) 12　① When a small fire near a big city happens
② When a Japanese engineer designs a bike
③ When a big earthquake happens
④ When people use their electronic devices well

問2　下線部(3) <u>these bikes with filters for emergencies</u> についての記述として適切なものを，次の①～④のうちから一つ選び，番号で答えよ。 13

① People can buy these bikes easily at convenience stores near their houses.
② People can get water to drink if they use these bikes near a pond.
③ When students clean a room, these bikes are helpful for them.
④ A lot of babies and children always use these bikes in a country in Asia.

問3　空所（4），（5）に入る英語の組み合わせとして適切なものを，次の①～⑥のうちから一つ選び，番号で答えよ。選択肢は（4），（5）の順に並べてあるものとする。 14

① feel / save　② live / keep　③ make / send
④ feel / keep　⑤ live / send　⑥ make / save

問４　次の各問いの答えとなるものを，それぞれ下の①～④のうちから一つずつ選び，番号で答えよ。

・How long do we have to pedal the bike to get enough water for about one thousand people? [15]

① For one week.　② For ten minutes.　③ For ten hours.　④ For ten days.

・Which is true about this story? [16]

① If you pedal the bike with filters, you can get electricity.

② A few engineers made efforts to send their own bikes to a rich country in Asia.

③ Many babies and children in Asia survived thanks to this kind of bike.

④ If you want to make a useful invention, you have to study the subjects you like.

3　次の英文の（　）に入る適切なものを，下の①～④のうちからそれぞれ一つずつ選び，番号で答えよ。

⑴　Let me (　　) myself. My name is Aya. [17]

① introduce　② introducing　③ introduced　④ to introduce

⑵　Aya is satisfied (　　) the test results. [18]

① in　② to　③ with　④ for

⑶　I have been studying English (　　) I was in elementary school. [19]

① for　② from　③ because　④ since

⑷　The man (　　) the horse over there is my father. [20]

① ride　② riding　③ rode　④ rides

⑸　Soccer is one of the most (　　) sports in the world. [21]

① excite　② excites　③ exciting　④ excited

4　次の日本語の意味になるように，［　］内の語（句）を並べかえて英文を完成させるとき，（[22]）～（[37]）に入る適切なものを，それぞれ下の①～⑥のうちから一つずつ選び，番号で答えよ。ただし，文頭にくる語も小文字になっている。

⑴　私が図書館から借りた本はとても面白かった。

(　　)([22])(　　)(　　)(　　)([23]) very interesting.

[① was　② borrowed　③ the library　④ the book　⑤ I　⑥ from]

⑵　寒すぎて，その海で泳ぐことはできない。

([24])(　　)(　　)(　　)([25])(　　) in the sea.

[① to　② it　③ swim　④ cold　⑤ is　⑥ too]

⑶　私のカバンはあなたのより２倍高価です。

(　　)(　　)([26])(　　)([27])(　　).

[① twice　② as expensive　③ yours　④ is　⑤ as　⑥ my bag]

(4) あなたにこのカメラの使い方を教えますよ。

I (　　)(　　)(28)(　　)(29)(　　) this camera.

[① show　② use　③ how　④ you　⑤ to　⑥ will]

(5) あなたの学校では，何の外国語が教えられていますか。

(　　)(　　)(　　)(30)(31)(　　) your school?

[① foreign　② in　③ is　④ what　⑤ taught　⑥ language]

(6) 私はあなたに仕事を手伝ってほしいです。

(　　)(　　)(32)(　　)(33)(　　) with my work.

[① help　② to　③ I　④ me　⑤ you　⑥ want]

(7) あなたが彼に伝えたことを教えてください。

(　　)(　　)(34)(　　)(35)(　　) him.

[① what　② have　③ you　④ me　⑤ tell　⑥ told]

(8) 富士山の自然美は保護されなければならない。

The (　　)(　　)(　　)(36)(　　)(37).

[① preserved　② Mt. Fuji　③ must　④ of　⑤ natural beauty　⑥ be]

【理　科】（40分）　　＜満点：100点＞

1　次の⑴，⑵の問いに答えよ。

⑴　次のように，食品として用いられることの多い植物についてＡグループとＢグループに分類した。分類の基準として，最も適当なものを，あとの①から⑤までの中から一つ選び，番号で答えよ。［1］

Ａグループ　　ワラビ（イヌワラビ）　ゼンマイ

Ｂグループ　　ギンナン（イチョウ）　トウモロコシ　エンドウ　コメ（イネ）

① 葉脈が網状脈か平行脈かで分けられている。
② 子葉の枚数が１枚か２枚かで分けられている。
③ 種子をつくるかつくらないかで分けられている。
④ 胚珠がむきだしになっているか子房の中にあるかで分けられている。
⑤ 根・茎・葉の区別があるかないかで分けられている。

⑵　次の図１のグラフは，さまざまな質量のマグネシウムの粉末を図２のように加熱し，化合物の質量がそれ以上大きくならなくなったときの加熱前後の質量の関係を表したものである。1.50ｇのマグネシウムを完全に酸素と反応させたとき，結びつく酸素の質量として最も適当な数値を，あとの①から⑧までの中から一つ選び，番号で答えよ。［2］

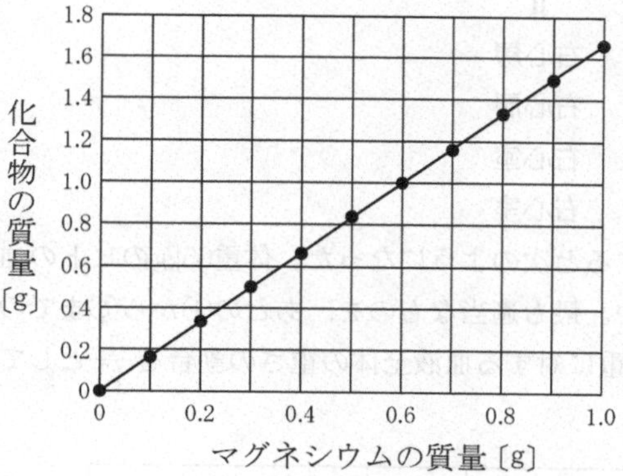

図１

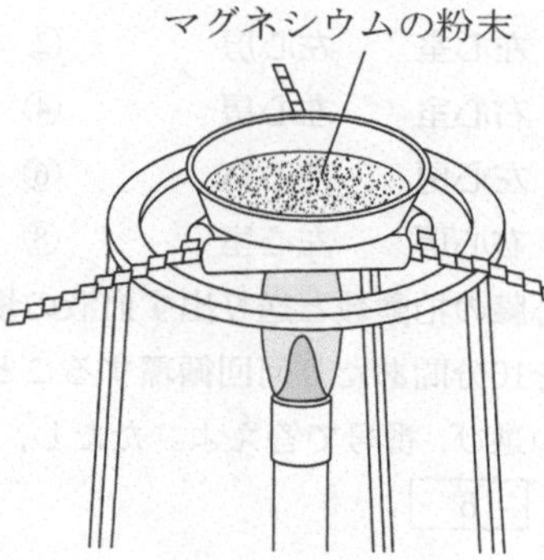

図２

① 0.60ｇ　② 0.80ｇ　③ 1.00ｇ　④ 1.20ｇ
⑤ 1.50ｇ　⑥ 1.80ｇ　⑦ 2.00ｇ　⑧ 2.50ｇ

2　ヒトの体のつくりとはたらきについての次の文章を読み，あとの⑴から⑸までの問いに答えよ。

ヒトは起きているときも寝ているときも常に呼吸をしている。鼻や口から吸いこまれた空気は，気管を通って肺に入り，肺胞まで送られる。肺胞では，空気と血液との間で，酸素と二酸化炭素の交換がおこなわれる。とりこまれた酸素は血液によって体中に運ばれ，活動するためのエネルギーを養分からとり出すときに必要とされる。呼吸はヒトだけではなく，多くの生物の生命を維持するために重要なはたらきをしている。

⑴　ヒトが息を吸うときの胸部の動きとして最も適当なものを，次のページの①から⑧までの中から一つ選び，番号で答えよ。［3］

① 肺の筋肉である横隔膜が下がり，胸部の空間がせまくなる。
② 肺の筋肉である横隔膜が下がり，胸部の空間が広がる。
③ 肺の筋肉である横隔膜が上がり，胸部の空間がせまくなる。
④ 肺の筋肉である横隔膜が上がり，胸部の空間が広がる。
⑤ 肺の下にある筋肉である横隔膜が下がり，胸部の空間がせまくなる。
⑥ 肺の下にある筋肉である横隔膜が下がり，胸部の空間が広がる。
⑦ 肺の下にある筋肉である横隔膜が上がり，胸部の空間がせまくなる。
⑧ 肺の下にある筋肉である横隔膜が上がり，胸部の空間が広がる。

⑵ 肺ではなく，えらを用いて呼吸している生物を，次の①から⑤までの中から一つ選び，番号で答えよ。［4］

① クジラ　② シャチ　③ オットセイ　④ サメ　⑤ ペンギン

⑶ 次の文章は血液循環について述べたものである。文章中の（Ⅰ）と（Ⅱ）にあてはまる語句の組み合わせとして最も適当なものを，あとの①から⑧までの中から一つ選び，番号で答えよ。［5］

心臓は血液を送り出すためにポンプのように動いている。心臓の（　Ⅰ　）から送り出された血液は，肺動脈を通って肺に送られたあと，肺静脈を通って心臓の（　Ⅱ　）に戻る。

	Ⅰ	Ⅱ		Ⅰ	Ⅱ
①	左心室	左心房	②	左心室	右心房
③	右心室	左心房	④	右心室	右心房
⑤	左心房	左心室	⑥	左心房	右心室
⑦	右心房	左心室	⑧	右心房	右心室

⑷ 心臓の拍動数と送り出す血液の量を計測すると次のようになった。体重65kgのヒトの血液は，体を10分間あたり何回循環することになるか。最も適当なものを，あとの①から⑥までの中から一つ選び，番号で答えよ。ただし，ヒトの体重に対する血液全体の重さの割合を$\frac{1}{13}$として計算せよ。［6］

拍動数	1分間あたり70回
1回の拍動により各部に送り出す血液	50 g

① 5回　② 7回　③ 70回　④ 350回　⑤ 455回　⑥ 3500回

⑸ ヒトだけでなく植物も呼吸をしている。それを確認するための実験として最も適当なものを，次の①から④までの中から一つ選び，番号で答えよ。［7］

① 葉の裏面にワセリンを塗ったものと塗っていないものを用意し，水の中で茎とシリコンチューブをつなげてバットに置き，20分後のシリコンチューブの水の位置の変化を調べる。
② 光を当てたオオカナダモと光を当てないようにしたオオカナダモを用意し，それぞれ葉を1枚ずつとり，顕微鏡で観察し，葉緑体が動いているようすを比べる。
③ 息をふきこむことで青色から緑色に変化させたBTB溶液を用意し，2本の試験管に入れる。

片方の試験管にオオカナダモを入れ，両方の試験管にじゅうぶんに光を当てる。その後，BTB溶液の色の変化を比べる。

④　葉を入れたポリエチレンの袋と葉を入れていないポリエチレンの袋を用意し，袋の口を閉じ，数時間暗いところに置き，袋の中の気体の成分の割合を比べる。

3　次の文章を読み，あとの(1)から(5)までの問いに答えよ。

〔実験1〕

図1のように，試験管に金属イオンをふくむ水溶液と金属片を入れ，その後の変化を調べた。金属イオンをふくむ水溶液や金属片の種類を変えることで，表の結果を得た。なお，金属Xは種類が分からない単体の金属である。

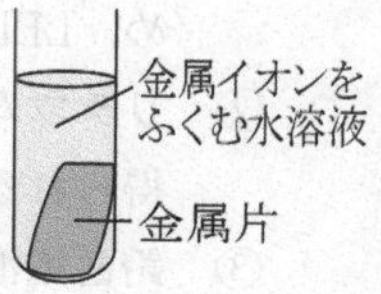

図1

表

金属片	金属イオンを含む水溶液		
	銅イオンをふくむ水溶液	亜鉛イオンをふくむ水溶液	金属Xをふくむ水溶液
銅	変化なし	変化なし	金属表面に銀色の物質が付着した
マグネシウム	金属表面に赤色の物質が付着した	金属表面に銀色の物質が付着した	金属表面に銀色の物質が付着した
亜鉛	金属表面に赤色の物質が付着した	変化なし	金属表面に銀色の物質が付着した
金属X	変化なし	変化なし	変化なし

〔実験2〕

図2のように，うすい塩酸に入れた銅板と亜鉛板から電流を取り出す装置を作成した。

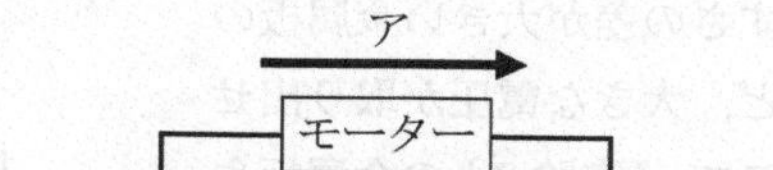

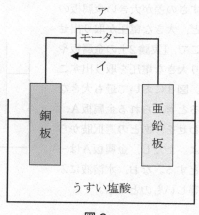

図2

(1) ［実験１］の結果から，銅，マグネシウム，亜鉛，金属Ｘの４種類の金属のうち，３番目にイオンになりやすい金属を，次の①から④までの中から一つ選び，番号で答えよ。 8

① 銅　② マグネシウム　③ 亜鉛　④ 金属Ｘ

(2) ［実験２］の装置のように，化学変化を利用して物質のもつ化学エネルギーを電気エネルギーに変えるものを電池という。身の回りの電池に関する記述として誤っているものを，次の①から④までの中から一つ選び，番号で答えよ。 9

① アルカリ乾電池はくり返し使うことができないが，大きな電流を取り出すことができるため，LEDライトに用いられている。

② リチウムイオン電池はくり返し使うことができないが，電圧が安定していて，大きな電流が得られるため，ノートパソコンに用いられている。

③ 鉛蓄電池は充電をすることでくり返し使うことができるため，車のバッテリーに用いられている。

④ 酸化銀電池はくり返し使うことができないが，電圧が安定していて長時間使用できるため，うで時計に用いられている。

(3) 図２において，電流が流れる方向と電子が流れる方向の組み合わせとして最も適当なものを，次の①から④までの中から一つ選び，番号で答えよ。 10

	電流が流れる方向	電子が流れる方向
①	ア	ア
②	ア	イ
③	イ	ア
④	イ	イ

(4) ［実験２］において，＋極の表面で起こる反応を化学反応式で表したものとして最も適当なものを，次の①から⑧までの中から一つ選び，番号で答えよ。 11

① $Zn \rightarrow Zn^{2+} + 2e^-$　② $Zn^{2+} + 2e^- \rightarrow Zn$

③ $Cu \rightarrow Cu^{2+} + 2e^-$　④ $Cu^{2+} + 2e^- \rightarrow Cu$

⑤ $H_2 \rightarrow 2H^+ + 2e^-$　⑥ $2H^+ + 2e^- \rightarrow H_2$

⑦ $2Cl^- \rightarrow Cl_2 + 2e^-$　⑧ $Cl_2 + 2e^- \rightarrow 2Cl^-$

(5) 金属のイオンへのなりやすさの差が大きい金属板の組み合わせの電池であるほど，大きな電圧が取り出せることが知られている。そこで，［実験２］の金属板や水溶液の種類を変えて，より大きな電圧を取り出すことができる電池を考えたい。図３において最も大きな電圧を取り出すことができると考えられる金属板Ａ，金属板Ｂ，溶液Ｃの組み合わせを，あとの選択肢からそれぞれ選び，番号で答えよ。ただし，金属板Ａは－極，金属板Ｂは＋極であるとする。なお，水溶液にふれる金属板の面積はすべて等しいものとする。

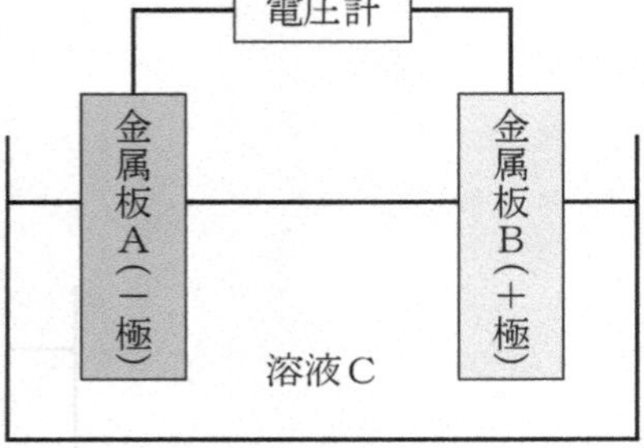

図３

金属板Ａ 12

① 銅　② マグネシウム　③ 亜鉛　④ 金属Ｘ

金属板B [13]

① 銅　② マグネシウム　③ 亜鉛　④ 金属X

溶液C [14]

① 15%砂糖水　② 精製水　③ 10%塩酸

[4] スイッチを切りかえることで回路が異なることを調べるために，次の〔実験〕を行った。あとの⑴から⑸までの問いに答えよ。

〔実験〕

5Ωの電熱線Pと20Ωの電熱線Qおよび直流電源を用いて，図1のような回路を作った。表のようにスイッチ1からスイッチ3の入れ方を変えて回路Aから回路Dの回路を作り，電流計と電圧計の示す値を計測した。

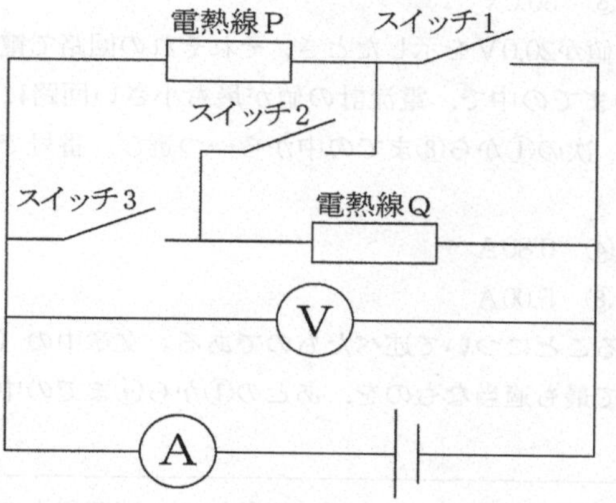

図1

表

	スイッチ1	スイッチ2	スイッチ3
回路A	入れる	入れない	入れない
回路B	入れる	入れない	入れる
回路C	入れない	入れる	入れない
回路D	入れない	入れない	入れる

⑴ 次の文章は電流計と電圧計について述べたものである。文章中の（Ⅰ）と（Ⅱ）にあてはまる語句の組み合わせとして最も適当なものを，あとの①から④までの中から一つ選び，番号で答えよ。[15]

> 〔実験〕では50mA，500mA，5Aの3つの－端子がついている電流計と3V，15V，300Vの3つの－端子がついている電圧計を用いた。この電流計を用いて電流をはかる場合，電流の大きさが予想できないときは導線を電流計の（　Ⅰ　）の－端子につなぐ。また，この電圧計を用いて電圧をはかる場合，電圧の大きさが予想できないときは導線を電圧計の（　Ⅱ　）の－端子につなぐ。

	（Ⅰ）	（Ⅱ）
①	50mA	3V
②	50mA	300V
③	5A	3V
④	5A	300V

⑵ 図2（次のページ）は表の回路Aから回路Dまでのいずれかを表している。図2と同じ回路を，あとの①から④までの中から一つ選び，番号で答えよ。[16]

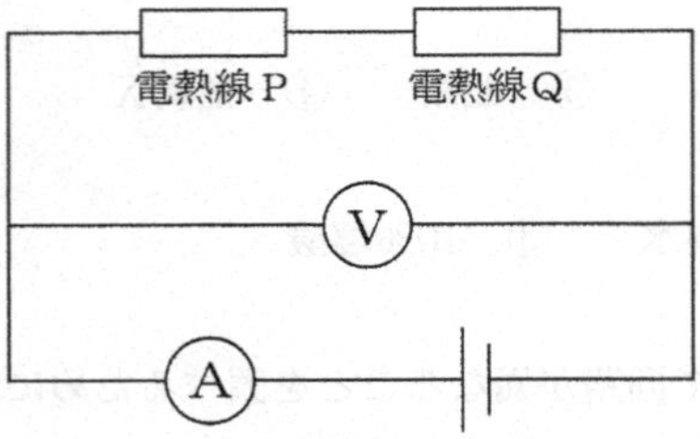

図2

① 回路A　② 回路B　③ 回路C　④ 回路D

(3) **図2**の回路で電圧計の値が6.00Vを示したとき，電熱線Qに加わる電圧の大きさは何Vか。最も適当なものを，次の①から⑧までの中から一つ選び，番号で答えよ。[17]

① 0.24V　② 0.30V　③ 1.20V　④ 1.50V
⑤ 4.80V　⑥ 6.00V　⑦ 7.50V　⑧ 30.0V

(4) ［実験］で**表**の回路Aから回路Dで電圧計の値が20.0Vを示したとき，それぞれの回路で電流計は異なる値を示した。**表**の回路Aから回路Dまでの中で，電流計の値が最も小さい回路において，電流計の値は何Aか。最も適当なものを，次の①から⑧までの中から一つ選び，番号で答えよ。[18]

① 0.10A　② 0.20A　③ 0.50A　④ 0.80A
⑤ 1.25A　⑥ 2.00A　⑦ 4.00A　⑧ 5.00A

(5) 次の文章は［実験］を行った結果からわかることについて述べたものである。文章中の（Ⅰ）と（Ⅱ）にあてはまる語句の組み合わせとして最も適当なものを，あとの①から⑨までの中から一つ選び，番号で答えよ。[19]

> ［実験］で**表**の回路Aから回路Dで電圧計が同じ値を示したとき，電熱線Pの消費電力が最も小さくなる回路は（　Ⅰ　）である。また，電熱線Qの消費電力が最も小さくなる回路は（　Ⅱ　）である。

	（Ⅰ）	（Ⅱ）		（Ⅰ）	（Ⅱ）
①	回路A	回路B	②	回路A	回路C
③	回路A	回路D	④	回路B	回路B
⑤	回路B	回路C	⑥	回路B	回路D
⑦	回路C	回路B	⑧	回路C	回路C
⑨	回路C	回路D			

[5] **図1**は，ある地震において各地点で観測された初期微動の始まった時刻を示したものであり，**図1**中の数値が20の場所では8時32分20秒に初期微動が始まったことを表している。また，**図2**は，この地震の初期微動および主要動が始まった時刻と震源からの距離との関係を表したものである。次の(1)から(5)までの問いに答えよ。

（**図1**，**図2**は次のページにあります。）

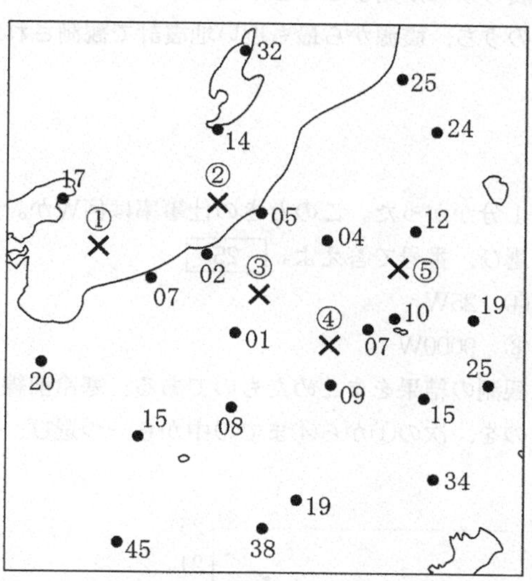

図１

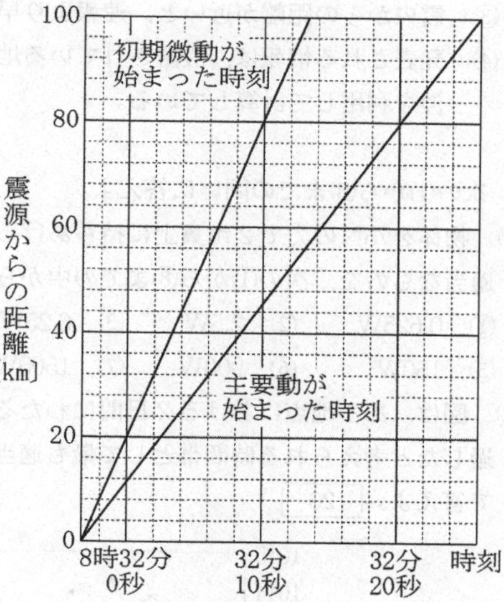

図２

⑴　次の文の（Ⅰ）と（Ⅱ）にあてはまる語句の組み合わせとして最も適当なものを，あとの①から⓪までの中から一つ選び，番号で答えよ。 20

地震によるゆれの大きさは（　Ⅰ　）で表され，日本では（　Ⅱ　）階級に分けられている。

	（Ⅰ）	（Ⅱ）		（Ⅰ）	（Ⅱ）
①	震度	6	②	マグニチュード	6
③	震度	7	④	マグニチュード	7
⑤	震度	8	⑥	マグニチュード	8
⑦	震度	9	⑧	マグニチュード	9
⑨	震度	10	⓪	マグニチュード	10

⑵　この地震の震央と考えられる地点を，図１の①から⑤までの中から一つ選び，番号で答えよ。 21

⑶　この地震において，Ｐ波の伝わる速さとして最も適当なものを，次の①から⑨までの中から一つ選び，番号で答えよ。 22

①　1 km/s　②　2 km/s　③　3 km/s　④　4 km/s　⑤　5 km/s
⑥　6 km/s　⑦　7 km/s　⑧　8 km/s　⑨　9 km/s

⑷　ある地点Ｘでこの地震を観測したところ，初期微動継続時間は15秒であった。地点Ｘの震源からの距離として最も適当なものを，次の①から④までの中から一つ選び，番号で答えよ。 23

①　90km　②　120km　③　150km　④　180km

⑸　2007年10月１日から始まった緊急地震速報に関する説明として最も適当なものを，次の①から④までの中から一つ選び，番号で答えよ。 24

①　地震発生と同時に，気象庁から発表される。
②　ゆれの大きさは推定できるが，大きなゆれが始まるまでの時間は予測できない。

③　震央からの距離が近いと，速報より早く地震のゆれが始まることがある。

④　発表される情報は，設置されている地震計のうち，震源から最も近い地震計で観測されたS波を利用して計算している。

6　次の⑴から⑶までの問いに答えよ。

⑴　物体を75Nの力で２ｍ真上に持ちあげるのに１分かかった。このときの仕事率は何Wか。最も適当なものを，次の①から⑧までの中から一つ選び，番号で答えよ。 25

①　0.625W　　②　2.5W　　③　6.25W　　④　25W

⑤　150W　　⑥　900W　　⑦　1500W　　⑧　9000W

⑵　図は，ある地点における２日間にわたる気象観測の結果をまとめたものである。寒冷前線が通過したと考えられる時間帯として最も適当なものを，次の①から④までの中から一つ選び，番号で答えよ。 26

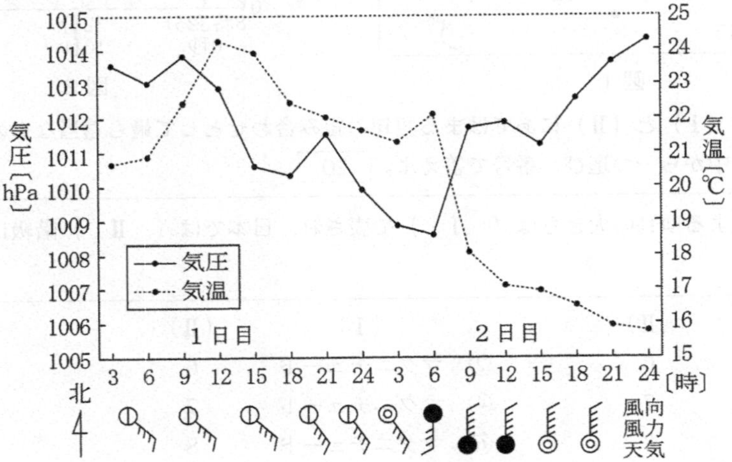

図

①　１日目の12時から15時

②　１日目の18時から21時

③　２日目の６時から９時

④　２日目の15時から18時

⑶　次のページの文はこれまでに学んだ理科の知識を実際の生活の中で活用した例になっている。この中で誤った判断をふくむものを，あとの①～⑤までの中から一つ選び，番号で答えよ。

27

	[理科の知識を活用した場面]	[おこなった判断]
①	宿泊を伴うキャンプに出かけたが，方角を測るための方位磁石を持参するのを忘れたため，方位磁石に頼らず方角を判断できないか考えた。	一日の太陽の動きを順に記録することで，方位が確認できると判断した。
②	キャンプ中に急に天候が悪化し，雷を伴う雨が降りはじめたため，現在の位置と発生している雷との距離を推定できないか考えた。	雷が光った瞬間から雷の音が聞こえるまでの時間を計測し，この時間の長さで距離が確認できると判断した。
③	出かけた先でさまざまな生物の活動の様子を写真に収めた。飛行するコウモリと，海を泳ぐクジラの写真を撮るうちに，これらの動物の間で相同器官に相当するものがあるのではないか考えた。	帰宅後，コウモリの翼とクジラの胸びれのレントゲン写真を入手し，これらが相同器官であると判断した。
④	近くの天然温泉に歩いて向かった。その途中でごくわずかに腐卵臭を感じる場所があったため，どういった対応をとるべきか考えた。	付近で有毒な硫化水素が発生していると考え，少し遠回りでも，においのしない道を通っていくという判断をした。
⑤	地域の地層の観察をするために河原を散策した。そこでアンモナイトと思われる化石が堆積岩の地層の中にふくまれていることを発見したため，この地層がいつ堆積したものか推定できないか考えた。	発見した化石から，この化石をふくむ河原の地層は古生代に堆積したものと判断した。

【社　会】（40分）　＜満点：100点＞

第１問　次のⅠ～Ⅳの文章を読み，あとの⑴から⑻までの問いに答えよ。

Ⅰ　九州北部の博多湾から海路で約138㎞，朝鮮半島の釜山から約49.5㎞の位置に，対馬がある。気候条件が良ければ，対馬にある展望所から，釜山の町を見ることができるという。国境の島である対馬は，古くから日本と朝鮮半島をつなぐ交通の要衝であった。

８世紀に成立した『古事記』の「国生み神話」によると，淡路・四国・隠岐・九州・壱岐・対馬・佐渡・本州という八つの島が最初に生み出され，「大八島（おおやしま）」と総称されている。大八島に対馬が含まれていることからも，日本人の意識の中で，重要な島として対馬が認識されていたことがわかる。

中国の歴史書『魏志倭人伝』には，朝鮮半島から(a)邪馬台国に向かう経由地として，対馬のことが記されている。「始めて一海を度（わた）る千余里，対馬国に至る。（中略）居る所絶島，方四百余里ばかり。土地は山険しく，深林多く，道路は禽鹿（きんろく）の小径（こみち）の如し。千余戸あり。良田なく，海物を食して自活し，船に乗りて南北に市糴（してき）す」とあり，土地は山がちで，農耕に適した平地が少なく，海産物に恵まれ，日本や朝鮮半島に船で往来して交易をおこなっていた様子がうかがえる。

663年の(b)白村江の戦いで，倭国（日本）が唐・新羅の連合軍に敗れると，対馬には，警備の兵士である防人が配置され，金田城が築かれるなど，防衛体制が強化された。

⑴　下線部(a)について，邪馬台国に関する説明として誤っているものを，次の①～④のうちから一つ選び，番号で答えよ。[1]

①　卑弥呼は邪馬台国の女王となり，30あまりの国々をまとめていた。

②　卑弥呼は魏に使者を送り，皇帝から「漢委奴国王」の称号や金印を授けられた。

③　卑弥呼には夫はおらず，弟が国政を補佐していた。

④　邪馬台国のあった場所については，近畿説や九州説などがあるが，いまだに確定していない。

⑵　下線部(b)について，この時の倭国（日本）の政治を主導していた人物に関する説明として最も適当なものを，次の①～④のうちから選び，番号で答えよ。[2]

①　東大寺を建て，金銅の大仏を造立した。

②　蘇我蝦夷・入鹿を倒し，政治の改革を始めた。

③　十七条の憲法をつくり，役人の心構えを示した。

④　皇位をめぐる戦いである壬申の乱に勝利した。

Ⅱ　対馬は，白村江の戦いの後も(c)たびたび外国勢力との紛争の最前線となった。

1019年には，沿海州地方を拠点とする女真人が，対馬・壱岐・九州北部を襲撃した。「刀伊の入寇（といのにゅうこう）」と呼ばれるこの事件で，対馬でも多くの人々が殺され，あるいは連れ去られ，牛馬なども強奪されたという。

1274年の文永の役では，元が，服属させた高麗とともに九州北部に襲来した。対馬に上陸した元・高麗軍に対し，宗助国（資国）（そうすけくに）はわずか80余騎を率いて迎え撃ち，激戦の果てに全滅した，と伝えられている。

14世紀後半から活動を活発化した倭寇に対し，当時の対馬の島主であった宗貞茂（そうさだしげ）

は積極的に取り締まりをおこなっていた。しかし，宗貞茂が亡くなると，倭寇の活動が活発になったため，大きな被害を受けていた朝鮮は1419年，対馬を倭寇の根拠地とみなして襲撃した。この事件は「応永の外寇（おうえいのがいこう）」と呼ばれ，一時的に(d)日朝貿易が中断することとなったが，その後，両国間の関係は修復され，対馬の宗氏を中心とする日朝貿易が続けられた。

1592年には，豊臣秀吉による朝鮮出兵が始まった。対馬の宗義智（そうよしとし）は，豊臣政権と朝鮮政府との交渉窓口となって戦争の回避に努めたがかなわず，文禄の役が始まると第一軍として朝鮮に出兵することとなった。また，朝鮮出兵の拠点として，対馬には清水山城が築かれた。

⑶　下線部(c)について，それぞれの紛争に関連して述べた文として誤っているものを，次の①～④のうちから一つ選び，番号で答えよ。 3

① 刀伊の入寇が発生した時にはすでに，紀貫之により，『古今和歌集』がまとめられていた。

② 文永の役が発生した時にはすでに，法然により，浄土宗が開かれていた。

③ 応永の外寇が発生した時にはすでに，足利義政により，銀閣が造営されていた。

④ 文禄の役が発生した時にはすでに，千利休により，わび茶が大成されていた。

⑷　下線部(d)について，日朝貿易や，同時期に行われていた日明貿易に関する説明として誤っているものを，次の①～④のうちから一つ選び，番号で答えよ。 4

① 14世紀の後半に，漢民族が明を建国し，元を北に追いやった。

② 足利義満は，明の求めに応じて倭寇を取り締まり，朝貢の形で日明貿易を始めた。

③ 14世紀の末，李成桂が高麗を倒し，朝鮮を建国した。

④ 日朝貿易では，正式な貿易船と倭寇とを区別するために，勘合が用いられた。

Ⅲ　対馬の宗義智は，朝鮮出兵によって途絶えた日朝の国交回復のため，交渉に尽力した。両国がお互いに受け入れられない条件を提示したことから，交渉をまとめるために，両国が合意できる内容に国書を偽造する，ということまでしながら懸命の交渉をおこない，1607年，ようやく最初の使節が来日した。国交回復の功績もあって，宗義智は対馬藩の初代藩主となった。江戸時代には朝鮮からの使節が合わせて12回来日したが，3回目までは，国書への回答と，朝鮮出兵の際に日本に連行された捕虜の返還を目的とする「回答兼刷還使（かいとうけんさっかんし）」と呼ばれた。４回目以降は「通信使」と呼ばれて，(e)江戸幕府の将軍の代替わりごとに派遣され，対馬の宗氏の案内で江戸まで赴いた。1711年，8回目の通信使来日のとき，江戸幕府の６代・７代将軍に仕えた儒学者新井白石は，国書における将軍の表記を「日本国大君」から「日本国王」に改めさせ，また，これまでの通信使への待遇が丁重すぎたとして，待遇を簡素化した。対馬藩に仕えていた儒学者雨森芳洲（あめのもりほうしゅう）は，「誠信の交隣」を説き，朝鮮との誠意ある外交を重視していたため，幕府の方針は外交上の儀礼に反すると批判し，新井白石と激しく対立した。1811年，12回目の通信使は，江戸まで赴かず対馬で応接して国書を交換する「易地聘礼（えきちへいれい）」の形がとられ，結果的にこれが最後の通信使となった。

明治になると，対馬は(f)1871年の廃藩置県により厳原（いづはら）県となり，その後，伊万里県に併合され，さらに佐賀県に改称された後，1872年には長崎県に編入された。

⑸　下線部(e)について，江戸幕府の将軍に関する説明として誤っているものを，次の①～④のうちから一つ選び，番号で答えよ。 5

① 徳川家光は，大名に対して，原則１年おきに領地と江戸とを往復することを義務付けた。

② 徳川綱吉は，極端な動物愛護を命じる法令を出した。

③ 徳川吉宗は，大名が江戸に住む期間を１年から半年に短縮するかわりに，幕府に米を献上させる制度をつくった。

④ 徳川慶喜は，ペリーが来航すると日米和親条約を結び，開国をした。

(6) 下線部(f)について，この時期に明治政府が行った政策に関する説明として誤っているものを，次の①～④のうちから一つ選び，番号で答えよ。［6］

① 地租改正によって，収穫高の３％が現金で納められることとなった。

② えた・ひにんの呼び名を廃止し，身分や職業も平民と同じとする布告を出した。

③ 学制によって，満６歳になった男女はすべて小学校に通うように定められた。

④ 徴兵令によって，満20歳になった男子は，士族と平民の区別なく兵役の義務を負うことになった。

Ⅳ 日清戦争・日露戦争に際して，対馬には多くの砲台が設置されるなど，軍事施設が拡充された。日露戦争中の1905年５月に発生した日本海海戦では，対馬の東方沖海域で，日本とロシアの大艦隊が激突し，日本が圧倒的勝利をおさめた。海戦の翌日，対馬に流れ着いた多数のロシア兵を島民が救助し，負傷者の手当てをしたという。この地には現在,「日露友好の碑」が立てられている。

1910年に日本が韓国を併合すると，対馬は国境の島ではなくなったが，(g)1920年代から1930年代にかけて，対馬の各地に砲台が次々と設置されていった。第二次世界大戦が終わると，対馬は再び国境の島となった。1946年には，対馬の所属について，長崎県から福岡県への転県を求める運動が展開されたが，転県には至らなかった。

2012年には，対馬の寺社から２体の仏像が韓国に持ち去られ，仏像の返還を求める日本側に対し，韓国側は「倭寇に略奪されたものであり，所有権は韓国にある」と返還を拒否するなど，国際問題に発展した。一方で，対馬では韓国との交流イベントも盛んに開催されている。

「国境の島」として，様々な紛争・対立の舞台となった対馬が，今後は「交流の島」として大きな役割を果たしていくことを期待したい。

(7) 下線部(g)について，次のA・B・Cの出来事を古いものから年代順に正しく配列したものを，あとの①～⑥のうちから一つ選び，番号で答えよ。［7］

A ドイツとソ連が，不可侵条約を結んだ。

B アメリカのローズベルト大統領が，ニューディール政策を実施した。

C ワシントン会議が開かれ，海軍の主力艦の保有を制限する条約が結ばれた。

① A→B→C　② A→C→B　③ B→A→C

④ B→C→A　⑤ C→A→B　⑥ C→B→A

(8) Ⅰ～Ⅳの文章の内容に合致する文として最も適当なものを，次の①～④のうちから選び，番号で答えよ。［8］

① 対馬は，『古事記』の「国生み神話」の中で，淡路・佐渡・種子島などとともに，最初に生み出された八つの島に含まれている。

② 宗義智が初代対馬藩主になる以前から，宗氏は日本と朝鮮との交易や交渉の窓口としての役割を果たしていた。

③ 江戸時代，通信使の待遇を丁重におこなうべきと主張する新井白石と，待遇を簡素にすべき

と主張する雨森芳洲が対立した。

④　対馬は廃藩置県によって，はじめは厳原県となり，その後，長崎県の所属となっていたが，第二次世界大戦後は福岡県の所属となった。

第２問　次の⑴から⑺までの問いに答えよ。

⑴　Ａさん・Ｂさん・Ｃさん・Ｄさんは，日本の都道府県のことを調べ，それぞれメモを作った。そのメモを読み，あとの問いに答えよ。

Ａさんのメモ

この県の県庁所在地は，世界でも珍しい一文字の（　あ　）市である。県の東部にある（　い　）半島には，複雑に入り組んだリアス海岸がある。そして，伊勢神宮には毎年多くの観光客が訪れ，おはらい町は，この地域の伝統的な家屋の形を再現している。

Ｂさんのメモ

この県の男鹿半島周辺には「なまはげ」の行事があり，国の重要無形民俗文化財となっている。また，竿燈まつりは東北三大夏まつりの一つである。県の中央部分には南北にわたる（　う　）山地がある。県庁所在地は（　え　）市である。

Ｃさんのメモ

この県はミカンの栽培で有名であるが，近年では今治を中心として，日本有数のタオルの生産地となっている。また，1999年には今治と（　お　）県の尾道を結ぶ，「尾道・今治ルート」が開通して本州との交通の利便性が向上した。県庁所在地は（　か　）市である。

Ｄさんのメモ

この県は東京都とは隣接していないが，東京大都市圏を構成する県の一つである。県の南東部には（　き　）という，日本で二番目に大きな湖沼を持つ。主な生産物はれんこんである。県庁所在地は（　く　）市である。

問（あ）～（く）に当てはまらない語はどれか，①～⑨のうちから一つ選び，番号で答えよ。

| 9 |

①　霞ケ浦　②　秋田　③　出羽　④　広島　⑤　水戸
⑥　志摩　⑦　津　⑧　前橋　⑨　松山

⑵　次の①～④の文を読み，最も適当なものを選び，番号で答えよ。| 10 |

①　領海とは，各国の海岸線から200海里以内のことである。
②　日本の標準時子午線は，東京都新宿区を通っている。
③　２万５千分の１地形図では，計曲線は50ｍごとに用いられる。
④　日本アルプスの東側には，南北にのびるサンベルトがある。

⑶　次の①～④の文を読み，適当でないものを一つ選び，番号で答えよ。| 11 |

①　北アメリカには先住民がいたが，ヨーロッパからの移民が，先住民の土地を奪って開拓を進めた。またアフリカの人々が奴隷として連れてこられた。

②　第二次世界大戦後，韓国・ベトナム・シンガポール・台湾はいち早く工業化に取り組み，アジアNIES（新興工業経済地域）と呼ばれた。

③　1967年に発足したヨーロッパ共同体（EC）は，1993年にはヨーロッパ連合（EU）に発展した。EU加盟国の多くは共通の通貨（ユーロ）を使用している。

④　アフリカでは，EUを参考にした地域統合を目指し，アフリカ連合（AU）を結成した。アフリカではレアメタル（希少金属）が豊富に産出される。

(4)　次の北海道地方に関する文章を読み，A・B・C・Dの組み合わせとして，最も適当なものを，あとの①～⑥のうちから選び，番号で答えよ。［12］

北海道の中央部には（　A　）山地があり，その北部には北見山地，南部には日高山脈がある。西部には有珠山のような活火山があり，（　B　）湖や支笏湖のようなカルデラ湖がある。有珠山周辺は世界（　C　）に認定され，環境や防災を学べる場となっている。北海道の農業は，広い土地で大型の農業機械を使い，大規模に行うことに特徴がある。砂糖の原料になる（　D　）や，その他にも，あずき，じゃがいもなどが全国一の生産量となっている。

①　A－根釧　B－十和田　C－エコタウン　D－さとうきび
②　A－根釧　B－洞爺　C－ジオパーク　D－さとうきび
③　A－根釧　B－十和田　C－エコタウン　D－てんさい
④　A－石狩　B－洞爺　C－ジオパーク　D－てんさい
⑤　A－石狩　B－十和田　C－エコタウン　D－てんさい
⑥　A－石狩　B－洞爺　C－ジオパーク　D－さとうきび

(5)　次の東さんと学さんの会話文を読み，あとの問いに答えよ。

学さん：去年のワールド・ベースボール・クラシック（以下WBC）は，本当に興奮したよね。
東さん：本当にそうね。なんと言っても，最後に大谷選手が投げて日本が優勝しちゃうんだから，ドラマティックよね。
学さん：途中で何度も負けを覚悟したけど，特に準決勝のメキシコ戦は大逆転勝利だったね。
東さん：不調だった村上選手が決勝打を打ったのよね。
学さん：グラウンドで栗山監督と抱き合ったときには，思わずもらい泣きしちゃったよ。
東さん：ところで，WBCには何チーム出場したか，知ってる？
学さん：えーっと，確かこの第５回大会から出場枠が増えた気がするけど，正確には覚えてないなぁ。
東さん：公式サイトを見たら，この第５回WBCから，本大会には20チームが参加してるのよ。
学さん：そうなんだ，１次ラウンドから準々決勝までは，日本代表はずっと東京ドームで試合をしていたから，そんなにたくさんの国と地域が出場していたとは知らなかったよ。
東さん：日本をはじめアジアからは，中国・韓国・チャイニーズ＝タイペイ（台湾）・イスラエル，ヨーロッパからはオランダ・イタリア・チェコ共和国・イギリス，北中南米からは，アメリカ・カナダ・メキシコ・キューバ・パナマ・コロンビア・プエルトリコ・ベネズエラ・ドミニカ共和国・ニカラグア，オセアニアからはオーストラリアが参加しているわ。
学さん：アフリカからは参加していないんだね。
東さん：2022年の９～10月に，前回本戦に出場できなかった12カ国で予選が行われ，その中には，南アフリカ共和国も出場したようよ。
学さん：それにしても，北中南米の国が多いんだね。

東さん：やっぱり，アメリカのメジャーリーグは世界最高峰だから，アメリカンドリームを目指す選手が多いんじゃないかな。

問　次の文は，会話文に登場するいずれかの国の説明である。会話文に登場しない国の説明を①～⑥のうちから一つ選び，番号で答えよ。 13

① 地中海に面し，首都ローマ市内には，カトリック教会の中心であるバチカン市国が存在する。

② 南半球に位置し，レアメタルの産出量が多く，クロムの産出量は世界有数である。首都はプレトリア。

③ 国民の多くはイギリス系だが，ケベック州では公用語は英語とフランス語である。首都はオタワ。

④ 南半球に位置し，羊などの牧畜が盛んで，先住民マオリの文化を持つ。首都はウェリントン。

⑤ 首都ソウルを中心にハイテク産業が発展し，スマートフォンの生産量・販売量は世界有数である。

⑥ ヨーロッパに位置し，大気汚染や交通渋滞の対策として自転車専用道路が整備されている。首都はアムステルダム。

(6) 次の世界の主食に関する文章や表を読み，あとの問いに答えよ。

世界の国々では，様々なものが主食として食べられています。アジアでは米や小麦を原料とした麺（めん）類が多く食べられています。米の生産が豊富な**ベトナム**（東経105度とする）では，炊飯した米だけでなく，米をすりつぶして平麺にした「フォー」や丸い細麺の「ブン」，薄く引き伸ばした「ライスペーパー」など，食べ方も様々です。また**中国**（東経120度とする）では，もともと低温で乾燥している北部では米作に向かず，小麦を中心とした麺類や「饅頭（マントウ）」「包子（パオズ・バオズ）」といった蒸しパンが主食として食べられており，温暖な南部では米が主食としてよく食べられています。

ヨーロッパの主食はパンが多いですが，パンと言っても**イタリア**（東経15度とする）の平たい「フォカッチャ」や細長い棒状の「グリッシーニ」など，その形状は様々です。そして，イタリアのパスタ（水と小麦粉を練ったもの）は，「スパゲッティ」や「マカロニ」など500以上の種類があると言われています。また，イギリスやドイツ，オランダ，フィンランドなどでは，じゃがいもが主食として食べられており，「フライドポテト」や，ゆでてつぶした「マッシュポテト」がよく食べられます。一方，**ロシア**（東経45度とする）では一般的にはパンがよく食べられますが，穀物や豆類を水やスープ・牛乳などで煮込んだ「カーシャ」も主食として食べられ，そばの実で作られた「カーシャ」も人気です。

アフリカは54の国からなる広大な地域です。従って，主食もそれぞれの地域で様々なものが食べられています。北部は砂漠などがあり乾燥地帯のイメージがありますが，地中海性気候に恵まれ，小麦の栽培も盛んです。モロッコやチュニジアでは小麦粉をこねて粒状にした「世界最小のパスタ」ともいわれる「クスクス」がよく食べられます。南部や東部ではトウモロコシを粉状にして水を練り合わせて作る「パップ」「ウガリ」がよく食べられます。ウガンダでは「マトケ」と呼ばれるでんぷん質の豊富なバナナが料理に使われます。西部ではキャッサバなどの芋（いも）を使った「フフ」と呼ばれる餅（もち）状の食べ物が主食です。

ラテンアメリカでも様々なものが主食として食べられています。**メキシコ**（西経90度とする）では，乾燥したトウモロコシをアルカリ性の石灰水でゆでてすりつぶした粉から作る「トルティーヤ」という薄いパンをよく食べます。メキシコでもトウモロコシの栽培ができない北部では小麦を使ったトルティーヤが食べられます。南米ではジャガイモがよく食べられますが，ペルーやブラジル（西経45度とする）などでは米も主食としてよく食べられます。

その他の地域では，太平洋上の国々ではタロイモやヤムイモなどの芋類が伝統的な主食でしたが，現在では調理の楽な米やパンもよく食べられています。

表１（米の生産量：2019年）

国名	生産量（万トン）	%	国名	生産量（万トン）	%
中国	20,901	27.7	タイ	2,836	3.8
インド	17,765	23.5	ミャンマー	2,627	3.5
インドネシア	5,460	7.2	フィリピン	1,881	2.5
バングラデシュ	5,459	7.2	パキスタン	1,112	1.5
ベトナム	4,345	5.8	⋮	⋮	⋮
			世界計	**75, 547**	**100. 0**

表２（小麦の生産量：2019年）

国名	生産量（万トン）	%	国名	生産量（万トン）	%
中国	13,360	17.4	カナダ	3,235	4.2
インド	10,360	13.5	ウクライナ	2,837	3.7
ロシア	7,445	9.7	パキスタン	2,435	3.2
アメリカ	5,226	6.8	ドイツ	2,306	3.0
フランス	4,060	5.3	⋮	⋮	⋮
			世界計	**76, 577**	**100. 0**

（「データブック　オブ・ザ・ワールド2022」より）

問１　日本（東経135度とする）が11月７日午前６時のとき，11月６日午後10時の国はどれか，①～⑥のうちから一つ選び，番号で答えよ。［14］

①　ベトナム　②　中国　③　イタリア
④　ロシア　⑤　メキシコ　⑥　ブラジル

問２　次の世界の主食に関する文の中で適当でないものを①～⑥のうちから一つ選び，番号で答えよ。［15］

①　メキシコでは，小麦を使った「トルティーヤ」も食べられている。
②　中国の北部では，小麦を中心とした麺類や蒸しパンが主食として食べられている。
③　米の生産量をあらわす表１の国名は，すべてアジアの国名である。
④　表２で中国とインドを合わせた生産量より，他の７か国を合わせた生産量の方が多い。
⑤　イタリアのパスタは，500以上の種類があると言われている。
⑥　ロシアでは，タロイモやヤムイモが伝統的な主食だが，パンもよく食べられている。

⑺　次のページの表や写真，会話文を参考にして，あとの問いに答えよ。

表１（世界各地の月平均気温・月降水量）　上段…月平均気温（℃）　下段…月降水量（mm）

都市名	１月	２月	３月	４月	５月	６月	７月	８月	９月	10月	11月	12月
A	14.1	14.8	17.3	21.6	24.5	27.4	28.0	28.2	26.6	24.0	19.2	15.1
	7.1	4.3	6.9	1.2	0.4	0.0	0.0	0.3	0.0	0.1	6.4	7.9
B	10.1	11.6	12.7	13.8	15.3	16.8	17.5	18.0	18.2	16.4	13.2	10.3
	100.7	105.8	70.3	32.3	14.4	3.1	0.1	1.1	4.4	22.8	58.6	103.5
C	−6.5	−6.7	−1.0	6.7	13.2	17.0	19.2	17.0	11.3	5.6	−1.2	−5.2
	51.6	43.1	35.2	36.3	50.3	80.4	84.3	82.0	66.8	71.3	54.9	50.3
D	24.8	23.4	21.8	17.8	14.6	11.8	11.0	12.9	14.6	17.7	20.5	23.2
	144.7	120.5	144.2	136.0	93.8	60.8	59.9	76.2	71.6	127.1	127.4	110.6
E	26.6	27.2	27.6	28.0	28.4	28.4	27.9	27.8	27.7	27.7	27.0	26.6
	246.3	114.1	173.8	151.5	167.4	136.1	155.8	154.0	163.1	156.2	265.9	314.8

（「データブック　オブ・ザ・ワールド 2022」より）

写真Ⅰ

写真Ⅱ

写真Ⅲ

写真Ⅳ

写真Ⅴ

S先生：これまでの授業で，世界の気候について学んできたけど，表１のＡからＥに入る都市名と，写真Ⅰから写真Ⅴの組み合わせがわかるかな？　先生も所々でヒントを出すから，思いついたことを発言してほしい。ちなみに，ＡからＥに入る都市は，アメリカ合衆国，アルゼンチン，エジプト，シンガポール，ロシアの都市だよ。

Kさん：写真Ⅰは森の写真かな？　他の写真と比べても，気温や降水量は多そうだね。

S先生：そうだね。この写真はマレー半島の南端にある，小さな国の熱帯雨林を写したものなんだ。

Nさん：写真Ⅱは，ずばり瀬戸内海でしょ！

Kさん：先生は日本の都市って言ってないでしょ。

S先生：いや～，確かに瀬戸内海にありそうだよね。でも違うんだ，これは「金門橋（ゴールデンゲートブリッジ）」といって，アメリカ西海岸にあるんだ。でも，Nさんナイスチャレンジ！

Kさん：写真Ⅲは有名な「赤の広場」ですよね。何だか童話に出てくるおとぎの国みたいな建物があって，よく覚えてます。

S先生：そうだね，でも2022年２月から，ここはそんな平和な状況じゃなかったよね。

Yさん：写真Ⅳは砂漠の写真だと思うので，表の中で一番降水量が低い都市のものだと思います。

S先生：写真Ⅳはラクダが写っているからね。ちなみに，この写真Ⅳの隣の都市ギザには「三大ピラミッド」があるんだよ。最後の写真Ⅴは，ちょっと難しいと思うけど，どうかな？

Yさん：う～ん，整然とした街並みからヨーロッパかなぁ？

Kさん：ロシアのような気もするけど。

S先生：やはり，ちょっと難しかったね。写真Ⅴはヨーロッパではなく，南半球にあって2022年のサッカーワールドカップで優勝した国なんだよ。

Nさん：メッシ！

問　表１のＡ～Ｅの都市名と写真Ⅰ～Ⅴの組み合わせとして最も適当なものを，次の①～⓪のうちから選び，番号で答えよ。 16

① Ａ－リヤド－写真Ⅳ
② Ａ－カイロ－写真Ⅰ
③ Ｂ－ニューヨーク－写真Ⅱ
④ Ｂ－倉敷市－写真Ⅱ
⑤ Ｃ－モスクワ－写真Ⅴ
⑥ Ｃ－モントリオール－写真Ⅲ
⑦ Ｄ－ブエノスアイレス－写真Ⅴ
⑧ Ｄ－マドリード－写真Ⅴ
⑨ Ｅ－バンコク－写真Ⅰ
⓪ Ｅ－クアラルンプール－写真Ⅰ

第３問　次の文章と会話文を読み，あとの⑴から⑷までの問いに答えよ。

2023年５月19日から５月21日にかけて広島で主要国首脳会議（サミット）が開催された。日本が議長国を務めるのは今回で７回目となる。議長である日本の岸田文雄首相は，サミット後に開かれた議長国記者会見で，「厳しい(a)安全保障環境のもと，国民の安全を守り抜くこと，『核兵器のない世界』という理想を見失うことなく，それを追い求め続けることが私たち首脳の責任だ」と(b)平和への強い思いを述べた。

生徒：先生，サミットを開催する理由を教えてください。

先生：世界には多くの国と地域があって，それぞれが様々な文化や思想を持っているよね。だけど，人や物，情報などは国境を越えて結びつきが強くなっているよ。だから，同じ悩みを持ったり，一緒に解決していく問題が出てきたりしているんだよ。そうした国際社会の大切な課題について話し合うためにサミットが開催されるんだよ。

生徒：そうなんですね。ところで，なぜ，広島で開催されたのですか。

先生：広島と聞いて思い浮かぶことはないかな。

生徒：(c)第二次世界大戦で原子爆弾が落とされた場所です。

先生：そうだよ。日本は世界で唯一の戦争被爆国だね。原子爆弾による被害を受けながらも戦後復興をとげた広島は，サミットで世界の首脳たちが平和を約束する場所としてふさわしいと判断されたんだ。

生徒：ロシアによるウクライナ侵攻が起こったり，各地では核兵器などの大量破壊兵器が使用される危険性が高まったりしているから，みんなで平和を守るために一致団結したんですね。

先生：今回のサミットで世界の首脳たちが特に強調したことに，「法の支配」というものがあるよ。

生徒：「法の支配」はこの場合，武力によって他国を従わせようとするのではなく，だれもが決めたルール，つまり法を守って平和を実現するということですね。

先生：その通り。そもそも私たちにとって大切な(d)人権は法によって保障されていることを忘れてはいけないよ。では，平和を実現する上で，みなさんができることは何かな。

生徒：世界でどのような問題が起こっているか，世界にはどのような課題があるかを知ることです。そして，それらのことに対して自分の考えを持ち，声をあげ，自分なりの行動をすることです。

先生：そうだね。サミットに参加した世界の首脳だけでは，平和な世界はつくれない。私たち一人ひとりが協力して平和に暮らせる世界をつくっていかなければならないんだ。

(1) 下線部(a)について，日本の安全保障の内容を述べた文として誤っているものを，次の①～④のうちから一つ選び，番号で答えよ。 17

① 日本は防衛のためにアメリカと日米安全保障条約（日米安保条約）を結んでいる。

② 2021年の時点で，日本にあるアメリカ軍専用施設数の約４割，面積の約７割が沖縄県に集中している。

③ 日本政府は2015年に，集団的自衛権の行使を全面的に禁止する法改正を行った。

④ 日本は，核兵器を「持たず，作らず，持ち込ませず」という非核三原則をかかげている。

(2) 下線部(b)について，次の文は日本国憲法で定められた平和主義に関する条文である。（ア）～（ウ）に当てはまる語句・数字の組み合わせとして最も適当なものを，あとの①～⑧のうちから選び，番号で答えよ。 18

日本国憲法　第（　ア　）条　第１項

日本国民は，正義と秩序を基調とする国際平和を誠実に希求し，（　イ　）と，武力による威嚇又は武力の行使は，（　ウ　）を解決する手段としては，永久にこれを放棄する。

① ア－7　イ－国権の発動たる戦争　ウ－国際紛争
② ア－7　イ－国権の発動たる戦争　ウ－全世界の恐怖と欠乏
③ ア－7　イ－陸海空軍その他の戦力　ウ－国際紛争
④ ア－7　イ－陸海空軍その他の戦力　ウ－全世界の恐怖と欠乏
⑤ ア－9　イ－国権の発動たる戦争　ウ－国際紛争
⑥ ア－9　イ－国権の発動たる戦争　ウ－全世界の恐怖と欠乏
⑦ ア－9　イ－陸海空軍その他の戦力　ウ－国際紛争
⑧ ア－9　イ－陸海空軍その他の戦力　ウ－全世界の恐怖と欠乏

(3) 下線部(c)について，第二次世界大戦中の日本における憲法の内容を述べた文として最も適当なものを，次の①～④のうちから選び，番号で答えよ。 19

① 天皇の地位は，統治権を持つ元首および日本国・日本国民統合の象徴である。

② 国権の最高機関であり，唯一の立法機関といわれる国会では，衆議院の議員だけが選挙に

よって選ばれた。

③　天皇が定める民定憲法であり，国の政治の決定権（主権）は天皇が持つという天皇主権の考えに基づいている。

④　国民は「臣民」とされ，臣民の権利は法律によって制限された。

(4)　下線部(d)について，基本的人権に関する記述として誤っているものを，次の①～④のうちから一つ選び，番号で答えよ。 20

①　社会権について，日本国憲法第25条では「すべて国民は，健康で文化的な最低限度の生活を営む権利を有する」と生存権を規定している。

②　自由権について，日本国憲法が保障する自由権には，精神の自由，身体の自由，経済活動の自由がある。

③　参政権について，2016年から満18歳以上の全ての国民に選挙権・被選挙権が認められている。

④　平等権について，日本国憲法第14条では「法の下の平等」を規定しているが，偏見に基づく差別が，今もなお残っている。

第４問　次の文章を読み，あとの(1)から(4)までの問いに答えよ。

国や地方公共団体（政府）のおこなう経済的な活動を（　ア　）といいます。政府の収入は，税金（租税）でまかなわれ，社会保障や公共事業などに支出します。国民は生活に必要な様々な仕事を政府に任せる代わりに，その費用として税金を負担しています。

１年間の政府の収入と支出の計画を予算といいます。2022年度の当初の予算は右の図のようになります。予算を審議して議決するのは（　イ　）です。国民は主権者として注目する必要があります。

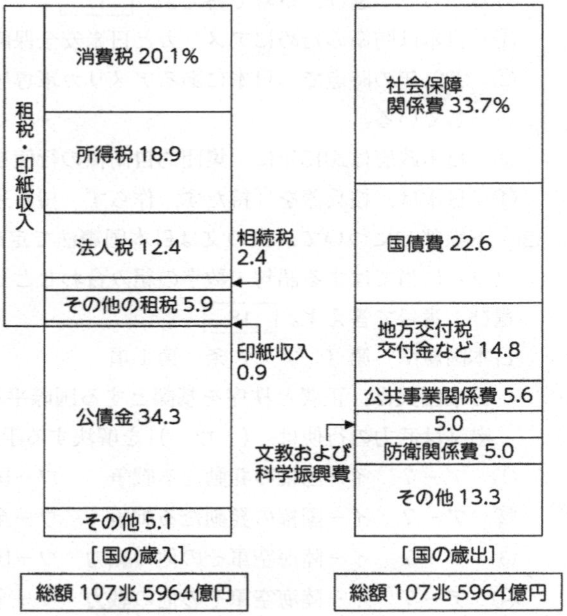

図　2022年度当初の国の一般会計予算

(1)　文中の（ア）に入る言葉として最も適当なものを，次の①～④のうちから選び，番号で答えよ。

21

①　コンプライアンス　②　カルテル　③　金融　④　財政

(2)　文中の（イ）に入る言葉として最も適当なものを，次の①～④のうちから選び，番号で答えよ。

22

①　内閣　②　議会　③　財務省　④　会計検査院

⑶　前のページの図から読み取れるものとして最も適当なものを，次の①～④のうちから選び，番号で答えよ。 23

①　歳入に占める公債金の割合は３分の１未満に抑えられている。

②　法人税の収入は20兆円以上となっている。

③　防衛関係費の歳出は５兆円以上となっている。

④　歳入に占める租税収入を合計すると70％以上を占めている。

⑷　**下線部**について述べた文として誤っているものを，次の①～④のうちから一つ選び，番号で答えよ。 24

①　政府に税金を納める納税者と実際に負担する担税者とが異なる税金のことを間接税という。

②　様々な種類の税金があるが，日本の場合は，すべての税金は国に納められ，その後，各地方自治体に配分される。

③　所得税は，所得が高い人ほど税金の割合（税率）を高くする方法をとっており，それを累進課税という。

④　消費税などの間接税は，所得が低い人ほど所得に占める税金の割合が高くなるという逆進性がある。

第５問　2023年の出来事について述べた文として誤っているものを，次の①～④のうちから一つ選び，番号で答えよ。 25

①　５月，厚生労働省は，新型コロナウイルス感染症を「２類相当」から季節性インフルエンザと同じ「５類」へ引き下げた。

②　５月，広島で開催されたサミットにウクライナのゼレンスキー大統領がゲスト国の首脳として参加し，広島の平和記念資料館を訪問した。

③　６月，性的少数者（LGBT）への理解を増進し，差別を解消することを目的とした「LGBT理解増進法」が，国会で成立した。

④　８月，日本政府は，福島第一原子力発電所の処理水の海洋放出を予定していたが，各国からの強い批判を受け，実施を無期限延期とした。

推《お》し量らひてこそ候へ《こそ推し量られてございます》。［E］、一寸法師は、姫君を先に立ててぞ出でにける。

※1　一寸法師…老夫婦が、住吉大明神に参拝した後に誕生した子。背たけが一寸（約三センチメートル）しかなかったので、「一寸法師」と名付けられた。

2　宰相殿…国政に携わる重職を担《にな》うもの。一寸法師のことを「おもしろき者」と笑って受け入れた。

（『室町物語草子集』より）

（1）A茶袋ばかり持ちて泣きゐたり　より後の場面の説明として最も適当なものを次の①～④のうちから選び、番号で答えなさい。［24］

① 自分が集めておいた神前に供える米を姫君が奪って食べてしまったと、一寸法師が宰相殿に訴えている。

② 一寸法師が特別な存在としてお供えの米を与えられ大切にされていることを、姫君がひがんで父を責めている。

③ 娘を幸せにしてくれると思っていた一寸法師に裏切られ、宰相殿が怒りを感じながらも娘の姫君を慰めている。

④ 自分を受け入れてくれた宰相一家への感謝の気持ちが周囲に理解されないことを、一寸法師は嘆いている。

（2）Bまことに偽りならず　から始まる心内語は、誰の気持ちを述べたものか。適当なものを次の①～④のうちから一つ選び、番号で答えなさい。［25］

① 一寸法師　② 宰相殿　③ 姫君　④ 作者

（3）C心の中に嬉しく思ふこと限りなし　とあるが、その時の気持ちとして最も適当なものを次の①～④のうちから選び、番号で答えなさい。［26］

① なんて素敵《すてき》なことだろう。愛《いと》しい一寸法師様とこの先ずっと一緒にいられるなんて。

② ああ、宰相様はなんと優しいんだ。私の気持ちを察して、姫君と二人で旅に出ることを許してくれるなんて。

③ ああ、なんという幸運なんだ。これで、大切な姫君を意地悪な宰相殿からお守りすることができるぞ。

④ よし、私のたくらみはうまくいった。これで私の願い通り、姫君を妻にすることができそうだ。

（4）D御心の中、推し量らひてこそ候へ　とあるが、本文の［E］には、作者の姫君に対する気持ちが反映した言葉が入る。最も適当なものを次の①～④のうちから選び、番号で答えなさい。［27］

① あらうれしや　② あらたのもしや

③ あらいたはしや　④ あらにくらしや

（5）本文は、室町時代を中心に成立したとされる御伽草子《おとぎぞうし》の一作品である。室町時代よりも後に成立した作品を次の①～④のうちから一つ選び、番号で答えなさい。［28］

① 徒然草　② 竹取物語

③ おくのほそ道　④ 新古今和歌集

B　タイガイ大丈夫だろう。［21］

① 事件のガイリャクを説明する。
② ガイトウ者は三名いる。
③ ガイトウで演説する。
④ 不公平な扱いにフンガイする。

C　老後に十分なチョチクがある。［22］

① ハチクの勢いで進撃する。
② ケンチク家になりたい。
③ チクサン業に興味がある。
④ ガンチクのある文章である。

D　昆虫のヒョウホンを眺める。［23］

① 海岸にヒョウチャクする。
② 交通ヒョウゴを考える。
③ ヒョウロン文を読む。
④ 優れたヒョウゲン力。

【4】　次の文章を読んで、後の（1）から（5）までの問いに答えなさい。（本文……の左側は現代語訳である。）

かくて、年月送るほどに、（※1）一寸法師《いっすんぼうし》十六になり、背《せい》はもとのままなり。さる程《ほど》に、（※2）宰相殿《さいしょうどの》に、十三にならせ給《たま》ふ姫君《ひめぎみ》おはします（十三才におなりになる姫君がいらっしゃる）。御かたち（御容姿）すぐれ候《そうら》へば、一寸法師、姫君を見奉《みたてまつ》りしより（拝見した時から）、思ひとなり、いかにもして案をめぐらし、わが女房《にょうぼう》にせばやと思ひ（自分の妻にしたいものだ）、ある時、みつものの打撒《うちまき》取り（神前に供える米を取り）、茶袋に入れ、姫君の臥《ふ》しておはしますに（寝ていらっしゃるうちに）、はかりことをめぐらし、姫君の御口にぬり、さて、A茶袋ばかり持ちて泣きゐたり。宰相殿御覧じて、御尋ねありければ、「姫君の、わらは（私）がこのほど取り集めて置き候ふ打撒を、取らせ給ひ御参り候ふ」と申せば（お召し上がりになりました」と申し上げると）、宰相殿、おほきに（大変に）怒《いか》らせ給ひければ、案のごとく、姫君の御口に付きてあり（米粒がついている）。Bまことに偽《いつわ》りならず、かかる者を都に置きて何かせん、いかにも失ふべしとて（このような者を都において何としよう、何とかして家から追い出そうと思い）、一寸法師に仰《おお》せつけらるる（一寸法師に処置をお命じになられた）。一寸法師申しけるは、「わらはがものを取らせ給ひて候ふ程に、とにかくにもはからひ候へとありける」（私のものをお取りになりましたために、どうにでも取りはからうようにとの仰せがございました）とて、C心の中に嬉《うれ》しく思ふこと限りなし。姫君は、ただ夢のここちして、あきれはててぞおはしける（すっかりぼんやりしていらっしゃった）。一寸法師、「とくとく」（早く早く）とすすめ申せば、闇へ遠く行く風情《ふぜい》にて（闇の中へ遠く行く気分で）、都を出でて、足に任せて歩み給ふ。D御心の中（そのお心の中）、

（3）Bここに、名前が書いてある　とあるが、この時の「先生」の説明として不適当なものを、次の①～④のうちから一つ選び、番号で答えなさい。 15

① どちらが正しいか見当がつかなかったが、やっと決着がついてほっとしている。
② 青木が正しいと見当がつき、少し気が楽になっている。
③ 事実が分かったことに安心し、中田への対応まで気が回らないでいる。
④ 明らかな証拠があるのに隠していた二人に対し、怒りが湧き出している。

（4）瓜 C つ に入る最も適当な漢数字を次の①～④のうちから選び、番号で答えなさい。 16

① 二　② 三　③ 八　④ 九

（5）Dその日の昼休み、青木は斜面に腰をおろしていた。中田はいつもと変わらぬ様子で斜面にやってきて、青木とやや離れた場所に腰をおろした　とあるが、この時の二人の説明として最も適当なものを次の①～④のうちから選び、番号で答えなさい。 17

① 動揺が抑えきれない青木に対し、中田は反省している気持ちを表現できずにいる。
② 勝ち誇った青木の様子が、仲直りのきっかけをつかみたい中田を寄せつけないでいる。
③ 自分が悪くても知らんぷりをするしかない中田の気持ちを察して、青木はそっとしている。
④ 心の揺れている青木は、何を考えているか分からない中田の様子に戸惑っている。

（6）本文に描かれる二人の少年たちのうちいずれかの説明として適当なものを、次の①～⑥のうちから二つ選び、番号で答えなさい（解答の順序は問わない）。 18 ・ 19

① 友情が崩れかけるような出来事があっても、お互いを思いやる仲間意識の強い少年。
② 二人のどちらが正しいか全くわからないまま、とりあえず一方をなだめている仲間の少年。
③ 一人の少年の行動に問題があるらしいと考え、それとなくもう一方を思いやる少年。
④ 友人が何を考えているか理解できないままで心の揺らぐ自分を抑えようとする少年。
⑤ 友人にひどいことをしてしまったが謝る機会を失い、素直になれない自分にいらだつ少年。
⑥ 思いがけずお互いが対立してしまい、今までの安定した関係性を懐かしむ少年。

【3】 次のAからDまでの――をつけたカタカナと同じ漢字を使うものを、①～④のうちからそれぞれ選び、番号で答えなさい。

A 会社をケイエイする。 20

① 都市のケイカンを保護する。
② 結果をシュウケイする。
③ ケイカを観察する。
④ ケイシャした建物。

「Bここに、名前が書いてある」

と、今までは釘付けにされて隠れていた木口《こぐち》を差し示した。そこには、鉛筆で薄く「青木」と記した字が見られた。

「青木は、ここに名前を書いたことを、どうして言わなかったんだ」

「忘れていました」

と、青木も気の抜けた声を出した。いままで微細な特徴をあれこれと述べ合っても判断がつかなかった本立ての製作者が、一瞬の間に定まってしまったので、青木自身あっけない気分になっていたのだ。

しかし、間もなく烈しい怒りが、青木を捉えた。

「おい、きさま、これでもまだ自分のものだと言うつもりか」

青木は、中田の肩口を一突きした。中田は二、三歩よろめいたが、すぐに踏みとどまると、平然とした表情を崩さずに言った。

「瓜《うり》[C]っていうことも、世の中にはあるからね」

「なにっ」

という青木の声もb毒気を抜かれて烈しさが失われていた。中田を叱《しか》る立場の教師は、反対に、手を振りながら、

「まあ、まあ」

と二人の少年の間に割って入った。

Dその日の昼休み、青木は斜面に腰をおろしていた。中田はいつもと変わらぬ様子で斜面にやってきて、青木とやや離れた場所に腰をおろした。

さすがに、二人は口をきき合わなかったが、青木少年には動揺がおもてに現れていて、二人を見くらべると罪を犯したのは青木の方だったように思えるくらいだった。

斜面の少年たちの間には、妙な沈黙が拡がっていた。赤川少年は、しばらく二人を見くらべていたが、やがて立ち上がると、

「へっ、中田というやつは……」

と呟《つぶや》いて、斜面を走り下った。

(1) a勢い込んで　b毒気を抜かれて　のここでの意味として最も適当なものを、次の①～④のうちからそれぞれ選び、番号で答えなさい。

a　勢い込んで　[12]

① 興奮した様子で　② 相手を非難する態度で

③ 自信を持った様子で　④ 冷静な態度で

b　毒気を抜かれて　[13]

① 落ち着いた気持ちになって　② 相手への怒りがおさまって

③ 恨みが消し飛んで　④ 攻撃する気分が消えて

(2) Aこのような問答が、幾回も繰り返された　とあるが、この間の「青木」の説明として最も適当なものを次の①～④のうちから選び、番号で答えなさい。[14]

① 自分の主張がなかなか通らないので、自分の物が他人の物にされてしまうのではないかと不安を感じ出した。

② 自分が正しいのだから、先生はやがて必ず自分の言い分を認めてくれるだろうとずっと信じ込んでいた。

③ 中田の言葉を聞いているうちに、自分の言っていることが実は間違っているのではないかと自分を疑い始めた。

④ 先生が自分を疑い出したと感じ、どうやったら中田を黙らせて自分に有利な状況を作り出せるかを考え始めた。

その本立てを目の前に置き、特徴を交互に言わせて、確認することにした。

これを踏まえて読み、後の（1）から（6）までの問いに答えなさい。

まず、青木がa勢い込んで言った。

「側面の板に、釘を打ち損なった穴が一つある筈《はず》です」

教師は、膝の上の本立てをのぞき込むようにして調べた。スダレ形に撫《な》でつけた頭の地肌が、二人の少年の前に突き出された恰好《かっこう》になった。

「なるほど、釘の穴が一つあるな」

今度は、中田が落ち着いた声で言った。

「その反対の側面に、カンナを間違って掛《か》けた逆目《さかめ》の痕《あと》があります」

「なるほど、逆目の痕があるな」

青木が言った。

「板の模様が糸ノコギリでくり抜いてありますが、一番上の丸い形が少し歪《ゆが》んでイビツになっています」

「なるほど、そうなっておる」

中田が言った。

「そこの模様の下図の鉛筆の線が、消えのこって薄くついています

「なるほど、そうなっておる」

Aこのような問答が、幾回も繰り返された。二人とも、正確にその作品の特徴を言い当ててゆくのだ。中田の答えのなかには、青木自身が気付いていなかった些細《ささい》な特徴まで含まれていた。青木は、やや唖然《あぜん》とした面持《おもも》ちになった。その表情をうかがっている教師の眼に行き当たると、「先生は僕の方が、一層うかがわしいと考えはじめたようだ」と、青木は思いはじめた。

青木は、当惑した。眼の前のまぎれもない自分の作品が、なぜ、さっさと自分に帰属しないのか、もどかしさに、青木は苛立《いらだ》った。そして、中田にたいする、烈《はげ》しい憤りが胸の中に突き上げてきた。

一方、中田は、平然とした表情を少しも崩さなかった。

本立ての特徴についての問答は、長い時間つづいた。とうとう、二人とも種切れになってしまった。中田の方が、二つ三つ余計に特徴を述べることができた。教師は、疲れた面持ちで、

「これでは、どっちがどっちか判断の下しようがない。君たち、名札以外に、どこかに自分の名前を書いておかなかったのか」

「ありません」

「はい、ありません」

教師はしばらく考えていたが、

「こうなったら、この本立てを分解して、その上で外から見えなかった部分の特徴について言ってもらおう。いいね、これをバラバラにして構わないね」

「はい、構いません」

と、二人の少年は同時に答えた。

教師は木槌《きづち》を使って、本立てを分解しはじめた。一つ一つの部分がとり外されてゆく度に、青木は心に痛みを覚えて眉のあたりが歪んだ。

解体された木片を、教師は一つずつ取り上げて調べていたが、急に高い声を出した。

「オヤ」

それから、気の抜けたような声になって、

いうのか。その理由の説明として最も適当なものを次の①～④のうちから選び、番号で答えなさい。[7]

① 自分の意見に影響してくるような関わりを社会に対して持たない人たちによる議論が行われていたから。

② 商業的に繁栄した土地で十分に成功した人たちだけが参加して議論が行われていたから。

③ 経済の豊かさに応じて警察機関が発達し、議論が激しく対立しても参加者の身に危険が及ぶことがなかったから。

④ 公平さを重視することが参加者によって誓われ、都市や集団の利益にこだわらなかったから。

(5) C(女性や奴隷などは議論の場から排除されていました)とあるが、筆者がこの一文を加えたのはなぜか。その理由の説明として不適当なものを次の①～④のうちから一つ選び、番号で答えなさい。[8]

① 歴史的な事実を示して読者による過度の理想化を防ぐため。

② 内容からは注目されにくい重要な知識を読者に与えるため。

③ 読者が見落とすかもしれない事実への注意をうながすため。

④ 歴史的な事実を示して現代社会の差別を正当化するため。

(6) 本文の[D]に入れるのに最も適当なものを次の①～④のうちから選び、番号で答えなさい。[9]

① 誰もが自分にとっての利益を重視し、それが「みんな」との関係の変化によって実現する。

② 誰もが利益を欲することが当然だからこそ、そこで「みんな」が合理的に取引できるかどうか。

③ 自分にとって利益があるかどうかとは関係なく、「みんな」にとって望ましいのかどうか。

④ 自分にとっての利益はいったん忘れて、「みんな」のために奉仕する覚悟を持つ。

(7) 本文の内容に合致するものを、次の①～⑥のうちから二つ選び、番号で答えなさい(解答の順序は問わない)。[10]・[11]

① 政治は、精神的な自由を確保した者のみが集まって議論され、世界中で同じ決定が行われるのが理想とされるものだ。

② 政治とは、私的領域と公的領域が明確に区別されたうえで、私的領域に徹して綿密な議論から生み出されるものだ。

③ 公的領域は私的領域とは異なり、自らの立場に距離をとった思考によって意識される。

④ 公的領域とは、私的領域と補い合う関係であり、ともに個人の利害を重視する。

⑤ アーレントの理想とする政治は、話し合いという方法だけで社会をいかに動かすかを考えるものだと言える。

⑥ アーレントは、政治とは社会を変化させるために、個人がより強く他の個人と結びつくようになるべきものだと考えた。

【2】 次の文章は、吉行淳之介の小説『斜面の少年』の一節である。

青木と中田は同じ高校に通い、授業後になると校庭に接した土手の斜面で話しながらなんとなく時を過ごすような仲間である。ある時、学校の工作に青木が提出した木製の本立てがなくなったが、数日後に、それは中田の名札がついて展示されていた。青木はこれを自分のものだと先生に訴えた。すると先生は、青木と中田の二人を呼んで、ての利害について、あるいは「みんな」のあるべき姿について、議論することができたのだ、とアーレントは考えたのです。

　もう少し平たい言い方をすれば、こう表現することもできます。――自分の生活にとらわれている限り、人は自由ではありません。誰かと議論しているときでも、自分の生活ばかりに目を向けているなら、その議論は［オ］をたどってしまうでしょうし、そもそもそんな議論には誰も参加してくれないでしょう。「それって結局自分のことでしょ？　私には関係ないでしょ？」と、まわりの人々は思うだろうからです。

　だからこそ、他者と議論するためには、自分の生活にこだわることをやめなければなりません。［D］

そうした視点から物事を考えられるようになったとき、はじめて人は本当の意味で自由を獲得し、他者との議論の場に加わることができます。アーレントは、そうした議論こそが公共性を形づくる、と考えていました。

　もっとも、ただ話し合いをすることだけが政治ではありません。政治とは、先ほども述べたとおり、現実に対して働きかけ、何かを変えていく運動です。そうである以上、他者と議論を重ねながらも、他者と連帯し、ともに活動することが必要になります。

（戸谷洋志『SNSの哲学』より）

※1　前述の通り…「前に述べた通り」の意。この文章の前の内容を指している。次の段落にある「私たちが先ほど考えた」も同じ。

2　アーレント…二十世紀に活動した、ドイツ出身のアメリカ人哲学者。政治を扱った書物が多い。

(1) 本文中の［ア］～［ウ］に当てはまる言葉として最も適当なものを次の①～⑥のうちからそれぞれ選び、番号で答えなさい。

ア…［1］　イ…［2］　ウ…［3］

①　さて　②　たとえば　③　やがて　④　また
⑤　もし　⑥　しかし

(2) 本文中の［エ］と［オ］に当てはまる言葉として最も適当なものを次の①～④からそれぞれ選び、番号で答えなさい。

エ　［4］

①　知らず知らず　②　一所懸命に
③　否応《いやおう》なく　④　あてどなく

オ　［5］

①　垂直線　②　対角線　③　平行線　④　回帰線

(3) A私的領域の大きな特徴　とあるが、どういうことか。最も適当なものを次の①～④のうちから選び、番号で答えなさい。［6］

①　一人一人の人間が他の人々のためにどうしてもしなければならないということ。
②　個々の人間が他の人々から強制されずに、自主的にやらねばならないということ。
③　個人個人が好き嫌いにかかわらず、生きていくためにしなければならないということ。
④　全ての人間が他の人間と協力して暮らすうえで、自分を犠牲にしなければならないということ。

(4) Bアーレントがそのモデルとして考えていたのは、古代ギリシャのポリス（都市国家）と呼ばれる空間でした　とあるが、「古代ギリシャのポリス（都市国家）」をアーレントはなぜ「モデル」としたと

【国語】（四〇分）〈満点：一〇〇点〉

【1】次の文章を読んで、後の（1）から（7）までの問いに答えなさい。

そもそも政治とは何でしょうか。政治とは、「さまざまな問題を『みんな』の問題として考え、それをもとに現実に働きかけて、何かを実現したり変えたりしていくこと」と、まずは捉《とら》えることができます。そして（※1）前述のとおり、私たちは一般的にはそれを選挙やデモ活動などに行くことだ、と捉えています。［ア］、（※2）アーレントは政治の本質をもっと掘り下げて分析していきます。

彼女はまず、人間が生きる世界を、私的領域と公的領域に区別します。これは、私たちが先ほど考えた「私的なもの」と「公的なもの」の区分と重なりあいますが、アーレントはこの二つの領域のちがいをさらに厳密に説明しています。

私的領域とは、私たちが生きていくための生活をする場です。［イ］、家事や買い物は私的領域に属する行為です。［ウ］、労働することも私的領域に属する営みです。私たちが労働するのはお金を得るためですが、お金を得るのは生きていくためであり、生きるためにすることはすべて私的だからです。

A私的領域の大きな特徴は、それが「必然性」に支配されているということです。ここでいう必然性とは、「やらないことができない」ということ、「そうしたいわけではなくても、しないわけにはいかない」ということです。

たとえば私たちは、生きていくためには食事をしなければなりませんし、食事をするためには食べ物を手に入れなければならず、食べ物を手に入れるためには労働しなければなりません。そのとき、私たちにとって労働は、することもしないこともできる選択肢《せんたくし》ではなく、［エ］しなければならないこと、強制的に私たちに課せられていることなのです。私たちは「好きだから」ということを第一の理由として労働するわけではありません。生きるために、必然性に従って労働するのです。

こうした私的領域において、私たちはあくまでも私的な利害に基づいて行動しています。「私にとって必要かどうか」ということが、「私」を行動させる唯一《ゆいいつ》の原理なのです。

これに対して、公的領域とは、人間がこうした私的領域の必然性を乗り越え、自由に語りあうことができる場として位置づけられます。Bアーレントがそのモデルとして考えていたのは、古代ギリシャのポリス（都市国家）と呼ばれる空間でした。そこでは直接民主制による政治が行われるなどして、人々は国の行く末を議論し、政策を自分たちで決定していたわけですが、そうした議論の場にやってくることができるのは、労働から解放された自由な市民たちでしたC（女性や奴隷などは議論の場から排除されていました）。

市民たちは、私的領域で行われる労働を奴隷に任せることによって、自分自身は必然性から解放され、自由に発言することができました。ここでいう自由とは、言い換えるなら、「私的利害から解放されている」ということです。明日のわが身を心配することなく、言いたいことを言えるのが、自由な市民の証《あかし》だったのです。そして、そうした市民こそが、「私」だけにとっての利害に目を奪われることかく、「みんな」にとっ

MEMO

大切なことはメモしておこうネ！

2024年度

解 答 と 解 説

《2024年度の配点は解答欄に掲載してあります。》

＜数学解答＞

[1] (1) [1] 1 [2] 8 (2) [3] 8 [4] 0 [5] 9 [6] 0
(3) [7] 3 [8] 3 (4) [9] 1 [10] 5 [11] 2
(5) [12] 3 [13] 5 [14] 2

[2] (1) [15] 7 (2) [16] 8 (3) [17] 5 [18] 8
(4) [19] 1 [20] 8 [21] 0 [22] 0 (5) [23] 2 [24] 8 [25] 8

[3] (1) [26] 1 [27] 2 [28] 1 [29] 8 (2) [30] 4

[4] (1) [31] 3 [32] 2 [33] 4 (2) [34] 1

[5] (1) [35] 1 [36] 2 (2) [37] 1 [38] 2
(3) [39] 5 [40] 3 [41] 7 [42] 3

[6] (1) [43] 8 [44] 0 (2) [45] 5 [46] 4
(3) [47] 3 [48] 0 [49] 1 [50] 2 [51] 0

○推定配点○

各5点×20　　計100点

＜数学解説＞

[1]（数・式の計算，平方根，2次方程式，因数分解）

(1) $-(-3)^2-3^2+(3+3)^2=-9-9+6^2=-9-9+36=18$

基本 (2) 乗法公式$x^2-y^2=(x+y)(x-y)$より，$2024^2-2023^2=(2024+2023)\times(2024-2023)=4047\times1=4047$，$2022^2-2021^2=(2022+2021)\times(2022-2021)=4043\times1=4043$であるから，$2024^2-2023^2+2022^2-2021^2=4047+4043=8090$となる。

(3) $\frac{18}{\sqrt{3}}$を有理化して，$\frac{18}{\sqrt{3}}=\frac{18\sqrt{3}}{3}=6\sqrt{3}$，$\sqrt{27}$を簡単にして，$\sqrt{27}=3\sqrt{3}$であるから，$\frac{18}{\sqrt{3}}-\sqrt{27}=6\sqrt{3}-3\sqrt{3}=3\sqrt{3}$となる。

(4) 解の公式より，$x=\frac{-(-1)\pm\sqrt{(-1)^2-4\times1\times(-1)}}{2\times1}=\frac{1\pm\sqrt{1+4}}{2}=\frac{1\pm\sqrt{5}}{2}$

基本 (5) $3xy^2-9xy-30x$を共通因数$3x$でくくって，$3xy^2-9xy-30x=3x(y^2-3y-10)$　乗法公式$x^2+(a+b)x+ab=(x+a)(x+b)$より，$y^2-3y-10=(y-5)(y+2)$であるから，$3xy^2-9xy-30x=3x(y-5)(y+2)$である。

[2]（数の性質，反比例，確率，多角形の内角の和，立体の相似）

(1) 絶対値が3以下となる整数は-3，-2，-1，0，1，2，3の7個である。

(2) 反比例$y=\frac{15}{x}$のグラフ上の点で，x座標，y座標がともに整数である点は(1，15)，(3，5)，(5，3)，(15，1)，(-1，-15)，(-3，-5)，(-5，-3)，(-15，-1)の8個である。

(3) 硬貨を投げたとき表と裏の2通りあるから，3枚の硬貨を同時に投げるときの場合の数は$2\times2\times$

2＝8(通り)　　表の出る硬貨の合計金額が15円以上になる組み合わせは(50円，10円，5円)＝(表，裏，裏)，(表，表，裏)，(表，裏，表)，(裏，表，表)，(表，表，表)の5通りである。よって，求める確率は$\frac{5}{8}$である。

(4)　n角形の内角の和は$180\times(n-2)$で求められるので，十二角形の内角の和は$180\times(12-2)=180\times10=1800°$である。

重要　(5)　相似比が2：3の2つの立体A，Bの表面積の比は$2^2:3^2=4:9$であるから，Bの表面積をSとすると，128：S＝4：9より，4S＝1152　　S＝288(cm^2)である。

3　(方程式の利用，資料の活用)

重要　(1)　容器A，Bに入っている食塩水の濃度をそれぞれa%，b%とする。食塩の質量は食塩水の質量×濃度で求められるので，容器Aの食塩水10gに含まれる食塩の質量は$10\times\frac{a}{100}=\frac{a}{10}$(g)，容器Bの食塩水20gに含まれる食塩の質量は$20\times\frac{b}{100}=\frac{b}{5}$(g)である。また，容器Aから10g，容器Bから20g，容器Cから30gを取り出して混ぜてできた8%の食塩水に含まれる食塩の質量は$60\times\frac{8}{100}=\frac{24}{5}$(g)である。よって，食塩の質量について方程式を作ると，$\frac{a}{10}+\frac{b}{5}=\frac{24}{5}$より，$a+2b=48$…①となる。さらに，容器Aの食塩水30gに含まれる食塩の質量は$30\times\frac{a}{100}=\frac{3a}{10}$(g)，容器Bの食塩水10gに含まれる食塩の質量は$10\times\frac{b}{100}=\frac{b}{10}$(g)，容器Aから30g，容器Bから10g，容器Cから20gを取り出して混ぜてできた9%の食塩水に含まれる食塩の質量は$60\times\frac{9}{100}=\frac{27}{5}$(g)である。よって，食塩の質量について方程式を作ると，$\frac{3a}{10}+\frac{b}{10}=\frac{27}{5}$より，$3a+b=54$…②となる。①－②×2より，$-5a=-60$　　$a=12$　　①に$a=12$を代入して，$12+2b=48$　　$2b=36$　　$b=18$

基本　(2)　中央値つまり第2四分位数は左から数えて10番目と11番目の平均，第1四分位数は5番目と6番目の平均，第3四分位数は15番目と16番目の平均である。①　中央値より小さいデータは1番目から10番目までの10個である。　②　最小値を1個削除すると，値は2番目から20番目までの19個となるので，第2四分位数は11番目，第1四分位数は6番目となるから，第1四分位数は変化する。
③　第3四分位数は15番目と16番目の平均である。　④　第1四分位数より小さいデータは1番目から5番目までの5個，第3四分位数より大きいデータは16番目から20番目までの5個であるから，第1四分位数より小さいデータと第3四分位数より大きいデータをすべて削除すると，残りのデータは20－(5＋5)＝20－10＝10(個)である。

重要　## 4　(平面図形，空間図形)

(1)　点Oが動いてできる線は8cmの線分4本と半径2cm，中心角90°のおうぎ形の弧4つを合わせたものである。よって，求める長さは$8\times4+4\pi\times\frac{90}{360}\times4=32+4\pi$(cm)である。

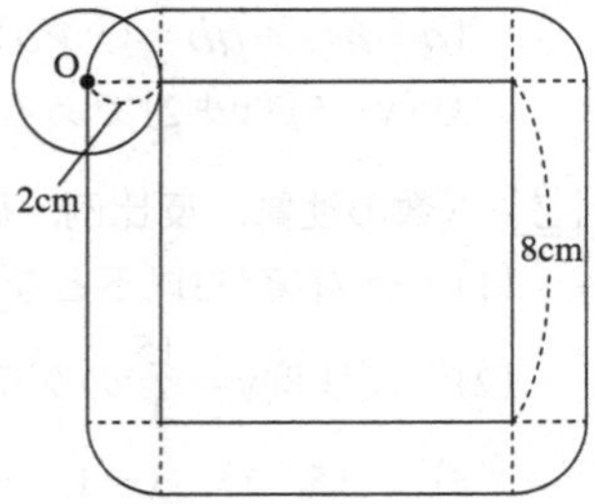

(2)　水槽に鉄の球を沈めたとき水面が$x$cm上昇したとする。水面が上昇した部分の体積と球の体積が等しくなるので，$6\times6\times\pi\times x=\frac{4}{3}\pi\times3^3$より，$36\pi x=36\pi$　　$x=1$　　よって，水面は1cm上昇する。

5　(図形と関数・グラフの融合問題)

(1)　$y=ax^2$にA$(-2,\ 2)$を代入して，$2=a\times(-2)^2$　$2=4a$　$-4a=-2$　$a=\frac{1}{2}$である。

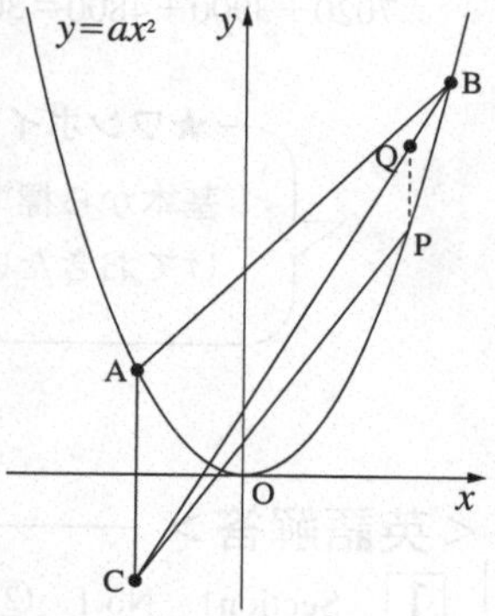

(2)　$y=\frac{1}{2}x^2$に$x=4$を代入すると，$y=\frac{1}{2}\times4^2=\frac{1}{2}\times16=8$であるから，B$(4,\ 8)$　点Cは点Aをx軸を対称の軸として対称移動した点であるから，C$(-2,\ -2)$である。辺ACを底辺として，△ACB$=\frac{1}{2}\times4\times6=12$である。

やや難　(3)　$y=\frac{1}{2}x^2$に$x=t$を代入すると，$y=\frac{1}{2}t^2$であるから，P$\left(t,\ \frac{1}{2}t^2\right)$と表せる。直線BCの傾きは$\frac{8-(-2)}{4-(-2)}=\frac{10}{6}=\frac{5}{3}$であるから，直線BCの式を$y=\frac{5}{3}x+b$とおいて，B$(4,\ 8)$を代入すると，$8=\frac{5}{3}\times4+b$　$8=\frac{20}{3}+b$　$-b=-\frac{4}{3}$　$b=\frac{4}{3}$　よって，直線BCの式は$y=\frac{5}{3}x+\frac{4}{3}$である。点Pを通り$y$軸に平行な直線と直線BCとの交点をQとすると，点P，Qのx座標は等しくtである。$y=\frac{5}{3}x+\frac{4}{3}$に$x=t$を代入すると，$y=\frac{5}{3}t+\frac{4}{3}$であるから，Q$\left(t,\ \frac{5}{3}t+\frac{4}{3}\right)$と表せる。△PBC＝△PBQ＋△PCQであり，△PBCは△ACBの$\frac{1}{6}$となるから，△PBC$=\frac{1}{6}\times12=2$である。よって，△PBQ＋△PCQ＝2より，$\frac{1}{2}\times\left\{\left(\frac{5}{3}t+\frac{4}{3}\right)-\frac{1}{2}t^2\right\}\times(4-t)+\frac{1}{2}\times\left\{\left(\frac{5}{3}t+\frac{4}{3}\right)-\frac{1}{2}t^2\right\}\times\{t-(-2)\}=2$　$\frac{1}{2}\left(\frac{5}{3}t+\frac{4}{3}-\frac{1}{2}t^2\right)(4-t)+\frac{1}{2}\left(\frac{5}{3}t+\frac{4}{3}-\frac{1}{2}t^2\right)(t+2)=2$　$\frac{1}{2}\left(\frac{5}{3}t+\frac{4}{3}-\frac{1}{2}t^2\right)\{(4-t)+(t+2)\}=2$　$\frac{1}{2}\left(\frac{5}{3}t+\frac{4}{3}-\frac{1}{2}t^2\right)(4-t+t+2)=2$　$\frac{1}{2}\left(\frac{5}{3}t+\frac{4}{3}-\frac{1}{2}t^2\right)\times6=2$　$5t+4-\frac{3}{2}t^2=2$　$10t+8-3t^2=4$　$-3t^2+10t+4=0$　$3t^2-10t-4=0$　$t=\frac{-(-10)\pm\sqrt{(-10)^2-4\times3\times(-4)}}{2\times3}=\frac{10\pm\sqrt{100+48}}{6}=\frac{10\pm\sqrt{148}}{6}=\frac{10\pm2\sqrt{37}}{6}=\frac{5\pm\sqrt{37}}{3}$　$0<t<4$より，$t=\frac{5+\sqrt{37}}{3}$である。

6　(方程式の利用)

重要　(1)　月曜日に作った鮭おにぎりと梅おにぎりをそれぞれx個，y個とする。月曜日は鮭おにぎりと梅おにぎりを合わせて140個作ったので，$x+y=140$…①　火曜日は鮭おにぎりは20%増やしたので，$\left(1+\frac{20}{100}\right)x=\frac{120}{100}x=\frac{6}{5}x$(個)，梅おにぎりは10%減らしたので，$\left(1-\frac{10}{100}\right)y=\frac{90}{100}y=\frac{9}{10}y$(個)作った。鮭おにぎりと梅おにぎりを合わせて10個多く作ったので，$\frac{6}{5}x+\frac{9}{10}y=150$より，$12x+9y=1500$　$4x+3y=500$…②　②−①×3より，$x=80$　①に$x=80$を代入して，$80+y=140$　$y=60$

(2)　(1)より，月曜日に作った梅おにぎりは60個であるから，火曜日に作った梅おにぎりは$\frac{9}{10}\times60=54$(個)である。

(3)　火曜日に作った鮭おにぎりは$\frac{6}{5}\times80=96$(個)，昆布おにぎりとツナマヨネーズおにぎりはそれぞれ30個であるから，火曜日の売り上げは150×96＋130×54＋130×30＋160×30＝14400＋7020＋3900＋4800＝30120(円)である。

★ワンポイントアドバイス★

基本から標準レベルの問題がほとんどであるから，演習を多く積んで解法を身につけておきたい。

＜英語解答＞

1　Section1　No.1　②　No.2　①　No.3　③
　Section2　No.1　④　No.2　①　No.3　④　No.4　④
　Section3　No.1　②　No.2　②　No.3　③

2　問1　(1)　④　(2)　③　問2　②　問3　⑥　問4　15　③　16　③

3　(1)　①　(2)　③　(3)　④　(4)　②　(5)　③

4　(1)　22　⑤　23　①　(2)　24　②　25　①　(3)　26　①　27　⑤
　(4)　28　④　29　⑤　(5)　30　③　31　⑤　(6)　32　⑤　33　①
　(7)　34　①　35　②　(8)　36　③　37　①

○推定配点○

1　各2点×10　2　問1～問3　各5点×4　他　各4点×15　計100点

＜英語解説＞

1　リスニングテスト解説省略。

重要　2　**(長文読解・説明文：指示語，語句補充，要旨把握)**

(全訳)　数学や科学が苦手だと感じている人は，なぜそれらの科目を学ばなければならないのか疑問に思うかもしれない。あなたはお気に入りの高校に入学するために，これらの科目を一生懸命勉強したか？それも重要だが，これらの科目を学ぶもう一つの重要な理由がある。

世界中で多くの人々が多くの発明をしてきた。その中には役に立たないものもあるが，困っている人々のために役立つ発明もある。例を挙げよう。あなたは自転車を持っているかもしれない。ペダル，車輪，座席，そして後輪の上には荷台がある。しかし，水フィルターは付いているか？新鮮な水を汲むために，川に自転車で行ったことはあるか？

数年前，ある日本人エンジニアが清潔な水を作る自転車を設計した。日本では毎年多くの地震が発生する。2011年のような大きな地震が起きたとき，しばらくの間，飲む水がほとんど手に入らなくなる。また，電気やエアコンも使えない。(2)そんなとき，この自転車が役立つ。自転車の荷台には水フィルターが装備されている。あなたは自宅近くの川や池まで行くだけだ。電気を作る必要はない。自転車をこぐだけである。すると，ホースから汚れた水が自転車に吸い上げられる。水はフィルターを通過して清潔で新鮮な水になる。自転車を1時間こぐと，約100人分の水を作ることができる。すでに日本の多くの都市や町には，(3)この緊急用のフィルター付き自転車が配備されている。

これらの自転車は大きな地震があったときにだけ使われると思うかもしれないが，それは間違いだ。特にアジアやアフリカでは，水問題に直面している人々が多い。新鮮な水を得るのが難しいため，多くの赤ちゃんや子供たちが病気になり死亡している。最近，そのエンジニアは自分の自転車をアジアの貧しい国に送った。人々はその自転車で多くの新鮮な水を作り，多くの命が救われた。彼らは遠い東の国からのこの贈り物を非常に喜んだ。それ以来，世界中の多くの地域で多くの人々がこれらの自転車を使用している。

数学や科学に興味があり，勉強を続けるなら，あなたもそうしたエンジニアや科学者になるかもしれない。そうすれば，あなたの努力が有益な発明につながるかもしれない。しばしば，新しい発明は私たちの生活を便利に(4)するだけでなく，多くの人々の命を(5)救う力を持っている。

問1　(1)　付加疑問文の主語は英文全体の主語を指している。

(2)　①「大都市の近くで小さな火災が発生したとき」　②「日本のエンジニアが自転車を設計したとき」　③「大きな地震が発生したとき」　④「人々が電子機器を上手に使うとき」「そんなとき」とは，直前に述べられている大地震が起きたときを指している。

問2　①「人々は自宅の近くのコンビニエンスストアで簡単にこれらの自転車を購入できる」　②「人々は池の近くでこれらの自転車を使えば飲み水を得ることができる」　③「学生が部屋を掃除するとき，これらの自転車は役に立つ」　④「多くの赤ちゃんや子供たちがアジアのある国でいつもこれらの自転車を使っている」　同じ段落にある「こぐだけで新鮮な水を得ることができる自転車」のことである。

問3　(4)　〈make ＋A＋B〉「AをBにする」

(5)　文章全体から，ある発明によって多くの人々が救われた内容なので，save が適切である。

問4　15「約1000人分の十分な水を得るために，どのくらい自転車をこがなければならないか」第3段落第12文参照。1時間で100人分なので，1000人分は10時間である。

16「この話についてどれが真実か」第4段落第5文参照。「この自転車で多くの命が救われた」と述べられている。

3　**(語句選択問題：不定詞，受動態，現在完了，分詞，比較)**

重要　(1)　〈let ＋ me ＋動詞の原形〉「私に～させる」

(2)　be satisfied with ～「～に満足している」

基本　(3)　現在完了の文なので since が適切である。

(4)　riding the horse over there は前の名詞を修飾する分詞の形容詞的用法である。

(5)　soccer が主語なので「ワクワクする，おもしろい」という意味の exciting が適切である。

4　**(語句整序問題：関係代名詞，不定詞，比較，受動態，助動詞)**

重要　(1)　The book I borrowed from the library was (very interesting.)　I borrowed from the library は前の名詞を修飾する目的格の関係代名詞が省略された形である。

(2)　It is too cold to swim (in the sea.)　〈too ～ to …〉「～すぎて…できない」

(3)　My bag is twice as expensive as yours(.)　twice as ～ as …「…の2倍の～」

(4)　(I) will show you how to use (this camera.)　how to ～「～やり方，方法」

(5)　What foreign language is taught in (your school?)　主語が疑問詞の受動態の英文は〈疑問詞 ＋be動詞＋過去分詞〉の語順になる。

(6)　I want you to help me (with my work.)　〈want ＋人＋ to ～〉「人に～してほしい」

やや難　(7)　Tell me what you have told (him.)　関係代名詞 what は先行詞(the thing)を含んでおり，「～こと」という意味になる。

(8)　(The) natural beauty of Mt. Fuji must be preserved(.)　助動詞を含む受動態は〈助動詞＋ be ＋過去分詞〉の語順になる。

★ワンポイントアドバイス★

文法問題の割合が高くなっている。その中でも語句整序問題が多く出題されているので，過去問や問題集を用いて，数多くの語句整序問題を解いて慣れるようにしたい。

＜理科解答＞

1 (1) 1 ③ (2) 2 ③

2 (1) 3 ⑥ (2) 4 ④ (3) 5 ③ (4) 6 ② (5) 7 ④

3 (1) 8 ① (2) 9 ② (3) 10 ② (4) 11 ⑥ (5) 12 ② 13 ④ 14 ③

4 (1) 15 ④ (2) 16 ③ (3) 17 ⑤ (4) 18 ④ (5) 19 ⑧

5 (1) 20 ⑨ (2) 21 ③ (3) 22 ⑥ (4) 23 ② (5) 24 ③

6 (1) 25 ② (2) 26 ③ (3) 27 ⑤

○推定配点○

各4点×25(12～14完答)　計100点

＜理科解説＞

1 (小問集合—植物の分類，マグネシウムの酸化)

重要 (1) Aグループのイヌワラビ・ゼンマイはシダ植物の仲間であり，胞子をつくり，仲間をふやすのに対して，Bグループのイチョウ・トウモロコシ・エンドウ・イネは種子植物の仲間であり，種子をつくり，仲間をふやす。

(2) 図から，0.6gのマグネシウムからは1.0gの酸化マグネシウムが生じるので，0.6gのマグネシウムは，$1.0(g)-0.6(g)=0.4(g)$の酸素と化合することがわかる。したがって，1.5gのマグネシウムと結びつく酸素は，$0.4(g)\times\frac{1.5(g)}{0.6(g)}=1.0(g)$である。

2 (ヒトの体のしくみ—呼吸，血液循環)

(1) ヒトが息を吸うとき，筋肉である横隔膜が下がることで，胸腔《きょうこう》が広がる。

(2) 魚類のサメはえらで呼吸する。なお，哺乳類のクジラ・シャチ・オットセイや鳥類のペンギンは肺で呼吸する。

(3) 右心室からは酸素の少ない血液が肺動脈を通って肺に送られ，肺で酸素と二酸化炭素が交換されて，酸素の多い血液になり，肺静脈を通って左心房に送られる。

(4) 体重が65kgのヒトの血液の量は，$65(kg)\div13=5(kg)$である。一方，10分間に心臓から送り出される血液の量は，$50(g)\times70\times10=35000(g)=35(kg)$である。したがって，10分間に，$35(kg)\div5(kg)=7$(回)循環することになる。

(5) ①は蒸散作用，②は原形質流動，③は光合成，④は植物の呼吸に関する実験である。

3 (電気分解とイオン—イオン化傾向，ボルタ電池)

重要 (1) 実験1で，マグネシウムを入れた場合，銅イオンを含む水溶液，亜鉛イオンを含む水溶液，金属Xを含む水溶液のすべての水溶液において，マグネシウムがとけ出し，それぞれの金属イオンが析出したことから，マグネシウムが最もイオンになりやすいことがわかる。次に，亜鉛を入れた場合，銅イオンを含む水溶液と金属Xを含む水溶液の両方で，亜鉛が溶け出し，それぞれの金属が析出した。また，銅を入れた場合，金属Xを含む水溶液だけで，銅が溶け出し，金属Xが析出し，金属Xを入れた場合，変化はなかった。以上の結果から，イオン化傾向が大きい方から，マグネシウム，亜鉛，銅，金属Xの順になる。

(2)　携帯電話などに広く使われているリチウムイオン電池は，充電することで，何回も繰り返し使うことができる。なお，酸化銀電池はボタン型の電池として，小型の電子機器などに使用されている。

重要 (3)・(4)　実験2はボルタ電池であり，銅板が＋極，亜鉛板が－極となるので，電流は銅板から亜鉛板に向かって流れる。このとき，亜鉛板の表面では，亜鉛が亜鉛イオンとなり溶け出し，電子が銅板の方に流れ出す。また，それぞれの表面で起きた化学変化を化学反応式で表すと，次のようになる。

亜鉛板(－極)：$Zn \rightarrow Zn^{2+} + 2e^-$

銅板(＋極)：$2H^+ + 2e^- \rightarrow H_2$

(5)　最も大きな電圧を得るためには，イオン化傾向が最も大きいマグネシウムを－極に，イオン化傾向が最も小さい金属Xを＋極にする。また，溶液Cは電解質水溶液である塩酸を用いる。

4 **(電流と電圧，電力と熱―回路と電力)**

基本 (1)　回路に流れる電流が予想できないときは電流計の5A端子につなぐ。また，電圧の大きさが予想できないときは電圧計の300V端子につなぐ。

(2)　図1で，スイッチ2だけを入れると，電熱線Pと電熱線Qが直列につながり，図2と同じ回路になる。

(3)　図2の回路全体の抵抗が，$5(\Omega)+20(\Omega)=25(\Omega)$なので，回路に流れる電流の大きさは，$\frac{6(\mathrm{V})}{25(\Omega)}=0.24(\mathrm{A})$であり，20Ωの電熱線Qに加わる電圧の大きさは，$20(\Omega)\times0.24(\mathrm{A})=4.8(\mathrm{V})$である。

(4)　二つの電熱線を直列につないだ図2の回路が最も抵抗が大きくなり，回路に流れる電流が最も小さくなる。電源の電圧が20Vなので，回路に流れる電流の大きさは，$\frac{20(\mathrm{V})}{25(\Omega)}=0.8(\mathrm{A})$である。

(5)　図2の回路に流れる電流が最も小さいので，電熱線が消費する電力も最も小さくなる。

5 **(大地の動き・地震―地震の観測)**

基本 (1)　震度は，0・1・2・3・4・5弱・5強・6弱・6強・7の10階級で表される。

重要 (2)　図aのように，初期微動が始まった時刻が8時32分05秒の地点や8時32分15秒の地点を円で結ぶと，その中心が震央になる。

図a

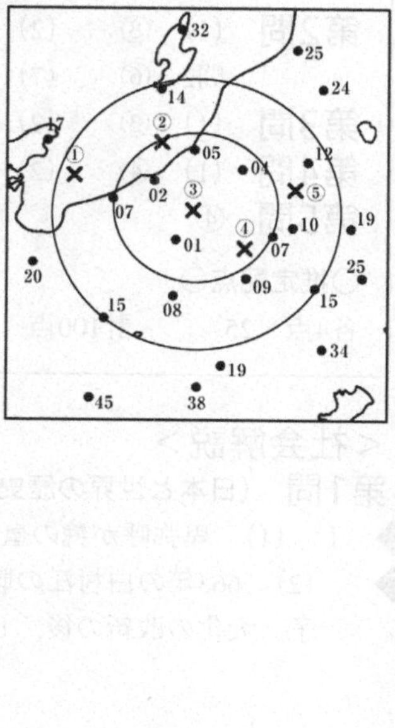

(3)　図bのグラフの初期微動が始まった時刻から，P波の速さは，$\frac{24(\mathrm{km})}{4(秒)}=6(\mathrm{km}/秒)$である。

(4)　図bで，震源からの距離が80kmの地点での初期微動継続時間が10秒なので，初期微動継続時間が15秒の地点での震源からの距離は，$80(\mathrm{km})\times\frac{15(秒)}{10(秒)}=120(\mathrm{km})$である。

(5)　緊急地震速報は，震源の近くで観測されたP波を利用して，いろいろな地点に地震が到達することを予想する。ただし，震源からの距離がとても近い地点では，緊急地震速報より早く地震のゆれが始まることがある。

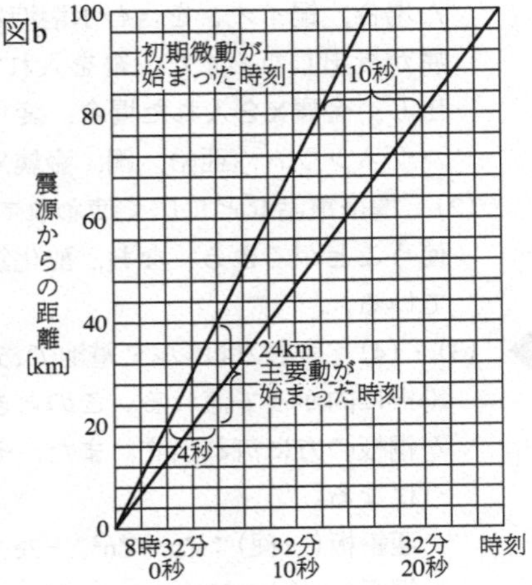

図b

6　(小問集合―仕事率，寒冷前線，示準化石)

(1)　75Nの力で2m持ち上げるのに1分かかるので，仕事率は，$\frac{75(\mathrm{N})\times2(\mathrm{m})}{60(秒)}=2.5(\mathrm{W})$である。

(2)　2日目の6時から9時にかけて，気温が急激に下がり，風向きが南寄りから北寄りに変わり，急に雨が降り出したことから，寒冷前線が通過したことがわかる。

(3)　アンモナイトは中生代の示準化石である。

★ワンポイントアドバイス★

教科書に基づいた基本問題をしっかり練習しておこう。その上で，計算問題についてもしっかり練習しておこう。

＜社会解答＞

第1問　Ⅰ　(1)　②　(2)　②　Ⅱ　(3)　③　(4)　④　Ⅲ　(5)　④　(6)　①
Ⅳ　(7)　⑥　(8)　②

第2問　(1)　⑧　(2)　③　(3)　②　(4)　④　(5)　④　(6)　問1　③
問2　⑥　(7)　⑦

第3問　(1)　③　(2)　⑤　(3)　④　(4)　③

第4問　(1)　④　(2)　②　(3)　③　(4)　②

第5問　④

○推定配点○
各4点×25　　計100点

＜社会解説＞

第1問　(日本と世界の歴史―対馬に関連する問題)

基本　Ⅰ　(1)　卑弥呼が魏の皇帝から与えられた印には「親魏倭王」と刻まれていたという。

重要　(2)　663年の白村江の戦いの際に，日本の政治を主導していたのは大化の改新を行った中大兄皇子。大化の改新の後，しばらくは天皇にはならず，白村江の戦いの後に天皇に即位する。

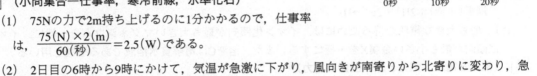

やや難 Ⅱ (3) 応永の外寇は1419年だが，足利義政が銀閣を造営するのは将軍職を退いた後のことでほぼ銀閣を含む慈照寺の形が整うのは1489年。

(4) 勘合を用いて倭寇と正規の貿易船との区別をつけていたのは明との日明貿易。

重要 Ⅲ (5) ペリーが来航した1853年，1854年の頃の将軍は1853年の時は12代将軍家慶，1854年の時は13代家定。慶喜が将軍になるのは1866年。

やや難 (6) 1873年の地租改正によって，従来は米による現物納であった租が現金で納める形にかわった。1873年の段階では地価の3％を地租として納めることになり，その後1877年に2.5％に課税率が引き下げられた。

Ⅳ (7) C 1921～1922年→B 1933年→A 1939年の順。

(8) ①はⅠの本文にあるが，種子島は含まれていない。③はⅢの本文にあるが，新井白石は通信使の待遇を簡素化することを求めた。④はⅣにあるが，対馬は福岡県への編入の意見もあったが，結局は長崎県のままになっている。

第2問 (地理―いろいろな事柄に関する世界地理と日本地理の問題)

基本 (1) 設問の文の空欄に入るのは，それぞれ(あ)が⑦，(い)が⑥，(う)が③，(え)が②，(お)が④，(か)が⑨，(き)が①，(く)が⑤。

(2) ①は領海は海岸線から12海里以内。排他的経済水域が海岸線から200海里以内。②は日本の標準時子午線は兵庫県明石市を通る東経135度線。標準時子午線の経度は15の倍数。④は，サンベルトはアメリカ合衆国の北緯37度以南の地域を指す。

重要 (3) アジアNIESにはベトナムは含まない。

(4) 北海道中央部にある山地は石狩山地で，北海道西部の渡島半島の上に当たる辺りは火山が多く，カルデラ湖や，昭和新山のような比較的新しい山もあるり，地形的に非常に特殊な場所なのでジオパークに認定されている。農業で畑作は十勝平野で盛んに行われ，さまざまな作物が栽培されている。北海道ならではのものに砂糖の材料になるてんさいなどもある。

重要 (5) ④のニュージーランドは本文に出てこない。①がイタリア，②が南アフリカ，③がカナダ，⑤が大韓民国，⑥がオランダ。

(6) 問1 日本と設問の国の時差は8時間。日本の方が8時間先行しているので，設問の国の標準時子午線は東経15度になるので，③のイタリアになる。 問2 タロイモやヤムイモは熱帯で栽培されているもの。ロシアでは寒すぎて育たない。

やや難 (7) Aは砂漠気候のものなので，写真のⅣに当てはまり，設問の都市ではエジプトのカイロかサウジアラビアのリヤドになる。Bは地中海性気候のもので，写真のⅡでアメリカのサンフランシスコ。Cは冷帯気候のもので，写真のⅢでロシアのモスクワ。Dは温暖湿潤気候で，写真のⅤがアルゼンチンのブエノスアイレスのもの。Eは熱帯雨林気候のもので，写真はⅠでシンガポールのもの。

第3問 (政治―人権，憲法，安全保障に関連する問題)

やや難 (1) 日本は2014年の安倍内閣の時代に，閣議決定でそれまでの個別的自衛権から集団的自衛権へと切り替え，翌2015年に関連法の改正を行った。

基本 (2) 設問は日本国憲法第9条の条文で戦争放棄に関する内容になっている。

重要 (3) 第二次世界大戦中は，1889年2月11日に発布された大日本帝国憲法が使われており，国民は天皇の家来のようなもので臣民とされていた。①は天皇が主権を持つ存在であったが，象徴という現在の概念はない。②は大日本帝国憲法下では帝国議会は天皇に協賛するものであった。③は大日本帝国憲法は君主が国民に与える欽定憲法である。

(4) 2016年より参政権の年齢は引き下げられたが，投票する側の選挙権のみで，被選挙権は変更されていない。

第4問　(経済―財政に関連するさまざまな問題)

(1)　財政は，政治の上で予算を執行し，国や地方自治体の資金をさまざまな行政行為の中で使うこと。コンプライアンスは法令や規則を守ること。カルテルは同業種の企業が競争を避けるために協定を結び共存共栄を図ること。金融は資金に余裕があるところから資金を預かり，それを資金が不足するところへ融通すること。

基本　(2)　行政権をになう内閣や大統領が行政を行うための予算を作成し，その内容を議会が審議した上で，承認するかしないかを決定することで，三権分立が機能している。

重要　(3)　①は3分の1以上になっている。②は法人税は金額で言うと13兆円弱。④は租税収入は図の印紙収入の上の部分で，合計すると60％弱。

(4)　日本の租税は納税先で分けると国税と地方税となり，地方税は種類によって地方公共団体の都道府県と市町村のどちらかに納めるようになっている。

第5問　(その他―時事的な事柄の問題)

2023年に日本政府は，各国からの反発を受けながらも福島第一原子力発電所の処理水を海洋放出した。これによって中国などは日本からの魚介類の輸入を停止する処置をとっている。

★ワンポイントアドバイス★

時間，小問数の割には読む量が多いので，要領よく解いていくことが必要。全て記号選択で正誤問題が多いが，正しいものを選ぶものと，誤りのものを選ぶものが混在しているので問題の指示を確実に把握していくこと。

＜国語解答＞

【1】　(1)　ア　⑥　　イ　②　　ウ　④　　(2)　エ　③　　オ　③　　(3)　③　　(4)　①
(5)　④　　(6)　③　　(7)　③・⑥

【2】　(1)　a　①　　b　④　　(2)　①　　(3)　④　　(4)　①　　(5)　④　　(6)　③・④

【3】　A　③　　B　①　　C　④　　D　②

【4】　(1)　①　　(2)　②　　(3)　④　　(4)　③　　(5)　③

○推定配点○

【1】　(1)・(2)　各2点×5　　(7)　7点(完答)　　他　各5点×4　　【2】　(1)・(4)　各2点×3
(6)　7点(完答)　　他　各5点×4　　【3】　各2点×4　　【4】　(5)　2点　　他　各5点×4
計100点

＜国語解説＞

【1】　(論説文―大意・要旨，内容吟味，文脈把握，接続語の問題，脱文・脱語補充，ことわざ・慣用句)

(1)　ア　「政治」について「私たちは一般的には……選挙やデモ活動などに行くことだ，と捉えています」という前から，後で「アーレントは政治の本質をもっと掘り下げて分析していきます」と予想とは違う内容を述べているので，逆接の意味を表す言葉が当てはまる。　イ　直前の文の「私的領域」の例として，後で「家事や買い物」を挙げているので，例示の意味を表す言葉が当てはまる。　ウ「私的領域」について，直前の文の「家事や買い物」に後で「労働すること」を付け加えているので，添加の意味を表す言葉が当てはまる。

(2)　エ　後の「強制的に」から，有無を言わせないという意味を表す言葉が当てはまる。オ　前の「自分の生活ばかりに目を向けているなら，その議論は」どうなるのかを考える。「 オ をたどる」で，両者の意見がいつまでも対立しているという意味を表す言葉が当てはまる。

(3)　同じ段落の「やらないことができない」「そうしたいわけではなくても，しないわけにはいかない」という説明に，③が最も適当。①「他の人々のために」，②「他の人々から強制されずに」，④「自分を犠牲にしなければならない」とは書かれていない。

やや難 (4)　同じ段落の「議論の場にやってくることができるのは，労働から解放された自由な市民たち」や直後の段落の「ここでいう自由とは，言い換えるなら，『私的利害から解放されている』ということ」「明日のわが身を心配することなく，言いたいことを言えるのが，自由な市民の証」という説明に着目する。この「自由」を「自分の意見に影響してくるような関わりを社会に対して持たない」と言い換えている①が最も適当。②の「成功した人たち」，③「参加者の身に危険が及ぶことがなかった」，④「公平さを重視することが参加者によって奪われ」などの部分が適当ではない。

(5)　直前の「労働から解放された自由な人たち」に注釈を加えている部分である。④の「現代社会の差別を正当化する」意図はないので，不適当なものは④。

重要 (6)　同じ文の「本当の意味での自由を獲得し，他者との議論の場に加わる」ために必要な視点とはどのようなものか。直前の文の「自分の生活にこだわることをやめなければなりません」には，「自分にとっての利益」は関係ないとある③と④が考えられる。④の「『みんな』のために奉仕する」とは書かれていないので，③を入れる。

やや難 (7)　「市民たちは」で始まる段落の「『私』だけにとっての利害に目を奪われることなく，『みんな』にとっての利害について……議論することができた」という内容に③が合致する。最終段落の「他者と連帯し，ともに活動すること」という内容に⑤が合致する。

【2】　(小説―主題・表題，情景・心情，内容吟味，文脈把握，脱文・脱語補充，語句の意味，ことわざ・慣用句)

やや難 (1)　a　青木が自分の本立てであると証明するために，特徴を言おうと意気込む様子を表す。c「毒気」は「どくけ」と読み，悪意に満ちた気持ちのこと。前に「烈しい怒りが，青木を捉えた」とあり，さらに「中田の肩口を一突きした」とあるので，④「攻撃する気分が消えて」が最も適当。②の「怒り」や③の「恨み」は簡単にはなくならずまだ残っている。

(2)　同じ段落の「やや唖然とした面持ち」や「『先生は僕の方が，一層うたがわしいと考えはじめたようだ』と，青木は思いはじめた」に，「不安を感じ出した」とある①が最も適当。②「ずっと信じ込んでいた」や，③「自分を疑い始めた」，④「自分に有利な状況を作り出せるかを考え始めた」様子は読み取れない。

(3)　直前の「気の抜けたような声」に，「怒りが湧き出した」とある④は不適当。

基本 (4)　「瓜 C つ」で，顔かたちがよく似ているという意味になる漢数字が入る。

(5)　直後の段落の「青木少年には動揺がおもてに現れて」と，傍線部Dの「中田はいつもと変わらぬ様子で斜面にやってきて，青木とやや離れた場所に腰をおろした」という二人の様子に，④が最も適当。中田のいつもと変わらない様子から，①の「反省している気持ちを表現できずにいる」とは読み取れない。動揺する青木の様子に，②「勝ち誇った青木の様子」や③「中田の気持ちを察して」「そっとしている」はそぐわない。

重要 (6)　本文では青木と中田，そして斜面にすわる二人を見くらべている赤川少年の三人が登場している。最終場面で，「へっ，中田というやつは……」と呟いていることから，赤川少年は中田に問題があると考え，もう一人の青木は「動揺」していると思っている。この赤川少年の説明として③が適当。最終場面で，自分の本立てを奪っておきながらいつもと変わらない様子で斜面に腰をおろした中田を理解できずに「動揺」する青木の説明として④が適当。

【3】　（漢字の読み書き）

A　経営　①　景観　②　集計　③　経過　④　傾斜
B　大概　①　概略　②　該当　③　街頭　④　憤慨
C　貯蓄　①　破竹　②　建築　③　畜産　④　含蓄
D　標本　①　漂着　②　標語　③　評論　④　表現

【4】　（古文―情景・心情，文脈把握，脱文・脱語補充，文学史）

〈口語訳〉　こうして，年月を送るうちに，一寸法師は十六歳になったが，背はもとのままである。ところで，宰相殿には，十三才におなりになる姫君がいらっしゃる。御容姿が美しくていらっしゃったので，一寸法師は，姫君を拝見した時から，思いを寄せ，何とかしてと思案をめぐらせ，自分の妻にしたいものだと思い，ある時，神前に供える米を取り，茶袋に入れて，姫君が寝ていらっしゃるうちに，計略を巡らせ，姫君の口に(米を)塗り，そして，茶袋だけを持って泣いていた。宰相殿は御覧になって，(泣いている理由を)お尋ねになると，「姫君が，私がこれまで取り集めておきましたお供えのお米を，お取りになりお召し上がりになりました」と申し上げたると，宰相殿は，大変にお怒りになったが，案の定，姫君の口に(米粒が)ついている。(一寸法師の言ったことは)本当に嘘ではない，このような者を都において何としよう，何とかして家から追い出そうと思い，一寸法師に処置をお命じになられた。一寸法師が(姫君に)申し上げるには，「(姫君が)私のものをお取りになりましたために，どうにでも取りはからうようにとの仰せがございました」と，内心うれしく思うこと限りない。姫君は，ただ夢を見ているようで，すっかりぼんやりしていらっしゃった。一寸法師は，「早く早く」と急かし申し上げると，(姫君は)闇の中へ遠くへ行く気分で，都を出て，足が向かうままお歩みになる。(その)お心の中こそ，推し量られてございます。何ともかわいそうに，一寸法師は，姫君を先に立たせて出たのであった。

(1)　直後の「宰相殿御覧じて，御尋ねありかれば，『姫君の，わらはがこのほど取り集めて置き候ふ打撒を，取らせ給ひ御参り候ふ』と申せば」という場面に，①の説明が最も適当。②「姫君がひがんで父を責めている」，③「宰相殿が……姫君を慰めている」，④「感謝の気持ちが周囲に理解されないことを，一寸法師は嘆いている」とは描かれていない。

(2)　一寸法師からの訴えを聞いて，「まことに偽りならず，かかる者を都に置きて何かせん，いかにも失ふべし」と思ったのは，②の「宰相殿」。

重要　(3)　前に「一寸法師……いかにもして案をめぐらし，わが女房にせばやと思ひ」とあるように，一寸法師は策略をめぐらせて姫君を妻にしようとしている。一寸法師の策略通り，宰相殿は一寸法師に姫君の処置を命じたので，たくらみがうまくいき，姫君を妻にすることができそうだと喜ぶ④が最も適当。①は一寸法師の気持ちではない。②宰相様の優しさや，③意地悪な宰相殿から姫君を守れたことを嬉しく思っているわけではない。

(4)　直前の「闇へ遠く行く風情にて，都を出でて，足に任せて歩み給ふ」姫君の様子には，ああかわいそうだ，ああ気の毒だという意味の言葉が入る。

基本　(5)　①と④は鎌倉時代，②は平安時代，③は江戸時代に成立した作品。

★ワンポイントアドバイス★

読解問題では耳慣れない言葉が出てきても，本文で意味が説明されていることが多い。慌てずに，自分なりの言葉で置き換えながら読み進めていこう。

MEMO

大切なことはメモしておこうネ！

2023年度

★★★★★★★★★★★★★★★★★★★★★★★★

入　試　問　題

2023年度
東海学園高等学校入試問題

【数　学】（40分）　　＜満点：100点＞

【解答上の注意】

1　解答は，解答用紙の問題番号に対応した解答欄にマークしなさい。

2　問題の文中の$\boxed{1}$，$\boxed{2}\boxed{3}$，$\sqrt{\boxed{4}\boxed{5}}$，$\dfrac{\boxed{6}}{\boxed{7}}$などの□には，数字（０から９），または符号（－，±）が入ります。1，2，3，…の一つ一つは，これらのいずれか一つに対応します。それらを解答用紙の1，2，3，…で示された解答欄にマークして答えなさい。

3　分数形で解答する場合，分数の符号は分子につけ，分母につけてはいけません。
例えば，$\dfrac{\boxed{11}\boxed{12}}{\boxed{13}}$に$-\dfrac{4}{5}$と答えたいときは，$\dfrac{-4}{5}$として答えなさい
また，それ以上約分できない形で答えなさい。
例えば，$\dfrac{2}{3}$と答えるところを$\dfrac{4}{6}$のように答えてはいけません。
分数形では分子，分母の順で答えます。解答欄に注意し，マークしなさい。

4　小数の形で解答する場合，指定された桁数の一つ下の桁を四捨五入して答えなさい。また，必要に応じて，指定された桁まで⓪にマークしなさい。
例えば，$\boxed{14}.\boxed{15}\boxed{16}$に4.5と答えたいときは，4.50として答えなさい。

5　根号を含む形で解答する場合，根号の中に現れる自然数が最小となる形で答えなさい。
例えば，$\boxed{17}\sqrt{\boxed{18}}$に$6\sqrt{2}$と答えるところを$3\sqrt{8}$のように答えてはいけません。

6　根号を含む分数形で解答する場合，例えば$\dfrac{\boxed{19}+\boxed{20}\sqrt{\boxed{21}}}{\boxed{22}}$に$\dfrac{1+2\sqrt{2}}{2}$と答えるところを，$\dfrac{2+4\sqrt{2}}{4}$や$\dfrac{2+2\sqrt{8}}{4}$のように答えてはいけません。

（例）　$\dfrac{\boxed{31}\boxed{32}}{\boxed{33}}$の答えを$-\dfrac{3}{7}$とする場合，以下のようにマークしなさい。

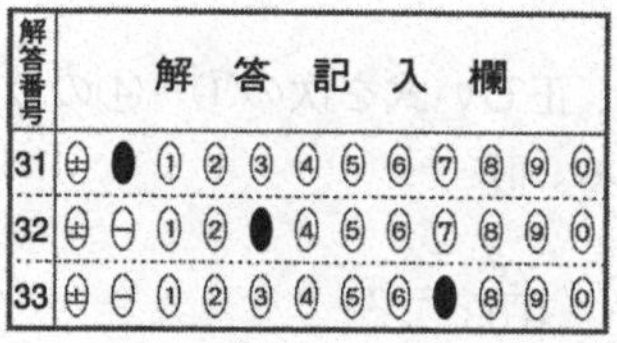

$\boxed{1}$　あとの各問いに答えなさい。

⑴　$-5(3-7)+2(-3+8)=\boxed{1}\boxed{2}$

⑵　$(4+\sqrt{7})(5-2\sqrt{7})+\dfrac{35}{\sqrt{7}}=\boxed{3}+\boxed{4}\sqrt{\boxed{5}}$

⑶　$(0.87)^2+2\times0.87\times1.13+(1.13)^2=\boxed{6}$

⑷　方程式　$5x^2-2x-1=0$　の解は　$x=\dfrac{\boxed{7}\pm\sqrt{\boxed{8}}}{\boxed{9}}$　である。

(5) $\dfrac{2x+3y}{7}-\dfrac{x-3y}{5}$ を計算した結果として正しいものを，次の①～④のうちから一つ選び，番号で答えなさい。$\boxed{10}$

① $3x+36y$　② $3x-6y$　③ $\dfrac{3x+36y}{35}$　④ $\dfrac{3x-6y}{35}$

(6) $\sqrt{\left(\dfrac{1}{2}-\dfrac{2}{3}\right)^2}$ を計算した結果として正しいものを，次の①～④のうちから一つ選び，番号で答えなさい。$\boxed{11}$

① $\dfrac{1}{6}$　② $-\dfrac{1}{6}$　③ $\dfrac{5}{6}$　④ $-\dfrac{5}{6}$

$\boxed{2}$ 次の各問いに答えなさい。

(1) 計算した結果が一番小さくなるものを，次の①～③のうちから一つ選び，番号で答えなさい。$\boxed{12}$

① 7866×7874　② 7867×7873　③ 7868×7872

(2) 次の３つの数の中で，一番大きい数は，一番小さい数の$\sqrt{\boxed{13}}$倍である。

$\dfrac{3}{\sqrt{7}}$，$\dfrac{3}{7}$，$\sqrt{\dfrac{3}{7}}$

(3) －２，－１，１，２，３が１つずつ書かれた５枚のカードがある。この５枚のカードから，同時に２枚を取り出すとき，取り出したカードの数の和が正の数になる確率は$\dfrac{\boxed{14}}{\boxed{15}}$である。

$\boxed{3}$ ８％の食塩水250ｇに３％の食塩水 x ｇを混ぜ，食塩水Ａをつくる。このとき，次の各問いに答えなさい。

(1) 食塩水Ａについて述べた文として正しいものを，あとの①～④のうちから一つ選び，番号で答えなさい。$\boxed{16}$

① 食塩水Ａの濃度は11％になることがある。

② 食塩水Ａの濃度は２％になることがある。

③ 食塩水Ａの濃度は８％より小さくなることはない。

④ 食塩水Ａの濃度は８％より大きくなることはない。

(2) ３％の食塩水 x ｇに溶けている食塩が a ｇであるとき，正しい式を次の①～④のうちから一つ選び，番号で答えなさい。ただし，a と x は正の値とする。$\boxed{17}$

① $\dfrac{x}{a}=0.03$　② $\dfrac{a}{x}=0.03$　③ $\dfrac{0.03}{x}=a$　④ $\dfrac{x}{0.03}=a$

(3) 食塩水Ａが５％になったとき，$x=\boxed{18}\boxed{19}\boxed{20}$である。

$\boxed{4}$ 下の表は，31人の生徒のひと月の小遣いをまとめたものである。この表から小遣いの金額の平均値を求めると1500円であった。このとき，あとの各問いに答えなさい。

金額(円)	0	500	1000	3000	5000	合計
人数(人)	10	1	x	y	1	31

(1) x，y の値を求めると，$x=\boxed{21}$，$y=\boxed{22}\boxed{23}$である。

(2)　小遣いの金額について述べた文として正しいものを，次の①～④のうちから一つ選び，番号で答えなさい。$\boxed{24}$

①　中央値は平均値より小さい。　②　中央値は最頻値より大きい。

③　中央値と平均値は等しい。　④　中央値と最頻値は等しい。

$\boxed{5}$　下の図のように，放物線 $y = ax^2$ 上に２点A，Bがある。点Aの座標は（4，12）であり，点Bの y 座標は３で，x 座標は負である。y 軸と直線ABとの交点をCとする。

このとき，次の各問いに答えなさい。

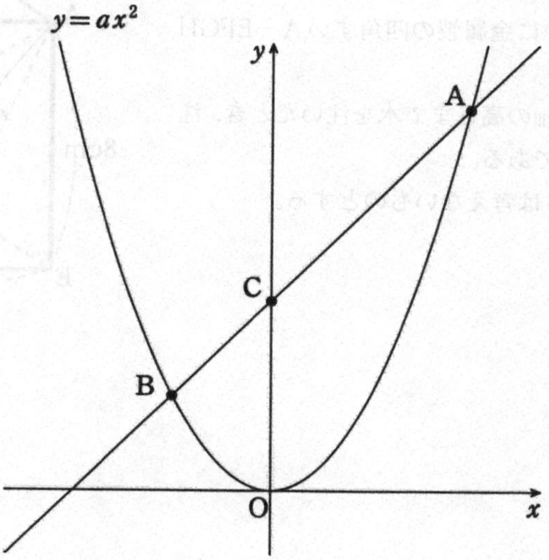

(1)　a の値を求めると，$a = \frac{\boxed{25}}{\boxed{26}}$ である。

(2)　△OABの面積は $\boxed{27}\boxed{28}$ である。

(3)　点Cを通り，△OABの面積を２等分する直線の式を求めると，$y = \boxed{29}\boxed{30}\,x + \boxed{31}$ である。

$\boxed{6}$　あとの各問いに答えなさい。

(1)　右の図において，AB // DC // EFである。

このとき，線分EFの長さは $\frac{\boxed{32}\boxed{33}}{\boxed{34}}$ cmである。

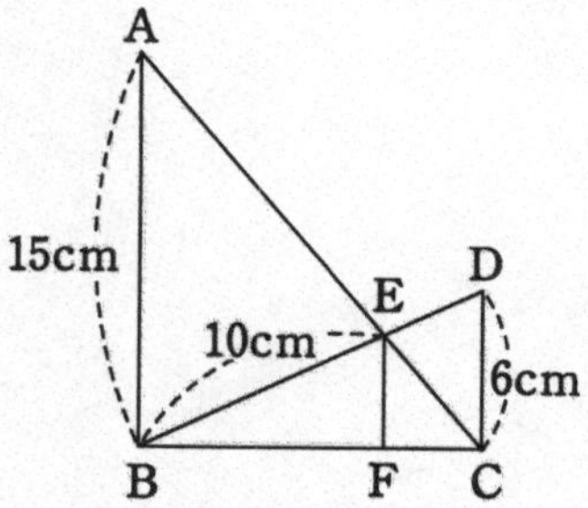

(2)　次のページの図において，点Oは円の中心である。４点A，B，C，Dが円周上にあるとき，$\angle x = \boxed{35}\boxed{36}$ °である。

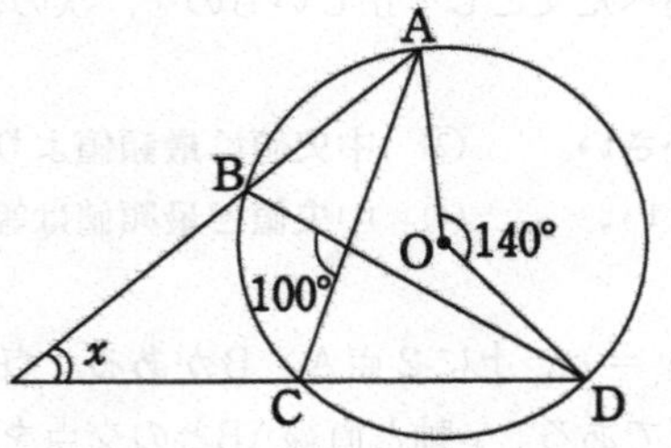

⑶　右の図のように，底面が１辺６㎝の正方形で高さが８㎝の直方体の水槽ABCD－EFGHを底面が水平になるように置き，その中に金属製の四角すいＡ－EFGHを入れた。

この水槽にGP＝４㎝の高さまで水を注いだとき，注いだ水の量は[37][38]㎝³である。

ただし，水槽の厚さは考えないものとする。

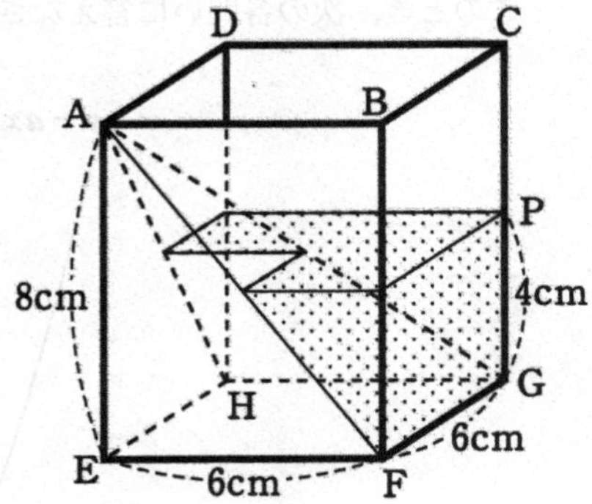

【英　語】（40分）　＜満点：100点＞

[1] 放送される英文とその質問を聞いて，答えとして適切なものを，それぞれ下から一つずつ選び，番号で答えよ。

Section 1

No. 1 [1]

① That's OK. I'll help you find one.　② I've already read that.

③ Well, your birthday's next week.

No. 2 [2]

① OK. I'll bring your drink right away.

② Yeah. My favorite is the one with chicken.

③ It will take about 20 minutes to cook.

No. 3 [3]

① OK. I'll start cooking dinner now.　② OK. Let's do it together.

③ OK. But you have to do it tomorrow.

Section 2

No. 1 [4]

① Come and see him again.　② Stay in the hospital.

③ Rest at home.　④ Take some medicine.

No. 2 [5]

① Start studying Japanese.　② Travel to Japan.

③ Play summer sports.　④ Make video games.

No. 3 [6]

① Practice basketball.　② Study for an examination.

③ Do her homework in the gym.　④ Watch David's game.

No. 4 [7]

① Go home to get money.　② Choose some more goods.

③ Leave all of his goods.　④ Give up shopping.

Section 3

No. 1 [8]

① He traveled to India.　② He called his parents.

③ He went to work.　④ He took a rest at home.

No. 2 [9]

① Start a new shop.　② Go to design school.

③ Design a new kind of pen.　④ Work at her friend's shop.

No. 3 　10

① Send an e-mail to his daughter. 　② Take pictures of the local library.
③ Use his computer better. 　④ Borrow a book about computers.

＜リスニングテストスクリプト＞

Section 1

No. 1

★Excuse me. I want to buy a book for my brother's birthday.
☆I see. What kind of book do you want?
★ Well, that's the problem. I don't read much, so I'm not sure.

No. 2

★I've heard this restaurant is famous for its curry and rice dishes.
☆It is. They're all really, really good.
★Which one is the best?

No. 3

★Amy, can you clean up the kitchen for me?
☆It's Wednesday. Wednesday's your turn to clean the kitchen.
★I need to meet a friend at the library, and I'm going to be late. Please!

Section 2

No. 1

☆Hello?
★Mom, I heard from Sarah that you fell down the stairs.
☆Yes. 1 fell down them and hit my head, but I'm all right.
★Did you go to see a doctor about it?
☆Oh, yes. But he didn't find anything wrong.
He just told me to stay home for a few days.
★Question: What did the doctor tell the woman to do?

No. 2

☆What kind of job do you want to do in the future, Adam?
★I want to go to Japan someday and work for a company
that makes video games.
☆That sounds interesting, but you have to learn some Japanese first.
★Yeah, so I'm going to start taking lessons this summer.
☆Question: What will the boy do this summer?

No. 3

★Sarah, are you coming to watch my basketball game after school?
It starts at four o'clock in the gym.
☆I don't know, David. I really have to study for next week's science examination.

★Oh, you still have lots of time. Please come and watch.
☆All right. I'll be there at four.
★Question: What did Sarah decide to do this afternoon?
No. 4
★OK, that's 46 dollars and 50 cents for your goods. How would you like to pay?
☆Oh no. I think I left my wallet at home.
★Well, I can keep your things here if you want to go home and get it.
☆That will be great. I'll be back in 20 minutes with my wallet.
★Question: What will the man do next?

Section 3
No. 1
★Sam is an American who lives in India.
On Saturday evenings, he usually calls his parents in the United States.
Last Saturday, however, he had to go to work.
He was too tired to talk to his parents after work,
so he sent them an e-mail to say he would talk to them on Wednesday instead.
☆Question: What did Sam do last Saturday?
No. 2
☆Amy works in a shop that sells pens and post cards.
In her free time, she likes drawing.
In December, she often designs her own New Year's cards.
Amy's friends say her cards are very beautiful,
so she wants to start her own shop and sell her cards someday.
Amy hopes she will make people happy with them.
★Question: What is one thing that Amy wants to do someday?
No. 3
★Mr. Smith has a computer, but he finds it difficult to do some things with it.
For example, he can send e-mails to his daughter, but he cannot attach pictures to them.
He wants to learn how to use his computer better, so he will go to a special class at the local library tomorrow.
☆Question: What does Mr. Smith want to do?

2 次の英文を読んで，以下の設問に答えよ。

In the 19th century, scientists began to accept a new idea about *diseases. This idea showed that diseases were made by very small forms of life. People call them *germs. After that, people tried to find ways to kill these germs. After some time, scientists found something to kill germs and to *cure the diseases that ①they made. However, this *discovery took a long time to become a big meaning for people.

*Alexander Fleming was born in 1881 in the U.K. He became a doctor and scientist in London and studied germs. In 1928, he found that some *mold started growing on one of his dishes with germs. He was very surprised when he realized that the mold started to kill the germs that were around it. He checked the mold carefully and found that the mold was producing juice that killed many kinds of germs. He called this "mold juice" *penicillin. Fleming wrote a report about his discovery in the *British Journal in June 1929, but he did not think it would help people. He thought it could not stay in the human body long enough to kill many germs. This great discovery was not paid *attention to and forgotten for almost ten years until *Howard Florey and *Ernst Chain began to study some possible ways to solve ②this problem.

Howard Florey and Ernst Chain studied penicillin. Through their studies, they made penicillin more effective and it worked on *patients very well. Before its introduction, there was no way to fight against *infections. The only thing that doctors could do was to wait and hope. Florey and Chain wanted to make more and more medicine at a *factory but it was very difficult to make with a *machine. At that time, penicillin was still studied and made by hand. No one knew how to make a lot of it and quickly.

A big ③breakthrough came when *Dorothy Hodgkin *analyzed all of the parts of penicillin. This greatly helped Florey and Chain find a new way for more people to use this medicine. During World War II, penicillin saved the arms, legs, and lives of many people who were injured or sick. Eventually, it became one of the most useful and popular medicines in the world. In 1945, Fleming, Florey, and Chain all shared *the Nobel Prize in Medicine for their work developing penicillin. Since then, many new kinds of penicillin have been made. Some germs cannot be killed by penicillin, (④) it still saves millions of lives!

(注) disease(s) 病気 germ(s) 細菌 cure 治療する discovery 発見
Alexander Fleming アレクサンダー・フレミング（人名） mold 青カビ
penicillin ペニシリン British Journal ブリティッシュ・ジャーナル attention 注意
Howard Florey ハワード・フローリー（人名） Ernst Chain エルンスト・チェーン（人名）
patient(s) 患者 infection(s) 感染症 factory 工場 machine 機械
Dorothy Hodgkin ドロシー・ホジキン（人名） analyze(d) 分析する
the Nobel Prize in Medicine ノーベル生理学・医学賞

問１ 下線部①が指し示すものを下の①～④のうちから一つ選び，番号で答えよ。[11]

① germs ② scientists ③ diseases ④ people

問２ 下線部②が示す内容をあとの①～④のうちから一つ選び，番号で答えよ。[12]

① Penicillin could not kill long germs in the human body.

② Penicillin could not remain in the human body to kill germs.
③ Penicillin would kill more germs than necessary.
④ Penicillin needed time to be made in the human body.

問3 下線部③とほぼ同じ内容を表すものを下の①～④のうちから一つ選び，番号で答えよ。
13

① progress ② disaster ③ effort ④ accident

問4 空所（④）に入る適切なものを下の①～④のうちから一つ選び，番号で答えよ。 14

① and ② but ③ so ④ if

問5 Fleming について適切なものを下の①～④のうちから一つ選び，番号で答えよ。 15

① 殺菌作用があるペニシリンを発見した。
② ペニシリンが人々を救うと発表した。
③ ペニシリンの大量生産を可能にした。
④ けがや病気の人にペニシリンを投与した。

問6 次の問いの答えとして適切なものを下の①～④のうちから一つ選び，番号で答えよ。 16

What did doctors do for patients with infections before introducing penicillin?

① They prayed for their patients. ② They told their patients to wait.
③ They tried to remove germs. ④ They could do almost nothing.

問7 本文の内容に合うものを下の①～④のうちから一つ選び，番号で答えよ。 17

① Scientists started to change their way of thinking about diseases in the 19th century.
② Florey and Chain named the mold juice penicillin and made it more effective.
③ Dorothy Hodgkin showed how to make penicillin at a factory.
④ Fleming, Florey and Chain studied penicillin together to get the Nobel Prize in Medicine.

3 次の英文の（ ）に入る適切なものを，あとの①～④のうちからそれぞれ一つずつ選び，番号で答えよ。

⑴ My sister（ ）on the phone when Taro called her. 18

① is talking ② was talking ③ talks ④ was talked

⑵ How many people（ ）to Tom's birthday party? 19

① was invited ② were invited ③ invited ④ did invite

⑶ James is the fastest runner（ ）all the students. 20

① in ② within ③ of ④ from

⑷ I'm（ ）. 21

① too tired to work ② to tired too work
③ too tired to working ④ to tired for work

⑸ The movie（ ）last night was really nice. 22

① who watched ② who I watched
③ which watched ④ which I watched

4 次の日本語の意味になるように，[ ]内の語(句)を並べかえて英文を完成させるとき，(23) ～ (38) に入る適切なものを，それぞれ下から選び，番号で答えよ。ただし，文頭にくる語も小文字になっている。

(1) コーヒーを1杯お持ちしましょうか。

( )( )(23)( )(24)( )( )( )?

[① coffee ② of ③ cup ④ I ⑤ shall ⑥ a ⑦ you ⑧ bring]

(2) スーダンに住んでいる人々は戦争によって傷つけられていた。

( )(25)( )( )( )(26)( ) war.

[① Sudan ② in ③ hurt ④ by ⑤ were ⑥ living ⑦ people]

(3) マイクはあなたに宿題を手伝ってほしいと思っています。

( )( )(27)( )( )(28)( ) his homework.

[① you ② Mike ③ to ④ with ⑤ help ⑥ wants ⑦ him]

(4) 私の夢がいつ実現するかはわかりません。

I don't ( )( )(29)( )( )(30)( ).

[① true ② my ③ know ④ come ⑤ when ⑥ dream ⑦ will]

(5) その国では，たくさんの子供たちが学校へ行ったことがありません。

In the country a ( )(31)( )( )(32)( )( )( ).

[① to ② school ③ children ④ been ⑤ lot ⑥ have ⑦ never ⑧ of]

(6) あなたたちが災害に備えるのは必要なことです。

( )( )(33)( )( )( )(34)( ).

[① for you ② is ③ disaster ④ to ⑤ for ⑥ necessary ⑦ it ⑧ prepare]

(7) あなたはどれくらい東京に住んでいますか。

( )(35)(36)( )( )( )( )?

[① Tokyo ② in ③ long ④ lived ⑤ how ⑥ you ⑦ have]

(8) これらの料理の写真を見て，健太はお腹がすきました。

( )( )(37)( )( )(38)( ).

[① Kenta ② dish ③ hungry ④ made ⑤ pictures ⑥ these ⑦ of]

【理　科】（40分）　＜満点：100点＞

1　次の⑴，⑵の問いに答えよ。

⑴　生物の進化の証拠に関する記述として誤っているものを，次の①から④までの中から一つ選んで，番号をマークせよ。［1］

①　始祖鳥の化石にはつばさの中に三本のつめがあり，口に歯がある。このことから始祖鳥は，ハチュウ類と鳥類の中間の生物であると考えられる。

②　クジラには後ろあしがないが，その部分に痕跡的に骨が残っている。このことから，クジラは陸上生活をするホニュウ類の後ろあしが尾びれに変化したことで水中生活に適応したと考えられる。

③　ヒトのうでと鳥のつばさは，はたらきが異なるが骨格に多くの共通点をもつ。このことから，ヒトのうでと鳥のつばさは，もとは同じ器官であったと考えられる。

④　ホニュウ類，ハチュウ類，両生類，鳥類，魚類のうち，魚類の化石が最も古い年代の地層から見つかっている。このことから，地球上に最初に出現したセキツイ動物は魚類であると考えられる。

⑵　融点 t_m［℃］，沸点 t_b［℃］の純粋な物質を，20℃から100℃まで加熱したときの温度変化と加熱時間の関係を表したグラフとして最も適当なものを，次の①から⑥までの中から一つ選んで，番号をマークせよ。ただし，$t_m < 20$，$t_b > 100$であるとする。［2］

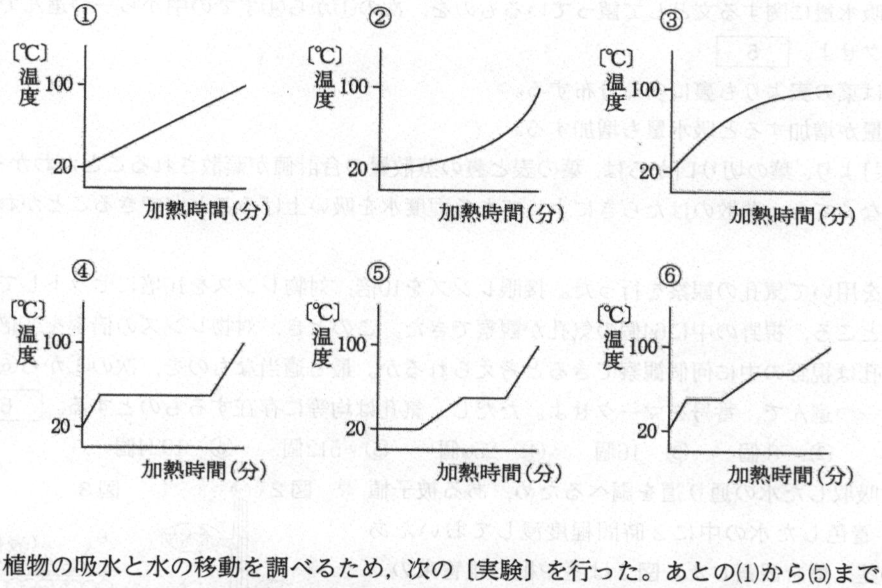

2　植物の吸水と水の移動を調べるため，次の［実験］を行った。あとの⑴から⑸までの問いに答えよ。ただし，［実験］で減少した水はすべて植物に吸収されたものとする。

［実験］

操作1　ほぼ同じ大きさの葉で，枚数がそろっている枝AからDを用意した。Aはそのまま，Bは葉の表にワセリンを塗り，Cは葉の裏にワセリンを塗った。Dは葉を切りとり，切り口にワセリンを塗った。

操作2　水の量をはかって試験管に入れ，水中で切った枝をさした。水面からの蒸発を防ぐため，油を注ぎ，図１のような条件に整えた。

操作３　一定時間後に試験管の水の量をはかり，減少した水の量を調べた。

図１

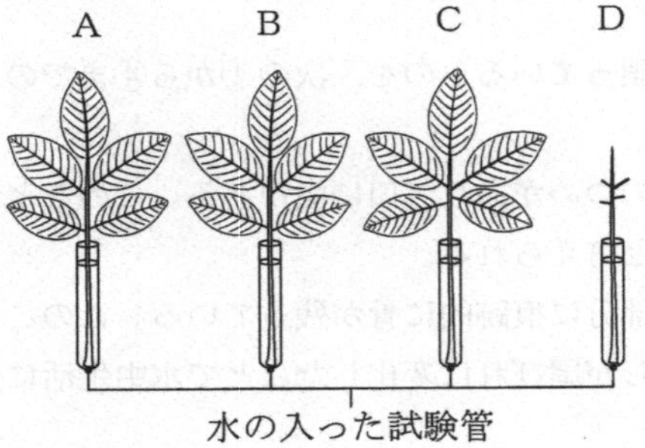

［結果］

	A	B	C	D
減少した水の量〔mL〕	3.8	3.1	1.0	0.3

⑴　［結果］から，葉の表部分，葉の裏部分からのそれぞれの蒸散量の値は何mLか。最も適当なものを，次の①から⑥までの中からそれぞれ一つ選んで，番号をマークせよ。

葉の表部分 〔3〕　葉の裏部分 〔4〕

①　0.4mL　②　0.7mL　③　1.0 mL　④　2.5mL　⑤　2.8mL　⑥　3.1mL

⑵　蒸散と吸水量に関する文として誤っているものを，次の①から④までの中から一つ選んで，番号をマークせよ。〔5〕

①　気孔は葉の表よりも裏に多く分布する。

②　蒸散量が増加すると吸水量も増加する。

③　［結果］より，葉の切り口からは，葉の表と裏の蒸散量の合計値が蒸散されることがわかった。

④　根がなくても，蒸散のはたらきによってある程度水を吸い上げることができることがわかった。

⑶　顕微鏡を用いて気孔の観察を行った。接眼レンズを10倍，対物レンズを10倍にセットして観察を行ったところ，視野の中に64個の気孔が観察できた。このとき，対物レンズの倍率を40倍にすると，気孔は視野の中に何個観察できると考えられるか。最も適当なものを，次の①から⑥までの中から一つ選んで，番号をマークせよ。ただし，気孔は均等に存在するものとする。〔6〕

①　４個　②　８個　③　16個　④　256個　⑤　512個　⑥　1024個

⑷　根から吸収した水の通り道を調べるため，ある被子植物を赤く着色した水の中に２時間程度浸しておいたあと，根，茎，葉を観察した。図２は茎や根の維管束の，図３は葉の断面の模式図である。図２の実線ｅと点線ｆ，図３のｇ，ｈは道管または師管を表している。観察したときに赤く染まっていた部分の組み合わせとして最も適当なものを，次の①から④までの中から一つ選んで，番号をマークせよ。〔7〕

①　ｅとｇ　②　ｅとｈ　③　ｆとｇ　④　ｆとｈ

図２

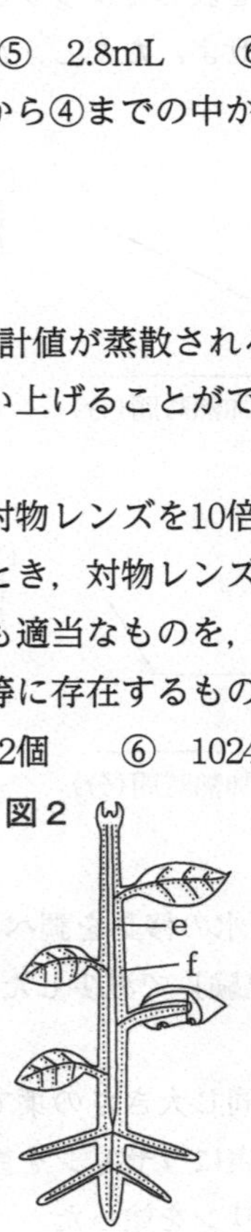

図３

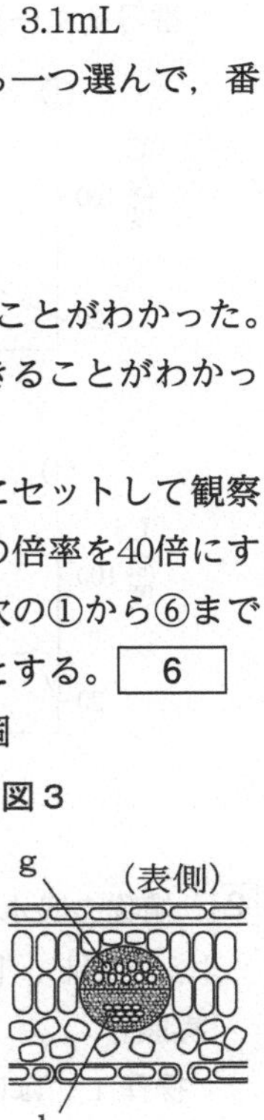

⑸　図4のように，カキノキの表面を切り取った。この操作により，図2の点線fが除去された。この状態で栽培を続けると切り取った部分より上でも下でも葉のようすに異常は見られなかったが，切り取った部分付近でふくらみが観察できた。

ふくらんだ部分と，ふくらんだ部分にたまった物質の組み合わせとして最も適当なものを，次の①から⑥までの中から一つ選んで，番号をマークせよ。ただし，ふくらんだ部分は切り取った部分に対しての位置を表している。

図4

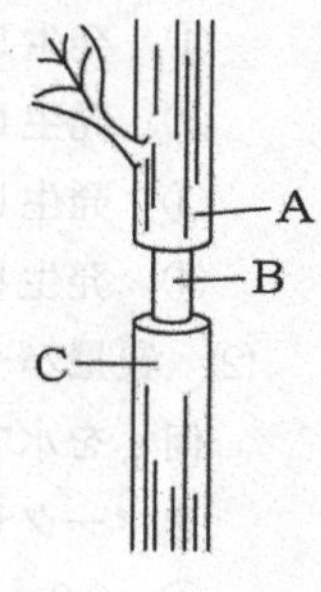

8

	ふくらんだ部分	たまった物質
①	A	根から吸収された水と肥料
②	A	葉で作られた養分
③	B	根から吸収された水と肥料
④	B	葉で作られた養分
⑤	C	根から吸収された水と肥料
⑥	C	葉で作られた養分

3　次の文章を読み，あとの⑴から⑸までの問いに答えよ。

〔実験〕

ビーカーにうすい塩酸100ｇを入れ，炭酸水素ナトリウムを1.0ｇ加えたところ，気体が発生した。十分に時間を置いたあと，ビーカーを除いた質量を計測したところ，100.5ｇであった。この溶液に炭酸水素ナトリウムを1.0ｇずつ加え，先ほどと同様にして，ビーカーを除いた質量を測定する操作を繰り返し行い，以下の結果を得た。

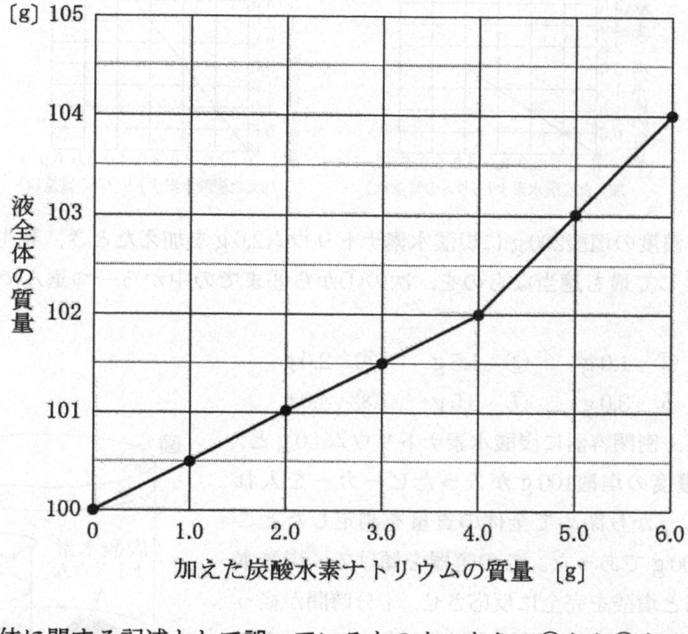

⑴　発生した気体に関する記述として誤っているものを，あとの①から④までの中から一つ選ん

で，番号をマークせよ。 9

① 発生した気体を石灰水に通すと，石灰水が白くにごる。

② 発生した気体は地球温暖化を引き起こす１つの要因だと考えられている。

③ 発生した気体は水に少し溶け，その水溶液は中性を示す。

④ 発生した気体は空気より重いため，下方置換法で収集することができる。

⑵ 質量パーセント濃度5.0％の塩酸をちょうど100ｇつくるには，質量パーセント濃度20％の塩酸何ｇを水でうすめればよいか。最も適当なものを，次の①から⑧までの中から一つ選んで，番号をマークせよ。 10

① 2.0ｇ　② 2.5ｇ　③ 4.0ｇ　④ 8.0ｇ

⑤ 10ｇ　⑥ 20ｇ　⑦ 25ｇ　⑧ 40ｇ

⑶ この〔実験〕において，加えた炭酸水素ナトリウムの質量と，発生した気体の質量の関係を表したグラフとして最も適当なものを，次の①から④までの中から一つ選んで，番号をマークせよ。 11

①

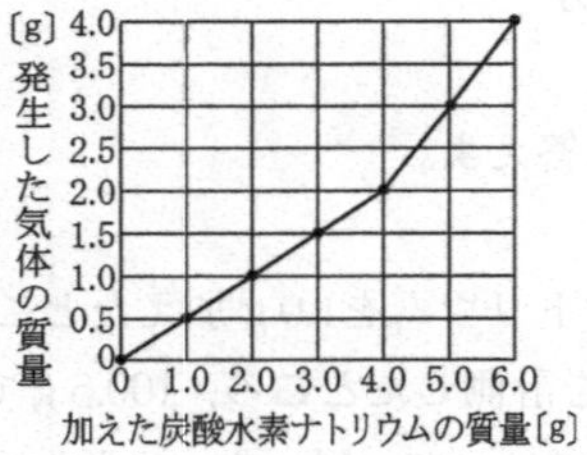

②

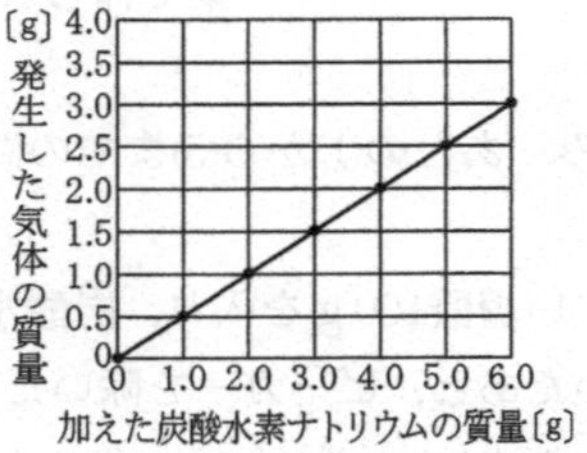

③

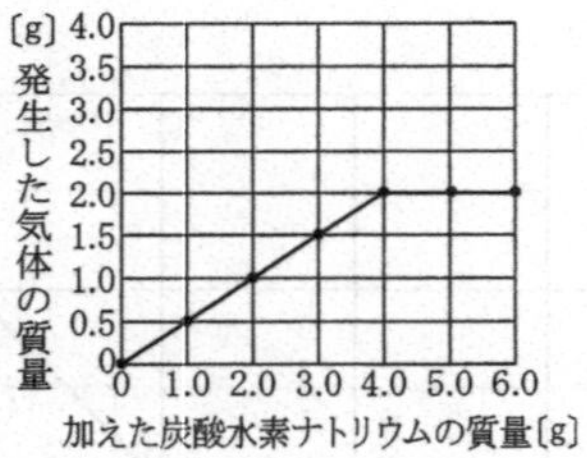

④

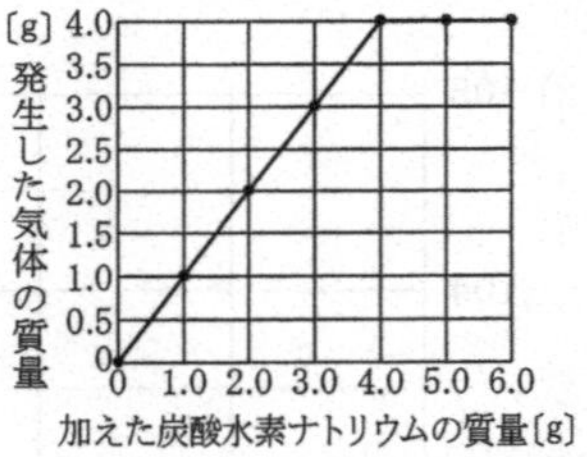

⑷ 実験と同じ濃度の塩酸200ｇに炭酸水素ナトリウム2.0ｇを加えたとき，発生すると考えられる気体の質量として最も適当なものを，次の①から⑧までの中から一つ選んで，番号をマークせよ。 12

① 0.5ｇ　② 1.0ｇ　③ 1.5ｇ　④ 2.0ｇ

⑤ 2.5ｇ　⑥ 3.0ｇ　⑦ 3.5ｇ　⑧ 4.0ｇ

⑸ 図のように，密閉容器に炭酸水素ナトリウム4.0ｇと，実験と同じ濃度の塩酸100ｇが入ったビーカーを入れた。ふたをしっかり閉めて全体の質量を測定したところ，質量は400ｇであった。この容器を傾けて，炭酸水素ナトリウムと塩酸を完全に反応させ，十分時間が経ったあと，ふたを閉めたまま質量を測定した。このときの

図

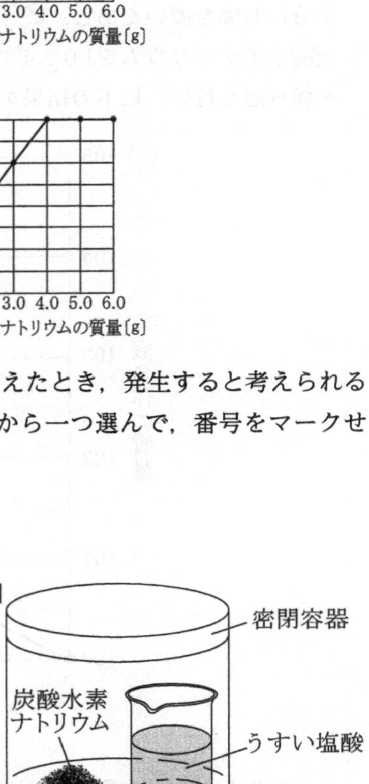

全体の質量として最も適当なものを，次の①から⑦までの中から一つ選んで，番号をマークせよ。
13

① 396 g　② 398 g　③ 399 g　④ 400 g　⑤ 401 g　⑥ 402 g　⑦ 404 g

4 摩擦のない斜面で，台車を斜面にそって上向きにおし出し，運動させた。次の図は斜面を上向きに運動している台車を表したものである。あとの⑴から⑸までの問いに答えよ。

図

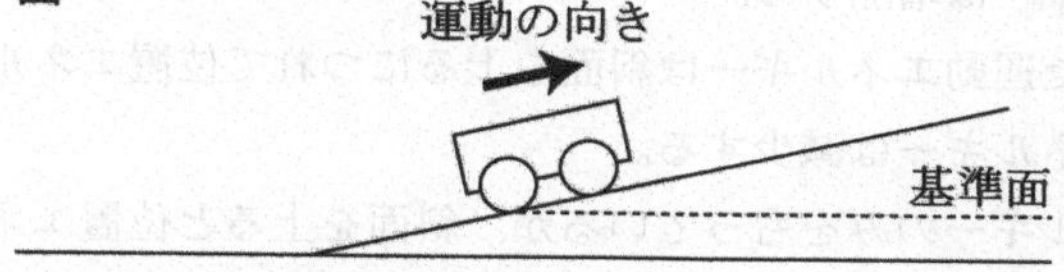

⑴ 図の台車の運動を，時間を横軸，速さを縦軸にとってグラフで表した。このときのグラフとして最も適当なものを，次の①から④までの中から一つ選んで，番号をマークせよ。 14

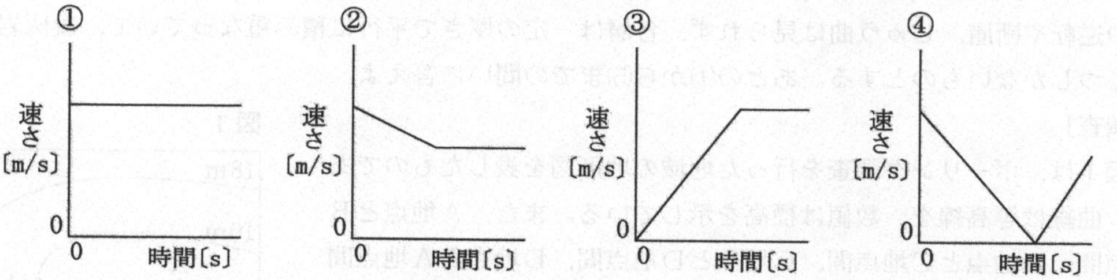

⑵ 斜面上の台車に関する記述として誤っているものを，次の①から④までの中から一つ選んで，番号をマークせよ。 15

① 台車の速さの変化は斜面の傾きが大きいほど大きくなる。

② 台車には斜面下向きの力がはたらいている。

③ 台車にはたらく力の大きさは斜面上の台車の位置によって異なる。

④ 台車にはたらく力の大きさは斜面の傾きが90°になると，重力の大きさに等しくなる。

⑶ 台車に速さを与えた点を位置Oの点としたとき，この台車の位置 x〔m〕と時間 t〔s〕の関係式は $0 \leqq t \leqq 3$ において $x = -t^2 + 6t$ である。位置 x が8mのときの時間 t として最も適当なものを，次の①から④までの中から一つ選んで，番号をマークせよ。 16

① 1.5秒　② 2.0秒　③ 3.0秒　④ 4.0秒

⑷ 図の台車の運動において，図中の台車の高さを位置エネルギーの基準面とし，図の瞬間の時刻を0とする。このあとの台車の位置エネルギーと時間の関係を表したグラフとして最も適当なものを，次の①から④までの中から一つ選んで，番号をマークせよ。 17

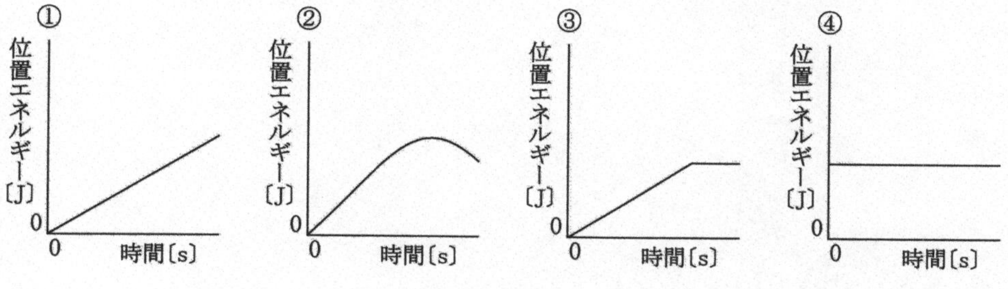

⑸　この台車のもつ力学的エネルギーについて述べたものとして最も適当なものを，次の①から④までの中から一つ選んで，番号をマークせよ。［18］

①　台車におもりをのせた場合，始めに同じ速さを与えても，重くなった分だけ，運動エネルギーは増えるが力学的エネルギーは保存するため，おもりをのせていない場合と比べても力学的エネルギーは同じである。

②　台車におもりをのせた場合，始めに同じ速さを与えれば，おもりをのせていない場合と比べて，力学的エネルギーは増加する。

③　最初にもっていた運動エネルギーは斜面を上るにつれて位置エネルギーに移り変わっていったため，力学的エネルギーは減少する。

④　最初は運動エネルギーのみをもっているが，斜面を上ると位置エネルギーが増えるため，力学的エネルギーの総量は上るにつれて増加する。

［5］　地層について調べるために，ある地域で次のボーリング調査を行った。ただし，この地域では地層の逆転や断層，しゅう曲は見られず，各層は一定の厚さで平行に積み重なっていて，凝灰岩の層は１つしかないものとする。あとの⑴から⑸までの問いに答えよ。

〔調査〕

図１は，ボーリング調査を行った地域の地形図を表したものであり，曲線は等高線を，数値は標高を示している。また，A地点とB地点間，B地点とC地点間，C地点とD地点間，D地点とA地点間の水平方向の距離はすべて等しく，A地点とB地点，C地点とD地点はそれぞれ南北方向に位置し，A地点とD地点，B地点とC地点はそれぞれ東西方向に位置しており，この地域の地層はある方向に一定の割合で傾いていることが分かっている。

図１

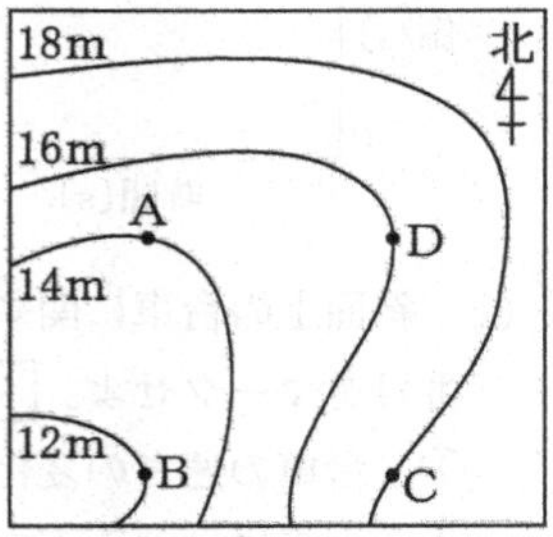

〔結果〕

結果１　A～C地点においてボーリング調査を行った結果，得られた試料をもとに柱状図を作成すると，**図２**（次のページ）のようになった。

結果２　A地点のXの層にはフズリナの化石が含まれていた。

結果３　岩石Yは生物の死がいが堆積してできた岩石であり，うすい塩酸をかけると気体が発生した。

図２

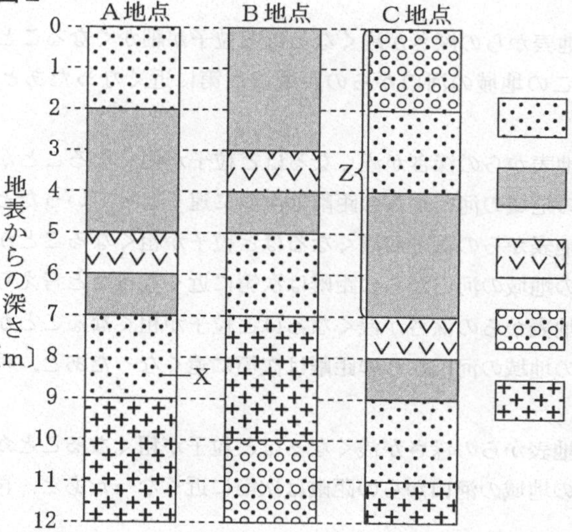

⑴　岩石を観察するときのルーペの使い方として最も適当なものを，次の①から④までの中から一つ選んで，番号をマークせよ。19

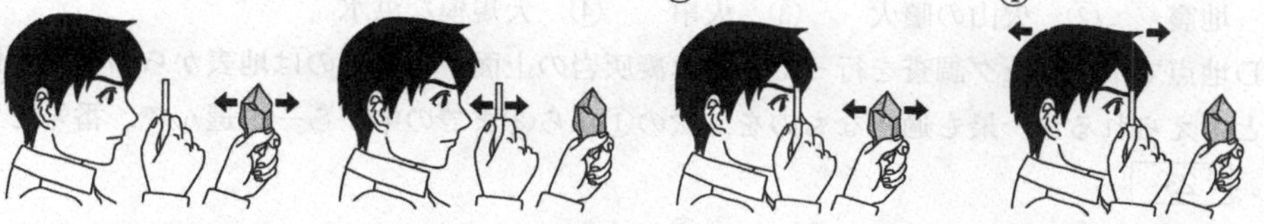

①　ルーペを目から少し離して持ち，岩石を前後に動かす。

②　目と岩石の間でルーペを前後に動かす。

③　ルーペを目に近づけて持ち，岩石を前後に動かす。

④　ルーペを目に近づけて持ち，頭を前後に動かす。

⑵　結果２と結果３で，Ａ地点のＸの層が堆積した地質年代と，岩石Ｙの名称を組み合わせたものとして最も適当なものを，次の①から④までの中から一つ選んで，番号をマークせよ。20

	Ａ地点のＸの層が堆積した地質年代	岩石Ｙの名称
①	新生代	チャート
②	新生代	石灰岩
③	古生代	チャート
④	古生代	石灰岩

⑶　図２のＺの部分が堆積した当時の，この地域の河口からの距離について述べた次の文について最も適当なものを，あとの①から⑧までの中から一つ選んで，番号をマークせよ。21

①　図２のＺの部分では地表からの深さが浅くなるほど粒子が細かくなることから，図２のＺの部分が堆積した当時，この地域の河口からの距離は次第に遠くなっていったと考えられる。

②　図２のＺの部分では地表からの深さが浅くなるほど粒子が細かくなることから，図２のＺの部分が堆積した当時，この地域の河口からの距離は次第に近くなったと考えられる。

③　図２のＺの部分では地表からの深さが浅くなるほど粒子が細かくなることから，図２のＺの部分が堆積した当時，この地域の河口からの距離は次第に遠くなったあと，再び近くなって

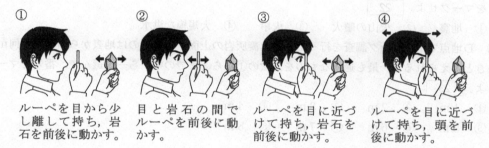

いったと考えられる。

④　図２のＺの部分では地表からの深さが浅くなるほど粒子が細かくなることから，図２のＺの部分が堆積した当時，この地域の河口からの距離は次第に近くなったあと，再び遠くなっていったと考えられる。

⑤　図２のＺの部分では地表からの深さが浅くなるほど粒子が粗くなることから，図２のＺの部分が堆積した当時，この地域の河口からの距離は次第に遠くなっていったと考えられる。

⑥　図２のＺの部分では地表からの深さが浅くなるほど粒子が粗くなることから，図２のＺの部分が堆積した当時，この地域の河口からの距離は次第に近くなったと考えられる。

⑦　図２のＺの部分では地表からの深さが浅くなるほど粒子が粗くなることから，図２のＺの部分が堆積した当時，この地域の河口からの距離は次第に遠くなったあと，再び近くなっていったと考えられる。

⑧　図２のＺの部分では地表からの深さが浅くなるほど粒子が粗くなることから，図２のＺの部分が堆積した当時，この地域の河口からの距離は次第に近くなったあと，再び遠くなっていったと考えられる。

⑷　図２で，凝灰岩の層があることから，この地域では過去にどのようなことが起こったと考えられるか。考えられることとして最も適当なものを，次の①から④までの中から一つ選んで，番号をマークせよ。[22]

①　地震　　②　火山の噴火　　③　火事　　④　大規模な洪水

⑸　Ｄ地点でボーリング調査を行ったとき，凝灰岩の上面が現れるのは地表からの深さが何ｍのときと考えられるか，最も適当なものを，次の①から⑧までの中から一つ選んで，番号をマークせよ。[23]

①　１ｍ　　②　２ｍ　　③　３ｍ　　④　４ｍ

⑤　５ｍ　　⑥　６ｍ　　⑦　７ｍ　　⑧　８ｍ

6　次の⑴から⑶までの問いに答えよ。

⑴　放射線Ａ，Ｂ，Ｃ，Ｄがある。放射線はＸ線，α線，β線，γ線のいずれかである。次のアからウまでの文を参考に放射線Ｄの種類として最も適当なものを，あとの①から④までの中から一つ選んで，番号をマークせよ。[24]

ア　放射線ＡとＣはアルミニウムのうすい金属板は透過できなかった。

イ　放射線Ｂはレントゲン検査に用いられる。

ウ　放射線Ｄは紙を透過した。

①　α線　　②　β線　　③　γ線　　④　Ｘ線

⑵　星の動きを調べるために次のような手順で〔観察〕を行った。

〔観察〕

手順１　ある日の19時に，カメラを北の方位の空に向けて固定した。

手順２　19時からしばらくの間，カメラのシャッターを開けたままにして，星の動きを撮影した。

手順３　手順２で撮影した写真に写っていた星ＡからＣを選び，これらの動きについて，図（次のページ）のように書き写した。

〔結果〕

カメラのシャッターを開けたままにしていた間，星Ａはほとんど動いていないように見えたが，星Ｂ，Ｃは図のように動いていた。

図

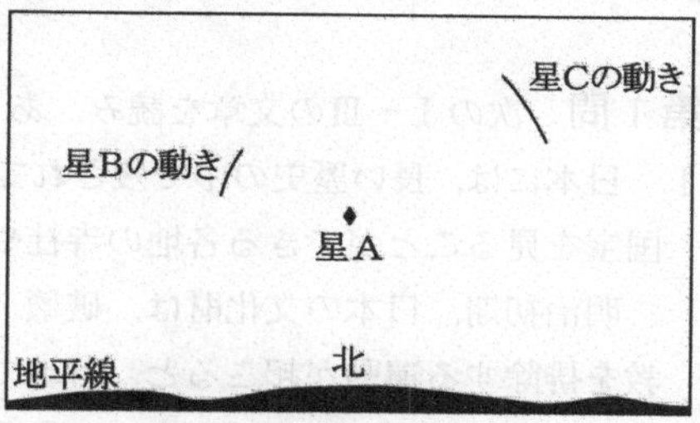

観察を行った翌日，19時と22時の星Ｃの位置を調べた。19時の星Ｃの位置をＸ，22時の星Ｃの位置をＹ，星Ａの位置をＯとすると，観察者から見た∠ＸＯＹの大きさは約何度であったと考えられるか。最も適当なものを，次の①から⑦までの中から一つ選んで，番号をマークせよ。

25

① 0度　② 15度　③ 30度　④ 45度　⑤ 60度　⑥ 75度　⑦ 90度

⑶ 次のそれぞれの文章は〔実験操作・観察の内容〕とその〔結果・まとめ〕について書かれている。実際に観察される実験結果が〔結果・まとめ〕と**異なる**と予想される実験を，あとの①から⑤までの中から一つ選んで，番号をマークせよ。 26

	〔実験操作・観察の内容〕	〔結果・まとめ〕
①	力の大きさとばねののびの関係を確かめるために，ばねにつるすおもりの数を変え，ばねののびの長さを調べる実験を行った。	おもりの数を１個，２個 …… と増やすと，ばねの長さはもとの長さの１倍，２倍 …… と長くなった。
②	タンポポの葉を入れた試験管を２本用意し，それぞれにストローで息を吹き込み，ゴム栓でふたをした後，一方に光を当て，もう一方にはアルミはくを巻いて光が入らないようにした。	30 分後それぞれの試験管に石灰水を入れたところ，アルミはくで巻いた方のみ，溶液が白くにごった。
③	空き缶に少量の水を入れ，加熱した。湯気がさかんにでるようになったら加熱をやめて，ラップシートで空き缶全体をくるみ，ようすを観察した。	缶の温度が下がるにつれて，缶がつぶれるようすがみられた。
④	水蒸気が水滴に変わる条件を見いだすため，天気の異なる複数の日に，以下の実験を行った。金属製のコップに室温と同じ温度の水を入れた。そのコップに氷水を少しずつ入れ，水温をゆるやかに下げ，水滴がつき始めるときの温度を計測した。	晴れた日に行った場合は，雨の日に行った場合と比べ，より低い温度で水滴がつくようすが観察できた。
⑤	酸性，アルカリ性の水溶液と金属との反応の性質を調べるため，うすい塩酸とうすい水酸化ナトリウム水溶液を試験管に用意し，マグネシウムリボンをそれぞれに加えて反応のようすを観察した。	うすい塩酸の試験管からは細かいあわが発生したが，水酸化ナトリウムの試験管からはあわは発生しなかった。

【社　会】（40分）　＜満点：100点＞

第１問　次のⅠ～Ⅲの文章を読み，あとの⑴から⑻までの問いに答えよ。

Ⅰ　日本には，長い歴史の中で残されてきた，多くの文化財がある。とりわけ「国宝」の人気は高く，国宝を見ることができる各地の寺社や博物館などには，多くの人々が足を運んでいる。

明治初期，日本の文化財は，破壊・流失の危機にさらされた。1868年に神仏分離令が出され，仏教を排除する運動が起こると，各地で古い文化財が破壊され，また売却などで日本の文化財が海外に持ち出されることも増えた。(a)貴重な文化財の破壊・流失を防ぐため，1897年には古社寺保存法が，1929年には国宝保存法が制定され，重要度の高い文化財は国宝（旧国宝）に指定されて，保護されるようになった。1950年に文化財保護法が制定されると，それまでの国宝（旧国宝）はすべて重要文化財に指定された上で，その中から改めて国宝（新国宝）が指定されることとなった。1951年６月には，広隆寺の木造弥勒菩薩半跏像（半跏思惟像）や(b)中尊寺金色堂など181件が，文化財保護法にもとづいて最初の国宝指定を受けた。

⑴　下線部(a)に関連する法令が出された時期の出来事として誤っているものを，次の①～④のうちから一つ選び，番号で答えよ。[1]

①　神仏分離令が出されたとき，樺太は日本人とロシア人が混在する雑居地であった。
②　古社寺保存法が制定されたとき，台湾は日本領であった。
③　国宝保存法が制定されたとき，日本は国際連盟に加盟していた。
④　文化財保護法が制定されたとき，日本は国際連合に加盟していた。

⑵　下線部(b)について，この建造物を建てた人物に関する説明として正しいものを，次の①～④のうちから一つ選び，番号で答えよ。[2]

①　この人物は，10世紀中頃に関東で周辺の武士を率いて大きな反乱を起こした。
②　この人物は，11世紀後半に起きた後三年合戦に勝利し，東北で勢力を伸ばした。
③　この人物は，14世紀後半に南北朝の合一を実現し，その後，明と国交を開いた。
④　この人物は，16世紀後半に関東・東北の大名を服従させ，天下統一を実現した。

Ⅱ　文化財保護法は制定以来，保護の対象を拡大しつつ改正されてきた。現在の文化財保護法では，「建造物，絵画，彫刻，工芸品，書跡，典籍，古文書その他の有形の文化的所産で我が国にとつて歴史上又は芸術上価値の高いもの（これらのものと一体をなしてその価値を形成している土地その他の物件を含む。）並びに考古資料及びその他の学術上価値の高い歴史資料」のことを「有形文化財」といい，「有形文化財のうち重要なもの」を「重要文化財」に指定し，(c)「重要文化財のうち世界文化の見地から価値の高いもので，たぐいない国民の宝たるもの」を「国宝」に指定する，とされている。

国宝に指定される１件は，必ずしも１点の文化財とは限らず，関連する複数の文化財を合わせて１件とされることも多い。「福岡県宗像大社沖津宮祭祀遺跡出土品」は，数万点にもおよぶ出土品が１件の国宝として一括指定されている。また，「慶長遣欧使節関係資料」は，仙台藩主伊達政宗によってスペイン，ローマに派遣された家臣の支倉常長が日本に持ち帰った品々で，ローマ市議会が支倉常長に市民権を与えた「ローマ市公民権証書」など47点が，合わせて１件として国宝に指定されている。

最近では，2021年に(d)図１「蒙古襲来絵詞」や図２「唐獅子図屏風」など５件が新たに国宝に指定された。2022年には，すでに国宝に指定されている東寺や唐招提寺に関連する「古材」が追加指定されたが，国宝の件数としては変化がなかった。文化庁のホームページによると，2022年９月１日現在で，(e)建造物・美術工芸品を合わせて1131件が国宝に指定されている。

図１「蒙古襲来絵詞」

図２「唐獅子図屏風」

⑶　下線部(c)について，国宝に指定されている次のア～ウを，古いものから年代順に正しく配列したものを，あとの①～⑥のうちから一つ選び，番号で答えよ。[3]

ア

イ

ウ

①　ア→イ→ウ　　②　ア→ウ→イ　　③　イ→ア→ウ
④　イ→ウ→ア　　⑤　ウ→ア→イ　　⑥　ウ→イ→ア

⑷　下線部(d)について，次の文中の [X]，[Y] に入る語句の組み合わせとして正しいものを，あとの①～④のうちから一つ選び，番号で答えよ。[4]

> 「蒙古襲来絵詞」に描かれたモンゴル軍の襲来は，[X] の役・弘安の役とよばれる。また，「唐獅子図屏風」は，[Y] の作品である。

①　X　文永　　Y　俵屋宗達　　　②　X　文永　　Y　狩野永徳
③　X　文禄　　Y　俵屋宗達　　　④　X　文禄　　Y　狩野永徳

⑸　下線部(e)について，都道府県別の国宝指定件数を示した次のページの**表１**や，本文の記述から読み取れる内容として，最も適当なものを，次の①～④のうちから選び，番号で答えよ。[5]

①　東京・京都・奈良の３都府県の国宝指定件数の合計は，他の44道府県の国宝指定件数の合計よりも多い。

②　美術工芸品で国宝に指定されたものがない都道府県は，全部で２つある。

③　国宝に指定された1131件の中には，演劇，音楽，工芸技術など重要無形文化財に指定されている「わざ」を高度に体得・体現している「人間国宝」も含まれている。

④　国宝に指定された文化財は，日本国内で作られたものに限定されており，国外で作られたものは国宝に指定されていない。

表１

	国宝								合計
	建造物	美術工芸品							
		絵画	彫刻	工芸品	書跡・典籍	古文書	考古資料	歴史資料	
北海道							1		1
青森				2			1		3
岩手	1	1	1	4	1				8
宮城	3				2			1	6
秋田				1					1
山形	1	1		2		1	1		6
福島	1		1		1				3
茨城				2					2
栃木	7			4	5	1			17
群馬	1								1
埼玉	1			2	1				4
千葉				1	2			1	4
東京	2	69	3	93	87	17	17		288
神奈川	1	6	1	6	5				19
新潟							1		1
富山	1								1
石川				2					2
福井	2			3	1				6
山梨	2	2		1					5
長野	6			1			2		9
岐阜	3	1		2		1			7
静岡	1	1	1	7	2	1			13
愛知	3	1		1	4				9
三重	2				3		1		6
滋賀	22	4	4	4	12	9	1		56
京都	52	44	41	15	55	27	3		237
大阪	5	10	5	22	15	2	3		62
兵庫	11	2	1	2	4		1		21
奈良	64	9	76	37	11	1	8		206
和歌山	7	9	5	4	9	1	1		36
鳥取	1	1					1		3
島根	3			2					5
岡山	2	2		5					9
広島	7	2		9	1				19
山口	3	1		3	2				9
徳島									0
香川	2			1	3				6
愛媛	3			8			1		12
高知	1			1	1				3
福岡				5	1	1	5		12
佐賀					1				1
長崎	3								3
熊本	1								1
大分	2		1	1					4
宮崎									0
鹿児島	1			1					2
沖縄	1							1	2
合計	229	166	140	254	229	62	48	3	1131

（文化庁ホームページ「国宝・重要文化財等都道府県別指定件数一覧」（令和４年９月１日現在）より作成）

Ⅲ　2022年，東京国立博物館の創立150年記念として，特別展「国宝　東京国立博物館のすべて」が開催され，東京国立博物館が所蔵する89件の国宝がすべて公開されるなど，注目を集めた。展示された国宝の一つに，(f)「平治物語絵巻」の一部「六波羅行幸の巻」があった。この絵巻物の他の一部「三条殿夜討の巻」は，明治期に海外に流出し，現在(g)アメリカのボストン美術館に所蔵されているが，2022年に東京都美術館で開催された特別展「ボストン美術館展　芸術×力」で日本に里帰りして展示され，日本に残されていれば国宝に指定されていた可能性が高い「国宝級」の作品として注目された。

愛知県内で身近に見ることができる国宝としては，「犬山城天守」や，徳川美術館が所蔵する「源氏物語絵巻」の一部，また(h)江戸幕府３代将軍徳川家光の長女千代姫が尾張徳川家２代藩主徳川光友に嫁いだ際の「婚礼調度類」の一群などがある。

「たぐいない国民の宝たるもの」である国宝を，現在の世代が実際に見る機会を大事にするとともに，将来の世代にも残していけるよう，大切に保存していきたい。

(6)　下線部(f)について，この絵巻物の題材となった平治の乱に関する説明として正しいものを，次の①～④のうちから一つ選び，番号で答えよ。 6

①　この戦いに敗れた後鳥羽上皇は，その後，隠岐に流された。

②　この戦いに勝利した大海人皇子は，その後，即位して天武天皇となった。

③　この戦いに勝利した平清盛は，その後，太政大臣に任命された。

④　この戦いに勝利した源頼朝は，その後，征夷大将軍に任命された。

(7)　下線部(g)について，歴代のアメリカ大統領在任時の出来事として誤っているものを，あとの①～④のうちから一つ選び，番号で答えよ。 7

①　ウィルソン大統領のとき，第二次世界大戦が始まった。

②　リンカン（リンカーン）大統領のとき，アメリカで南北戦争が発生した。

③　ケネディ大統領のとき，アメリカとソ連の対立が高まりキューバ危機が発生した。
④　フランクリン＝ルーズベルト（ローズベルト）大統領は，世界恐慌からの回復をめざしてニューディール政策を実施した。

(8)　下線部(h)について，この時代の出来事として正しいものを，次の①～④のうちから一つ選び，番号で答えよ。 8

①　大塩平八郎を大将とする島原・天草一揆が発生し，鎮圧された。
②　極端な動物愛護政策である生類憐みの令が出された。
③　スペイン商館が長崎の出島に移された。
④　１年おきに領地と江戸を往復する参勤交代が制度として定められた。

第２問　あとの(1)から(8)までの問いに答えよ。

(1)　次の地図中にある，Ａ・Ｂ・Ｃ・Ｄの山地・山脈の名称の組み合わせとして正しいものを，あとの①～⑥のうちから一つ選び，番号で答えよ。 9

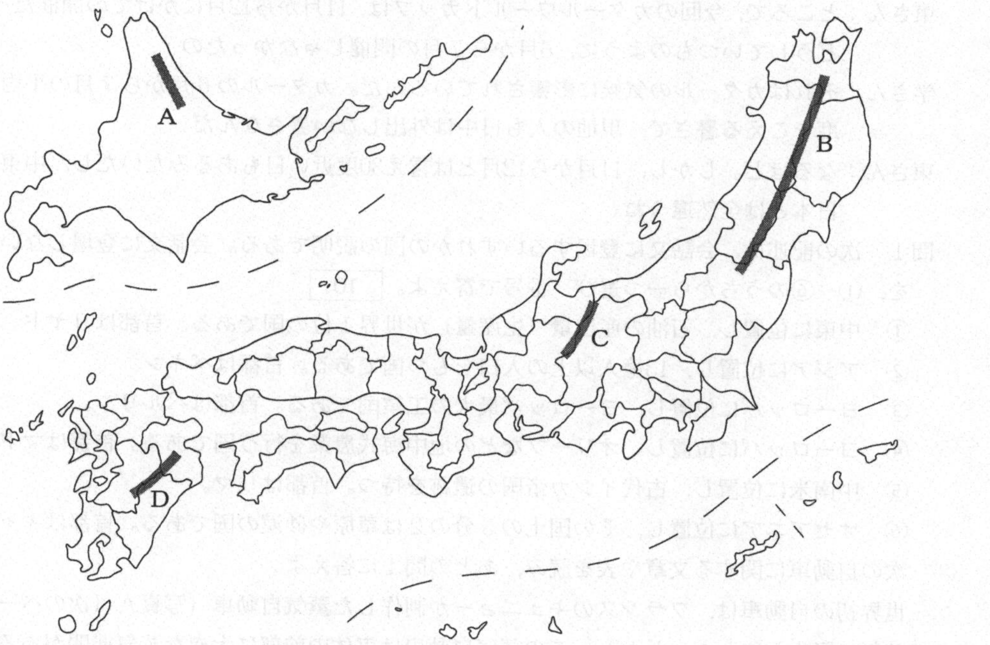

①　Ａ－北見山地　Ｂ－奥羽山脈　Ｃ－木曽山脈　Ｄ－筑紫山地
②　Ａ－北見山地　Ｂ－出羽山地　Ｃ－飛驒山脈　Ｄ－筑紫山地
③　Ａ－北見山地　Ｂ－奥羽山脈　Ｃ－飛驒山脈　Ｄ－九州山地
④　Ａ－日高山脈　Ｂ－出羽山地　Ｃ－木曽山脈　Ｄ－九州山地
⑤　Ａ－日高山脈　Ｂ－奥羽山脈　Ｃ－木曽山脈　Ｄ－筑紫山地
⑥　Ａ－日高山脈　Ｂ－出羽山脈　Ｃ－飛驒山脈　Ｄ－九州山地

(2)　次の東さんと学さんの会話文を読み，あとの問１に答えよ。

東さん：2022年のサッカーワールドカップも，予選から大いに盛り上がったわね。
学さん：本当にそうだよね，まずは日本が予選通過できるかどうかで，ハラハラしたよ。

東さん：そうね，初戦のオマーン戦で敗退したとき，マスコミでも「予選通過は絶望的」なんて報道されてたよね。

学さん：そうなんだよ。第２戦で中国に勝ったものの，第３戦のサウジアラビア戦で敗退したときは，本当にもうダメだ，と思ったよ。

東さん：でもそこからは，見事な展開だったよね。

学さん：そうそう，第４戦で２位を争うオーストラリアに勝った後は，しっかりと勝利を重ね，見事，ワールドカップ本大会出場を決めたんだ。最終戦で，最下位のベトナムに引き分けたのは，少し残念だったけどね。

東さん：そして，本大会で日本と戦うグループＥのドイツ・スペイン・コスタリカはいずれも強豪よね。

学さん：もちろん。でも僕は思うんだけど，世界で32チームしか本大会に出られないわけだから，どこの国だって強豪だよ。あと，残念だったのは，2大会連続でイタリアが予選敗退したことと，最後のプレーオフでウクライナが本大会出場を逃したことかな。

東さん：ところで，今回のカタールワールドカップは，11月から12月にかけての開催だったけど，どうしていつものように，6月から７月の開催じゃなかったの？

学さん：それはカタールの気候に影響されているんだ。カタールの６月から７月の平均気温は40度をこえる暑さで，現地の人も日中は外出しない暑さなんだ。

東さん：なるほど。しかし，11月から12月とは言え30度近い日もあるみたいだし，中東の気候は日本とは全然違うね。

問１　次の記述は，会話文に登場するいずれかの国の説明である。会話文に登場しない国の説明を，①～⑥のうちから一つ選び，番号で答えよ。［10］

①　中東に位置し，石油の産出量（生産量）が世界１位の国である。首都はリヤド。
②　アジアに位置し，13億人以上の人口をもつ国である。首都はペキン。
③　ヨーロッパに位置し，ヨーロッパ最大の工業国である。首都はベルリン。
④　ヨーロッパに位置し，オリーブなどの地中海式農業を行う国である。首都はマドリード。
⑤　中南米に位置し，古代インカ帝国の遺跡を持つ。首都はリマ。
⑥　オセアニアに位置し，その国土の３分の２は草原や砂漠の国である。首都はキャンベラ。

⑶　次の自動車に関する文章や表を読み，あとの問１に答えよ。

世界初の自動車は，フランスのキュニョーが制作した蒸気自動車（写真Ａ（次のページ））で，1769年に誕生しました。しかし，この蒸気自動車は車体の前部に大きな蒸気機関があるため，ハンドル操作が難しく，１号車の試運転では城の壁にぶつかり，世界初の交通事故も発生しました。蒸気機関は小型化が難しく，機関車など大型の乗り物の利用に適しています。その後の1886年，ドイツでガソリンとエンジンで走る「ベンツ１号」（写真Ｂ（次のページ））が製作されました。この自動車は小型化に成功し，エンジンが座席後方にあるため，ハンドル操作も楽になりました。そして，1908年にはアメリカのフォード社が，「Ｔ型フォード」を世界で初めて，流れ生産方式で量産しました。この量産方法によって，それまで高価であった自動車の価格が下がり，多くの人が自動車を購入できるようになりました。「Ｔ型フォード」は，１日に約1000台生産され，総生産台数は約1500万台にもなりました。

日本では明治から大正時代にかけて自動車の製造がはじまります。明治時代に蒸気式自動車やガソリン車が実用化されました。大正時代には，快進社や白楊社が本格的な自動車生産を始めますが，当時の日本の技術は未熟であったため，欧米の技術に勝てず，２社は解散してしまいます。また昭和に入り，1932年には名古屋で日本初の国産乗用車「アツタ号」が作られ，試作１号車を名古屋市役所が買い上げました。同年，日産自動車の前身となる「ダットサン商会」，翌年にはトヨタ自動車の前身「豊田自動織機製作所自動車部」が設立されます。この自動車部は1936年に「トヨダＡＡ型乗用車（のちトヨタＡＡ型）」を完成させ，日本初の量産型乗用車となりました。

第二次世界大戦後，日本車の海外輸出が始まりますが，はじめは技術力が低く日本車の輸出台数は伸びませんでした。その後，日本は欧米の自動車技術の研究を続け，技術の向上をはかりました。日本の自動車メーカーもホンダやマツダ，三菱など増えていきました。そして，1970年代になり，オイルショックや大気汚染の問題が深刻化すると，日本車の技術の高さ，燃費の良さ，価格の低さが評価され，高い人気を得るようになりました。1980年に日本車の生産台数はアメリカ車を抜いて世界一になり，アメリカ市場での割合が20％をこえました。1997年にトヨタ自動車がハイブリッドカー「プリウス」を販売すると，アメリカの有名な映画俳優も購入するなど，世界中で大きな人気となりました。現在では「電気自動車」や「水素燃料自動車」など様々な形式の自動車が開発・販売されています。

現在はアジア各国で，自動車生産が急成長しています。韓国は1990年に年間132万台を生産して世界第10位の自動車生産国となり，1995年には253万台を生産して，世界第５位まで急成長しました。中国は2001年，WTO（世界貿易機関）に加盟したのち生産台数・販売台数を伸ばし，2009年にはアメリカの年間販売台数1040万台を超える1360万台を突破して，世界一の自動車生産・消費市場となりました。

写真Ａ

写真Ｂ

表１　日本の乗用車の輸出先（2020 年度）＊合計台数は 3,408,000 台

アメリカ	オーストラリア	中国	カナダ	イギリス	ドイツ	その他
40.2(%)	8.3	8.3	4.3	4.1	2.8	32.0

表２　自動車の生産（千台）

年次／国名	1990		2020			
	乗用車	商用車	乗用車	商用車	合計	%
中国	87	383	19,994	5,231	25,225	32.5
アメリカ	6,078	3,707	1,927	6,896	8,822	11.4
日本	9,948	3,539	6,960	1,108	8,068	10.4
ドイツ	4,661	290	3,515	227	3,742	4.8
韓国	987	335	3,212	295	3,507	4.5
世界計	36,273	12,281	55,835	21,787	77,622	100.0

（「データブック　オブザワールド 2022」より作成）

問1　本文の記述から読み取れる内容として，次の①～⑤のうちから適当でないものを一つ選び，番号で答えよ。 11

① 世界初の自動車は蒸気自動車であった。しかし，蒸気自動車は小型化が難しく，ハンドル操作が難しい。

② 「ベンツ１号」は小型化に成功した。そしてこの車を生産した国は，2020年に日本から10万台以上の乗用車を輸入している。

③ 日本初の量産型乗用車をつくった豊田自動織機製作所自動車部は，のちにトヨタ自動車となり，ハイブリッドカー「プリウス」を販売する。

④ 日本だけでなくアジア各国で自動車生産はさかんである。特に中国は2009年に世界一の生産台数となっている。

⑤ 自動車の生産の世界計は乗用車・商用車ともに，1990年より2020年の方が増加しているが，アメリカ・日本・ドイツの乗用車の生産は減少している。

⑷ 裁判所をあらわす地図記号を，次の①～④のうちから一つ選び，番号で答えよ。 12

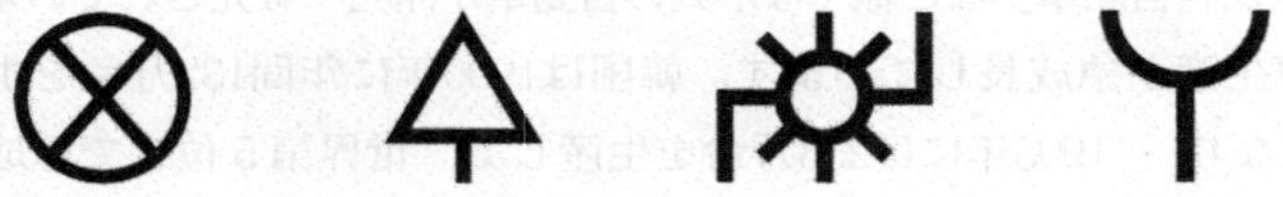

①　②　③　④

⑸ 次の①～④のうちから，正しいものを一つ選び，番号で答えよ。 13

① 等高線とは，土地の高さ（標高）の等しい地点を結んだ線で，等高線の間隔が狭くあらわされている部分は傾斜がゆるやかな地形である。

② ２万５千分の１の地図は，250ｍが１㎝であらわされる。また同じ範囲が５万分の１の地図よりも２倍の面積で示されるので，より詳しくあらわすことができる。

③ 日本の明石（東経135度）が11月７日午前10時のとき，アメリカのニューヨーク（西経75度）は，11月６日午後９時である。

④ 人口ピラミッドで，出生率と死亡率がともに高いと「富士山型」になり，出生率と死亡率がともに低いと「つりがね型」や「つぼ型」になる。

⑹ 次の①～④のうちから，適当でないものを一つ選び，番号で答えよ。 14

① 古くから瀬戸内海は，かつて日本の中心であった近畿地方と九州地方を結ぶ通路の役目を果たしてきた。瀬戸内海に面する高知県は，日本有数のみかんの産地である。

② 近畿地方は２府５県から成り立っている。その中には，日本最大の湖を持つ県や，入り組んだ海岸線のリアス式海岸を持つ県がある。

③ 東海地方では野菜や花，果物などの園芸農業がさかんである。また，静岡県の焼津市は，水揚げ量・金額とともに国内でも有数の漁港である。

④ 北海道はもともとアイヌ民族が住む土地であった。明治時代になると日本政府は開拓使という官庁をおき，屯田兵による大規模な開拓を行った。

⑺ 次の九州地方に関する文章を読み，Ａ・Ｂ・Ｃ・Ｄの組み合わせとして正しいものを，あとの①～⑥のうちから一つ選び，番号で答えよ。 15

九州地方には，多くの火山があり，熊本の阿蘇山や鹿児島の（　Ａ　）など，現在も火山活動がおこっている場所があります。また噴火による火山灰は，人々の生活や農業に被害を及ぼします。九州南部には火山灰などが積もってできた（　B　）と呼ばれる地層が広がっています。阿蘇山には世界最大級の（　C　）と呼ばれる地形があり，これも火山活動によってうまれました。その一方で，九州地方には別府温泉や指宿温泉など，マグマによってあたためられた地下水による温泉地も数多くあり，観光地となっています。また大分県の九重町では（　D　）を使った発電も行われるなど，自然の力を上手に利用しています。

① A－普賢岳　B－ローム　C－ツンドラ　D－バイオマス
② A－普賢岳　B－シラス　C－カルデラ　D－バイオマス
③ A－普賢岳　B－ローム　C－ツンドラ　D－地熱
④ A－桜島　B－シラス　C－カルデラ　D－地熱
⑤ A－桜島　B－ローム　C－ツンドラ　D－地熱
⑥ A－桜島　B－シラス　C－カルデラ　D－バイオマス

⑻ 次の文を読み，適当でないものを①～④のうちから一つ選び，番号で答えよ。［16］

① インドの公用語はヒンディー語であるが，日常的には数多くの言語が使われている。したがって，インドで使用される紙幣には10をこえる言語で金額が表示されている。
② アメリカではフィードロットと呼ばれる肥育場で，牧草ではなくカロリーの高い穀物などを与えて牛を育てる方式が行われている。
③ ヨーロッパ西部では暖流の北大西洋海流と季節風（モンスーン）によって，緯度は日本より高い地域でも気温は温暖に保たれている。
④ アフリカの多くの国では，特定の資源や作物の生産に頼るモノカルチャー経済が行われているが，天候や世界経済の変動によって収入が不安定である。

第３問　次の⑴から⑷までの問いに答えよ。

⑴ 共生社会に関する記述として適当でないものを，次の①～④のうちから一つ選び，番号で答えよ。［17］

① 近年では，ダイバーシティの尊重が広まってきている。
② 製品が，障がいの有無などにかかわらず誰もが利用しやすいように工夫された，ユニバーサルデザインが広がっている。
③ ユニバーサルデザインの土台となる考え方をバリアフリーという。
④ 互いの文化の違いを認め合い，社会の中で共に生活していくことを多文化共生という。

⑵ 情報化に関する記述として最も適当なものを，次の①～④のうちから選び，番号で答えよ。［18］

① 現代では，コンピューターやインターネットなどの情報通信技術であるTPPが急速に発達している。
② 私たちは，情報を正しく活用できる力である情報アセスメントを身につけなければならない。
③ 肖像権はプライバシーの権利に含まれる。
④ 知る権利があるので，誰でも国や地方に個人情報の公開を求めることができ，こうした情報にぬりつぶす処理がされることはない。

(3) 平等権に関する記述として適当でないものを，次の①～④のうちから一つ選び，番号で答えよ。 19

① 2019年のアイヌ民族支援法によって，アイヌ民族が先住民族として法的に位置付けられた。

② 性の多様性が注目される中で，SOGIという考え方が広まっている。SOGIとは，好きになる相手の性別と自分の性別についての意識のことをいう。

③ 障がいがあっても教育や就職などの面で不自由なく生活できることを，インクルージョンという。

④ 1999年に男女共同参画社会基本法が制定され，2005年に男女雇用機会均等法が制定された。

(4) 内閣（行政）に関する記述として適当でないものを，次の①～④のうちから一つ選び，番号で答えよ。 20

① 内閣が提出する法律案は与党と調整して作られる。

② 内閣（行政）の行き過ぎた許認可権の行使を防ぐために，国会は国政調査権に基づいて証人喚問を行ったり書類を提出させたりすることができる。

③ 内閣は衆議院を解散できる。

④ 内閣（行政）への違憲審査は裁判所が行う。その裁判所の裁判官について，最高裁判所の長官を含む裁判官全員は内閣によって任命され，その任命に天皇が関与（関係）することはない。

第４問 次の文章を読み，あとの(1)から(5)までの問いに答えよ。

経済は，（　ア　）と（　イ　）を通じて，私たちの生活を支えています。（　ウ　）は（　エ　）に労働力を提供し，対価として得た金で商品である財やサービスを（エ）から購入します。（エ）も，（ア）に必要な労働力を（ウ）から，燃料や原材料などをほかの（エ）から購入します。

商品の売買される場を，市場（しじょう）といいます。現代の経済では，市場が生活のすみずみまで行きわたっており，市場経済とも呼ばれます。

市場経済において，商品の価格は，(a)需要量と供給量との関係で変化します。需要量と供給量が一致したとき，価格の変化はやみ，市場は需要と供給の均衡がとれた状態になり，このときの価格を，均衡価格といいます。これらの関係を表したのが右のグラフです。

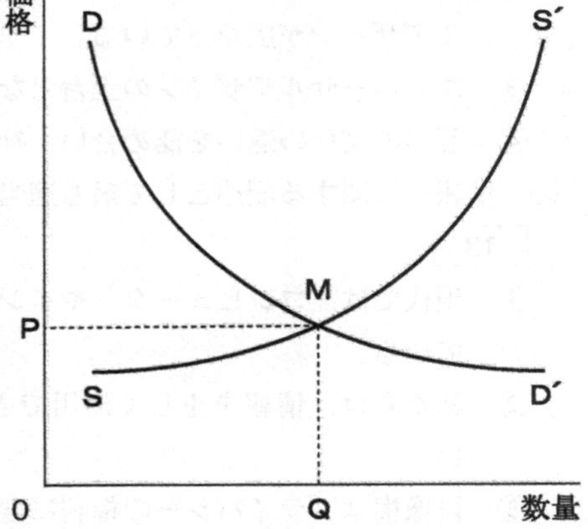

しかし，価格の働きがうまく機能しなくなる場合もあります。そのような場合は，価格競争が弱まって，一つの企業が独断で，あるいは少数の企業が足並みをそろえて，価格や生産量を決めることになりがちです。そのような価格は独占価格とよびます。競争が弱まると，消費者は不当に高い価格で購入する状況も起こるため，競争をうながすことを目的とした(b)独占禁止法が制定されています。

(1) 文中のア・イ・ウ・エに入る言葉の組み合わせとして，最も適当なものを，次のページの①～⑥のうちから選び，番号で答えよ。 21

① ア－企業　イ－家計　ウ－消費　エ－生産
② ア－家計　イ－企業　ウ－生産　エ－消費
③ ア－企業　イ－生産　ウ－家計　エ－消費
④ ア－家計　イ－消費　ウ－企業　エ－生産
⑤ ア－生産　イ－消費　ウ－家計　エ－企業
⑥ ア－消費　イ－生産　ウ－企業　エ－家計

⑵ 下線部(a)に関連して述べた文として誤っているものを，次の①～④のうちから一つ選び，番号で答えよ。 22

① 商品の量に対して「買いたい」と思う人がたくさんいる場合，価格は上がる。
② 商品の量に対して「買いたい」と思う人が少ない場合，価格は下がる。
③ 希少性が高い商品は，一般的に価格が上がる。
④ 一般的に価格が上がると，供給量が減り，需要量が増える。

⑶ 本文中のグラフに関連して述べた文として最も適当なものを，次の①～④のうちから選び，番号で答えよ。 23

① 需要の変化をあらわす曲線はＳ－Ｓ’である。
② 供給の変化をあらわす曲線はＤ－Ｄ’である。
③ 需要と供給が一致した点がＭであり，均衡価格はＰとなる。
④ 需要と供給が一致した点がＭであり，均衡価格はＱとなる。

⑷ 下線部(b)の法律に基づいて，監視や指導を行っている機関はどれか，次の①～④のうちから一つ選び，番号で答えよ。 24

① 公正取引委員会　② 会計検査院　③ 証券取引委員会　④ 検察庁

⑸ 2022年の出来事について述べた文として誤っているものを，次の①～④のうちから一つ選び，番号で答えよ。 25

① 中国の上海で冬季オリンピックが開催され日本は最多の金メダルを獲得した。
② ロシアが宣戦布告をすることなく，ウクライナに軍事侵攻を開始した。
③ 安倍元首相の国葬は，国会決議をすることなく実施された。
④ 民法改正に伴い，日本の成人年齢が18歳以上となった。

（4） 本文最初の文の A に入る言葉の現代語訳として最も適当なものを次の①～④のうちから選び、番号で答えなさい。 25

① 他の人の顔色をうかがう人　② 耳が鋭い人

③ 冗談が好きな人　④ 何も気にしない人

（5） 本文の出典である『枕草子』と同時代に成立した作品を次の①～④のうちから一つ選び、番号で答えなさい。 26

① 徒然草　② おくのほそ道　③ 竹取物語　④ 方丈記

C　先生の手紙をハイケンした　20

① 産業ハイキ物が問題だ　② 水泳で鍛えたハイキン

③ レイハイ堂で賛美歌を歌った　④ 障害物をハイジョした

D　飛行機をソウジュウした　21

① 夏休みをベッソウで過ごした

② 弦楽四ジュウソウに酔いしれる

③ 一年をソウカツする

④ タイソウ選手を育てる

【4】 次の文章を読んで、後の（1）から（5）までの問いに答えなさい。（本文……の左側は現代語訳である。）

（※1）大蔵卿《おおくらきょう》ばかり　A　はなし。まことに蚊の睫《まつげ》の落つるをも聞きつけたまひつべう《お聞きつけになりそうであった》aこそありしか。（※2）職《しき》の御曹司《みぞうし》の西面《にしおもて》に住みしころ、（※3）大殿の新中将（※4）宿直《とのい》にて、物など①言ひしに、そばにある人の、「この中将に、扇の絵の事言へ」とささめけば《（私に）ささやくので》、「今かの君の立ちたまひなむにを《お立ちになってしまったらね》」と、いとみそかに《ひそかに》②言ひ入るるを、その人だにえ聞きつけで《その人さえ聞きつけることができないで》、「何《なに》とか、何とか《何ですって》」と、耳をかたぶけ来るに《耳を傾けてくるのを》、③遠くゐて、「にくし。さのたまはば《にくらしい。そうおっしゃったら》、b今日は立たじ《立つまい》」とのたまひしこそ、いかで《どうして》聞きつけたまふらむ《だろう》と、④あさましかりしか《あきれてしまったことだ》。

（『枕草子』）

※ 1 大蔵卿…大蔵省の長官。藤原正光のこと。
2 職の御曹司…役所内の建物。
3 大殿の新中将…「大殿」は藤原道長、「新中将」はその養子の藤原成信のこと。
4 宿直…夜間、職務のために宿泊して事務や警備をすること。

（1） aこそありしか　は「こそ」があることによって文末の語の「き」が「しか」に変化している。このように、上にくる助詞によって文末の語の活用形が変化することを何と言うか。次の①～④のうちから一つ選び、番号で答えなさい。　22

① 音便　② 枕詞　③ 係り結び　④ 体言止め

（2） ①言ひしに　②言ひ入るるを　③遠くゐて　④あさましかりしか　の中から大蔵卿が主語であるものを一つ選び、①～④の番号で答えなさい。　23

（3） b今日は立たじ　とあるが、大蔵卿はなぜそのようにおっしゃったのか。その理由の説明として最も適当なものを次の①～④のうちから選び、番号で答えなさい。　24

① 新中将がそばにいる人と自分の悪口を言っていることがわかったから。

② どうしても扇の絵の話を聞きたかったが、誰も自分には話してくれなかったから。

③ 自分が話をしているのに、作者が何度も聞き返してくるのが面倒だと思ったから。

④ 自分がいなくなったら新中将に話をするという言葉が聞こえたから。

とあるが、ここでは何を表現しているか。その説明として最も適当なものを、次の①～④のうちから選び、番号で答えなさい。[15]

① 「緋房の籠の美しき鳥」という短歌に詠まれた言葉から連想される若い頃の白蓮先生の美しさへの嫉妬の気持ちが、生徒の中で一気に沸き上がった様子を表現している。

② 歌人の気持ちを理解してこそ深く短歌を鑑賞できると初めて実感し、白蓮先生の教師としての技量への賛嘆が生徒の中を駆け抜けていったことを表現している。

③ 若い白蓮先生の嘆き苦しむ姿を想像し、息を詰めて話を聞いていた生徒たちが、話し終えた先生の穏やかな表情を見て、一斉に安心し始めた様子を表現している。

④ 白蓮先生への偏った見方が生徒から瞬間的に拭い取られたとともに、先生の苦しみもがいていた気持ちが込められた短歌の素晴らしさに感嘆している様子を表現している。

(7) 次の①から④までの会話は、本文について生徒四人が話しているものである。この文章に書かれている内容に合うものを、次の①～④のうちから二つ選び、番号で答えなさい。

[16]・[17]（解答の順序は問わない）

① Aさん：義子は、年配の女性から若い時の今が一番幸せだと羨ましそうに言われて、自分の人生が数年で終わるかのように思えて抵抗を感じていたのに、白蓮先生のことは恋愛で噂《うわさ》された頃までで人生が完結していたかのように見ていたことに気がついたんだね。

② Bさん：そうだね。白蓮先生を人生の先輩の一人として見るようになってから、見方が変わったみたい。先生に親しみを感じたり、先生自身を理解し始めたことが「(夢を) 打ち明けてくれた」「茶目っ気がたたえられている」などの表現から伝わってくるかな。

③ Cさん：でも、最後の白蓮先生が義子の短歌の言葉を使ってみんなに話しているところは、親しさじゃなくて意地が悪いだけな気がする。だから、義子も「やめてください」って強く反発しているわけだから、結局最後までお互いの印象は良くないままだったんじゃないのかな。

④ Dさん：最後の「どっと笑いが起きた」っていうのは、くだけた場の良い雰囲気が伝わってくるよ。結局義子にとっては、道先生の言葉が一番心に残っていたんじゃないかな。「若いからすぐに結果を出さないといけないなんて愚かだ」ってアドバイスしてくれたから、義子も安心して自分の生き方をゆっくり考えられたんだと思う。

【3】 次のAからDまでの――をつけたカタカナと同じ漢字を使うものを、①～④のうちからそれぞれ選び、番号で答えなさい。

A テントウで売っている野菜 [18]

① エントウの距離を競う　② 馬がサントウ走っている

③ トトウを組んで悪事を行う　④ レイトウ食品を買う

B 彼はこの町ではトクイな存在だ [19]

① イガイな結末を迎える　② 化学センイの洋服

③ 誰もイゾンはないだろう　④ 親のイゲンを示した

選び、番号で答えなさい。 11

① 白蓮先生に童話作家としての実力を認めてもらえず、その上短歌の成績も最下位にされて、腹立たしくて泣き叫びたくなる気持ちを懸命に我慢している。

② 白蓮先生の厳しい添削を受け、恋愛経験のない自分では評価されるような短歌を詠むことはできないと、漠然と認識していた自身の弱点をつかれたように感じている。

③ 白蓮先生の言う「本音」は恋愛のことだと思い、誰からも愛された経験のない自分を憐《あわ》れむように見つめるクラスメイトの視線を受け止めきれないでいる。

④ 白蓮先生の恋愛至上主義に対する反発心と、広く社会的な問題を知ろうとしないクラスメイトへの軽蔑が入り混じり、誰とも理解し合えない絶望を感じている。

（3） d に当てはまる言葉として最も適当なものを、次の①～④のうちから選び、番号で答えなさい。 12

① しらけた　② すました

③ せいせいした　④ きょとんとした

（4） e彼女の人生の本番はこれから始まるのよ とあるが、「母」がここで伝えようとしたことは何か。その説明として最も適当なものを、次の①～④のうちから選び、番号で答えなさい。 13

① 義子の白蓮先生に対するイメージが本来の姿と大きく異なることに気づき、白蓮先生が自分の望むものを叶えようと意欲的に今を生きている女性であることを伝えようとしている。

② 白蓮先生の授業の様子を義子から聞き、白蓮先生が自分の友人だった頃とは変わってしまったことに気づき、今のような厳格なだけの教師となった理由を伝えようとしている。

③ 義子が自分の将来について不安を抱いていることに気づき、困難に立ち向かいながらも若い頃から望みを叶えてきた白蓮先生や道先生のように生きればよいと伝えようとしている。

④ 学校への批判の根底にある義子の甘えに気づき、白蓮先生たちの世代が厳しい状況下でも学び続けてきたことを語ることで、義子の恵まれた環境を暗に伝えようとしている。

（5） f白蓮先生は初めて優しく微笑んで とあるが、なぜ微笑んだのか。その理由の説明として最も適当なものを、次の①～④のうちから選び、番号で答えなさい。 14

① 授業で添削を受けることに反発して短歌を詠まなくなった義子をもてあましていたので、義子が自分の辛い気持ちを初めて素直に短歌で表現したことに安心したから。

② 才能に期待して特別厳しく指導してきた成果が、初めてありのままの自分を素朴な野蒜にたとえて詠んだ義子の短歌にあらわれたことを感じて満足したから。

③ 自分を土の中で生きる球根にたとえ、葛藤を抱えつつも懸命に自己を主張しながら生きる義子の気持ちが、初めて短歌に率直に表現されていたことがうれしかったから。

④ 白蓮を美しく咲く花にたとえた義子の短歌を読み、自分を拒絶していると感じていた義子が実は自分のことを慕っていたことを初めて知って感激したから。

（6） gほうっと小さな竜巻のようなため息が教室を過ぎ去っていった

「みなさんも、上手《うま》い歌を作ろうとするより、まずは一色さんのように、気持ちを表現してみることから始めてくださいね。どんな感情だって歌になるんです。私は、昔、閉じ込められたような暮らしで、言葉をどこにもぶつけられない時、短歌に救われましたから」

そう言うと、白蓮さんは当時作ったという歌を、澄んだ声で読み上げた。

「誰か似る　鳴けようたへとあやさるる　緋房《ひぶさ》の籠の美しき鳥」

gほうっと小さな竜巻のようなため息が教室を過ぎ去っていった。

なんだか、その日から、白蓮先生の作品に対する見方が義子たちの中で変わっていった。勝手に（※6）不義の歌と決めつけていたけれど、必ずしも恋愛賛歌ではない。思うようにならない現状への苛立ちや爆発するような怒りを詠んだものも多い。

授業を重ねるうちに、伝説の美女などではない、自分たちのその先を生きる、一人の女性としての白蓮先生が現れた。先生は教師になることが若い頃からの夢だったのだ、と自身でも打ち明けてくれた。

「夢は叶《かな》うものですよ。でもそれは今すぐではなく、何十年も先かもしれません。私たちには戦うことと同時に、待つことも大切です」

先生は無駄なことがお嫌いで、テキパキしたその口調はやや冷たく感じられるが、よく見れば、その目にはいつも（※7）茶目っ気がたたえられている。

「野蒜の球根のように土に潜って辛抱強く待つことですよ」

そう言って、フフッと微笑する。義子が「えっ、やめてください」と赤くなって叫《さけ》ぶと、どっと笑いが起きた。

（柚木麻子《ゆずきあさこ》『らんたん』）

※1　白蓮先生…柳原白蓮のこと。大正天皇のいとこにあたる華族出身の歌人。

2　道先生…河井道のこと。恵泉女学園の創立者。義子の母と深い信頼関係にある女性で、同じ敷地内で暮らしている。

3　花子さん…村岡花子のこと。白蓮の親友で、児童文学の翻訳で知られる。

4　伊藤伝右衛門のもとから出奔…「伊藤伝右衛門」は、白蓮の二番目の夫。白蓮がこの夫の所から無断で逃げ出し、行方を知られないようにしたことを指す。

5　野蒜…ユリ科の多年草。

6　不義…白蓮が伊藤伝右衛門と結婚中に、その後結婚する男性と恋愛関係になったことを指す。

7　茶目っ気…無邪気ないたずらをするような気質。

（1）　a駆け出し　c鈴なりになって　のここでの意味として最も適当なものを、次の①～④のうちからそれぞれ選び、番号で答えなさい。

a駆け出し　9

①　自分の価値や能力以上であること
②　特別な理由もなく走り出したこと
③　物事を始めたばかりで未熟なこと
④　表面だけ立派で実態が伴わないこと

c鈴なりになって　10

①　群がって　②　大声で笑って
③　息をひそめて　④　遠くを見つめて

（2）　b義子は泣きそうになって、うなだれた　とあるが、このときの義子の説明として最も適当なものを、次のページの①～④のうちから道先生は何かを思い出してか、途端に不機嫌になった。

「教師になることは白蓮さんの長年の夢だったの。きっとその分、張り切っていらっしゃるから、厳しいのよ」

母はとりなしたが、あれほど才女と騒がれていた人が教師という現実的な仕事に就《つ》けなかったのが解《げ》せず、義子は首を傾《かし》げた。母は白蓮さんが戦争で息子さんを亡《な》くしてから、ラジオ出演をきっかけに「悲母の会」を結成し、同じ立場の女性たちと連帯し平和運動を展開していることを教えてくれた。

「白蓮さんは、今までの奪われていた時間を取り戻そうとしているの。いわば、e彼女の人生の本番はこれから始まるのよ」

確かにそう言われてみれば、義子やクラスメイトたちも、柳原白蓮のイメージは彼女が若い頃のもののままで止まっている。(※4)伊藤伝《でん》右衛門《えもん》のもとから出奔《しゅっぽん》し、宮崎貞子先生の従兄弟《いとこ》だという社会運動家の男性と結婚したところで、なんとなく彼女の人生は完結したような気になっていて、その後については特に考えたこともなかった。

でも、そんな見方はなんだかとても失礼なことのような気がする——。

「道先生はいつも本番ね。むしろお年を取るごとに、どんどんお忙しくなる気がするわ」

母の言う通りで、道先生は戦後、ほぼ毎日のように学園の外を飛び回っている。たまに帰ってきても、英文科の生徒たちとお弁当を食べながら、その時々で夢中になっていることを早口でまくしたてている。すぐに胃に収まるものがいいと、口にするのもサツマイモ、トウモロコシ、おむすびばかりだ。

「何かを始めるのに、いくつになっても遅いということはないし、若いからといってすぐに結果を出さなくてはいけないというのも、愚かなことですわ」

と、道先生は言った。一向にお喋《しゃべ》りを終えそうにない母たちを居間《いま》に残し、義子は寝室に行って、ベッドに横たわった。

自分の身に置き換えてみたら、実はこういうことなのではないだろうか。

——戦争もようやく終わり、義子さんは女性として今が一番幸せな時ね。お若くて、自由で、なんて美しく輝いているんでしょう。

一色家に出入りする年配の女性たちから羨《うらや》ましそうに言われることが多いが、実のところ、かなり抵抗がある。もちろん、向こうは善意で言っているのだろうが、それではあと数年で自分の人生は終了してしまうみたいで、焦燥感が芽生えてくる。まだ何かを摑《つか》めている手応《てごた》えもないし、そもそも将来どうするかを見定めている段階だった。でも、そんな風にふわふわ漂っていられるのは、自分が恵まれた環境にある証拠なのかもしれない。

義子はそんな、うまく言葉にならない苛立《いらだ》ちを思い切って詠んでみることにした。

「(※5)野蒜《のびる》咲く　我咲かずとも歌うたう　ここよここよと土の中」

それは戦時中に家族でよく食べた五月の花とその球根のことだった。

発表の日、f白蓮先生は初めて優しく微笑《ほほえ》んでこちらを見てくれた。

「荒削りですが、いい歌です。あなたのエネルギーや反骨精神がよく表れています」

拍手が湧いた。下位組から脱出できて、義子はひとまず胸をなでおろした。白蓮先生がみんなを見渡す。

ス型」という新たな分類を提示し、小説の場合にも当てはめようとしている。

② 山岸の分類を言語学の分野に当てはめて考察した滝浦の論を下敷きにし、特に一九世紀以降の小説にみられる語りの特徴を説明しようとしている。

③ 山岸が示す「安心型」の分類を否定して滝浦の「敬語型」を採用し、小説の礼儀作法とルール重視の「敬語型」との共通点を見出そうとしている。

④ 心理学者山岸の論のみを参照し、他者を配慮する小説の語りがよりよい人間関係を築くために有益であることを提言しようとしている。

【2】 次の文章を読んで、後の（1）から（7）までの問いに答えなさい。

昭和二十三（一九四八）年、春のことだった。恵泉《けいせん》女学園専門学校英文科三年生となった一色義子《いっしきよしこ》は、無言のまま（※1）白蓮《びゃくれん》先生に抗議の目を向けていた。自分はまだ学生の身分ではあるが、a駆け出しとはいえ、すでに童話を二冊出版している。それなのに短歌の成績がクラスで最下位なのは、納得《なっとく》がいかない。

「義子さん、あなたの短歌にはなにか、本音というものが、感じられませんね」

白蓮先生に静かにそう告げられ、b義子は泣きそうになって、うなだれた。

たぶん、それは自分が恋愛をしたことがないからかもしれない——。

そもそも、義子の短歌への苦手意識が止まらないのは、白蓮というと駆け落ちというイメージが強いせいかもしれなかった。実際、クラスメイトたちの人気上位の歌は、恋人との淡い関係や胸に芽生えた情熱をにおわせているものが多い。

柳原白蓮が、発足《ほっそく》したばかりのここ英文科の教師として着任した日は大騒ぎだった。その分、校舎の窓からc鈴なりになって彼女を待ち構えていた生徒たちの、ショックは大きかった。門の前に立ってこちらを見据えていたのは、和服姿で真っ白な髪の小柄な老婦人だったのである。

「激しい愛に生きた大正三大美人はどこに？」

「えー、ただのおばあさんじゃないの⁉」

誰もが落胆の色を隠さなかった。そればかりではなく、ずっと昔から教師だったかのように白蓮の授業は厳しいものだった。他の先生よりも課題も多い。加えて彼女の授業では、それぞれが作った短歌に投票し、上位を発表するという方法がとられ、点数が振るわない者は全員の前で容赦《ようしゃ》ない添削を受けた。義子は下位組の常連だった。いくらなんでも過酷すぎる……。そんなことを、義子が家に帰って、（※2）道先生と母の前で愚痴《ぐち》にすると、二人は［ d ］顔をした。

「あらあら、白蓮さんが、こわいなんてことあるわけないわ。お友だちの（※3）花子さんがとても優雅で楽しい方だっていつもおっしゃっているのよ」

「それに白蓮さん、恋の歌ばかり詠《よ》まれているわけでもないわ。そうそう、恋愛といえばね。もしボーイフレンドができても、義子ちゃん、『キミと結婚できなかったら自殺しちゃう』なんていう男と絶対に結婚しちゃだめよ。命で人を脅迫する男なんて碌《ろく》なもんじゃないんだから」

ちから選び、番号で答えなさい。 3

① 前文　② 主文　③ 末文　④ 後付け

(3) b書簡体の語り と c世界全体を俯瞰するような語り口 との違いは何か。その説明として最も適当なものを、次の①〜④のうちから選び、番号で答えなさい。 4

① プライベートな内容を語るか、プライバシーには触れずにフィクションとして語るかの違い。

② 読み手の顔を見ながら落ち着いた気持ちで語るか、顔が見えない場から読み手の気持ちに配慮して語るかの違い。

③ 特定の読み手だけを対象にして語りかけるか、語りかける対象を限定しないかの違い。

④ 絶対的な読み方のルールで読み手を縛るか、読み手の性格に合わせて絶えずルールを変えるかの違い。

(4) d対人関係が見えなくなったとしても、聞き手／受け手の関係は依然として大事である とあるが、それはなぜか。その理由の説明として最も適当なものを、次の①〜④のうちから選び、番号で答えなさい。 5

① 小説をゼロから構築するには、読むためのルールを聞き手／受け手と協力してあらかじめ設定しておく必要があるから。

② 小説を作るうえでは、聞き手／受け手の意見や感想を何度も取り入れて、よりよいものにしていく必要があるから。

③ 小説の世界は語り手が生きる現実と密接につながっており、聞き手／受け手との対人関係が小説の内容に影響するから。

④ 小説とは、読むために必要なルールを語り手が提示しながら、聞き手／受け手とともに構築していくものであるから。

(5) 本文からは次の一文が抜けている。この一文が入る最も適当な箇所を、本文中の［①］〜［④］のうちから探し、①〜④の番号で答えなさい。 6

> システムが開かれているのである。

(6) e と f に当てはまる言葉の組み合わせとして最も適当なものを、次の①〜④のうちから選び、番号で答えなさい。 7

① e…「相手や状況に応じて配慮のジェスチャーを変える」という敬語型
　f…書き手としての意味づけをやめて読み手に解釈を任せるポライトネス型

② e…「何を書いても読者に許される」という安心型
　f…特定の読み手を設定して互いにルールを共有するという敬語型

③ e…「とりあえず型を守っておけば安心」という敬語型
　f…そのたびにジェスチャーを示して相手と交渉するようなポライトネス型

④ e…「個人の内面やプライバシーを尊重する」という安心型
　f…絶えずシグナルを送ることで読み手を配慮するような敬語型

(7) 筆者は［三］段落以降の論を展開するうえで、山岸俊男と滝浦真人の論をどのように用いているか。その説明として最も適当なものを、あとの①〜④のうちから選び、番号で答えなさい。 8

① 山岸と滝浦による分類を批判的にとらえたうえで、「ポライトネ

五　さて、ここからが小説の話だ。近代のヨーロッパで発達した小説というジャンルでは、個人のごくプライベートな体験や事件を多数の読者に向けて暴《あば》くという形がとられた。これは画期的なことだった。近代になって個人の内面やプライバシーといった感覚が生まれたからこそ、それを「暴露」することも可能になったのである。そこに小説的「関心」も生まれた。ただ、はじめから小説が不特定多数の読者に向けて語られたわけではない。一八世紀の小説がしばしばb(※3)書簡体の語りという形をとったことからもわかるように、小説といえども語るためには顔の見える読み手を設定することが多かった。[③]

六　一九世紀ともなると、「神の視点」と呼ばれる、c世界全体を(※4)俯瞰するような語り口が主流となってくる。現在では誰かに語りかけるようなスタイルの小説はむしろ少数派だ。しかし、d対人関係が見えなくなったとしても、聞き手／受け手の関係は依然として大事である。というのも――他のジャンルの文章と比較してもそうだと思うのだが――小説は作品ごとに大きく異なる「読み方のルール」を読者に提示するからである。背景、設定、人物、文体など、すべてをゼロから構築するのが小説なのである。受け手の柔軟な協力なくしては成り立たない。語り手は、どのような協力が必要かをいちいちシグナルとして示す必要があるし、聞き手／受け手もそれを解釈し消化することではじめて内容が受け取れる。小説を読むという行為の肝は、このようなシグナルのやり取りにあると言っても過言ではない。[④]

七　こうしてみると小説の礼儀作法が[e]ではなく、[f]なのは明白だろう。これは近代になって、形式重視の定型詩のようなジャンルが廃れていったこととも連動している。近代社会では、見知らぬ他者と交渉する機会が劇的に増え、それだけに各自が決まった形式に寄りかかるばかりでなく、新しい人間関係に柔軟に対応することを求められてきた。文章も例外ではない。小説はそうした出会いを練習するための装置となってきたのである。

八　それにしても不思議なのは、私たちにこのような読解の能力が備わっているということである。小説の語り手からの要請を受け入れ、構築に協力することが私たちにはできる。たいしたものだと思う。それを単に想像力と呼ぶだけでは十分でない。コミュニケーションの円滑化や、対人関係の調整ともかかわる複雑な心のメカニズムが、小説を読むという作業にはかかわっている。まだまだ私たちが気づいていないことは多い。それだけにおもしろい発見がありうる領域だと思う。

（阿部《あべ》公彦《まさひこ》『病んだ言葉　癒やす言葉　生きる言葉』）

※1　フィクション…作りごと。虚構。
2　二分法…論理学で、対立関係にある二つに概念を分けること。
3　書簡体…手紙の形式。
4　俯瞰《ふかん》…高いところから全体を見おろすこと。

(1)　[X] と [Y] に当てはまる言葉として最も適当なものを次の①～⑤のうちからそれぞれ選び、番号で答えなさい。

X… [1]　Y… [2]

①　しかし　②　それとも　③　すると　④　つまり
⑤　さて

(2)　a桜の便りが次々に聞かれるこの折 のような「時候の挨拶」は、手紙を書く際によく用いられる。一般的な手紙の形式では、このような言葉はどの位置に置かれるか。最も適当なものを、次の①～④のう

【国語】（四〇分）〈満点：一〇〇点〉

【1】 次の文章を読んで、後の（1）から（7）までの問いに答えなさい。なお、一～八は段落番号である。

一 小説の「礼儀作法」ということが最近気になっている。たとえば手紙のように読み手が限定される文章では、出だしでも明確に「作法」が意識される。「こんにちは！」なのか、「ごぶさたしています」なのか、「a桜の便りが次々に聞かれるこの折」なのか、親しさの度合いによってこちらの態度も決まる。では、小説ではどうか。そもそも小説は誰が読むのかわからないものだ。書いてある内容も文字通り（※1）フィクション。作法など意識しようがなさそうに見える。所詮《しょせん》すべては「嘘《うそ》」なのだ。 X 、虚構の世界であればこそ、「礼儀作法」がより大事になってくる、というのが私の考えである。このことについて簡単に説明してみたい。

二 「安心型社会」と「信頼型社会」という分類がある。心理学者の山岸《やまぎし》俊男《としお》は『信頼の構造』（東京大学出版会）の中で、「安心」と「信頼」という区別を立て、仲間内での価値観の共有などからもたらされるのが「安心」、仲間うちを超えた他者一般や人間一般に対するのが「信頼」だとしている。この区別を基準にすると、社会にも二つの潮流が見て取れるのがわかる。まず一方にあるのは、どちらかというと既存の社会的安定感や価値の共有に頼る、いわば「安心型」の社会。他方には、安定感があまりなく価値も共有されていない、 Y 、いちいち誰を信頼するのか個別に判断しなければならない「信頼型」の社会。前者の典型は、たとえば日本。後者はアメリカである。

三 この安心型と信頼型という（※2）二分法を言語学者の滝浦真人《たきうらまさと》は敬語にも応用してみせた（『日本語は親しさを伝えられるか』岩波書店）。私たちは敬語というとついきわめて日本的なものだと思いがちだが、近年「ポライトネス」（「配慮」と訳される）という新しい概念が確立され、「敬意の表し方」の普遍性に注目が集まるようになってきた。どうやら他者との距離の取り方について、人類全体に共通した何かがあるらしい――そんなことがこの概念を通して見えてくる。ただ、それでも日本的な敬意・親しさの表現と、普遍的に世界中で見られる配慮には若干《じゃっかん》の違いがある。滝浦はこの違いを「安心型」か「信頼型」かという枠で説明する。［ ① ］

四 日本的な敬語表現は明確に決まりがある。朝起きたら「おはようございます」。道で会ったら「こんにちは」。まるで判で押したように守られるルールだ。やらなければ叱《しか》られるが、やってさえおけば叱られない。まさに「やっておけば安心」の「安心型」なのである。これに対しそうでない方法がある。決まった形はないが、相手や状況に応じて、たとえば質問や同意によって配慮のジェスチャーを示すというやり方である。後者の場合、明確なルールがないだけに、こちらの提示したものを相手が読み取るかどうかで意図が通じたり通じなかったりする。このように状況に応じてシグナルをやり取りして行われる配慮を滝浦は「ポライトネス型」と呼び、ルール重視の日本的な「敬語型」と区別する。ポライトネス型は、ルールが明確に共有されていない分、不安定である。「これだけやっておけば！」という安心感はない。しかし、文化を共有しない共同体外からの他者も配慮のやり取りに参加できるという利点がある。［ ② ］

MEMO

大切なことはメモしておこうネ！

2023年度

解　答　と　解　説

《2023年度の配点は解答欄に掲載してあります。》

＜数学解答＞

[1]　(1)　[1] 3　[2] 0　(2)　[3] 6　[4] 2　[5] 7　(3)　[6] 4
　　(4)　[7] 1　[8] 6　[9] 5　(5)　[10] 3　(6)　[11] 1

[2]　(1)　[12] 1　(2)　[13] 7　(3)　[14] 3　[15] 5

[3]　(1)　[16] 4　(2)　[17] 2　(3)　[18] 3　[19] 7　[20] 5

[4]　(1)　[21] 8　[22] 1　[23] 1　(2)　[24] 1

[5]　(1)　[25] 3　[26] 4　(2)　[27] 1　[28] 8　(3)　[29] −　[30] 3　[31] 6

[6]　(1)　[32] 3　[33] 0　[34] 7　(2)　[35] 4　[36] 0　(3)　[37] 6　[38] 0

○推定配点○

[1]　各4点×6　[2]　各4点×3　[3]　各6点×3　[4]　各5点×2　[5]　各6点×3
[6]　各6点×3　計100点

＜数学解説＞

[1]　(数・式の計算，平方根，因数分解，2次方程式)

(1)　$-5(3-7)+2(-3+8)=-5\times(-4)+2\times5=20+10=30$

(2)　$(4+\sqrt{7})(5-2\sqrt{7})=4\times5-4\times2\sqrt{7}+\sqrt{7}\times5-\sqrt{7}\times2\sqrt{7}=20-8\sqrt{7}+5\sqrt{7}-2\times7=20-8\sqrt{7}+5\sqrt{7}-14=6-3\sqrt{7}$，$\frac{35}{\sqrt{7}}=\frac{35}{\sqrt{7}}\times\frac{\sqrt{7}}{\sqrt{7}}=\frac{35\sqrt{7}}{7}=5\sqrt{7}$より，$(4+\sqrt{7})(5-2\sqrt{7})+\frac{35}{\sqrt{7}}=6-3\sqrt{7}+5\sqrt{7}=6+2\sqrt{7}$

重要　(3)　$x^2+2xy+y^2=(x+y)^2$なので，$(0.87)^2+2\times0.87\times1.13\times(1.13)^2=(0.87+1.13)^2=2^2=4$

(4)　解の公式を使って，$x=\frac{-(-2)\pm\sqrt{(-2)^2-4\times5\times(-1)}}{2\times5}=\frac{2\pm\sqrt{4+20}}{10}=\frac{2\pm\sqrt{24}}{10}=\frac{2\pm2\sqrt{6}}{10}=\frac{1\pm\sqrt{6}}{5}$

(5)　$\frac{2x+3y}{7}-\frac{x-3y}{5}=\frac{5(2x+3y)-7(x-3y)}{35}=\frac{10x+15y-7x+21y}{35}=\frac{3x+36y}{35}$

基本　(6)　$\frac{1}{2}-\frac{2}{3}=\frac{3}{6}-\frac{4}{6}=-\frac{1}{6}$より，$\sqrt{\left(\frac{1}{2}-\frac{2}{3}\right)^2}=\sqrt{\left(-\frac{1}{6}\right)^2}=\sqrt{\frac{1}{36}}=\frac{1}{6}$

[2]　(数・式の計算，平方根，確率)

重要　(1)　$(x-y)(x+y)=x^2-y^2$なので，$7866\times7874=(7870-4)(7870+4)=7870^2-4^2=7870^2-16$，$7867\times7873=(7870-3)(7870+3)=7870^2-3^2=7870^2-9$，$7868\times7872=(7870-2)(7870+2)=7870^2-2^2=7870^2-4$　よって，7866×7874が一番小さくなる。

基本　(2)　$\frac{3}{\sqrt{7}}=\frac{3}{\sqrt{7}}\times\frac{\sqrt{7}}{\sqrt{7}}=\frac{3\sqrt{7}}{7}=\frac{\sqrt{63}}{7}$，$\frac{3}{7}=\frac{\sqrt{9}}{7}$，$\sqrt{\frac{3}{7}}=\frac{\sqrt{3}}{\sqrt{7}}=\frac{\sqrt{3}}{\sqrt{7}}\times\frac{\sqrt{7}}{\sqrt{7}}=\frac{\sqrt{21}}{7}$より，$\frac{3}{\sqrt{7}}=\frac{\sqrt{63}}{7}$が一番大きく，$\frac{3}{7}=\frac{\sqrt{9}}{7}$が一番小さい。よって，$\frac{\sqrt{63}}{7}\div\frac{\sqrt{9}}{7}=\frac{\sqrt{63}}{7}\times\frac{7}{\sqrt{9}}=\sqrt{7}$(倍)

基本　(3)　5枚のカードから，同時に2枚を取り出すときの場合の数は，$5\times4\div2=10$(通り)　取り出したカードの数の和が正の数になる組み合わせは，(－2，3)，(－1，2)，(－1，3)，(1，2)，(1，3)，(2，3)の6通りであるから，求める確率は，$\frac{6}{10}=\frac{3}{5}$

3　（食塩水，方程式の利用）

(1)　8%の食塩水と3%の食塩水を混ぜているので，食塩水Aの濃度は3%より大きく，8%より小さくなる。

基本　(2)　食塩の量＝濃度×食塩水の量だから，$a=0.03\times x$より，$\frac{a}{x}=0.03$

重要　(3)　8%の食塩水250gに溶けている食塩の量は，$0.08\times250=20$(g)，3%の食塩水xgに溶けている食塩の量は，(2)より，$0.03x$g，食塩水A$(250+x)$gに溶けている食塩の量は，$0.05(250+x)$g　よって，食塩の量について方程式を作ると，$20+0.03x=0.05(250+x)$　$2000+3x=5(250+x)$　$2000+3x=1250+5x$　$-2x=-750$　$x=375$

基本　4　（資料の活用，方程式の利用）

(1)　人数について方程式を作ると，$10+1+x+y+1=31$　$x+y=19$…①　31人の生徒のお小遣いの金額の平均値が1500円なので，$0\times10+500\times1+1000\times x+3000\times y+5000\times1=1500\times31$　$0+500+1000x+3000y+5000=46500$　$1000x+3000y=41000$　$x+3y=41$…②　②－①より，$2y=22$　$y=11$　①に$y=11$を代入すると，$x+11=19$　$x=8$

(2)　31人の生徒の中央値は小さい方から16人目なので，1000円。最頻値は人数が一番多い金額なので，3000円。よって，中央値は平均値より小さい。

5　（2次関数，直線の式，図形と関数・グラフの融合問題）

基本　(1)　$y=ax^2$にA(4，12)を代入すると，$12=a\times4^2$　$12=16a$　$a=\frac{3}{4}$

重要　(2)　$y=\frac{3}{4}x^2$に$y=3$を代入すると，$3=\frac{3}{4}x^2$　$x^2=4$　$x=\pm2$　点Bのx座標は負なので，$x=-2$　よって，B(－2，3)　直線ABの傾きは，$\frac{12-3}{4-(-2)}=\frac{9}{6}=\frac{3}{2}$　直線ABの式を$y=\frac{3}{2}x+b$とおいて，B(－2，3)を代入すると，$3=\frac{3}{2}\times(-2)+b$　$3=-3+b$　$b=6$　よって，直線ABの式は$y=\frac{3}{2}x+6$　よって，C(0，6)　従って，△OAB＝△OAC＋△OBC＝$\frac{1}{2}\times6\times4+\frac{1}{2}\times6\times2=12+6=18$

重要　(3)　求める直線と直線OAとの交点をPとする。△OABは線分CPによって面積が2等分されるので，四角形OPCB＝18÷2＝9　△OBC＝$\frac{1}{2}\times6\times2=6$であるから，△OPC＝9－6＝3　点Pから$y$軸に下した垂線の足をHとすると，△OPC＝$\frac{1}{2}$×OC×PH＝$\frac{1}{2}$×6×PH＝3PHとなるので，3PH＝3　PH＝1　よって，点Pのx座標は1である。直線OAの傾きは$\frac{12}{4}=3$だから，直線OAの式は$y=3x$であり，$x=1$を代入すると，$y=3\times1=3$　P(1，3)となるので，直線CPの傾きは，$\frac{3-6}{1-0}=\frac{-3}{1}=-3$　求める直線の式は$y=-3x+6$

6　（相似，長さの計量，円周角の定理，角度，直方体，四角錐，体積の計量）

基本　(1)　△ABEと△CDEにおいて，∠ABE＝∠CDE，∠AEB＝∠CEDより，2組の角がそれぞれ等しいので，△ABE∽△CDE　相似な図形の対応する辺の比は等しいので，AB：CD＝BE：DE

15：6＝10：DE　15DE＝60　DE＝4　△BCDと△BFEにおいて，∠BCD＝∠BFE，∠CBD＝∠FBEより，△BCD∽△BFE　よって，BD：BE＝DC：EF　14：10＝6：EF　14EF＝60　EF＝$\frac{30}{7}$

基本 (2)　半直線AB，DCの交点をE，線分AC，BDの交点をFとする。円周角の定理より，∠ABD＝∠ACD＝$\frac{1}{2}$∠AOD＝$\frac{1}{2}$×140°＝70°　よって，∠EBF＝∠ECF＝180°－70°＝110°　四角形BECFにおいて，∠x＝360°－(100°＋110°＋110°)＝40°

重要 (3)　水面と線分AF，AG，AHとの交点をそれぞれI，J，Kとし，水面と線分BF，DHとの交点をそれぞれQ，Rとする。また，半直線QIとRKとの交点をLとする。(四角錐A－LIJK)∽(四角錐A－EFGH)であり，相似比はAL：AE＝CP：AE＝(CG－GP)：AE＝(8－4)：8＝4：8＝1：2なので，体積比は1^3：2^3＝1：8　よって，(四角錐台LIJK－EFGH)：(四角錐A－EFGH)＝{(四角錐A－EFGH)－(四角錐A－LIJK)}：(四角錐A－EFGH)＝(8－1)：8＝7：8なので，(四角錐台LIJK－EFGH)＝$\frac{7}{8}$(四角錐A－EFGH)となる。(四角錐A－EFGH)＝$\frac{1}{3}$×6×6×8＝96(cm³)だから，(四角錐台LIJK－EFGH)＝$\frac{7}{8}$×96＝84(cm³)　したがって，注いだ水の量は，(四角柱LQPR－EFGH)－(四角錐台LIJK－EFGH)＝6×6×4－84＝144－84＝60(cm³)

★ワンポイントアドバイス★

基本的問題が多く解きやすい。一問一問確実に解いていきたい。

＜英語解答＞

1　Section 1　No.1 ①　No.2 ②　No.3 ③　Section 2　No.1 ③　No.2 ①　No.3 ④　No.4 ①　Section 3　No.1 ③　No.2 ①　No.3 ③

2　問1 11 ①　問2 12 ②　問3 13 ①　問4 14 ②　問5 15 ①　問6 16 ④　問7 17 ①

3　(1) 18 ②　(2) 19 ②　(3) 20 ③　(4) 21 ①　(5) 22 ④

4　(1) 23 ⑧　24 ⑥　(2) 25 ⑥　26 ③　(3) 27 ①　28 ⑦
(4) 29 ②　30 ④　(5) 31 ⑧　32 ⑦　(6) 33 ⑥　34 ⑤
(7) 35 ③　36 ⑦　(8) 37 ⑦　38 ①

○推定配点○

1　各4点×10　他　各3点×20(4各完答)　計100点

＜英語解説＞

1　リスニングテスト解説省略。

2　**(長文読解問題・歴史：指示語，語句解釈，同意語，語句補充・選択，接続詞，内容吟味，英問英答，内容一致)**

(全訳)　19世紀に，科学者たちは病気に関して新しい考えを受け入れ始めた。この考えは，病気は非常に小さい生命体によって作られるというものだった。人はそれを細菌と呼ぶ。その後，人々はこれらの細菌を殺す方法を見つけようとした。しばらくして，科学者たちは細菌を殺すものや①それらが作った病気を治すものを発見した。しかし，この発見が人々にとって大きな意味になるのに長い時間を要した。

アレクサンダー・フレミングは1881年に英国で生まれた。彼はロンドンで医師と科学者になり細菌を研究した。1928年，彼は細菌を入れたシャーレの中で，青かびが増えだしたことに気が付いた。その青かびがその周りにある細菌を殺し始めたことに気づいた時，彼は非常に驚いた。彼はその青かびを注意深く確認し，その青かびがたくさんの種類の最近を殺す液を出していることを発見した。彼はこの「青かびの液」をペニシリンと呼んだ。フレミングは1929年6月の『ブリティッシュ・ジャーナル』に自分の発見についてレポートを書いたが，それが人々の役に立つとは考えていなかった。彼は，それは多くの細菌を殺せるほど長く人体に留まることはできないだろうと考えた。この優れた発見は注目されず，ハワード・フローリーとエルンスト・チェーンが②この問題を解決する可能性のある方法について研究を始めるまで，10年間ほど忘れ去られていた。

ハワード・フローリーとエルンスト・チェーンはペニシリンを研究した。研究を通じて，彼らはペニシリンをより効果的にし，それは患者に非常によく作用した。それが導入される前には，感染症と戦う方法はなかった。医師にできる唯一のことは，待って望みをかけることだった。フローリーとチェーンは工場でさらに多くの薬を作りたかったが，機械で作ることは難しかった。当時，ペニシリンはまだ研究中で，手で作られていた。それをたくさん，素早く作る方法を誰も知らなかった。

ドロシー・ホジキンがペニシリンの全ての部分を解析した時，大きな③進歩が現れた。これは，フローリーとチェーンがより多くの人にこの薬を使ってもらう新しい方法を発見するのに，非常に貢献した。第二次世界大戦中，ペニシリンは，けがや病気の大勢の人の腕，脚，そして命を救った。実に，それは世界で最も役立ち，人気のある薬の1つになった。1945年，フレミング，フローリー，チェーンは，ペニシリンの開発に対して，ノーベル生理学・医学賞を受賞した。それ以来多くの新しい種類のペニシリンが作られてきた。ペニシリンが殺せない細菌もある，④しかしそれは今でも数百万の命を救っている！

問1　11　下線部①を含む文の前半の germs を指す。

問2　12　下線部②を含む文の直前の文の it could not stay in the human body long enough to kill many germs を指す。これを言い換えた②「ペニシリンは細菌を殺すために人体に留まることができない」が適切。

問3　13　breakthrough「(問題の)突破口，解決策，進歩」 progress「進歩，前進」

問4　14　文脈より，逆接の接続詞 but「しかし」が適切。

重要　問5　15　第2段落参照。フレミングは，ある青かびに殺菌作用があることを発見し，その青かびをペニシリンと名付けた。

重要　問6　16「ペニシリンが導入される前，医師たちは感染症の患者たちに何をしたか」 ④「ほとんど何もできなかった」 第3段落第3，4文参照。感染症と戦う方法がなく，wait and hope「待って，望む」とは，患者が良くなるのを待ち望む，ということで，実質的な治療は行われなかった。

やや難　問7　17　①「科学者たちは19世紀に病気についての考え方を変えるようになった」(○) 第1段落第1文の内容と一致する。　②「フローリーとチェーンはその青かびの液をペニシリンと名付け，それをより効果的にした」(×)　③「ドロシー・ホジキンは工場でのペニシリンの作り方を示した」(×)　④「フレミング，フローリー，チェーンはノーベル生理学・医学賞を取るためにペニシリンを共同研究した」(×)　フレミングが発見したペニシリンを，フローリーとチェーンが患者に使用できるよう研究した。

基本 **3** （語句補充・選択：進行形，受動態，比較，前置詞，不定詞，関係代名詞）

(1) [18] 「私の姉[妹]は，タロウが電話をかけてきた時，電話で話していた」 過去進行形の文。

(2) [19] 「何名の人がトムの誕生日パーティーに招待されていましたか」 受動態〈be動詞＋過去分詞〉「～される」の文。複数形の How many people が主語なので，be動詞は were となる。

(3) [20] 「ジェイムズは全ての生徒の中で最も走るのが速い」 〈最上級＋ of all the ＋複数名詞〉「全ての(名詞)の中で最も…」

(4) [21] 「私は疲れすぎて働けない」 〈too … ＋ to ＋動詞の原形〉「…すぎて～できない」

(5) [22] 「私が昨夜見た映画は本当に良かった」 which は目的格の関係代名詞。which I watched last night が movie を後ろから修飾する。

重要 **4** （語句整序：助動詞，分詞，受動態，不定詞，間接疑問，熟語，現在完了，疑問詞，構文）

(1) [23]・[24] Shall I bring you a cup of coffee(?) Shall I ～?「～しましょうか」〈bring ＋人＋もの〉「(人)に(もの)を持ってくる，運ぶ」

(2) [25]・[26] People living in Sudan were hurt by (war.) 形容詞的用法の現在分詞句 living in Sudan が People を後ろから修飾する。hurt は「～を傷つける」という動詞。were hurt は受動態〈be動詞＋過去分詞〉で，「傷つけられていた」の意味。hurt は原形・過去形・過去分詞がすべて同じ形。

(3) [27]・[28] Mike wants you to help him with (his homework.) 〈want ＋人＋ to ＋動詞の原形〉「(人)に～してほしい」 〈help ＋人＋ with ～〉「(人)が～するのを手伝う」

(4) [29]・[30] (I don't) know when my dream will come true(.) when 以下は間接疑問〈疑問詞＋主語＋動詞〉の語順。come true「実現する」

(5) [31]・[32] (In the country a) lot of children have never been to school(.) a lot of ～「たくさんの～」 have never been to ～「～へ行ったことがない」

(6) [33]・[34] It is necessary for you to prepare for disaster(.) 〈It is … for ＋人＋ to ＋動詞の原形〉「(人)にとって～することは…」 necessary「必要だ」 prepare for ～「～に備える」 disaster「災害」

(7) [35]・[36] How long have you lived in Tokyo(?) 継続を表す現在完了の疑問文。How long ～? は期間を尋ねる。

(8) [37]・[38] These pictures of dish made Kenta hungry(.) 直訳は「これらの料理の写真は健太を空腹にした」となる。〈make ＋人＋形容詞〉「(人)を～にする」

★ワンポイントアドバイス★

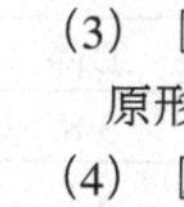

[2]の長文読解問題はペニシリンの発見と開発に関する文章。文章中の人物のそれぞれの功績について正しく把握しよう。

＜理科解答＞

1 (1) [1] ② (2) [2] ①

2 (1) [3] ② [4] ⑤ (2) [5] ③ (3) [6] ① (4) [7] ① (5) [8] ②

3 (1) [9] ③ (2) [10] ⑦ (3) [11] ③ (4) [12] ② (5) [13] ④

4 (1) [14] ④ (2) [15] ③ (3) [16] ② (4) [17] ② (5) [18] ②

5 (1) [19] ③ (2) [20] ④ (3) [21] ⑥ (4) [22] ② (5) [23] ⑤

6 (1) [24] ③ (2) [25] ④ (3) [26] ①

○推定配点○

[1]～[26] 各4点×25([3]と[4]は完答) 計100点

＜理科解説＞

1 (小問集合－生物の進化，融点と沸点)

(1) クジラには後ろあしがなく，痕跡的に骨が残っているが，尾びれは後ろあしが変化したものではない。

(2) 融点が20℃よりも低く，沸点が100℃よりも高いので①のような直線のグラフになる。

2 (植物の体のしくみ－蒸散，道管と師管)

(1) 実験の結果をまとめると，右のようになる。ただし，ワセリンを塗った部分は×で表している。また，単位はすべてmLである。

葉	葉の表	葉の裏	茎	全体
A	0.7	2.8	0.3	3.8
B	×	2.8	0.3	3.1
C	0.7	×	0.3	1.0
D	×	×	0.3	0.3

(2) 蒸散は葉の気孔から行われているが，葉の切り口から行われているわけではない。

(3) 対物レンズの倍率が，$40\div10=4$(倍)になると，視野に見える気孔の数は，$\frac{64(個)}{4\times4}=4$(個)である。

重要 (4) 赤く染まっているのは道管であり，茎の内側，葉の表側にある。

重要 (5) 茎の外側には師管があり，葉で光合成によりつくられた有機養分の通り道である。したがって，図4では養分の通り道がなくなるので，上の部分にあるAがふくらむ。

3 (化学変化と質量－炭酸水素ナトリウムと塩酸の反応)

重要 (1) 炭酸水素ナトリウムと塩酸の反応では，次のように二酸化炭素が発生する。また，二酸化炭素は水に少し溶けて，酸性の炭酸水になる。

$NaHCO_3+HCl\rightarrow NaCl+H_2O+CO_2$

(2) 5％の塩酸100gに溶けている塩化水素は，100(g)×0.05＝5(g)である。したがって，必要な20％の塩酸は，5(g)÷0.2＝25(g)である。

(3) 実験の結果より，炭酸水素ナトリウムを4.0g加えたときに，発生した二酸化炭素は，100(g)＋4.0(g)－102(g)＝2.0(g)であり，それ以降は，右のグラフのように，発生する二酸化炭素は2.0gのまま変わらない。

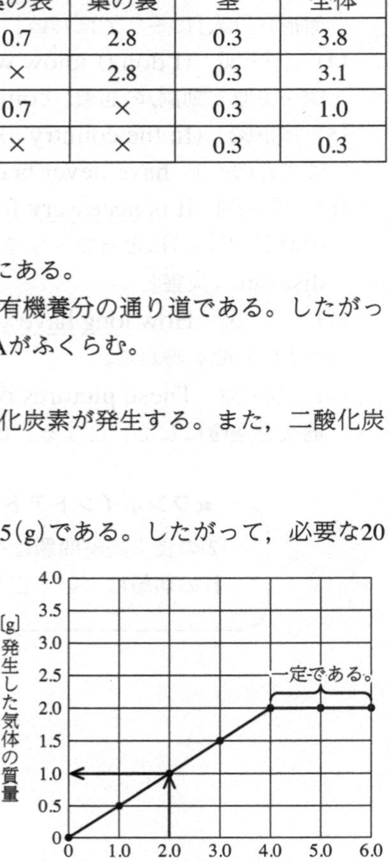

(4) 塩酸は十分にあるので，二酸化炭素の発生量は石灰石の量によって決まる。したがって，右のグラフから，石灰石が2.0gのとき，発生する二酸化炭素は1.0gであることがわかる。

重要 (5)　密封した容器なので，質量保存の法則より，化学変化の前後で質量の総和は変わらない。

4　(運動とエネルギー―斜面上の台車の運動)

(1)，(2)　斜面上にある台車には，常に，斜面下向きの一定の大きさの力が働いている。したがって，台車は，はじめは速さが小さくなりながら斜面を上がるが，やがて，速さが0になり，その場所からは，速さが大きくなりながら，斜面を下ってくる。

やや難 (3)　xが8mのとき，$8=-t^2+6t$より，$(t-4)(t-2)=0$，$0 \leqq t \leqq 3$なので，$t=2$(秒)である。

(4)　位置エネルギーは台車の高さに比例するので，はじめはしだいに大きくなるが，台車が最高点に達した後は，しだいに小さくなる。

(5)　力学的エネルギーは，位置エネルギーと運動エネルギーの合計である。また，位置エネルギーも運動エネルギーも物体の質量に比例する。

5　(地層と岩石―ボーリング調査と地層)

基本 (1)　ルーペは目に近づけて持ち，見たいものを前後に動かしてピントを合わせる。

重要 (2)　フズリナは古生代の示準化石である。また，石灰岩にうすい塩酸をかけると二酸化炭素が発生する。

重要 (3)　Zの地層では，下から泥岩，砂岩，れき岩としだいに粒が粗くなっているので，海が次第に浅くなり，この地域の河口からのきょりが次第に近くなったことがわかる。

基本 (4)　凝灰岩はおもに火山灰が堆積してできた。

やや難 (5)　南北に離れているA地点とB地点を比べると，A地点はB地点よりも標高が2m高いので，A地点の2m下にある泥岩の層がB地点の地表からの深さ0mと同じ標高になり，同じ泥岩の層があるので，A地点とB地点では地層の傾きがないことがわかる。

したがって，次に，南北に離れているC地点とD地点を比べると，C地点はD地点よりも標高が2m高いので，C地点の2m下にある砂岩の層がD地点の地表からの深さ0mと同じ標高になるので，D地点では，凝灰岩の層は，7(m)－2(m)＝5(m)下にある。

6　(小問集合―放射線，星の動き，実験操作と観察)

基本 (1)　ア．ヘリウムの原子核であるα線と電子の流れであるβ線はうすい金属板は通過できない。

イ．レントゲン検査にはX線が使われている。

ウ．X線と同じ電磁波の一種であるγ線は紙を通過する。

(2)　北の空の星は，北極星を中心にして反時計回りに1時間に15度動く。したがって，22(時)－19(時)＝3(時間)で，15(度)×3＝45(度)動く。

(3)　ばねにつるすおもりの数を1個，2個…と増やすと，「ばねの長さ」ではなく，「ばねののび」が，1倍，2倍…と長くなる。

★ワンポイントアドバイス★

教科書に基づいた基本問題をしっかり練習しておこう。その上で，計算問題についてもしっかり練習しておこう。

＜社会解答＞

第1問　Ⅰ　(1)　④　(2)　②　Ⅱ　(3)　⑤　(4)　②　(5)　①　Ⅲ　(6)　③
(7)　①　(8)　④

第2問　(1)　③　(2)　問1　⑤　(3)　問1　②　(4)　②　(5)　④　(6)　①
(7)　④　(8)　③

第3問　(1)　③　(2)　③　(3)　④　(4)　④

第4問　(1)　⑤　(2)　④　(3)　③　(4)　①　(5)　①

○推定配点○
各4点×25　　計100点

＜社会解説＞

第1問　（日本と世界の歴史―文化に関連する問題）

重要　Ⅰ　(1)　日本が国際連合に加盟するのは1956年。①は江戸時代の日露和親条約で国境に関する内容を定め，千島列島の現在の北方領土が日本でウルップ島よりも北はロシアに，樺太は両国雑居とされた。②は日清戦争の1895年の下関条約で台湾は日本領となる。③は国際連盟は1920年に発足し，日本は発足当初から加盟した。

(2)　奥州藤原氏の繁栄を築いたのは藤原清衡で，後三年の役で源義家と協力し東北地方を平定した。

基本　Ⅱ　(3)　ウは土偶で縄文時代→アは「漢委奴国王」の金印で弥生時代→イは玉虫厨子で飛鳥時代。

(4)　蒙古襲来絵詞は1274年の文永の役の後に，御家人の竹崎季長が描かせたもの。「唐獅子図屏風」は狩野永徳の代表作。

(5)　②は美術工芸品の国宝がない県は全部で6つある。③は設問の表の国宝には人間国宝は含まれない。④は設問の(3)の金印は日本ではなく後漢の時代の中国でつくられている。

Ⅲ　(6)　1159年の平治の乱は，1156年の保元の乱の際に後白河天皇の側についた平清盛と源義朝が対立し争ったもの。ここで平清盛が勝ち源義朝が討たれ，子の源頼朝は伊豆に流され，平清盛はこの後に太政大臣となった。

(7)　ウィルソンは第一次世界大戦勃発の前年の1913年に大統領になり，1921年までつとめる。第二次世界大戦勃発時のアメリカ合衆国大統領はフランクリン・ルーズベルト。

(8)　江戸時代の大名統制のために出されていた武家諸法度は将軍が代わる毎に少しずつ改定されていたが，家光が将軍となった際に参勤交代の制度が盛り込まれた。

第2問　（地理―いろいろな事柄に関する世界地理と日本地理の問題）

基本　(1)　北海道の大雪山をはさんで，北見山地は北に，日高山脈は南にある。東北地方は中央を南北に奥羽山脈が走り，その東側には岩手県から宮城県のところに北上高地，宮城県から福島県にかけて阿武隈高地があり，奥羽山脈の西側には出羽山地がある。いわゆる日本アルプスのところでは北アルプスのところに飛騨山脈が富山県，新潟県，岐阜県，長野県にまたがって広がり，長野県の中央に中央アルプスの木曽山脈が，長野県，山梨県，静岡県にまたがって南アルプスの赤石山脈がある。九州では北部に福岡県から佐賀県にかけて筑紫山地が，九州のほぼ中央部の熊本県，宮崎県，大分県にかけて九州山地が広がる。

やや難　(2)　問1　⑤はペルー。①はサウジアラビア，②は中国，③はドイツ，④はスペイン，⑥はオーストラリア。

重要　(3)　問1　②はドイツ。ドイツの日本車の輸入台数は表1から3,408,000の2.8％なので，95,424台となり，10万台未満なので誤り。

(4)　①は警察署，③は発電所・変電所，④は消防署。

(5)　①は等高線の間隔が狭いところは傾斜が急で，間隔が広いところは傾斜が緩やかなので誤り。②は縮尺は長さ・距離の縮尺率なので，面積に換算すると縦横がそれぞれ2倍になるから4倍になるので誤り。③は明石とニューヨークの時差は経度差210度分の14時間で明石の方が14時間先行するのでニューヨークは11月8日の午前0時となるので誤り。

(6)　高知県は瀬戸内海には面していないので誤り。

(7)　Aは選択肢で鹿児島県にあるのは桜島。普賢岳は長崎県にある。九州南部の火山灰が積もった場所はシラス。火山に関連するのはカルデラで，ツンドラは寒帯に見られる永久凍土。九州の大分県には火山の熱を利用する地熱発電所がある。

基本　(8)　西ヨーロッパに広くみられる西岸海洋性気候は，ヨーロッパの西を流れる暖流の北大西洋海流と偏西風がもたらすもので，季節風は関係ない。

第3問　（公民―人権，三権，時事に関連する問題）

やや難　(1)　ユニバーサルデザインとバリアフリーは似た考え方ではあるが，ユニバーサルデザインは基本的に老若男女，健常者も障がい者もだれもが利用しやすいようにするもので，バリアフリーは障がい者にとっての妨げとなるものを排除していく考え方。

(2)　①はTPPではなくICT，②は情報アセスメントではなく情報リテラシー，知る権利は基本的にその人にとって関わりの有ることを知ることが出来るものではあるが，他人のプライバシーを侵害するものや，情報の公開が社会にとって望ましくないようなものは制限されうる。

(3)　男女共同参画社会基本法と男女雇用機会均等法が逆。

(4)　最高裁判所長官は内閣が指名し，天皇が任命する。その他の最高裁判所裁判官及び下級裁判所裁判官は内閣が任命する。

第4問　（公民―経済に関連する様々な問題）

重要　(1)　経済は生産，流通，消費の3つの活動からなり，経済の活動を担うものは家計と企業と政府という3つの経済主体。生産は経済的な価値を世の中に送り出すもので，その価値は財とサービスであり，これらを生産する場と消費者とをつなぐのが流通であり，生産を担うのが企業で，企業に労働力を提供し，商品を消費するのは家計である。

(2)　価格が高くなると供給量は増え，需要量は減る。

(3)　需要曲線がD－D’で供給曲線がS－S’。これらの交点のMのところで需要と供給のバランスがとれており，このときの価格が均衡価格となる。グラフの縦軸が価格でありMの時にP円でQ個を世の中に送り出せば，売れ残りも買いそびれる人もいない状態になる。

(4)　独占禁止法を運用し，独占などを取り締まるのが公正取引委員会。

基本　(5)　2022年に行われた冬季オリンピックの会場はペキン。

★ワンポイントアドバイス★

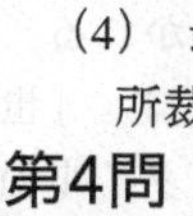

時間，小問数の割には読む量が多いので，要領よく解いていくことが必要。全て記号選択で正誤問題が多いが，正しいものを選ぶものと，誤りのものを選ぶものが混在しているので問題の指示を確実に把握していくこと。

＜国語解答＞

【1】 (1) X ① Y ④ (2) ① (3) ③ (4) ④ (5) ② (6) ③
(7) ②

【2】 (1) a ③ c ① (2) ② (3) ④ (4) ① (5) ③ (6) ④
(7) ①・②

【3】 A ② B ③ C ③ D ④

【4】 (1) ③ (2) ③ (3) ④ (4) ② (5) ③

○推定配点○

【1】 (1), (2) 各2点×3 他 各5点×5 【2】 (1) 各2点×2 (7) 10点(完答)
他 各5点×5 【3】 各2点×4 【4】 (5) 2点 他 各5点×4 計100点

＜国語解説＞

【1】 (論説文―要旨，内容吟味，文脈把握，段落・文章構成，接続語の問題，脱文・脱語補充)

(1) X 「小説は……フィクション。作法など意識しようがなさそうに見える。所詮すべては『嘘』なのだ」という前に対して，後で「虚構の世界であればこそ，『礼儀作法』がより大事になってくる」と相反する内容を述べているので，逆接の意味を表す言葉が当てはまる。「フィクション」と「嘘」と「虚構」は同意語である。 Y 「安定感があまりなく価値も共有されていない」という前を，後で「いちいち誰を信頼するのか個別に判断しなければならない」と言い換えているので，説明の意味を表す言葉があてはまる。

基本 (2) 一般的な手紙では，「拝啓」や「前略」などの書き出しに続いて「時候の挨拶」が書かれる。

(3) 「書簡体の語り」について，同じ文で「顔の見える読み手を設定する」と説明している。「世界全体を俯瞰するような語り口」については，直後の文に「誰かに語りかけるようなスタイルの小説はむしろ少数派」とあるように，語りかける対象を限定しないもとなる。この内容を述べている③が最も適当。他の選択肢は，「語りかける対象」について述べていない。

(4) 直後の文で「というのも……小説は作品ごとに大きく異なる『読み方のルール』を読者に提示するから」と理由を述べている。さらに，この「小説」と「読者」の関係について，八段落で「小説の語り手からの要請を受け入れ，構築に協力する」と述べており，これらの内容を言い換えている④が最も適当。①の「あらかじめ設定しておく」，②の「受け手の意見や感想を何度も取り入れて」，③の「聞き手／受け手との対人関係が小説の内容に影響する」とは述べていない。

(5) 挿入文の「システムが開かれている」に通じる具体的な内容の後に入る。[②]の前に「文化を共有しない共同体外からの他者も配慮のやり取りに参加できる」とあり，他者も参加できることを「開かれている」と表現しているので，挿入文は[②]に入る。他の箇所の前後には，「開かれている」に通じる内容は書かれていない。

重要 (6) [e]と[f]を含む文の文脈から，[f]は「小説の礼儀作法」について述べており，[e]は対照的な内容を述べていることを確認する。「小説の礼儀作法」について述べている部分を探すと，六段落に「小説を読むという行為の胆は，このようなシグナルのやり取りにある」とある。これは，四段落の「状況に応じてシグナルをやり取りして行われる配慮を……『ポライトネス型』と呼び，ルール重視の日本的な『敬語型』と区別する」をふまえたもので，ここから，[e]には「敬語型」が，[f]には「ポライトネス型」が入る。①は，「敬語型」の説明が「ポライトネス型」の説明になっているので，適当ではない。

(7) 筆者は，二段落で山岸俊男の「安心型社会」と「信頼型社会」という分類を挙げ，三段落でこの「社会」の分類を「敬語」に応用した滝浦真人の「ポライトネス型」と「敬語型」という区別を挙げている。六段落以降では，十九世紀以降の小説の語り口について説明しており，この論の展開を述べているのは②。①の「批判的にとらえた」や，③の「否定して」の部分が適当ではない。滝浦の分類も取り上げているので，「山岸の論のみ尊重」とある④も適当ではない。

【2】（小説―情景・心情，内容吟味，文脈把握，脱文・脱語補充，語句の意味）

基本 (1) a 修行を終えたばかり，という意味からできた。 c 神社の巫女が持つ神楽鈴のように果実がたくさん実る様子，という意味からできた。

(2) 「義子が泣きそうになって，うなだれた」のは，白蓮に自分の短歌を認めてもらえないからである。直後の「たぶん，それは自分が恋愛をしたことがないからかもしれない――。」からは，義子が恋愛経験がないことが弱点だと自覚していることが読み取れる。この義子の様子を説明している②が最も適当。①の「腹立たしくて泣き叫びたくなる気持ち」は感じられない。③の「クラスメイトの視線」や④の「クラスメイトへの軽蔑」のせいで，義子は泣きそうになっているわけではない。

(3) 直後の「あらあら，白蓮さんが，こわいなんてことあるわけないわ。」という言葉から，道先生と母の驚きが読み取れる。びっくりして，目を見開くという意味の言葉が当てはまる。

やや難 (4) 「彼女の人生」とあるので，白蓮の人生について述べている部分に着目する。「教師になることは白蓮さんの長年の夢だったの。きっとその分，張り切っていらっしゃるから，厳しいのよ」という母の言葉や，「母は白蓮さんが戦争で息子さんを亡くしてから……『悲母の会』を結成し，同じ立場の女性たちと連帯し平和運動を展開していることを教えてくれた」という描写から，母は白蓮が意欲的に生きていこうとしていることを義子に伝えようとしている。この内容を述べている①を選ぶ。母の言葉や母が教えてくれた内容に，②の「自分の友人だった頃とは変わってしまった」や，④の「学校への批判の根底にある義子の甘え」は合わない。母は白蓮の本当の姿を義子に伝えようとしているだけで，③にあるように義子が白蓮や道先生のように生きればよいと伝えたいわけではない。

(5) 直後の「荒削りですが，いい歌です。あなたのエネルギーや反骨精神がよく表れています」や，後の「みなさんも……一色さんのように，気持ちを表現してみることから始めてくださいね」という白蓮の言葉に着目する。白蓮は，義子が初めて短歌に自分の気持ちを素直に表現できたことを微笑ましく思っている。この心情を述べて理由としている③が最も適当。①の「義子をもてあましていた」や，②の「才能に期待して特別厳しく指導してきた」ことが読み取れる描写はない。義子の短歌は，④「白蓮を美しく咲く花にたとえた」ものではない。

(6) g「ほうっと小さな竜巻のようなため息が教室を過ぎ去っていった」は，白蓮の短歌を聞いた時の生徒たちの反応である。「ため息」は，生徒たちが短歌のすばらしさに感嘆している様子を表しているので，④が適当。「ため息」は，②の「教師としての技量」に対するものではない。①の「嫉妬」や③の「安心」は，生徒の様子に合わない。

重要 (7) 「確かにそう言われてみれば」で始まる段落と「一色家に出入りする」で始まる段落の内容に，①のAさんの会話は合う。「なんだか，その日から」で始まる段落以降の内容に，②のBさんの会話も合う。

【3】（漢字の読み書き）

A	店頭	①	遠投	②	三頭	③	徒党	④	冷凍
B	特異	①	意外	②	繊維	③	異存	④	威厳
C	拝見	①	廃棄	②	背筋	③	礼拝	④	排除
D	操縦	①	別荘	②	重奏	③	総括	④	体操

【4】（古文─文脈把握，文と文節，口語訳，表現技法，文学史）

〈口語訳〉　大蔵卿ほど耳が鋭い人はいない。本当に蚊のまつげが落ちるのもお聞きつけになりそうであった。職の御曹司に住んでいた頃，大殿の新中将が宿直で，(私と)話していた時に，そばにいる人が,「この中将に，扇の絵のことを言ってみたら」と(私に)ささやくので，「今あの人がお立ちになってしまったらね」と，たいそうひそかにささやいたのを，その人さえ聞きつけることができないで，「何，何ですって」と，耳を傾けてくるのを，(大蔵卿が)遠くにいて，「にくらしい。そうおっしゃったら，今日は(ここから)立つまい」とおっしゃったのは，どうしてお聞きつけになったのだろうと，あきれてしまったことだ。

重要　(1)　「ぞ」「なむ」「や」「か」「こそ」などの助詞を受けて，本来終止形となるはずの語が連体形や已然形に変化することを「係り結び」と言う。

(2)　③の「遠くゐ」たにも関わらず作者の言葉を聞き付けたのは，「大蔵卿」。①の「物など」言っていたのは，作者。②の『今かの君の立ちたまひなむにを』と，いとみそかに」言ったのは，作者。④の「あさましかりしか」と思ったのは，作者。

(3)　「そばにある人」が作者に「この中将に，扇の絵の事を言へ」とささやき，作者は「今かの君の立ちたまひなむにを」と答えている。この「かの君」が大蔵卿を指している。自分がいなくなったら新中将に扇の話をすると聞こえたから，と説明している④が適当。①の「悪口」に通じる内容はない。大蔵卿は，②の「扇の話」を聞きたかったわけではない。③の「何とか，何とか」は「そばにある人」が作者に聞き返したもので，大蔵卿にではない。

重要　(4)　そばにいる人さえ聞き取ることができない言葉を，遠くにいた大蔵卿は聞きつけたという内容から考える。原文では「耳敏き人」となっている。

基本　(5)　『枕草子』は平安時代に成立した作品で，同じ時代に成立したのは③の『竹取物語』。①の『徒然草』と④の『方丈記』は鎌倉時代，②の『おくのほそ道』は江戸時代の成立。

★ワンポイントアドバイス★

選択肢は長文で紛らわしいものも含まれている。選択肢のキーワードに注目し，本文の該当箇所をすばやく見つける練習を重ねよう。

2022年度

入　試　問　題

2022年度

2022年度

東海学園高等学校入試問題

【数　学】（40分）　＜満点：100点＞

1　次の各問いに答えなさい。

(1)　$36xy \div 4x \times 9y$ を計算しなさい。

(2)　$29 \times 31 - 30^2 - 60 \times 29 + 29^2$ を計算しなさい。

(3)　-1.5の絶対値を求めなさい。

(4)　$x(a-b)-y(b-a)$ を因数分解しなさい。

(5)　$a=3+2\sqrt{2}$，$b=3-2\sqrt{2}$のとき，$a^2+6ab+b^2$ の値を求めなさい。

(6)　方程式 $x^2-x-3=0$ を解きなさい。

2　次の各問いに答えなさい。

(1)　1から100までの整数のうち，正の約数を3個だけもつ整数は何個あるか，求めなさい。

(2)　500本の鉛筆がある。この鉛筆を17人にa本ずつ，b人に13本ずつ配ったところ，まだ鉛筆が残っていた。この数量の関係を不等式で表しなさい。

(3)　2つのさいころを同時に1回投げるとき，出る目の数の和が10以下になる確率を求めなさい。

(4)　47チームで，トーナメント方式の試合を行った。優勝チームを決めるためには，全部で何試合行う必要があるか，求めなさい。ただし，引き分けはなく，1度負けたチームはその後，試合を行わないものとする。

＊トーナメント方式とは，対戦して勝ったチームだけが次の対戦に進める方式である。

(5)　次のデータは，ある高校生10人が100点満点の数学のテストを受けたときの点数である。ただし，xの値は0以上100以下の整数である。

86，49，36，72，56，56，62，93，68，x　（点）

このとき，このデータの中央値として何通りの値があり得るか，求めなさい。

3　次の各問いに答えなさい。

(1)　下の図のように，△ABCがある。DE // BCとなるように，辺AB，AC上にそれぞれ点D，Eをとる。DE＝4㎝，BC＝7㎝で，△ABCの面積を14㎠とするとき，△ADEの面積を求めなさい。

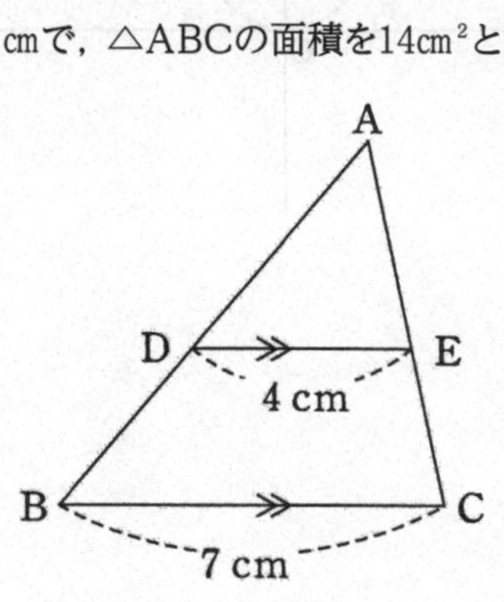

(2) 右の図のように，AB＝ACの二等辺三角形ABCがある。辺AC上に，AD＝BDとなるように点Dをとったところ，BD＝BCとなった。このとき，∠xの大きさを求めなさい。

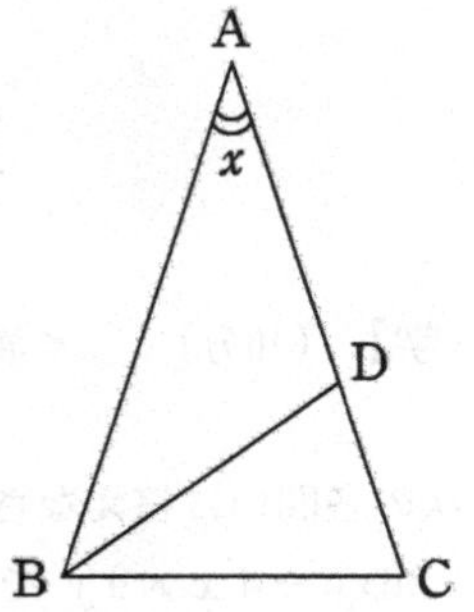

(3) 右の図のように，∠C＝90°の直角三角形ABCがある。AB＝10㎝で，辺ABの中点をDとする。このとき，線分CDの長さを求めなさい。

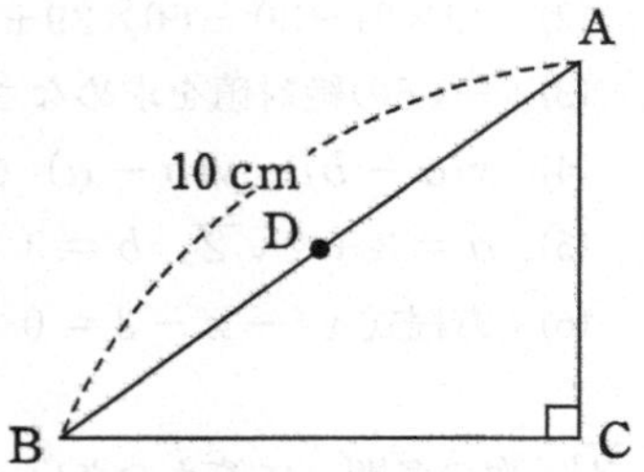

4 下の図のように，放物線 $y=ax^2$（$a>0$）のグラフ上に2点A，Bがある。

点A$(-4,\ 12)$であり，点Bのx座標は負，y座標は3である。また，点Aを通り，直線ＯＢに平行な直線とy軸との交点をＣとする。

このとき，次の各問いに答えなさい。

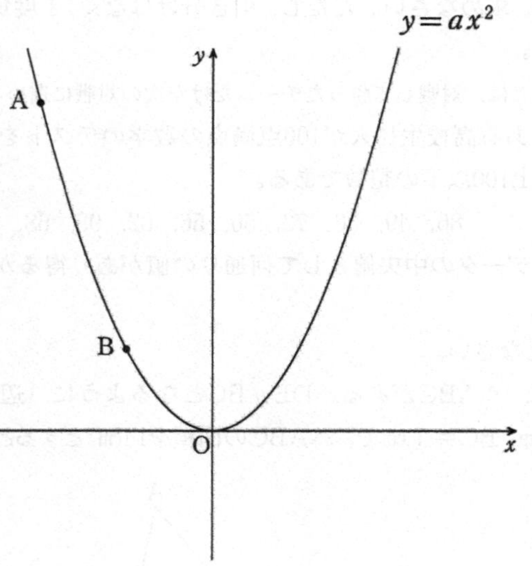

(1) aの値を求めなさい。

(2) 直線ＯＢの式を求めなさい。

(3) 点Ｃの座標を求めなさい。

(4) △ABCの面積を求めなさい。

5 次の文章を読み，□ の中に最も適した数を，(ア)から(カ)までの中からそれぞれ選んで，記号で答えなさい。ただし，Ａさん，Ｂさん，Ｃさんは，常に一定の速さで走るものとする。

(1) Ａさんは100mを9.80秒で走り，Ｂさんは50mを8.02秒で走る。この速さで，ＡさんとＢさんが100mの競走をすることにした。Ａさんがゴールしたとき，Ｂさんはゴールの約 □ m手前のところにいた。

(ア) 10　(イ) 20　(ウ) 30　(エ) 40　(オ) 50　(カ) 60

(2) Ｃさんは，フルマラソン42.195kmを２時間８分38秒で走る。この速さで，Ｃさんが100mを走ると，約 □ 秒でゴールすることができる。

(ア) 20　(イ) 25　(ウ) 30　(エ) 35　(オ) 40　(カ) 45

【英　語】（40分）　＜満点：100点＞

1　放送される英文とその質問を聞いて，答えとして適切なものを，次のアからエまでの中からそれぞれ一つずつ選び，記号で答えよ。

Section 1

No.1

ア．Make breakfast.　イ．Eat lunch.　ウ．Go to bed.　エ．Borrow a book.

No.2

ア．Talk to Kyoko.
イ．Visit her uncle.
ウ．Go to a soccer game.
エ．Play sports.

Section 2

No.1

ア．They couldn't drive their old one.
イ．They will have more things to carry.
ウ．Their son wanted to start driving.
エ．Their son did not like their old one.

No.2

ア．Jogging in a park.
イ．Swimming in a lake.
ウ．Reading nature books.
エ．Painting pictures of birds.

No.3

ア．His family told him to stop.
イ．His family stopped working.
ウ．He did not have enough time.
エ．He thought it was bad for his health.

＜リスニングテストスクリプト＞

Section 1

No.1

☆ Do you want to go to lunch now?　I'm really hungry.
★ Lunch already, Anna?　It's only eleven o'clock!
☆ I woke up late this morning, so I didn't have time to eat breakfast.
★ OK. Let's go to the Japanese restaurant near the library.

Question:What does the woman want to do?

No.2

☆ Kenta, do you want to go and see the soccer game on Sunday? I've got good seats.

★ I thought you were going with Kyoko.

☆ Kyoko can't go. She's visiting her uncle. So, would you like to come?

★ Sure.

Question: What will the boy do on Sunday?

Section 2

No.1

Amy and her husband recently bought a new car. There were no problems with their old car, but it was very small. They decided to get a bigger car because they will have a baby boy soon, and they will have lots of things to carry for him when they go out.

Question: Why did Amy and her husband buy a new car?

No.2

Eric loves nature. He often goes to a nice park near his house which has a large lake. Many birds come to the lake, and Eric likes to sit down and paint pictures of them. He can relax by painting pictures, and he enjoys doing it every weekend.

Question: What does Eric enjoy doing?

No.3

Recently, David started a new hobby. He loved playing computer games, but he thought that it was not good for his health. He started jogging in the park near his home with his family. He really enjoyed it, so he started hiking in the mountains, too. He is going to Mt. Ibuki with his friends.

Question: Why did David stop playing computer games?

2 次の質問に対するあなたの返答を英語で述べよ。

＜質問＞

Which do you like better, summer or winter?

＜答え方＞

（　）内の語句のいずれかを○で囲み，下線部に理由を二つ，それぞれ5語以上の英語で書く。ただし，主語と動詞を含む英文で答え，短縮形（I'm や don't など）は1語と数え，符号は語数に含めないこと。

I like (summer / winter) better. I have two reasons.

First, ______________________________.

Second, ____________________________.

3 次の英文を読んで，以下の設問に答えよ。

Kimiko is a student who studies at a university in a foreign country far away from her hometown. Now, it's the end of December, 2021 and she is buying presents to take home for her family. For her mother, she buys a *Chanel bag. For her brother, she buys a *Gucci jacket and a Gucci bag for her sister. She also buys some CDs and DVDs for them. She hasn't decided what to buy for her father yet. Maybe she will buy him a *Rolex watch.

How can she buy such expensive things? The answer is simple. All of them are *fakes. She doesn't buy any of these things from a shop. Some things come from the *market and some things are sold on the street. They are all fakes. They are all counterfeit goods.

It may be common for you to buy such counterfeit goods. Without using a lot of money, you can buy not only *designer-label clothes, such as Chanel and Gucci, but also CDs and DVDs. Sometimes, it is difficult to know that they are fakes. Is it bad for us to buy counterfeit goods?

Many companies worry about two things. First, the companies lose money because people buy cheap and fake things which look like the real products. So, the companies cannot make a lot of money, and then it is hard to *develop new goods. It is said that there are some small companies which are trying to survive.

Second, fake goods are not as safe as *genuine goods. When fake goods are produced, people don't use any money to check their *safety. Also, the goods are made with bad *materials. Toys are a good example. Children like to (A). If the toys have *sharp parts or use *paint that is not safe, they will hurt children and that can be a serious problem. Mothers who buy counterfeit toys cannot believe that the toys are safe for their children. Another example is car parts. If the *brakes are not genuine, the car may not stop in an emergency. People who drive a car with fake parts cannot believe that their car is safe to drive. Also, if you have any trouble, there is no *warranty. If you want your money back, you won't get it.

Buying counterfeit goods means two things. You take money away from companies that make safe goods and also give money to people who sell counterfeit goods and don't think safety is important. When you buy cheap products or fake CDs and DVDs, imagine where your money (B). If the products break or are not safe, you have to take *responsibility for the things which you buy.

（注） Chanel, Gucci, Rolex シャネル，グッチ，ロレックス（ブランド名） fake(s) 偽造品
market マーケット designer-label デザイナーブランドの develop 開発する
genuine 本物の safety 安全性 material(s) 素材 sharp 鋭い paint ペンキ
brake(s) ブレーキ warranty 保証 responsibility 責任

問1　次の(1), (2)の答えとして適切なものを，あとのアからエまでの中からそれぞれ一つずつ選び，記号で答えよ。

(1) Why do small companies have problems?

ア. Many of their own goods are sold at a cheaper price than an original price.

イ. They will lose their workers, so they have to find workers every year.

ウ. People don't buy their original goods, so they cannot make much money.

エ. They are scared to become a big company because it is hard to survive.

(2) What is one bad point of buying fake goods?

ア. Fake goods become very popular, so they will be more expensive.

イ. Both car and toy companies will lose money and the people working there will lose their job.

ウ. The companies which make original products can make much money.

エ. When you have trouble, it is not possible to use a warranty.

問2　本文中の counterfeit goods の説明として適切なものを，次のアからエまでの中から一つ選び，記号で答えよ。

ア. Goods which are just made and are not still sold in the store.

イ. Goods which are made to look like the genuine goods.

ウ. Goods made by famous people and are too expensive to buy.

エ. Goods made only for rich people such as famous musicians.

問3　空所（A），（B）に入る適切なものを，次のアからエまでの中からそれぞれ一つずつ選び，記号で答えよ。

（A） ア. put toys in their mouth　イ. fill the bathtub with toys

ウ. make many kinds of toys　エ. show their toys to their mother

（B） ア. shows　イ. buys　ウ. sells　エ. goes

問4　本文の内容と合うものを，次のアからエまでの中から一つ選び，記号で答えよ。

ア. All the presents that Kimiko buys are very expensive.

イ. If we lose one company, it affects other companies.

ウ. Fake goods are cheap, but they can be dangerous.

エ. The writer tells us how to get our money back.

4　次の英文の（　）に入る適切なものを，あとのアからエまでの中からそれぞれ一つずつ選び，記号で答えよ。

(1) She (　　　) to the music club.

ア. belongs　イ. is belonging　ウ. belong　エ. was belonging

(2) He (　　　) Paris tomorrow.

ア. left　イ. is leaving　ウ. leave　エ. was leaving

(3) A lot of people (　　　) in my hometown work in Tokyo.

ア. live　イ. life　ウ. lived　エ. living

(4) When (　　) Mr. Takahashi for the first time?

ア. have you met　イ. did you meet　ウ. was you met　エ. was meeting

(5) (　　) Mary late for the class yesterday?

ア. Does　イ. Did　ウ. Was　エ. Is

5 次の各組の英文がほぼ同じ内容を表すように，(　)に入る適切な英語を答えよ。

(1) He died ten years ago.
He (　　)(　　)(　　) for ten years.

(2) The car is so expensive that I can't buy it.
The car is (　) expensive (　) me to buy.

(3) Mt. Fuji is the most beautiful mountain that I have ever seen.
I (　)(　)(　) such a beautiful mountain as Mt. Fuji.

6 次の日本語の意味になるように，[ ] 内の語（句）を並べかえて英文を完成させるとき，(A)と(B)に入る適切なものを，それぞれ下から選び，記号で答えよ。ただし，文頭にくる語も小文字になっている。

(1) お父さんが帰ってきたとき，あなたは何をしていましたか。

(　　)(A)(　　)(B)(　　)(　　) came home?

[ア. were　イ. father　ウ. when　エ. doing　オ. what　カ. you　キ. your]

(2) しばらくお会いしていませんでした。

(　　)(　　)(A)(　　)(B)(　　)(　　).

[ア. not　イ. a while　ウ. I　エ. seen　オ. have　カ. you　キ. for]

(3) 彼は何も言わずにその部屋を出ていきました。

He (　　)(A)(　　)(　　)(B)(　　).

[ア. saying　イ. out of　ウ. without　エ. the room　オ. anything　カ. went]

(4) ユウジと話している女性はハルカです。

(A)(　　)(　　)(B)(　　)(　　).

[ア. with　イ. is　ウ. the　エ. Yuji　オ. Haruka　カ. woman　キ. talking]

(5) 私は彼と同じくらいたくさん英語の本を持っています。

(　　)(　　)(　　)(　　)(A)(B)(　　).

[ア. as　イ. as many　ウ. he　エ. have　オ. I　カ. books　キ. English]

【理　科】（40分）　＜満点：100点＞

1　次の(1)，(2)の問いに答えよ。

(1)　次の文章中の下線部ＡからＥに関する説明として，誤っているものを，あとのアからオまでの中から一つ選んで，記号で答えよ。

「入学式のイメージは満開の桜の下で記念写真。」という勝手な思い込みを持っていて，たしかに子どもの頃には，入学式の看板が立てられた小学校の校門前では桜が満開になっていました。もっとも，これはＡ東京あたりの開花時期がそうなのであって，九州，四国や東北，北海道などは，開花時期が前後するわけですから，同じイメージでもないそうです。そうだとしても，東京にいてここＢ数年気づくのは，入学式の頃には，完全に散ってしまって，ただの新緑の木になっているということです。

Ｃ桜の一種，ソメイヨシノは，一年で次のような変化をします。春先，枝にはＤつぼみがたくさんついています。やがて，いっせいにつぼみは開きます。花は10日前後で散り，代わってＥ葉が出てきます。そして夏。桜の木には青々とした葉が生いしげります。やがて秋になり，気温が下がると，葉の色が変わり，美しい紅葉が見られます。そして，葉は枯れ，やがて葉はすべて散ってしまいます。

ア　下線部Ａについて，桜の開花する時期が異なるのは，地域によって気温が異なるからである。

イ　下線部Ｂについて，桜の開花が早くなっているのは，地球温暖化が原因の一つだと考えられている。

ウ　下線部Ｃについて，サクラはイヌワラビと同じように，根・茎・葉の区別がある。

エ　下線部Ｄについて，サクラのつぼみの子房のなかに胚珠があるが，胚珠は子房に完全に包まれてはいない。

オ　下線部Ｅについて，サクラの葉では光合成に必要な二酸化炭素を，主に葉の裏側にある気孔から取り入れている。

(2)　酸化銅と炭素粉末をよく混ぜ合わせて熱したところ，完全に反応し気体Ａと固体Ｂが生じた。この反応に関する記述として，誤っているものを，次のアからエまでの中から一つ選んで，記号で答えよ。

ア　気体Ａを石灰水に通じると，白くにごる。

イ　この反応によって，炭素粉末は還元されている。

ウ　固体Ｂは単体の物質である。

エ　炭素粉末の代わりに水素を用いても，固体Ｂが得られる。

2　生物の進化に関する次の文章を読み，あとの(1)から(5)までの問いに答えよ。

生物は生物からしか生まれない。しかし，約40億～38億年前の地球上で少なくとも１回は無生物から生物が生じたと考えられている。そのメカニズムはなぞに包まれているが，海底の熱水噴出孔で生じたという考え方が現在では有力である。そこで誕生したのはＡ単細胞生物である。生物は，環境に適応するように形態を変化させ，より複雑な多細胞生物が約10億年前に誕生した。多細胞生物では，形やはたらきが同じ（　①　）が集まって（　②　）をつくり，さらにいくつかの種類の（　②　）が集まって１つのまとまりをもち，特定のはたらきをする（　③　）となる。そして，いくつかの（　③　）が集まって，個体となっている。

動物は，無セキツイ動物からBセキツイ動物へ，セキツイ動物はC魚類，両生類，ハチュウ類，ホニュウ類，鳥類の順に誕生した。生物進化の歴史は，生物の系統が枝分かれすることによって，多様化してきた歴史である。人類の出現もそうした多様化の一部であった。D霊長類は樹上生活者として多様化した。やがて，より大型の昼行性のチンパンジーやゴリラのような類人猿が現れ，類人猿の一部が地上生活に移り，人類へと進化していったという説がある。このようにして我々の生命は，生命誕生の約40億年前から脈々と受け継がれたものである。

(1) 文中の（①）から（③）に当てはまる組み合わせとして，正しいものを，次のアからカまでの中から一つ選んで，記号で答えよ。

	①	②	③
ア	組織	細胞	器官
イ	組織	器官	細胞
ウ	細胞	組織	器官
エ	細胞	器官	組織
オ	器官	組織	細胞
カ	器官	細胞	組織

(2) 文中の下線部Aについて，すべてが単細胞生物である組み合わせとして，正しいものを，次のアからオまでの中から一つ選んで，記号で答えよ。

ア　ゾウリムシ，ミカヅキモ，アメーバ

イ　ゾウリムシ，アオミドロ，オオカナダモ

ウ　アメーバ，クリオネ，ミジンコ

エ　ミドリムシ，ミカヅキモ，ヤリイカ

オ　ハマグリ，イヌワラビ，ミジンコ

(3) 文中の下線部Bのセキツイ動物では，全身で必要な養分や酸素を血液によって運ぶしくみをもっている。ヒトの血液循環に関する説明として，誤っているものを，次のアからオまでの中から一つ選んで，記号で答えよ。

ア　全身や肺からの血液は静脈によって，心房に戻ってくる。

イ　大静脈よりも大動脈，肺動脈よりも肺静脈を流れる血液の方が酸素を多く含んでいる。

ウ　動脈には弁がないが，静脈には弁がある。

エ　心臓から送り出される血液には動脈血が，心臓へ戻る血液には静脈血が流れている。

オ　赤血球には酸素濃度が高いところでは酸素と結びつき，低いところでは酸素を離すヘモグロビンがある。

(4) 文中の下線部Cに関する説明として，最も適当なものを，次のアからオまでの中から一つ選んで，記号で答えよ。

ア　ハチュウ類，鳥類，ホニュウ類は環境の気温が変化しても体温をほぼ一定にするしくみをもっているが，魚類と両生類にはそのしくみがない。

イ　ハチュウ類，鳥類，ホニュウ類は背骨があるが，魚類と両生類の幼生には背骨がなく，両生類は親になると背骨が形成される。

ウ　約１億5000万年前の地層から化石として発見された始祖鳥はハチュウ類と鳥類の両方の特徴

をあわせもつ。このことから，ハチュウ類は鳥類から進化したと考えられている。

エ　骨格が似ているワニの前あし，トリの翼，ヒトの腕は外形やはたらきは異なるが，起源が同じ相同器官であると考えられている。

オ　両生類の後に現れた陸上で生活するハチュウ類，鳥類，ホニュウ類は両生類よりも乾燥に強く，内部の乾燥を防ぐ殻のある卵で子孫を残すしくみを持っている。

(5)　文中の下線部Dについて，この多様化した形態に関する説明として，誤っているものを，次のアからエまでの中から一つ選んで，記号で答えよ。

ア　枝を握りやすくするため，親指とほかの指とが向き合い，平らな爪をもっている。

イ　遠近感をより正確につかみ立体視が可能となるよう，眼は顔の側面に位置している。

ウ　視覚による大量の情報を処理するため，脳が発達している。

エ　樹木間を正確に移動するため，嗅覚よりも視覚が発達している。

3　酸とアルカリの水溶液を混ぜた液の性質を調べるため，次の実験を行った。あとの(1)から(5)までの問いに答えよ。

＜実験＞

①　うすい水酸化ナトリウム水溶液10cm^3をビーカーにとり，BTB溶液を数滴加えた。

②　①の水溶液にこまごめピペットでうすい塩酸を1cm^3ずつ加え，ガラス棒でよくかき混ぜる操作を繰り返し行った。うすい塩酸を合計して6cm^3加えたところ，ちょうど溶液が緑色となった。緑色となった水溶液をスライドガラスに一滴とり，水を蒸発させて残った物質を顕微鏡で調べたところ，塩化ナトリウムの結晶が観察された。

③　さらにうすい塩酸を1cm^3ずつ加えていき，うすい塩酸を合計して12cm^3加えるまで操作を繰り返した。

(1)　水酸化ナトリウム水溶液と塩酸との化学反応式の（　）に当てはまる物質を，化学式で書け。

$$\mathrm{NaOH} + \mathrm{HCl} \rightarrow \mathrm{NaCl} + (\quad)$$

(2)　pHに関する記述として，誤っているものを，次のアからエまでの中から一つ選んで，記号で答えよ。

ア　pHが7より小さい水溶液にフェノールフタレイン溶液を加えても，水溶液の色は変化しない。

イ　pHが10の水溶液にBTB溶液を加えると，水溶液は青色を示す。

ウ　pHが3の水溶液を青色のリトマス紙につけると，リトマス紙は赤色に変化する。

エ　うすい塩酸のpHは7より小さいが，水でうすめていくと7より大きくなる。

(3)　実験操作②で観察された塩化ナトリウムの水への溶けかたに関する記述として，誤っているものを，次のアからエまでの中から一つ選んで，記号で答えよ。

ア　塩化ナトリウムは水に溶けると，陽イオンと陰イオンに電離する。

イ　塩化ナトリウムは温度によって水に溶ける量が大きく変わるため，飽和水溶液の温度を下げると多くの結晶が得られる。

ウ　塩化ナトリウムが100gの水に溶ける最大の量を塩化ナトリウムの溶解度という。

エ　塩化ナトリウムを水に溶かすとき，溶質は塩化ナトリウムである。

(4)　うすい塩酸を4cm^3加えたとき，ビーカー内の水溶液に最も多く含まれるイオンとして，最も適当なものを，次のアからエまでの中から一つ選んで，記号で答えよ。

ア　ナトリウムイオン　イ　塩化物イオン　ウ　水素イオン　エ　水酸化物イオン

(5)　この実験で加えた塩酸の体積とビーカー内の水溶液に含まれるイオンの総数との関係を表したグラフとして，最も適当なものを，次のアからクまでの中から一つ選んで，記号で答えよ。ただし，横軸は加えた塩酸の体積を，縦軸はビーカー内の水溶液に含まれるイオンの総数を表すものとする。また，実験操作②でスライドガラスに取り出した水溶液の体積やイオンの総数は無視するものとする。

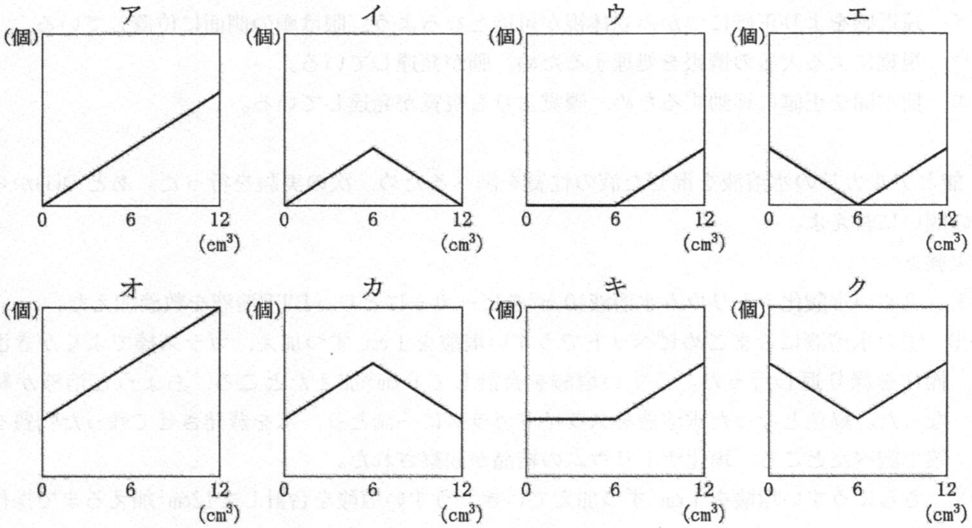

4　圧力について調べるため，次の実験を行った。あとの(1)から(5)までの問いに答えよ。

＜実験＞

図のように，質量1800 gのレンガの置き方を変えて，スポンジの上に置き，スポンジのへこみの大きさを調べて表のようにまとめた。

図

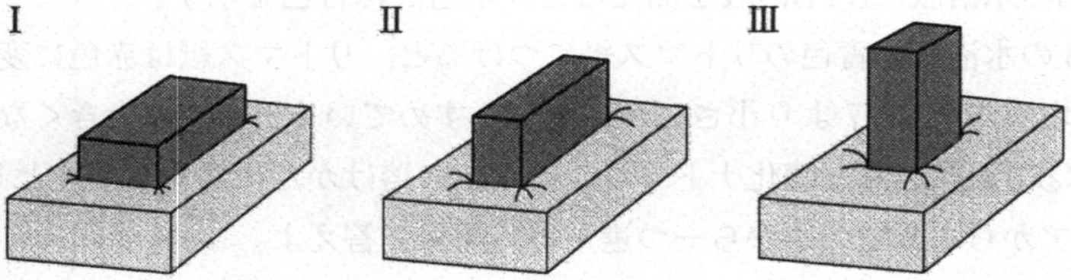

表

	I	II	III
レンガの質量　〔g〕	1800	1800	1800
レンガがスポンジを押す力〔N〕	18	18	18
レンガの底面積〔cm^2〕	300	240	180
スポンジのへこみ具合（深さ）	小	中	大

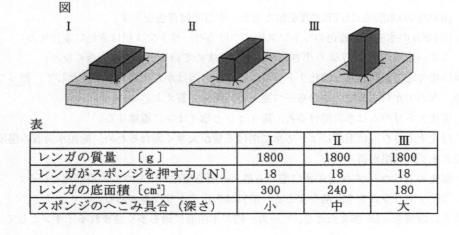

(1) レンガの質量が1200 g の場合，レンガがスポンジを押す力は何Nか，求めよ。

(2) 単位面積あたりの力を圧力といい，単位はPaで表される。1 Paを別の単位で表したものとして，正しいものを，次のアからエまでの中から一つ選んで，記号で答えよ。

ア　1 Pa＝1 N/m　イ　1 Pa＝1 N/m²　ウ　1 Pa＝1 N/cm　エ　1 Pa＝1 N/cm²

(3) Ⅲのとき，レンズがスポンジに与える圧力の大きさば何Paか，求めよ。

(4) 実験で使用したスポンジを手の指で押したところ，Ⅲと同じ深さだけへこんだ。押した指の面積が2 cm²であるとき，押した力の大きさは何Nか，求めよ。

(5) 物体は水中で受ける水圧や空気中で受ける大気圧のように常に圧力にさらされている。水圧と大気圧に関する記述として，最も適当なものを，次のアからエまでの中から一つ選んで，記号で答えよ。

ア　水圧は深くなるほど大きくなり，大気圧も標高が低くなるほど大きくなる。

イ　水圧は深くなるほど大きくなるが，大気圧の大きさは標高によらず一定である。

ウ　水圧の大きさは深さによらず一定であるが，大気圧は標高が低くなるほど大きくなる。

エ　水圧の大きさは深さによらず一定であり，大気圧の大きさも標高によらず一定である。

5 次の図Ⅰから Ⅲは，それぞれある年の3月26日から28日までの連続した3日間の，午前9時の日本付近の天気図のいずれかを表したものである。あとの(1)から(5)までの問いに答えよ。

図Ⅰ

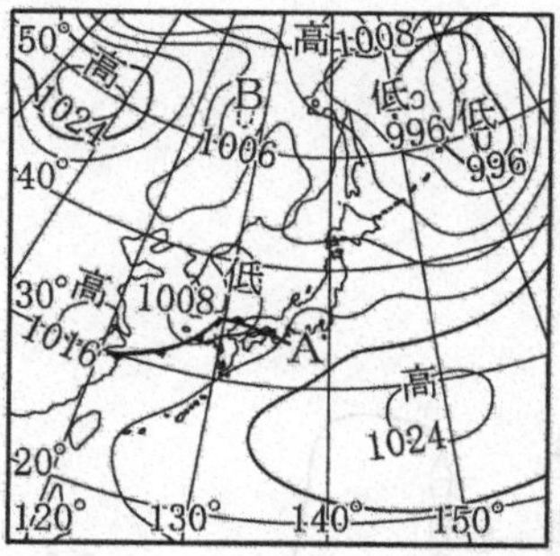

図Ⅱ

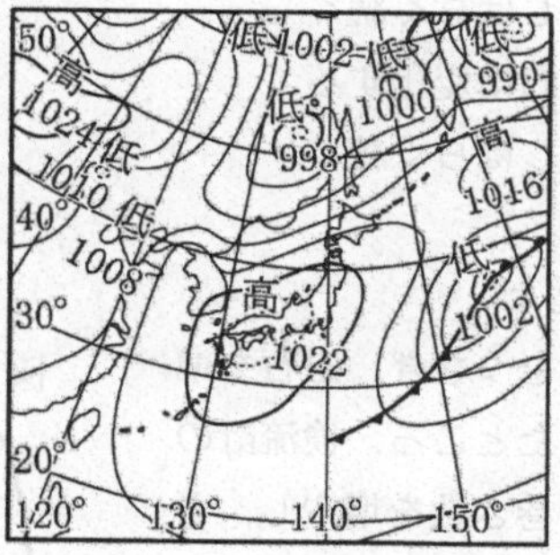

図Ⅲ

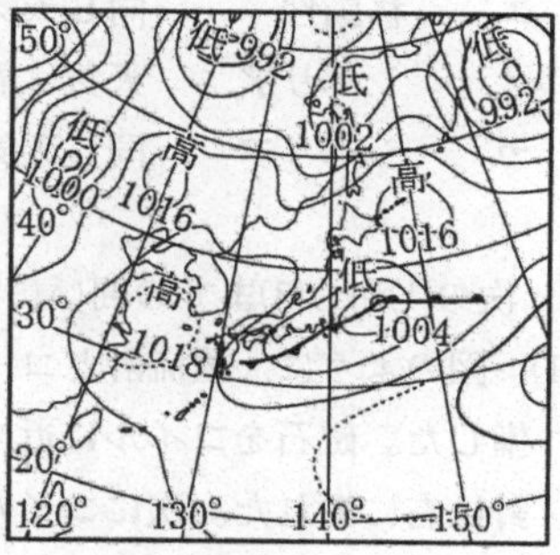

(1) 図ⅠのAで示した前線の名称を書け。

(2) 図ⅠのBで示した区域は低気圧である。このことについて，説明した次の文中の(①)から(③)に当てはまる組み合わせとして，正しいものを，あとのアからクまでの中から一つ選んで，記号で答えよ。

> 低気圧では周りと比べて中心の気圧が（　①　）くなっている。中心部で（　②　）気流が発生し，（　③　）の方向に風が吹く。

	①	②	③		①	②	③
ア	高	上昇	時計（右）回り	イ	高	上昇	反時計（左）回り
ウ	高	下降	時計（右）回り	エ	高	下降	反時計（左）回り
オ	低	上昇	時計（右）回り	カ	低	上昇	反時計（左）回り
キ	低	下降	時計（右）回り	ク	低	下降	反時計（左）回り

(3) 前のページの図Ⅰから図Ⅲを時間の経過順に並べたものとして，最も適当なものを，次のアからカまでの中から一つ選んで，記号で答えよ。

ア 図Ⅰ→図Ⅱ→図Ⅲ　イ 図Ⅰ→図Ⅲ→図Ⅱ　ウ 図Ⅱ→図Ⅰ→図Ⅲ
エ 図Ⅱ→図Ⅲ→図Ⅰ　オ 図Ⅲ→図Ⅰ→図Ⅱ　カ 図Ⅲ→図Ⅱ→図Ⅰ

(4) 図Ⅰの時点で名古屋付近の気圧はどの程度だと考えられるか。最も適当なものを，次のアからコまでの中から一つ選んで，記号で答えよ。

ア 1024hPa　イ 1022hPa　ウ 1020hPa　エ 1018hPa　オ 1016hPa
カ 1014hPa　キ 1012hPa　ク 1010hPa　ケ 1008hPa　コ 1006hPa

(5) 次の文は，図Ⅰから図Ⅲの季節における日本の天気の特徴について，説明したものである。文中の（①）から（②）に当てはまる組み合わせとして，最も適当なものを，あとのアからカまでの中から一つ選んで，記号で答えよ。

> 温帯低気圧と，（ ① ）高気圧と呼ばれる高気圧が日本付近を交互に通過するため，（ ② ）ことが多い。

	①	②
ア	太平洋	天気は周期的に変化する
イ	太平洋	同じ天気がしばらく続く
ウ	移動性	天気は周期的に変化する
エ	移動性	同じ天気がしばらく続く
オ	シベリア	天気は周期的に変化する
カ	シベリア	同じ天気がしばらく続く

6 次の(1)から(3)までの問いに答えよ。

(1) 図のように，検流計とコイルをつなぎ，磁石を準備した。磁石をコイルに近づけたところ，検流計の針は右に振れた。次にコイルの巻き数を増やし，さらに磁石の極を逆にして，同じ速度で磁石をコイルに近づけた。このときの検流計の針の動きとして，最も適当なものを，次のアからエまでの中から一つ選んで，記号で答えよ。

図

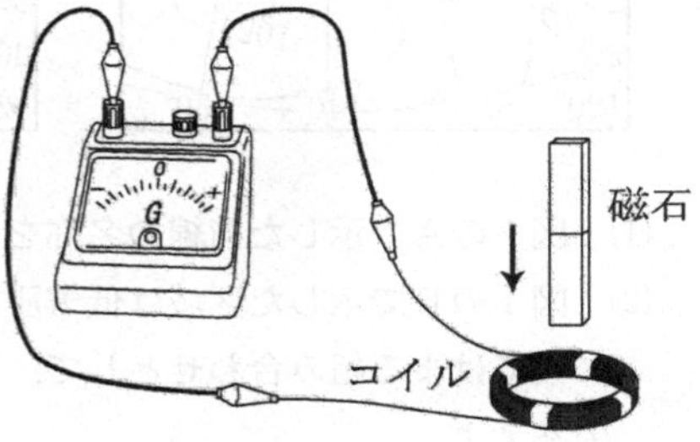

ア 針は最初より大きく，右向きに振れた。
イ 針は最初と同じだけ，右向きに振れた。
ウ 針は最初より大きく，左向きに振れた。
エ 針は最初と同じだけ，左向きに振れた。

(2) 次の文は，惑星である金星を地上から観察したことについて，説明したものである。誤っているものを，あとのアからエまでの中から一つ選んで，記号で答えよ。

ア 金星は「あけの明星」や「よいの明星」と呼ばれ，明け方や夕方に観察することができる。
イ 金星は昼間の時間帯は必ず観察できるものの，深夜の時間に観察できることはない。
ウ 金星は月と同じように「満ち欠け」を観察できる。三日月のように見えるときもあれば，ちょうど半分が明るく光って観察できることもある。

エ　金星を何日か連続して観察すると，その大きさが変化するようすがわかる。

(3)　次の文はそれぞれの［実験操作・観察の内容］とその［結果・まとめ］について書かれている。実際に観察される実験結果が［結果・まとめ］と異なると予想される実験を，あとのアからオまでの中から一つ選んで，記号で答えよ。

	［実験操作・観察の内容］	［結果・まとめ］
ア	一定量の薬品を上皿てんびんを用いてはかりとるため，一方の皿に折った薬包紙とはかりとりたい質量の分銅を置き，他方の皿に薬包紙をのせ，薬品を少量ずつのせていった。	皿がつり合ったところで，必要な質量の薬品をはかりとることができた。
イ	火山灰に含まれる物質を調べるため，蒸発皿に少量の火山灰を入れ，水を加えて指の先でおし洗いをした後，残った粒をペトリ皿に移して乾燥させ，ルーペで観察した。	粒子は無色の鉱物と有色の鉱物とが観察でき，色や形でそれぞれを複数に分類することができた。
ウ	電池のはたらきを調べるため，うすい塩酸をビーカーに入れ，亜鉛板と銅板を互いに接触しないように入れ，お互いの金属板と光電池用モーターをつないで回路を作成した。	回路をつなぐとモーターが回りはじめ，長い時間，安定して回り続けた。
エ	ホウセンカの花粉から花粉管が伸びていくようすを顕微鏡で観察するため，ホウセンカの熟したおしべを準備し，スライドガラスにたらした寒天溶液の上に花粉を散布し，カバーガラスをかけて顕微鏡で観察した。	10分程度観察したところ，花粉から花粉管がゆっくりと伸びていくようすが観察できた。
オ	斜面上の台車にはたらく力と，斜面を下る台車の速さの変化との関係を調べるため，傾きを付けた斜面に台車を置き，台車にはたらく斜面方向の力の大きさをばねばかりで調べ，台車が斜面を下る様子を記録タイマーで記録したうえで関係性を検討した。	傾きを大きくすると，台車にはたらく斜面方向の力は大きくなり，速さが増加する割合も大きくなることがわかった。

【社　会】（40分）　＜満点：100点＞

1　次のⅠ～Ⅳの文章を読み，あとの(1)から(8)までの問いに答えよ。

Ⅰ　2019年7月，①「ある場所」を出発した丸木舟（一本の木をくり抜いて作った舟）が，日本最西端の島，与那国島に到達した。約3万年前に日本人の祖先がこのルートを渡ってきた，と考えた研究者たちが，当時の道具と材料を使って，再現を試みたものである。これまでに，草で作った草舟や，竹で作ったイカダで挑戦をしてきたが失敗に終わり，丸木舟による挑戦で初めて成功した。しかし，決して簡単な航海ではなく，海を渡った当時の人々の勇気や，技術の高さを感じさせる結果となった。

縄文時代の日本人は丸木舟を使い，魚を獲るために海に出たり，あるいは石器の原料となる黒曜石を得るために島へ渡ったりしていた。やがて，複数の木材を組み合わせた大きな船が作られるようになり，たくさんの人や物を運ぶことができるようになった。木で作られた船は解体されたり朽ち果てたりするため，ほとんど残らないが，壁画などに描かれた船の絵や，②船型の埴輪などから，当時の船の姿を推測することができる。

(1)　下線部①について，「ある場所」とは，次のX・Yの文中の□に共通して当てはまる場所である。「ある場所」として正しいものを，あとのアからエまでの中から一つ選んで，記号で答えよ。

X　下関条約によって，遼東半島・□・澎湖諸島が，日本に譲り渡された。

Y　中華人民共和国が成立すると，国民党（国民政府）は□に逃れた。

ア　台湾　　**イ**　樺太　　**ウ**　ハワイ　　**エ**　山東半島

(2)　下線部②について，埴輪が作られた時代に関する説明として最も適当なものを，次のアからエまでの中から選んで，記号で答えよ。

ア　邪馬台国の女王卑弥呼が，中国の魏に使者を送った。

イ　弓矢を使って狩りをするようになり，魚や貝も豊富にとれ，貝塚が形成された。

ウ　大和政権が，九州中部から関東にかけてのほとんどの豪族を従えた。

エ　大陸から青銅器が伝わり，銅鐸や銅鏡，銅剣などが作られた。

Ⅱ　人類は，船を動かすために，人の力だけでなく風の力も利用した。世界各地で，その地域の生活や気候に合わせて様々な形の船が作られ，改良が重ねられていった。古代エジプトでは，紀元前4000年頃にはすでに帆を用いた船が使われていたようである。③エジプトやギリシャ，ローマなどの地中海世界では，船の発達にともなって交易が活発に行われた。また，15世紀後半に大航海時代が始まると，ヨーロッパの国々は世界の海に進出した。各国の支配領域が拡大し，交易が世界規模で行われるようになると，利害が対立し，激しい戦争に発展することもあった。

中国では，黄河や長江などの大きな川が流れ，人工の運河も数多く作られており，船は歴史上，大きな役割を果たしてきた。また，海外との交流も盛んに行われた。1405年から1433年にかけて，明の皇帝の命令を受けた④鄭和（ていわ）が，東南アジア・インドからアラビア半島，さらにアフリカ東海岸にいたるまでの大航海を行い，キリンやシマウマなどアフリカの動物を中国に連れ帰ったという。ヨーロッパの大航海時代よりも早い「大航海」であった。

(3)　下線部③について，次のページの文a～dのうち，これらの地域に関する説明として正しいものの組み合わせを，あとのアからエまでの中から一つ選んで，記号で答えよ。

a　古代エジプトでは，ハンムラビ法典がつくられた。

b　古代ローマでは，コロッセオ（コロッセウム）がつくられた。

c　ポルトガルのバスコ＝ダ＝ガマが，アフリカ南端を回ってインドに到達した。

d　スペインの援助を受けたコロンブスの船隊が，世界一周を成しとげた。

ア　a・c　イ　a・d　ウ　b・c　エ　b・d

(4)　下線部④について，鄭和が大航海を実施した時期の出来事として最も適当なものを，次のアからエまでの中から選んで，記号で答えよ。

ア　モンゴル軍（元軍）が，二度にわたって日本に襲来した。

イ　日本と中国との間で，勘合を用いた貿易が行われた。

ウ　最澄や空海が，中国に渡航して仏教を学んだ。

エ　平清盛が，貿易を盛んにするため瀬戸内海の航路や兵庫の港を整備した。

Ⅲ　日本では，江戸幕府の３代将軍徳川家光の時代に，キリスト教の禁止や貿易の統制を目的として，日本人の海外渡航が禁止された。また，海外への渡航ができるような大船の建造も禁止された。その後は，⑤日本各地をつなぐ水上の輸送路が整備され，沿岸を航行する日本独自の帆船が発達し，江戸時代の人々の生活を支えた。

大船を建造しなくなった日本にとって，1853年にアメリカのペリーが巨大な蒸気船と帆船を率いて来航したことは，大きな衝撃であった。江戸幕府は大船建造の禁止を解き，日本国内でも西洋式の帆船や蒸気船の建造に取り組むとともに，外国からの蒸気船の購入も進めた。江戸幕府がオランダから購入した「咸臨丸」は，日米修好通商条約の調印後，アメリカ軍艦に同行して太平洋の横断に成功したが，1871年に北海道沖で沈没した。また，⑥明治になって新政府がイギリスから購入した「明治丸」は，1876年に明治天皇が北海道・東北の巡幸をおこなった際に使われ，この巡幸を終えて横浜に到着した７月20日は，のちに「海の記念日」とされた。明治丸は現在，東京海洋大学の構内で保存・公開されている。

(5)　下線部⑤について，物資の流通に関して述べた次の文中の X ， Y に入る語句の組み合わせとして正しいものを，あとのアからエまでの中から一つ選んで，記号で答えよ。

日本海側の物資を，瀬戸内海を通って大阪へ輸送する航路は， X 航路とよばれた。 Y はこの航路を往来し，蝦夷地（北海道）や東北地方の物資を輸送した。

ア　X　東まわり　Y　朱印船　　イ　X　西まわり　Y　朱印船

ウ　X　東まわり　Y　北前船　　エ　X　西まわり　Y　北前船

(6)　下線部⑥について，江戸幕府が咸臨丸を購入してから，明治天皇が明治丸で北海道・東北の巡幸をおこなうまでの期間の出来事として適当でないものを，次のアからエまでの中から一つ選んで，記号で答えよ。

ア　岩倉使節団が，アメリカやイギリスなど，欧米12か国を訪問した。

イ　イギリスが，アヘン戦争で中国（清）に勝利した。

ウ　イギリス・フランス・アメリカ・オランダの連合艦隊が，下関の砲台を占領した。

エ　日本の軍艦が江華島沖で測量を行い，朝鮮の砲台から砲撃を受けた。

Ⅳ　産業革命期以降，蒸気機関の実用化・改良や，軽油を使ったディーゼルエンジンの実用化などによって，風に頼ることなく船を動かすことができるようになった。また，木造の船にかわって，鉄製の船や，より強度の高い鋼製の船が建造されるようになった。

⑦船は，戦争でも大きな役割を果たしてきた。かつては，相手の船に体当たりをしたり，相手の船に乗り移って戦ったりしていたが，やがて船に大砲が積まれるようになり，相手の船や沿岸を直接攻撃できるようになった。さらに，魚雷攻撃を中心とする船や，飛行機の離着陸が可能な船，水中から攻撃をする潜水艦など，目的に合わせて様々な船が建造されていった。貨物船の分野においても，石油タンカーやコンテナ船，自動車専用船など，特定の貨物を運ぶ多様な「専用船」が建造されている。

近年，⑧「持続可能な社会」や「脱炭素社会」の実現を目指す取り組みがすすめられる中で，太陽光や風力などの自然エネルギーを活用した船や，水素燃料電池を活用した船など，二酸化炭素を排出しない船の開発にも，注目が集まっている。

(7)　下線部⑦について，船と戦争に関する次のⅠ・Ⅱ・Ⅲの出来事を古いものから年代順に正しく配列したものを，あとの**ア**から**カ**までの中から選んで，記号で答えよ。

Ⅰ　ミッドウェー海戦で，日本の艦隊がアメリカの艦隊に敗れた。

Ⅱ　日本海海戦で，日本の艦隊がロシアの艦隊に勝利した。

Ⅲ　ワシントン会議が開かれ，日本は海軍の軍備を制限する条約に調印した。

ア　Ⅰ→Ⅱ→Ⅲ　　**イ**　Ⅰ→Ⅲ→Ⅱ　　**ウ**　Ⅱ→Ⅰ→Ⅲ

エ　Ⅱ→Ⅲ→Ⅰ　　**オ**　Ⅲ→Ⅰ→Ⅱ　　**カ**　Ⅲ→Ⅱ→Ⅰ

(8)　下線部⑧に関する次の文Ｘ・Ｙについて，その正誤の組み合わせとして正しいものを，あとの**ア**から**エ**までの中から一つ選んで，記号で答えよ。

Ｘ　1997年には地球温暖化防止京都会議が開かれ，京都議定書が採択された。

Ｙ　2001年には「持続可能な仕会」の実現を目指して，環境庁が新たに設置された。

ア　Ｘ　正　Ｙ　正　　**イ**　Ｘ　正　Ｙ　誤

ウ　Ｘ　誤　Ｙ　正　　**エ**　Ｘ　誤　Ｙ　誤

2　次の東さんと学さんの会話文と次のページの表１～３を読んで，あとの(1)から(4)の問いに答えよ。

東さん：地理の授業で，日本の果実年間消費量１位のバナナについて調べたわ。バナナはどれも似たような形をしているし，味だってよく似ていると思っていたけれど，世界には数百から千種類ものバナナがあるらしいわ。

学さん：日本では，甘くて，生で食べるバナナが売られているけれど，料理するバナナがあるって聞いたことあるよ。

東さん：生食用バナナは熟すととても甘くなって，世界に流通している甘いバナナは，キャベンディッシュという品種がほとんどだそうよ。バナナ生産量の半分以上を占めているわ。世界には，青いうちに熱を加えて食べる料理用のバナナがあって，表１のように料理用バナナを育てて利用しているのは，おもに熱帯地域の人々で自分たちが食べるために栽培しているのよ。一度食べてみたいな。

学さん：いろいろな食べ方があるね。バナナの原産地はどこなの？

東さん：①東南アジアが原産と考えられているわ。人間が栽培をはじめたもっとも古い作物のひと

表１　料理用バナナの食べ方

中央アフリカ・東アフリカ	熟した甘いバナナも食べるが，多くは，料理用の青いバナナに火を通して食べられている。自給作物として家の近くで栽培していることが多い。なかでもウガンダやカメルーンなどはバナナが主食の村もあって，蒸してそのまま食べたり，茹でたバナナをつぶして団子にして食べたりする。
熱帯アジア	コメも育つので，主食というより揚げたりして，スナックやお惣菜として利用する地域が多い。インドは，生産量世界一で，ほとんどが国内で食べられる。カレーに入れたり，バナナの葉っぱが器に使われることも多い。
南アメリカ	イモと同じような使い方をしている。デンプン粉と合わせて蒸したり，おかゆのようにして，スープや煮込み料理などのおかずと一緒に食べる。また，揚げたり焼いたりもする。

つで，紀元前5000年以前に，栽培がはじまったのよ。古代のインドや中東では，すでにバナナが知られていて，アフリカへは紀元前に伝わったと考えられているわ。バナナ・ベルトといって，②北緯30度から南緯30度までの熱帯地域で栽培されているのよ。

学さん：日本では，どこの国で作られたバナナがよく売られているのかな。

東さん：1960年代は台湾産バナナが主流だったけれど，2019年財務省貿易統計によると，日本のバナナの総輸入量は約104万トンで，日本の生鮮果実輸入の約60％にもあたるの。そのうちの約80％がフィリピンからのもので，次は約11％のエクアドルと続くのよ。インドは，バナナの生産量が世界１位だけれど，日本へは輸入されていないの。フィリピンとエクアドルは生産量・輸出量ともに上位を占め，特にエクアドルは輸出量世界１位なのよ。表２・表３を作ったわ。

表２　バナナの生産

2017年	万ｔ	％
Ⅰ	3 048	26.8
中国	1 117	9.8
インドネシア	716	6.3
ブラジル	668	5.9
Ⅱ	628	5.5
Ⅲ	604	5.3
世界計	11 392	100.0

（「データブック　オブ・ザ・ワールド　2020年版」より作成）

表３　バナナの貿易

2016年		万ｔ	％
輸出	Ⅱ	597	28.9
	コスタリカ	237	11.5
	グアテマラ	215	10.4
	コロンビア	184	8.9
	Ⅲ	140	6.8
	世界計	2 064	100.0
輸入	Ⅳ	460	22.5
	ドイツ	139	6.8
	ロシア	136	6.6
	ベルギー	128	6.3
	イギリス	115	5.6
	世界計	2 044	100.0

学さん：昔，日本ではバナナが高級な果物だったんだよね。今は物価が上がったけれど，昔とほぼ同じ値段で売られていると聞いたことあるよ。

東さん：それが今問題となっているひとつよ。日本から遠い国で栽培され，何千キロ何万キロもの海路をはるばる運ばれてくるバナナの値段がどうしてこんなに安いのかしら。ある試算によると，100円のバナナのうち，生産者に支払われる金額は２円ほどしかないと言われているの。

学さん：③日本やアメリカ・ドイツ・ロシアなどのバナナを自国でまかなえない国では，熱帯アジアや南アメリカからバナナを輸入して食べているんだよね。中でもアメリカは世界１位のバナナの輸入大国だ。安く食べられることはうれしいことだけれど，その安さが生産者の人々の暮らしを圧迫しているのは問題だね。

東さん：それに，フィリピンのミンダナオ島では，バナナを病虫害から防ぐためにまかれる大量の農薬が，環境を汚染したり，生産者の健康被害が出たりしていることもあるわ。

学さん：バナナは僕の身近にある農作物だと思っていたけれど，いろいろな問題があるんだね。企業の利益だけが最優先されないよう，消費者の僕たちも環境や生産者に「やさしい」バナナを選ぶという目を養わないといけないな。生産者・販売者・消費者の誰もが対等な立場で豊かになる方法をしっかり作っていかないとね。

(1)　前のページの表２・表３中のⅠ・Ⅱ・Ⅲ・Ⅳは，それぞれアメリカ，インド，エクアドル，フィリピンのいずれかが入る。東さんと学さんの会話文と前のページの表１を読んで，表２・３について述べた次のアからエまでの文の中から適当でないものを一つ選んで，記号で答えよ。

ア　エクアドルは，バナナの輸出量世界１位で，エクアドルの生産量の約90％以上が輸出されている。

イ　アメリカは，世界のバナナ輸入量の20％以上を輸入している。

ウ　フィリピンのバナナ生産量のうち，50％以上が輸出されている。

エ　インドのバナナ生産量は，世界の生産量の25％以上を占めている。

(2)　下線部①について，次の表は，東南アジアのうち，５か国の特徴を示したものであり，表中Ａ，Ｂ，Ｃは，タイ，フィリピン，マレーシアのいずれかが入る。あとのⅰ）・ⅱ）に答えよ。

国名	人口（千人）2019	一人当たり国民総所得（ドル）2017	米の生産（万ｔ）2017	主な輸出品目（％）2018
インドネシア	270 626	3 540	8 138	石炭 11.4，パーム油 9.2，機械類 8.2
Ａ	108 117	3 660	1 928	機械類 63.0，野菜と果実 3.8，精密機械 3.4
Ｂ	69 626	5 950	3 338	機械類 31.2，自動車 12.1，プラスチック 4.1
Ｃ	31 950	9 650	290	機械類 43.7，石油製品 6.6，液化天然ガス 4.0
シンガポール	5 804	54 530	—	機械類 45.2，石油製品 12.6，精密機械 4.4

※「—」はデータなし（「データブック　オブ・ザ・ワールド　2020年版」より作成）

ⅰ）次のページの地図Ⅰ中Ｘ，Ｙ，Ｚは，表中Ａ，Ｂ，Ｃのいずれかの国を表している。表中Ａ，Ｂ，Ｃと地図Ⅰ中Ｘ，Ｙ，Ｚの組み合わせが正しいものを，あとのアからカまでの中から一つ選んで，記号で答えよ。

地図Ⅰ

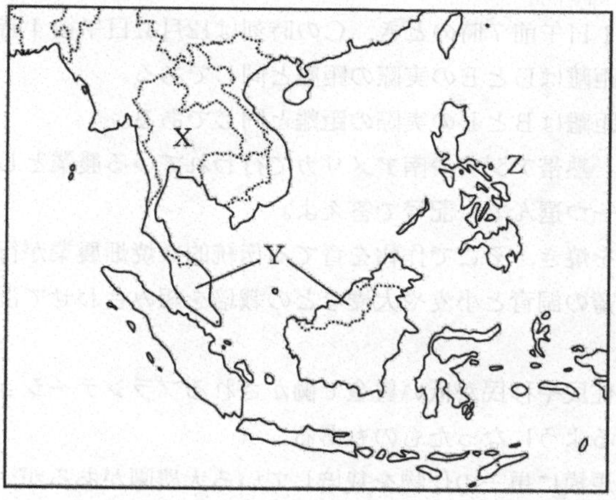

ア　A－X，B－Y，C－Z　　イ　A－X，B－Z，C－Y　　ウ　A－Y，B－Z，C－X
エ　A－Y，B－X，C－Z　　オ　A－Z，B－X，C－Y　　カ　A－Z，B－Y，C－X

ⅱ）次の文P，Q，Rは，前のページの表中A，B，Cの国で信仰する人口が最も多い宗教について述べたものである。表中A，B，Cの国と，文P，Q，Rの組み合わせが正しいものを，あとのアからカまでの中から一つ選んで，記号で答えよ。

P　インドから仏教が伝えられ，国民の約9割が仏教を信仰しており，僧は人々から尊敬され，男性は出家する慣習もある。

Q　スペインの植民地になった時期にキリスト教の影響を強く受け，約93％の国民がキリスト教徒である。

R　香辛料をあつかう西アジアの商人によってイスラム教が伝えられ，約60％の国民がイスラム教徒である。

ア　A－P，B－Q，C－R　　イ　A－P，B－R，C－Q　　ウ　A－Q，B－R，C－P
エ　A－Q，B－P，C－R　　オ　A－R，B－P，C－Q　　カ　A－R，B－Q，C－P

(3)　下線部②について，次の地図Ⅱは，経線と緯線が直角に交わるように描いたものである。この地図Ⅱに関する説明として適当でないものを，あとのアからエの中から一つ選んで，記号で答えよ。

地図Ⅱ

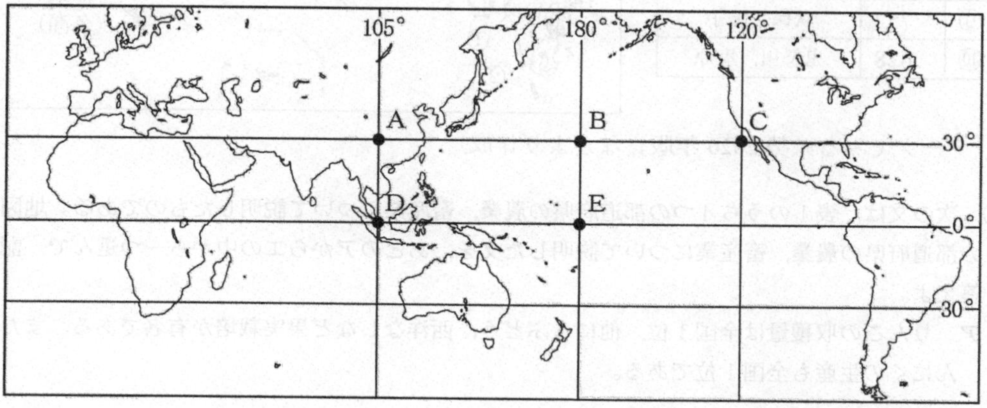

ア　DとEの時差は５時間ある。

イ　Dの時刻が１月１日午前７時のとき，Cの時刻は12月31日午後４時である。

ウ　AとBの実際の距離はDとEの実際の距離と同じである。

エ　AとDの実際の距離はBとEの実際の距離と同じである。

(4)　下線部③について，熱帯アジアや南アメリカで行われている農業として適当でないものを，次のアからエの中から一つ選んで，記号で答えよ。

ア　山林や原野などを焼き，そこで作物を育てる伝統的な焼畑農業が行われてきた。

イ　牛や豚などの家畜の飼育と小麦や大麦などの栽培を組み合わせて混合農業がおこなわれてきた。

ウ　植民地にいた先住民や移民が低い賃金で働かされるプランテーションは，今では現地の人々によって経営されるようになったものもある。

エ　輸出向けに，大規模に単一の作物を栽培している大農園があるが，気候や価格変動の影響を受けやすい。

3　次の表１は，47都道府県のうち，源泉数（未利用の源泉を含む）が多い順に並べたものである。表１中の①～⑩と地図中①～⑩は一致している。あとの(1)から(3)の問いに答えよ。

表１

都道府県	源泉数	主な温泉地
①	4 418	別府，湯布院
②	2 753	指宿，霧島
③	2 249	熱海，伊東
④	2 139	登別，洞爺湖
⑤	1 346	黒川，阿蘇
⑥	1 071	酸ヶ湯，浅虫
⑦	963	野沢，昼神
⑧	779	飯坂，磐梯熱海
⑨	752	秋保，鳴子
⑩	628	鬼怒川，塩原

地図

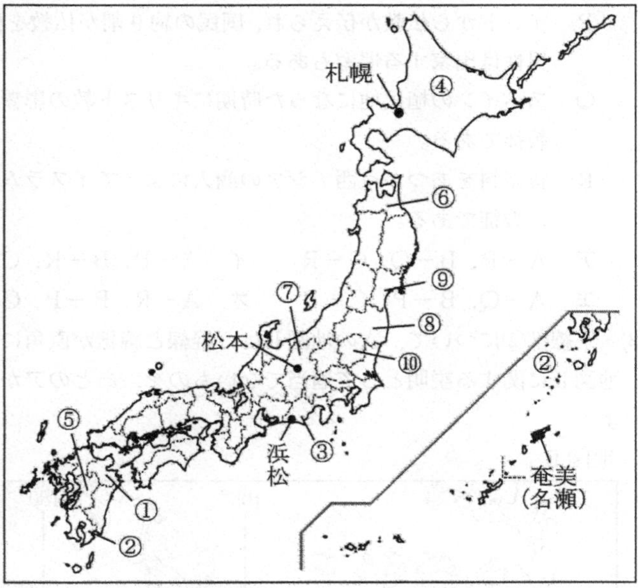

（「データでみる県勢2020年版」などより作成）

(1)　次の文は，表１のうち４つの都道府県の農業，畜産業について説明したものである。地図中②の都道府県の農業，畜産業について説明した文を，あとのアからエの中から一つ選んで，記号で答えよ。

ア　りんごの収穫量は全国１位，他にもぶどう，西洋なしなど果実栽培が有名である。また，にんにくの生産も全国１位である。

イ　豚の飼育頭数は全国１位，他にも肉用若鶏，肉用牛の飼育頭数も全国有数で，畜産業が盛んである。また，茶の生産も有名である。

ウ　日本の食料基地として，大規模な農業経営がおこなわれ，てんさい，あずき，じゃがいも，たまねぎなどいずれも全国一の生産量である。また，乳用牛，肉用牛の飼育頭数は全国１位である。

エ　トマトやなすなど野菜の収穫量が全国有数で，畜産業も盛んである。また，すいかとデコポンの生産は全国１位である。

(2)　次の表２は，前のページの表１と地図中①・③・④・⑨の都道府県の人口，人口密度，製造品出荷額等，年間商品販売額，大学数を表している。あとの文章が説明する都道府県を表２中のアからエの中から一つ選んで，記号で答えよ。

> 北部はリアス式海岸があり，沖は暖流の黒潮と寒流の親潮が出会う潮目で，全国有数の漁場である。農業のできない冬の家の中の仕事として，地元の森林資源を利用したこけしの伝統産業も続いている。

表２

都道府県	人口（千人）2018	人口密度（人／㎢）2018	製造品出荷額等（億円）2017	年間商品販売額（十億円）2015	大学数（校）※ 2018
ア	2 316	318.0	44 953	12 151	14
イ	1 144	180.4	41 094	2 580	5
ウ	3 659	470.5	169 119	11 494	12
エ	5 286	67.4	62 126	18 892	38

※大学数は本部や事務部の所在地によるものである
（「データでみる県勢2020年版」より作成）

(3)　次の気温と降水量のグラフは，地図中の札幌・松本・浜松・奄美（名瀬）のいずれかのものである。松本のグラフはどれか，あとのアからエの中から一つ選んで，記号で答えよ。

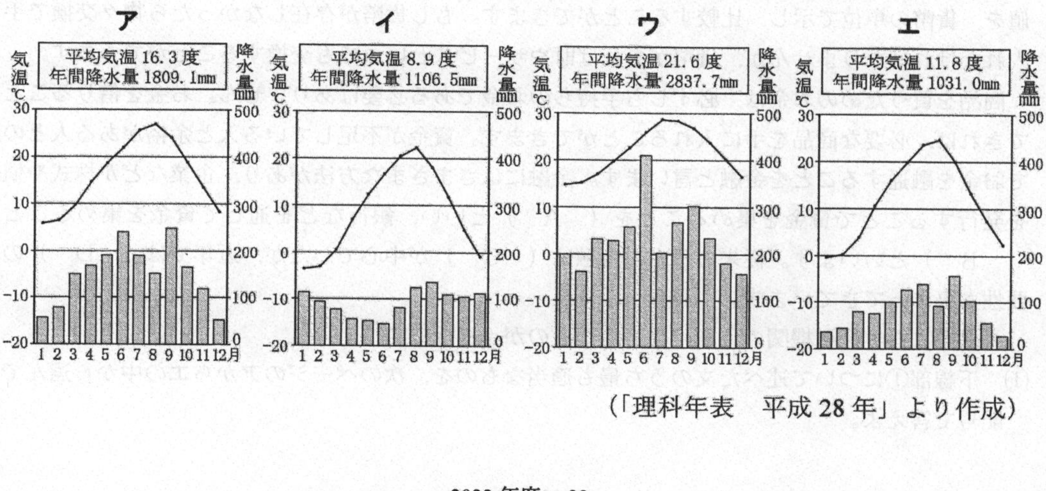

（「理科年表　平成 28 年」より作成）

4 次の(1)~(4)までの問いに答えよ。

(1) 三権分立について述べた文のうち最も適当なものを，次のアからエの中から選んで，記号で答えよ。

ア 日本の総理大臣と同じく，アメリカの大統領も，議会を解散できる。

イ 日本の裁判所は違憲審査権を持っているが，違憲判決がだされたことは一度もない。

ウ 内閣はすべての裁判官を任命する。

エ 内閣も裁判所による違憲審査の対象になる。

(2) 行政について述べた文のうち最も適当なものを，次のアからエの中から選んで，記号で答えよ。

ア 国務大臣は内閣総理大臣によって任命されるが，その過半数は国会議員でなければならない。

イ 予算の議決は内閣が行う。

ウ 保育所を担当するのは文部科学省である。

エ 地方公務員はその地方の事だけにかかわるので，「全体の奉仕者」ではない。

(3) 国会について述べた文のうち最も適当なものを，次のアからエの中から選んで，記号で答えよ。

ア 衆議院の解散中に，参議院が開かれることはない。

イ 国会の種類のうち，必要に応じて開かれる会を特別国会という。

ウ 国会議員には不逮捕特権があるので，議員としての任期中に逮捕されることはない。

エ 条約の承認には，衆議院の議決が参議院の議決に優先される。

(4) 地方自治について述べた文のうち最も適当なものを，次のアからエの中から選んで，記号で答えよ。

ア 住民が地方議員と首長という2種類の代表を選ぶ二元代表制が，地方自治の特徴である。

イ 地方公共団体の財源のうち，地方公共団体の借金を地方交付税交付金という。

ウ 公共施設の建設や市町村合併などについて，住民投票で住民全体の意見を明らかにすることは，地方自治法で定められた直接請求権に含まれる。

エ 地方議会は，地方公共団体独自の法である政令を定めることができる。

5 次の文章を読み，あとの(1)から(4)までの問いに答えよ。

市場での売買には①貨幣（通貨）を使って行われます。私たちはさまざまな②財やサービスの価値を，貨幣の単位で示し，比較することができます。もし貨幣が存在しなかったら物々交換で手に入れなければなりませんが，貨幣があれば財やサービスといつでも交換することができます。

商品を買うためのお金は，必ずしも手持ちのお金である必要はありません。お金を借りることができれば，必要な商品を手に入れることができます。資金が不足している人と余裕がある人との間でお金を融通することを金融と言います。金融にはさまざまな方法があり，企業などが株式や債券を発行することで資金を集めることを（　A　）といい，銀行などを通して資金を集めることを（　B　）といいます。従来の日本の金融は（　C　）が中心でしたが，近年では（　D　）の重要性も高まってきています。

金融をになう金融機関のうち，代表的なものが③銀行です。

(1) 下線部①について述べた文のうち最も適当なものを，次のページのアからエの中から選んで，記号で答えよ。

ア　金本位制により，現在の日本銀行券は，金と交換できる兌換紙幣である。

イ　銀行預金などの預金通貨も，紙幣や硬貨などの現金通貨と同様に貨幣としての役割を果たしている。

ウ　1929年の世界恐慌をきっかけに，各国では管理通貨制度を中止し，金本位制を採用するようになった。

エ　世界的にキャッシュレス決済が増加しており，2015年時点で日本ではその比率が約60%となっており，世界のキャッシュレス化をリードしている。

(2)　下線部②について述べた文のうち適当でないものを，次のアからエの中から一つ選んで，記号で答えよ。

ア　スーパーで売られている食品などの商品は，財である。

イ　電車に乗ったり美容室で髪を切ったりする形のない商品は，サービスである。

ウ　政府が供給する，教育や社会保障は，公共サービスという。

エ　有料でのプロスポーツ観戦は，財である。

(3)　下線部③について述べた文のうち適当でないものを，次のアからエの中から一つ選んで，記号で答えよ。

ア　銀行は貸出先から利子を取り預金者には利子を支払うが，貸し出し金利は預金金利を上回り，その差が銀行の収入になる。

イ　私たちは，銀行振り込みなどを利用して支払いをすることができ，これを為替という。

ウ　公共料金やクレジットカード代金の支払い，企業からの給料などの支払いを銀行の預金で行うことはできない。

エ　日本の中央銀行は日本銀行であり，日本銀行に口座を持つことができるのは，政府と一部の金融機関に限られる。

(4)　文中の（A）から（D）に当てはまる語句の組み合わせとして正しいものを，次のアからエの中から一つ選んで，記号で答えよ。

ア	A　直接金融	B　間接金融	C　直接金融	D　間接金融
イ	A　直接金融	B　間接金融	C　間接金融	D　直接金融
ウ	A　間接金融	B　直接金融	C　直接金融	D　間接金融
エ	A　間接金融	B　直接金融	C　間接金融	D　直接金融

6　現在の日本における内閣総理大臣の氏名を漢字で答えよ。

くないこととされているからかな。上人様からいつも注意されていたのに、どうして猟師は従わなかったのだろう。

Bさん…上人様もすごい人だね。猟師の殺生を一時的でもやめさせるために鹿のふりをして自分が射られようとするなんて。その気持ちが伝わったから、猟師もすぐに出家して仏道の道に入ったんだね。

エ

Aさん…上人様が、鹿の皮をかぶった後、鹿の呪いで人間の心を失っていく所が怖かった。夜の森で、人の顔をした鹿が歩いている所を想像してしまった。

Bさん…人の顔をした鹿を見つけたら、恐怖の余り矢を射てしまうのは仕方がなかった気がする。上人様が人の心を取り戻し、最期には念仏を唱えて成仏できた所に、昔の人は仏教のありがたさを感じたんじゃないかな。

「彼は何者ぞや《あなたは誰だ》」。答へていはく「舜見なり」と云々《いへり》《言った。》。男いはく「こはいかに。すでに射殺し奉《たてまつ》らんとして候《さぶら》ひつるなり《もう少しで射殺し申し上げるところでした。》。なにわざし給《たま》ふぞ《一体何をなさっているのです。》。④あさましき事なり」と云々。上人いはく「獣を殺し給ふ事、さばかり《あれほど》制止申せども、聞き給はず。さりとも《しかし》この法師を射殺し給ひては、しばらくも止《や》み給ひなむとて、鹿の体をまねびて侍《はべ》るなり」と云々。その時、狩者、たちまちに発心《ほっしん》し《仏道心を起こし、》、(※3)本鳥《もとどり》を切り、法師と成りて上人の弟子となり、道を修す、と云々《仏道に志した、という。》。

（『古事談』）

※1　舜見上人…伝未詳。「上人」は優れた僧のこと。
2　照射…夏の夜の狩りで、火で鹿をおびき寄せて射ること。
3　本鳥…髪の毛をまとめて頭の上でたばねた部分。

(一)　①大和国　とは、平城京が置かれた国でもある。現在の都道府県名を漢字で答えなさい。

(二)　②矢をさしはづして　とあるが、なぜこのような行為をしたのか。その理由として最も適当なものを、次のアからエまでの中から選んで、記号で答えなさい。
ア　上人の顔が思い浮かんだから。
イ　夜の鹿が怖くなったから。
ウ　鹿の眼とは違うと感じたから。
エ　上人を殺したくなかったから。

(三)　③問ひていはく　の主語を本文中より漢字二字で抜き出し、答えなさい。

(四)　④あさましき事なり　の解釈として最も適当なものを、次のアからエまでの中から選んで、記号で答えなさい。
ア　満足なことである
イ　恐れ多いことである
ウ　悲しいことである
エ　あきれたことである

(五)　次の会話文の中で、本文の内容にふさわしいものはどれか。アからエまでの中から一つ選んで、記号で答えなさい。
ア　Aさん…自分の命を差し出してまで、猟師に殺生《せっしょう》をやめさせようとする鹿がいるなんて。自分の仲間の命が失われていくことが本当につらかったんじゃないかな。
Bさん…でも、最後に猟師が改心して、殺生をやめるようになって良かった。仲良しの上人様に供養《くよう》まで頼んだ場面に、救われる気持ちがした。
イ　Aさん…昔の暦だと、月末は新月に近いから、夜はほとんど何も見えない闇夜だったんだ。だから、多少の松明《たいまつ》の明かりでは役に立たなくて、鹿と間違えて上人様を射てしまったのも、あり得ることだね。
Bさん…猟師は上人様のことを本当に尊敬していたから、けがをさせてしまった後は、一生弟子となって仕えたんだね。簡単には断ち切れない二人の絆《きずな》の強さに感動した。
ウ　Aさん…上人様が猟師の殺生を止めたのは、殺生は仏教では良

【国　語】（四〇分）〈満点：一〇〇点〉

【一】※問題に使用された作品の著作権者が二次使用の許可を出していないため、問題を掲載しておりません。

（出典：木内昇『かたばみ』）

【二】※問題に使用された作品の著作権者が二次使用の許可を出していないため、問題を掲載しておりません。

（出典：山崎亮『コミュニティデザインの時代』）

【三】次の①から④までの――をつけたカタカナと同じ漢字を使うものを、アからオまでの中からそれぞれ一つ選んで、記号で答えなさい。

①リョウユウ権を主張する
ア　学生リョウに入りたい
イ　リョウシキある行動を取る
ウ　扇風機からのリョウフウが心地よい
エ　自宅でリョウヨウする
オ　会社の金をオウリョウする

②最新の舞台ソウチが使われている
ア　三万円ソウトウの商品券
イ　自信をソウシツした
ウ　ソウダツ戦に敗れた
エ　学生らしいフクソウ
オ　古生代のチソウから発掘された

③敵をカイジュウする方法を考えよう
ア　農作物がカイメツ的な被害を受けた
イ　友達の行動にカイギ心を抱いた
ウ　松尾芭蕉はハイカイの芸術性を高めた
エ　駅のカイダンを昇ると改札だ
オ　祖父のカイコ録を読んだ

④国民には納税のギムがある
ア　ギワクを生む行動は慎むべきだ
イ　モギ試験の復習をしよう
ウ　ギジュツテキな問題を解決した
エ　キョギの報告を受けていた
オ　参加することにイギがある

【四】次の文章を読んで、後の（一）から（五）までの問いに答えなさい。（本文の┈┈┈の左側は現代語訳である。）

①大和国《やまとのくに》に、狩を以て業とする者、（狩りをして暮らしている者がいて、）（※1）舜見上人《しやうにん》、常に制止せらるといへども、（やめるように言ったが、）敢《あ》へて承引せず。（聞く耳を持たなかった。）これにより五月下暗夜《しもつやみ》、（深い闇の晩）件《くだん》の狩者、（その猟師が、）（※2）照射《ともし》に出たりと聞きて、上人、鹿皮をかづきて（かぶって）鹿の体《てい》を作《な》し、野に臥《ふ》す。ここに猟者、これを見付け、進み寄り、すでに射んと欲する時、（まさに射ようとした瞬間、）その眼、鹿に似ず。よつて奇《あや》しみを成し、②矢をさしはづして、（弓から矢を外して、）よくこれを見れば、法師の首《かしら》に似る。驚き奇しみ、③問ひていはく

2022年度

解　答　と　解　説

《2022年度の配点は解答欄に掲載してあります。》

＜数学解答＞

1　(1)　$81y^2$　(2)　-900　(3)　1.5　(4)　$(a-b)(x+y)$　(5)　40
(6)　$x=\dfrac{1\pm\sqrt{13}}{2}$

2　(1)　4(個)　(2)　$17a+13b<500$　(3)　$\dfrac{11}{12}$　(4)　46(試合)　(5)　13(通り)

3　(1)　$\dfrac{32}{7}$(cm²)　(2)　36(度)　(3)　5(cm)

4　(1)　$a=\dfrac{3}{4}$　(2)　$y=-\dfrac{3}{2}x$　(3)　C(0, 6)　(4)　12

5　(1)　(エ)　(2)　(ア)

○推定配点○
各5点×20　　計100点

＜数学解説＞

1　(小問群－数・式の計算，絶対値，因数分解，平方根，式の値，二次方程式)

基本　(1)　$36xy\div4x\times9y=\dfrac{36xy\times9y}{4x}=81y^2$

(2)　30＝Aとおくと，$29\times31-30^2-60\times29+29^2=(A-1)(A+1)-A^2-2A(A-1)+(A-1)^2=A^2-1-A^2-2A^2+2A+A^2-2A+1=-A^2=-30^2=-900$

基本　(3)　絶対値は0からの距離なので，$0-(-1.5)=0+1.5=1.5$

(4)　$x(a-b)-y(b-a)=x(a-b)+y(a-b)$　$a-b=A$とおくと，$xA+yA=A(x+y)$　Aを元に戻すと$(a-b)(x+y)$

(5)　$a^2+6ab+b^2=a^2+2ab+b^2+4ab=(a+b)^2+4ab$　$a+b=(3+2\sqrt{2})+(3-2\sqrt{2})=6$　$ab=(3+2\sqrt{2})(3-2\sqrt{2})=3^2-(2\sqrt{2})^2=9-8=1$　$(a+b)^2+4ab=6^2+4\times1=36+4=40$

(6)　$x^2-x-3=0$　二次方程式の解の公式を用いると，$x=\dfrac{-(-1)\pm\sqrt{(-1)^2-4\times1\times(-3)}}{2}=\dfrac{1\pm\sqrt{13}}{2}$

2　(小問群－自然数の性質，不等式，確率，トーナメント方式，資料の整理，中央値)

(1)　1から100までの整数は1とその数自身を約数としてもつ。正の約数を3個だけもつ数は，それ以外に(素数)²を約数として持つ。4…1，2^2，4　9…1，3^2，9　25…1，5^2，25　49…1，7^2，49　よって，4，9，25，49の4個である。

基本　(2)　17人にa本ずつ配ると$17a$本配ったことになる。b人に13本ずつ配ると$13b$本配ったことになる。その結果まだ鉛筆が残っていたのだから，$17a+13b<500$

(3)　2つのさいころを投げるとき，1つのさいころに1から6までの6通りの目の出方があり，そのそれぞれに対して他のさいころに6通りずつの目の出方があるから，目の出方の総数は$6^2=36$(通り)

ある。目の数の和が11になるときは(5，6)，(6，5)の2通りであり，12になるときは，(6，6)の1通りである。よって，10以下になる確率は，$\frac{36-3}{36}=\frac{11}{12}$

(4)　47チームをどのように組み合わせても，1試合で1チームが負けることになる。46チームが負けたときに負けていない1チームが優勝することになる。よって，優勝するチームを決めるために46試合が必要である。

やや難　(5)　点数の低い方からxを除いて並べると，36，49，56，56，62，68，72，86，93　$x \leqq 56$のとき，低い方から5番目が56，6番目が62なので中央値は$\frac{56+62}{2}=59$　$57 \leqq x \leqq 61$のとき，中央値は$\frac{x+62}{2}$　この場合は$x=57$，58，59，60，61の5通りがある。$x=62$のときには中央値は62　$63 \leqq x \leqq 67$のとき，中央値は$\frac{x+62}{2}$　この場合は$x=63$，64，65，66，67の5通りある。$68 \leqq x$のときには中央値は$\frac{62+68}{2}=65$　よって，13通りある。

3　**(小問群―相似，相似比と面積の比，面積，二等辺三角形，角度，直角三角形，円の性質)**

重要　(1)　DE//BCなので同位角は等しく，∠ADE＝∠ABC，∠AED＝∠ACB　△ADEと△ABCは2組の角がそれぞれ等しいので相似である。相似な図形の面積の比は相似比の2乗に等しいので，△ADE：△ABC＝4^2：7^2　△ADE：14＝16：49　△ADE＝$\frac{14 \times 16}{49}=\frac{32}{7}$(cm²)

重要　(2)　△ABC，△DAB，△BCDは二等辺三角形であり，二等辺三角形の底角は等しいから，∠DBA＝∠DAB＝x　∠BDCは△ADBの外角なので隣にない2つの内角の和に等しい。よって，∠BCD＝∠BDC＝∠DBA＋∠DAB＝$2x$　∠ABD＝∠ACB＝$2x$　三角形の内角の和は180°だから，$x+2x+2x=180°$　$5x=180°$　$x=36°$

(3)　点Dを中心，ABを直径とする円を考えると，直径に対する円周角は90°だから，点Cは円Dの周上にある。よって，CDは円Dの半径なので10÷2＝5(cm)

4　**(関数・グラフと図形―放物線のグラフ，直線の式，座標，三角形の面積)**

基本　(1)　$y=ax^2$のグラフがA(－4，12)を通るので，$12=a \times (-4)^2$　$16a=12$　$a=\frac{3}{4}$

重要　(2)　点Bのy座標が3だから，$3=\frac{3}{4}x^2$　$x^2=4$　$x<0$だから，$x=-2$　B(－2，3)　よって，直線OBの傾きは$-\frac{3}{2}$で切片は0だから，直線OBの式は$y=-\frac{3}{2}x$

(3)　平行な直線の傾きは等しいから，直線ACの式を$y=-\frac{3}{2}x+b$とおいて(－4，12)を代入すると，$12=-\frac{3}{2} \times (-4)+b$　$12=6+b$　$b=6$　直線ACの式は$y=-\frac{3}{2}x+6$　点Cのx座標は0だからy座標は6である。よって，C(0，6)

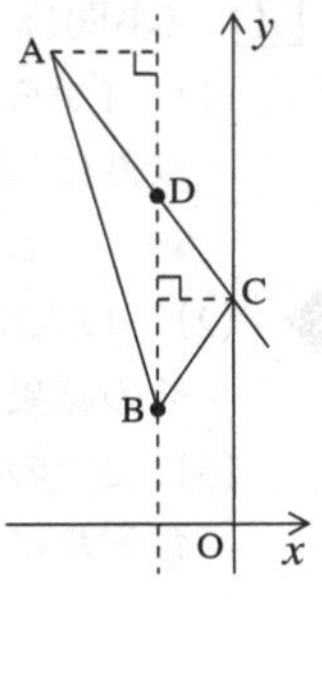

重要　(4)　点Bを通るy軸に平行な直線と直線ACとの交点をDとすると，△ABC＝△ABD＋△CDB　点Dのy座標は，x座標が点Bと同じ－2だから，直線ACの式の$y=-\frac{3}{2}x+6$に$x=-2$を代入して，$y=-\frac{3}{2} \times (-2)+6=9$　よって，DB＝9－3＝6　△ABD，△CDBの底辺をBDとすると，それぞれの三角形の高さは，点Aから直線BDまでの距離の－2－(－4)＝2，点Cから直線BDまでの距離の0－(－2)＝2である。よって，△ABC＝$\frac{1}{2} \times 6 \times 2+\frac{1}{2} \times 6 \times 2=12$

[5] （その他の問題―距離と時間と速さ）

（1） 一定の速さで走るとき，走る時間とその時間で進む道のりの比は一定である。Aさんが100m走ってゴールするのに9.80秒かかったから，Bさんが9.80秒でxm走るとすると，$9.80 : x = 8.02 : 50$ $x = 9.80 \times 50 \div 8.02 = 490 \div 8.02 = 61.0\cdots$ Aさんがゴールしたときに Bさんは約60m走ったことになるので，ゴールの約40m手前にいた。よって，（エ）

（2） 42.195km＝42195m 2時間8分38秒を，秒を単位にして表すと，$2 \times 60 \times 60 + 8 \times 60 + 38 = 7718$（秒） 42.195kmを2時間8分38秒で走るときと同じ速さで100mを走るときにy秒かかるとすると，$y : 100 = 7718 : 42195$ $y = 771800 \div 42195 = 18.2\cdots$ よって，約20秒かかることになるので，（ア）

―★ワンポイントアドバイス★―

[1](4)は$-y(b-a) = +y(a-b)$と変形する。[2](1)は$a \times b = M$のときにMの約数がaとbというように2個ずつ見つけられるが，$a^2 = M$のときにはMの約数はaであることから見つけていく。[3](3)は円に内接するかどうかを考えるとよい。[4](3)は平行な直線の傾きが等しいことを使う。[5]は，概数（およその数）を使って計算してもかまわない。

＜英語解答＞

[1] Section 1 No.1 イ No.2 ウ Section 2 No.1 イ No.2 エ No.3 エ

[2] （例） I like summer better. (First,) I can go swimming in the sea. (Second,) I can enjoy camping in beautiful nature. ／ I like winter better. (First,) I can enjoy skiing. (Second,) I look forward to Christmas and New Year's Day every year.

[3] 問1 （1） ウ （2） エ 問2 イ 問3 （A） ア （B） エ 問4 ウ

[4] （1） ア （2） イ （3） エ （4） イ （5） ウ

[5] （1） has been dead （2） too, for （3） have never seen

[6] （1） A ア B ウ （2） A ア B カ［A ウ B ア］
（3） A イ B ア （4） A ウ B ア （5） A カ B ア

○推定配点○

[1] 各3点×5 [2] 各5点×2 [3] 各6点×6 [4]～[6] 各3点×13（[5]・[6]各完答）
計100点

＜英語解説＞

[1] リスニングテスト解説省略。

重要 [2] （条件英作文）

夏が好きな場合は，First, I can go swimming in the sea. Second, I can enjoy camping in beautiful nature.「第1に，海に泳ぎに行けます。第2に，美しい自然の中でキャンプを楽しむことができます」などとする。冬が好きな場合は，First, I can enjoy skiing. Second, I look forward to Christmas and New Year's Day every year.「第1に，スキーを楽しめます。第2に，毎年，クリスマスとお正月が楽しみです」などとし，それぞれの季節で楽しめることについて述べるとよいだろう。

3 **（長文読解問題・論説文：英問英答，内容吟味，単語，語句補充・選択，内容一致）**

（全訳） キミコは地元の町から遠く離れた外国の大学で学ぶ学生だ。今は2021年の12月末で，彼女は家族のために持って帰るプレゼントを買っている。母親のために，彼女はシャネルのバッグを買う。弟のために彼女はグッチのジャケットを買い，妹にはグッチのバッグを買う。彼女は彼らのためにCDやDVDも買う。父親には何を買うか，まだ彼女は決めていない。彼女は彼にロレックスの時計を買うかもしれない。

彼女はどうしてそのような高価なものが買えるのか。答えは単純だ。それらは全部，偽造品なのだ。彼女はそれらのどれも店では買わない。いくつかはマーケットで，いくつかは路上で売られている。それらはすべて偽造品だ。すべて偽物なのだ。

あなたにとってそのような偽物を買うことはよくあることかもしれない。大金を使わずに，シャネルやグッチのようなデザイナーブランドの服だけでなく，CDやDVDも買うことができる。それらが偽造品だとわからないこともある。私たちが偽物を買うのは悪いことなのか。

多くの企業が2つのことを危惧している。第1に，人々が本物の製品に見える安い偽造品を買うため，企業がお金を失う。そして企業がもうからないので，新しい商品を開発するのが難しくなる。何とか生き残ろうと大変な中小企業もあると言われている。

第2に，偽造品は本物ほど安全ではない。偽造品が製造されると，人々はその安全性を確認するためにお金を全く使わない。また，その商品は粗悪な素材で作られる。おもちゃが良い例だ。子供たちは(A)おもちゃを口に入れることが好きだ。もしそのおもちゃに鋭い部品があったり安全でないペンキを使ったりしていたら，それらが子供たちを傷つけ，深刻な問題になる可能性がある。偽物のおもちゃを買う母親は，そのおもちゃが自分の子供にとって安全だと確証が持てない。もう1つの例が車の部品だ。もしブレーキが本物でなければ，その車は緊急時に停車しないかもしれない。偽物のパーツを使った車を運転する人は自分の車が安全に運転できるか確証が持てない。また，何か問題があっても，保証がない。返金してもらいたくても，取り戻せないだろう。

偽物を買うことは2つのことを意味する。あなたは安全な商品を作る会社からお金を奪い，しかも，偽物を売って安全性が大切だと思わない人々にお金を渡すのだ。安い商品や偽物のCD，DVDを買う時は，自分のお金がどこに(B)行くのか想像してほしい。その商品が壊れたり安全でなかった場合，あなたは自分が買った商品に対して責任を持たなくてはならないのだ。

やや難 問1 (1) 「なぜ中小企業は困っているのか」 ウ「人々が彼らがもともと作った商品を買わないので，あまりお金を稼ぐことができない」 第4段落参照。 (2) 「偽造品を買うことの悪い点は何か」 エ「問題が生じたとき，保証を使うことができない」 第5段落最後の2文参照。

重要 問2 下線部 counterfeit goods は前文の fakes の言い換えであり，ともに「偽造品，偽物」の意味。イ「本物の商品に似せて作られた商品」が適切。

問3 全訳下線部参照。

問4 ウ「偽造品は安いが，危険な可能性がある」（○）

基本 **4** **（語句補充・選択：時制，進行形，分詞）**

(1) 「彼女は音楽部に所属している」 belong to ～「～に所属している」は状態を表す動詞で，進行形にはならない。主語が3人称単数なので，現在時制では動詞に -s を付ける。

(2) 「彼は明日パリを出発する予定だ」 確実な未来を表す現在進行形の文。

(3) 「私の地元の町に住んでいる多くの人々は東京で働く」 形容詞的用法の現在分詞句 living in my hometown「私の地元の町に住んでいる」が people を後ろから修飾する。

(4) 「あなたがタカハシさんに初めて会ったのはいつですか」 一般動詞の過去形の疑問文。

(5) 「メアリーは昨日授業に遅刻しましたか」 be動詞の過去形の疑問文。

基本 5 (言い換え・書き換え：現在完了，不定詞)

(1) 「彼は10年前に亡くなった」「彼は10年間死んだ状態である」 下の文は継続を表す現在完了の文。be dead「死んだ状態である，死んでいる」

(2) 「その車はとても高価なので私は買えない」「その車は私が買うには高価すぎる」〈too ＋形容詞＋ for ＋人＋ to ＋動詞の原形〉「…すぎて(人)は―できない，(人)が―するには…すぎる」

(3) 「富士山は私が今までに見た最も美しい山だ」「私は富士山ほど美しい山を見たことがない」〈have never ＋過去分詞〉「今までに～したことがない」

重要 6 (語句整序：進行形，接続詞，現在完了，熟語，前置詞，動名詞，分詞，比較)

(1) What were you doing when your father (came home?) 最初に過去進行形の疑問文 What were you doing?「あなたは何をしていましたか」を置き，when ～「～したときに」を続ける。come home「帰宅する」

(2) I have not seen you for a while. ／ For a while I have not seen you. 日本語の文で省略されている主語と目的語を補うと「私はあなたにしばらく会っていなかった」となる。現在完了の否定文で「～していない」を表す。for a while「しばらくの間」

(3) (He) went out of the room without saying anything. go out of ～「～から出ていく」 without ～ing「～せずに」

(4) The woman talking with Yuji is Haruka. 形容詞的用法の現在分詞句 talking with Yuji「ユウジと話している」が woman を後ろから修飾する。

(5) I have as many English books as he. 〈as many ＋複数名詞＋ as ～〉「～と同じくらいたくさんの(名詞)」

★ワンポイントアドバイス★

3の長文読解問題は，偽造品を買うことの問題点についての文章。中学生にはなじみの薄いテーマだが，社会的な視点を持って丁寧に読み進めよう。

＜理科解答＞

1 (1) エ (2) イ

2 (1) ウ (2) ア (3) エ (4) エ (5) イ

3 (1) H_2O (2) エ (3) イ (4) ア (5) キ

4 (1) 12(N) (2) イ (3) 1000(Pa) (4) 0.2(N) (5) ア

5 (1) 温暖(前線) (2) カ (3) イ (4) オ (5) ウ

6 (1) ウ (2) イ (3) ウ

○推定配点○

各4点×25 計100点

＜理科解説＞

1 (小問集合―サクラ，酸化銅の還元)

(1)は被子植物であり，胚珠が子房に包まれている。

(2)　酸化銅と炭素の混合物を加熱すると，酸化銅は還元されて銅になり，炭素は酸化されて二酸化炭素になる。このとき起きた化学変化を化学反応式で表すと次のようになる。

$2CuO + C \rightarrow 2Cu + CO_2$

重要 **2** (生物の類縁関係と進化，ヒトの体のしくみ―細胞と生物，血液循環，相同器官)

(1)　形やはたらきが同じ細胞が集まって組織をつくる。また，いろいろなはたらきの組織が集まって器官となる。

(2)　アオミドロ，オオカナダモ，クリオネ，ミジンコ，ヤリイカ，ハマグリ，イヌワラビは多細胞生物である。

(3)　右心室につながっている肺動脈には静脈血が流れている。また，左心房につながっている肺静脈には動脈血が流れている。

(4)　ア．ハチュウ類は変温動物である。　イ．魚類はセキツイ動物である。また，両生類の幼生の時期にも背骨はある。　ウ．鳥類はハチュウ類から進化したと考えられている。　オ．ホニュウ類は卵生ではなく，胎生である。

(5)　立体視が可能になるためには，目は顔の前方についている。

3 (酸とアルカリ・中和―塩酸と水酸化ナトリウムの中和)

重要 (1)　酸とアルカリの中和によって，塩と水が生じる。

(2)　pHは0～14の範囲がある。また，7のときは中性であり，7より小さいと酸性であり，7よりも大きいとアルカリ性である。なお，塩酸を水でうすめていくと，pHは7に近づいていくが，7よりも大きくなることはない。

重要 (3)　塩化ナトリウムは，水に溶けると，ナトリウムイオンNa^+と塩化物イオンCl^-に電離する。また，塩化ナトリウムは，温度によって，溶解度はほとんど変わらない。

やや難 (4)　うすい水酸化ナトリウム水溶液10cm^{3}とうすい塩酸6cm^{3}が完全に中和するので，塩酸を4cm^{3}加えたときには，部分的に中和していて，液はアルカリ性なので，液中に存在するイオンは，水酸化物イオンOH^-と塩化物イオンCl^-とナトリウムイオンNa^+である。このとき，液中の陽イオンの数と陰イオンの数が等しいので，$Na^+ = OH^- + Cl^-$であり，ナトリウムイオンNa^+の数が最も多いことがわかる。また，各イオンの数をグラフで表すと，次の図1のようになり，塩酸を4cm^{3}加えたときのイオンの数の関係は，$Na^+ > Cl^- > OH^-$の関係になることがわかる。(水酸化ナトリウム水溶液10cm^{3}中のNa^+とOH^-の数をx個とする。)

図1

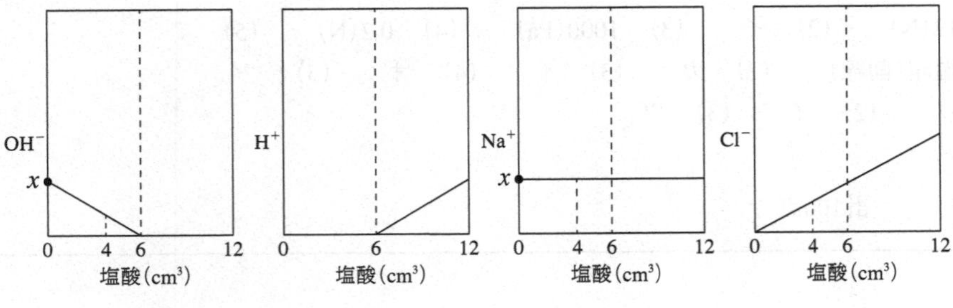

やや難　(5)　塩酸を6cm³加えるまでは，図2のように，イオンの総数は$2x$個であり，塩酸を6cm³以上加えると，$2x$個よりも多くなる。

図2

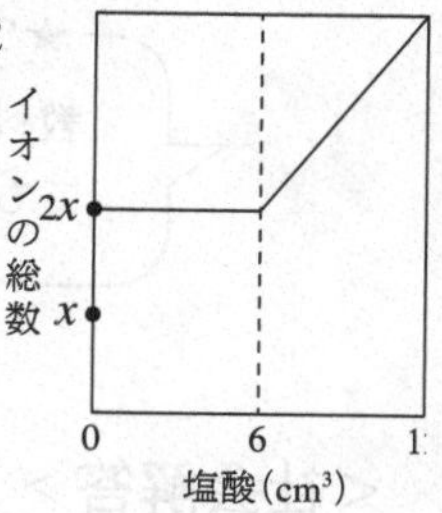

4　(力・圧力―レンガの圧力)

基本　(1)　1200gのレンガにはたらく重力の大きさは，1200(g)÷100＝12(N)である。

基本　(2)　1m²あたりに1Nの力が働くときの圧力を1Paという。

(3)　180cm²は，180(cm²)÷10000＝0.018(m²)なので，レンガがスポンジに与える圧力は，$\dfrac{18(\mathrm{N})}{0.018(\mathrm{m^2})}$＝1000(Pa)である。

(4)　2cm²は，2(cm²)÷10000＝0.0002(m²)なので，指が押した力の大きさは，1000(Pa)×0.0002(m²)＝0.2(N)である。

(5)　水圧は水深に比例して大きくなる。また，大気圧は，標高が低い方が大きく，標高が高くなると小さくなる。

5　(天気の変化―天気図と前線)

基本　(1)　低気圧の中心から南東方向には温暖前線がのび，南西方向には寒冷前線がのびる。

重要　(2)　低気圧は中心の気圧が低いので，図3のように，まわりから中心に向かって反時計回りに風が吹きこむ。そのため，中心部では上昇気流が生じる。一方，高気圧は中心の気圧が高いので，中心からまわりに向かって時計回りに風が吹き出す。そのため，中心部では下降気流が生じる。

図3

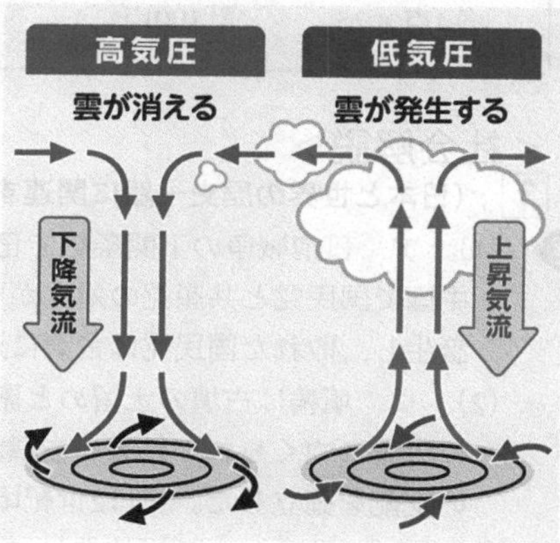

重要　(3)　日本の上空には強い西風である偏西風が吹いているので，低気圧や高気圧が西から東に移動する。

重要　(4)　図Ⅰで，名古屋付近の気圧は，1024(hPa)－4×2(hPa)＝1016(hPa)である。

重要　(5)　春や秋では，大陸で発生した移動性高気圧や低気圧が日本付近を移動する。

6　(小問集合―電磁誘導，金星，電池のしくみ)

基本　(1)　コイルの巻き数を増やすので，針は最初よりも大きく振れる。また，磁石の極を逆にしたので，針は左向きに振れる。

(2)　金星は，明け方の東の空か，夕方の西の空に見えるが，昼間や真夜中には見えない。

(3)　金属板を導線でつなぐと，銅板Cuが＋極，亜鉛板Znが－極となり，回路に電流が流れる。また，亜鉛は亜鉛イオンZn^{2+}となり溶け出し，銅板からは水素H_2が発生する。このとき，発生した水素によって，銅板がおおわれるので，すぐに電流が流れにくくなる。

以上をまとめると，図4の①～③のようになる。ただし，電子はe^-で表す。

図4

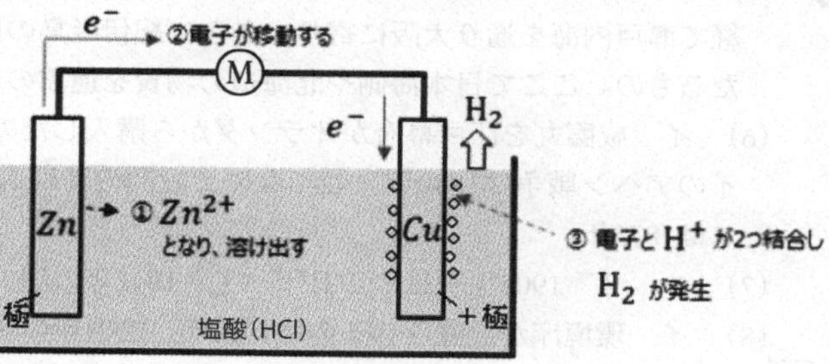

★ワンポイントアドバイス★

教科書に基づいた基本問題をしっかり練習しておこう。その上で，計算問題についてもしっかり練習しておこう。

＜社会解答＞

1 (1) ア (2) ウ (3) ウ (4) イ (5) エ (6) イ (7) エ (8) イ

2 (1) ウ (2) ⅰ オ ⅱ エ (3) ウ (4) イ

3 (1) イ (2) ア (3) エ

4 (1) エ (2) ア (3) エ (4) ア

5 (1) イ (2) エ (3) ウ (4) イ

6 岸田文雄

○推定配点○

各4点×25 計100点

＜社会解説＞

1 （日本と世界の歴史―船に関連する世界と日本の歴史の問題）

重要 (1) ア 日清戦争の下関条約で日本は台湾とその周辺の澎湖諸島を獲得した。太平洋戦争終結後，中国で国民党と共産党の対立が再燃し，最終的には中国の本土の方で共産党の中華人民共和国が誕生し，敗れた国民党は台湾に逃れた。

(2) ウ 埴輪は古墳の土留めと副葬品の役割を持っていたとされるもので，古墳時代の4世紀以降に大量につくられている。古墳が作られた時代に日本では大和政権が誕生し，西日本においてその支配を確立した。アは2世紀頃，イは縄文時代，エは弥生時代。

(3) ウ aはハンムラビ法典はメソポタミア文明のもので誤り。dは世界周航を行ったのはマゼランなので誤り。

基本 (4) イ 明王朝は1368年～1644年。アのモンゴルの元王朝は明の前の1271年～1368年，ウの最澄や空海が渡った先は唐王朝の時代の中国で618年～907年，エの平清盛の時代の中国の王朝は宋王朝で，960年～1279年。宋は最初は中国の北部にあったが，満州族の金が侵入してきて1127年に宋は南に追いやられ，平清盛の頃の宋はその後の南宋と呼ばれる時代のもの。

やや難 (5) エ 西まわり廻船は山形の酒田から日本海側を南下し山陰地方の港に寄港したあと，下関を経て瀬戸内海を通り大阪に寄り，さらに紀伊半島の周りをまわって，伊豆半島をまわり江戸にいたるもの。ここで日本海側や北海道の物資を運ぶのに活躍したのが北前船。

(6) イ 咸臨丸を江戸幕府がオランダから購入したのが1857年，明治天皇の北海道巡幸が1876年。イのアヘン戦争は1840年～42年なので設問の時期よりも前。アは1871年～1873年，ウは1864年，エは1875年。

(7) エ Ⅱ 1905年→Ⅲ 1921年→Ⅰ 1942年の順。

(8) イ 環境庁が設置されるのは1971年。2001年の中央省庁再編によって環境庁から環境省に。

2 （地理―バナナに関連する世界地理の問題）

重要 (1) ウ 本文中の会話の内容を丁寧に追っていくと，Ⅰがインド，Ⅱがエクアドル，Ⅳがアメリカとわかり，残るⅢは消去法でフィリピンになる。ウはフィリピンのバナナ生産量604万tに対して，輸出が140万tなので全生産量の23％ほどしか輸出していないことになるので誤り。

(2)　ⅰ）　表中のAがZのフィリピン，BがXのタイ，CがYのマレーシアになる。フィリピンは東南アジア11カ国の中でインドネシアに次いで人口が多く，輸出品の野菜と果実の中に，バナナや日本で冬に出回るオクラなどの野菜がある。マレーシアは人口は少ないが工業はアジアNIEsとして発達した頃からさかんであり，また鉱産資源も多いので一人当たりのGNIが大きくなっている。タイも米の輸出国として有名だが，近年では日本の家電製品などの生産拠点として工業が発達している。ⅱ）エ　フィリピンはスペインの植民地時代の名残でキリスト教カトリックの信者が多い国。タイは古くからの仏教国。マレーシアはインドネシアとともに東南アジアの中ではイスラム教が主流の国。原住民のマレー系の人にイスラム教徒が多い。

基本　(3)　ウ　地図Ⅲは緯経線が直交するメルカトル図法で，メルカトル図法のような図法の場合，赤道から高緯度の方へ行くにつれて，東西方向の実際の長さが図上の長さよりも短くなってくるので，実際にはABはDEよりも短くなる。

(4)　イ　混合農業は三圃制などの輪作による畑作と肉畜の飼育を食い合わせた農業で，基本的にはヨーロッパや，ヨーロッパの気候に近い場所で行われているもので，東南アジアや南アジアではやっていない。

3　(日本の地理―温泉に関連する問題)

(1)　イ　②は鹿児島県。アは青森県で⑥，ウは北海道で④，エは熊本県で⑤。

重要　(2)　ア　設問の説明は⑨の宮城県のもの。イは①の大分県，ウは③の静岡県，エは④の北海道。

(3)　エ　松本は比較的気温が低く，降水量が少ない。アは典型的な太平洋岸の気候の浜松，イは6月の降水量が少なく，気温が全体に低い札幌，ウは気温も高く降水量も多い奄美のものになる。

4　(公民―政治に関連する様々な問題)

(1)　エが正しい。アはアメリカの大統領には議会を解散する権限はない。議会の議決に対しての拒否権を行使できるのみ。イは違憲判決は過去にもいろいろあるので誤り。ウは内閣は最高裁長官に関しては指名し，天皇が任命するので誤り。

(2)　アが正しい。イは内閣ではなく国会，ウは保健所の担当は厚生労働省，エは地方公務員でも全体の奉仕者である。

基本　(3)　エが正しい。アは参議院の緊急集会は開けるので誤り，イは特別国会は衆議院解散，総選挙後に首相を指名するために開くものなので誤り，ウは議長が認めれば不逮捕特権は行使できない。

重要　(4)　アが正しい。イの地方交付税交付金は国が地方自治体間の財政格差を是正するために給付するものなので誤り。地方自治体の借金は地方債。ウは国が行うことで特定の自治体にかかわる内容の場合に実施される住民投票は，地方自治の直接請求権のものではない。エは地方議会が定めるのは政令ではなく条例。政令は内閣が定める。

5　(公民―貨幣経済に関連する問題)

やや難　(1)　イが正しい。アは現在の貨幣制度は管理通貨制度で，金本位制ではないので誤り。ウは逆で，金本位制をとっていた国々が，積極的に景気を国が左右するために貨幣の発行量をコントロールしやすくするために管理通貨制度に移行したので誤り。エはまだ日本はキャッシュレスの浸透は低い方なので誤り。

(2)　エ　生産活動によって生み出された価値のなかで，消費者が貨幣と交換して持ち帰れるようなものが財で，スポーツ観戦や音楽鑑賞，絵画の干渉，医療行為を受けたりすることなどはサービスにあたる。

(3)　ウ　公共料金やクレジットカードの代金の支払い，給料の支払いなどは銀行の預金で可能である。予め設定した方法での様々な料金などの銀行口座からの引き落としは可能であり，また賃金の支払いも指定された金融機関の口座への振り込みで行うことが今日では一般的になってきている。

やや難 (4) イ　企業が株式や債券を発行して，自ら資金を集めるのが直接金融で，金融機関からの融資を受けるのが間接金融。日本では間接金融が主流だが，金融機関を介せずに株式や債券で資金を調達する方が，資金調達は大変だが金融機関に支配されずには済む。

基本 6 (時事問題)

2021年に菅義偉首相が自民党総裁の続投をやめ，総裁選挙で，自民党の総裁に岸田文雄が選出され，国会で首相に選出された。岸田首相は就任直後に衆議院を解散し，総選挙が実施され，自民党が勝利し，岸田内閣も続投が決まった。

★ワンポイントアドバイス★

時間，小問数の割には読む量が多いので，要領よく解いていくことが必要。記号選択がほとんどだが，問題の指示をしっかりと把握し，選択肢を選んでいくことが大事。

＜国語解答＞

【一】 (一) ③ イ　⑥ エ　(二) ウ　(三) 見た目～くれる　(四) ア
(五) イ

【二】 (一) d　(二) イ　(三) エ　(四) マネジメント　(五) Ⅰ (例) その場所に住むことによって生まれる縁でつながった　Ⅱ (例) 必ずしもその地域に住んでいる必要はなく，興味さえ合えば遠く離れたところに住んでいても所属することができる
(六) イ

【三】 ① オ　② エ　③ イ　④ オ

【四】 (一) 奈良県　(二) ウ　(三) 猟者[狩者]　(四) エ　(五) ウ

○推定配点○

【一】 (一) 各2点×2　他 各5点×4　【二】 (一) 2点　(五) 各10点×2
他 各5点×4　【三】 各3点×4　【四】 (一) 2点　他 各5点×4　計100点

＜国語解説＞

【一】 (小説ー情景・心情，内容吟味，文脈把握，脱文・脱語補充，ことわざ・慣用句)

基本 (一) ③「口を酸っぱくする」は，忠告などを何度も繰り返して言うという意味。⑥「泡を食う」は，驚きあわてるという意味。「泡」を使った慣用句には，他に人を驚かせあわてさせるという意味の「泡を吹かす」がある。

(二) ①の「いつもの」からは，悌子と清一が親しい関係であることが読み取れる。悌子と清一の関係について述べている部分を探すと，後に「いかに兄妹のように育ってきた清一にも」とあるのに気づく。この関係を「幼いときから変わらない」と言い換えて説明しているウが適当。この関係にエの「悌子を怖がらせないように清一が気を遣っている」は合わない。アの「誰に対しても笑顔で接し」，イの「苦々しく思いつつやり過ごし」とは，読み取れない。

重要 (三)　直前の文「それがこれほど甘美な福音をもたらし，かほどに心強いものなのか，と驚きの中で悌子はしかと胸に留めたのである」が，悌子の心情が変化して「陸上部に入部した」理由にあたる。④の「それ」は，直前の段落の「見た目だけで判断せず，内面をすべて知った上で自分という人間を認めてくれる他者がいる」という悌子に対する清一の態度を指し示しており，ここから□に当てはまる語句を抜き出す。

(四)　春に投擲を始め「秋の県大会に学校代表として出場すると，二位を大きく引き離し，県新記録で優勝してしまった」ことから，悌子が「認めないわけにはいかなかった」のは，どういうことかを考える。前に「悌ちゃんの気持ちが一番大事やけど，僕はやり投げ，向いとると思うで。悌ちゃん，肩がええもの。せっかくの長所を活かさんのはもったいないがね」や「長所やで……他の人は持っとらんものを活かすべきやで」とあるように，清一は悌子の肩は長所だと言っている。この清一の言葉と同じ内容を述べているアが適当。投擲の上達ぶりから悌子が思ったことなので，他の選択肢は合わない。

やや難 (五)　②「いい奥さんになって子供を産むことが，女としてもっとも優れた道なのだ」という母親の言葉に対して悌子が反発を覚えているという描写はないので，「母親のジェンダー観に抵抗したい」とあるアとウは適当ではない。また，「長所やで。悌ちゃんほどの肩は，野球をやっとってもめったに出会えんよ。他の人は持っとらんものを活かすべきやで」「そらそうや。野球やったら選手生命を決めるほど，大事なもんや」という清一の言葉は，ジェンダーとは関係がなく個人の能力を活かすべきだというものである。この内容を述べているイが最も適当。清一の言葉からは，エの「ジェンダーを跳ね返すことができる」という考えは読み取れない。

【二】（論説文―大意・要旨，内容吟味，文脈把握，脱文・脱語補充，品詞・用法）

(一)　aは自立語で活用があり言い切りの形が「い」で終わるので，形容詞。文法的用法が同じものはd。bとcは打消しの意味を表す助動詞で，eは「少ない」という形容詞の一部。

(二)　①「江戸時代の図絵」は，直後にあるように「まちなかでいろんなことが起きているように描かれて」おり，同じ段落の最後で「多くの人がまちの屋外空間に出てきて，いろんなことをしていたはずだ」という筆者の考えを述べている。さらに，直後の段落の冒頭で「それに比べて現在の地方都市は寂しい。特にまちの屋外空間が寂しい」と現在の屋外空間の様子を述べ，同じ段落で「エアコンの登場がまちを寂しくした」と原因を論じている。この内容を述べているものはイ。アの「活動を取り戻す方策」，ウの「正確性を欠く絵師の態度」を述べるためではない。「エアコンの登場がまちを寂しくした」という屋外空間の衰退原因を述べており，エの「かつて……屋外空間の工夫を分析」するものではない。

(三)　②の「汗顔」の読みは「かんがん」。直前の「細かいところまでこだわって丁寧にデザインすれば，人は必ずその空間を訪れるはずだ，という信念まで持っていた。まちの構造的な変化に気づいていなかったといえよう」ことに対して「汗顔の至り」と述べている。同じ段落の「広場や道路に人が集わなくなったのはデザインが古びたからではない……地縁型コミュニティがその力を弱めたから」ということに気づかなかった点を，筆者は恥ずかしく感じたのである。この内容を述べているエを選ぶ。アの「自治会などが再利用してくれている」，イの「デザインのせいにする建築家たちの態度を批判してきた」に関する叙述はない。②の直前に「まちの構造的な変化に気づいていなかった」とあるが，ウの「まちの構造については無知であり続けた」わけではない。

(四)　直前の「そこ」は，直前の段落の「まちの空間」を指し示す。「まちの空間」に必要なものはなにかを探す。「人口が」で始まる段落に「まちを賑やかにするためには，斬新な広場のデザインが必要なのではなく，斬新な広場のマネジメントが必要なのである」から，適当な六字の言葉を抜き出す。

やや難 (五) Ⅰ「地縁型コミュニティというのは」で始まる段落で「地縁型コミュニティというのは，その場所に住むことによって生まれる縁でつながったコミュニティである」と説明している。ここから，適当な部分を抜き出す形でまとめる。　Ⅱ「テーマ型コミュニティ」については，「屋外空間を」で始まる段落に書かれている。「テーマ型コミュニティは同じテーマに興味を持つ人たちのつながりである」と特徴を述べた後に，「この種のコミュニティに属する人たちは，必ずしもその地域に住んでいる必要はない。興味さえ合えば，遠く離れたところに住んでいてもテーマ型コミュニティに所属することは可能だ」と，「地域型コミュニティ」との違いを述べている。この内容を，指定字数に合うように「～こと。」に続く形でまとめる。

重要 (六) 「地縁型コミュニティというのは」で始まる段落に「地縁型のコミュニティが，徐々にその力をなくしていった」理由を，「自治会の加入率が下がり，子ども会に入る人が減り，婦人会や老人会で活動する人も少なくなった」と述べている。この内容に，「地縁型コミュニティの弱体化」の理由として「少子化と高齢者の増加」を挙げているイはふさわしくない。「それに比べて」で始まる段落の「エアコンの登場がまちを寂しくした」にアが，「ところが」で始まる段落と最終段落の内容にウが，「屋外空間を使いこなす」で始まる段落の内容にエがふさわしい。

【三】 (漢字の読み書き)

① 領有　ア 寮　イ 良識　ウ 涼風　エ 療養　オ 横領
② 装置　ア 相当　イ 喪失　ウ 争奪　エ 服装　オ 地層
③ 懐柔　ア 壊滅　イ 懐疑　ウ 俳諧　エ 階段　オ 回顧
④ 義務　ア 疑惑　イ 模擬　ウ 技術的　エ 虚偽　オ 意義

【四】 (古文―主題・表題，文脈把握，文と文節，口語訳)

〈口語訳〉 大和国に，狩りをして暮らしている者がいて，舜見上人は，いつも(狩りを)やめるように言ったが，聞く耳を持たなかった。このため五月の深い闇の晩，その猟師が，照射(という狩り)に出かけたと聞いて，上人は，鹿の皮をかぶって鹿のふりをして，野に伏せた。そこで猟師が，これを見つけて，進み寄って，まさに射ようとした瞬間，その眼が，鹿に似ていない。それで(猟師が)不思議に思って，弓から矢を外して，よくこれを見ると，法師の首に似ている，驚き不思議に思って，尋ねて言うには「あなたは誰だ」。(上人が)答えて言うには「(私は)舜見だ」と言った。(猟師の)男が言うには「これはいったい(どういうことでしょう)。もうすこしで射殺し申し上げるところでした。一体何をなさっているのです。あきれたことだ」と言う。上人が言うには「獣をお殺しになること，あれほどやめるよう申し上げても，お聞きにならない。しかしこの法師を射殺しましたならば，しばらくでも(狩りを)おやめになるだろうと，鹿の体のまねをしていたのです」と言う。その時，猟師は，すぐに仏道心を起こし，もとどりを切り，法師となって上人の弟子となり，仏道に志した，という。

基本 (一) 平城京が置かれたのは，現在の奈良県。

(二) 直前の「よつて奇しみを成し」は，それで不思議に思ってという意味なので，その前の「その眼，鹿に似ず。」が，猟師が矢を外した理由にあたる。

(三) 鹿かと思っていたものが「法師の首」に似ていたので驚き，「あなたは誰だ。」と尋ねたのは，「狩者」。「猟者」でもよい。

(四) 「あさまし」は，予期しないことにであったときの驚きの意味を表す。上人が鹿のふりをしていたことに対する猟師の言葉であることからも，解釈を判断することができる。

重要 (五) 「獣を殺し給ふ事，さばかり制止申せども，聞き給はず。さりともこの法師を射殺し給ひては，しばらくも止み給ひなむとて，鹿の体をまねびて侍るなり」という上人の言葉に，ウの Bさんの会話文がふさわしい。自分の命を差し出してまで，猟師に殺生をやめさせようとしたのは，「鹿」ではなく「上人」なので，アのAさんの会話文はふさわしくない。鹿と間違えて上人を射殺してはいないので，イのAさんの会話文もふさわしくない。エのAさんの「鹿の呪いで人間の心を失って行く所」に相当する描写はない。

★ワンポイントアドバイス★

記述式の問題では，本文中の言葉を用いてまとめることを意識しよう。該当箇所を探し，空欄の前後に合うように言葉を補うという手順となる。

MEMO

大切なことはメモしておこうネ！

2021年度

入　試　問　題

2021年度

東海学園高等学校入試問題

【数　学】（40分）　　＜満点：100点＞

1 次の各問いに答えなさい。

⑴ $(-2)^2+\frac{49}{10}\div 0.07-2^2$ を計算しなさい。

⑵ $4a-\frac{a-2}{3}$ を計算しなさい。

⑶ $(3+\sqrt{5})^2(3-\sqrt{5})^2$ を計算しなさい。

⑷ 方程式 $x^2-\frac{2}{3}x-\frac{4}{9}=0$ を解きなさい。

⑸ $(x-7)^2-3(7-x)-4$ を因数分解しなさい。

⑹ 連立方程式 $\begin{cases} 2x+5y=11 \\ -2x+3y=13 \end{cases}$ を解きなさい。

2 次の各問いに答えなさい。

⑴ ２桁の自然数のうち，３で割り切れる数は何個か，求めなさい。

⑵ 表面積が $9\pi\,\text{cm}^2$ である球の体積は何 cm^3 か，求めなさい。

⑶ $y=\frac{6}{x}$ のグラフ上で，x 座標，y 座標ともに整数である点は何個か，求めなさい。

⑷ ２枚の硬貨を同時に投げるとき，１枚は表で１枚は裏となる確率を求めなさい。

⑸ 35人の生徒が，100点満点の数学のテストを受けた。その数学のテストの平均点は58点であった。この結果からかならずいえることを次の㋐から㋓までの中から一つ選んで，記号で答えなさい。

㋐ 全員の点数を合計すると2030点である。

㋑ 点数が58点である生徒の人数が最も多い。

㋒ 点数が58点の生徒は少なくとも１人いる。

㋓ 58点より高い点数の生徒と，低い点数の生徒の人数は同じである。

3 次の各問いに答えなさい。

⑴ 右の図のように，直方体ABCD－EFGHがある。四角形ABCD，AEFB，BFGCの面積がそれぞれ48 cm^2，30 cm^2，40 cm^2 のとき，この直方体の体積は何 cm^3 か，求めなさい。

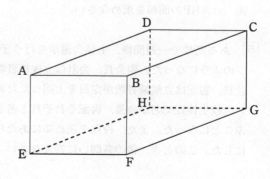

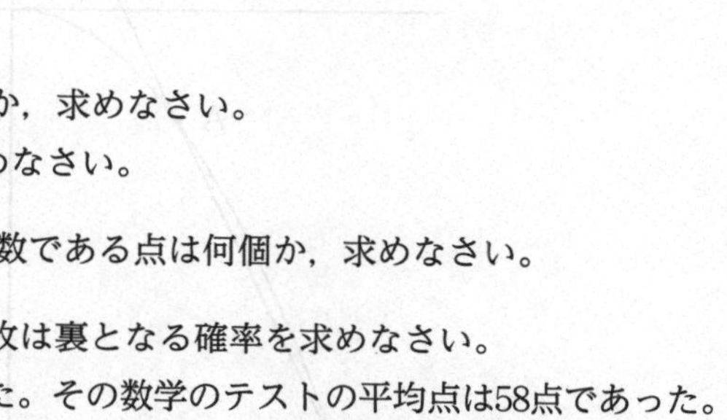

⑵　右の図のように，正三角形ABCがある。AD＝BE＝CFとなるように，辺AB，BC，CA上にそれぞれ点D，E，Fをとる。このとき，∠DEFの大きさは何度か，求めなさい。

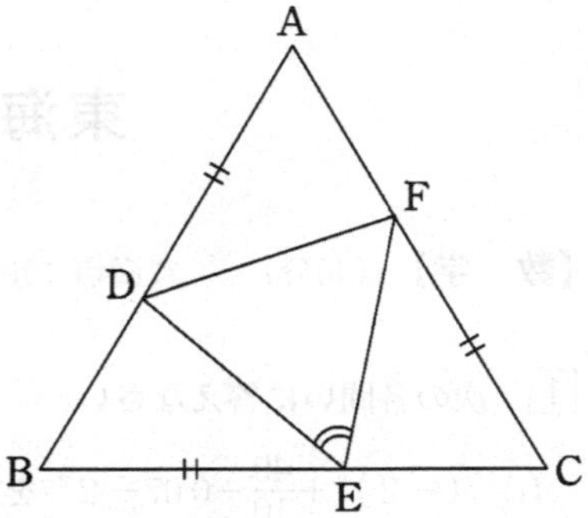

4　下の図のように，放物線$y=ax^2$と直線 l が2点A(－2，－2)，B(－4，－8)で交わっている。また，y軸上に点PをAP＋BPが最小になるようにとる。

このとき，次の各問いに答えなさい。

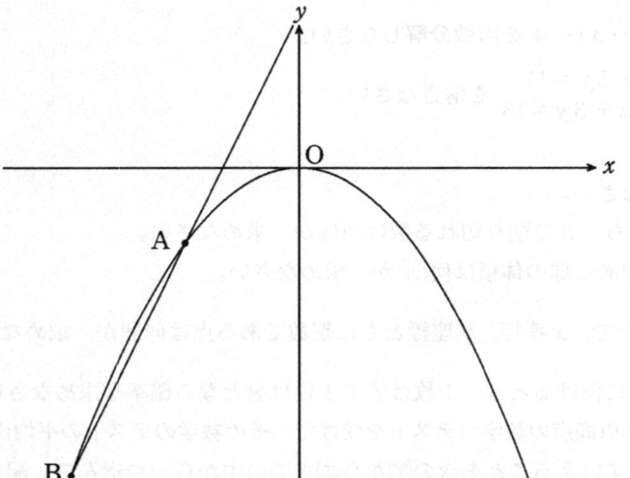

⑴　aの値を求めなさい。

⑵　直線 l の式を求めなさい。

⑶　点Pの座標を求めなさい。

⑷　△ABPの面積を求めなさい。

5　ある高校で一週間後，生徒会選挙を行う予定である。各役員の定員及び立候補者数は次のページのようになった。副会長，会計は立候補者数が定員内であったため，無投票で決まる予定だが，会長，書記は立候補者数が定員を上回ったため，投票を行うことにした。

全校生徒1265名が会長，書記それぞれ1名ずつ名前を書いて投票し，得票数の上位から役員を選ぶことになった。また，役員を決めるにあたり，得票数が同じであるときはくじ引きで決めることにした。このとき，後の各問いに答えなさい。ただし，欠席者および無効票はないものとする。

	会長	副会長	書記	会計
定員(人)	1	2	2	2
立候補者数(人)	2	2	4	2

⑴　選挙を行った結果，会長に立候補したＡさんは1012票獲得して，会長に選ばれた。このとき，Ａさんは全校生徒の何％の票を獲得したことになるのか，求めなさい。

⑵　会長に立候補したＡさんが，もう一人の立候補者の得票数とは無関係に必ず会長に選ばれるためには，少なくとも何票以上獲得すればよいか，求めなさい。

⑶　書記に立候補したＢさんが，他の立候補者の得票数とは無関係に必ず書記に選ばれるためには，少なくとも何票以上獲得すればよいか，求めなさい。

【英　語】（40分）　＜満点：100点＞

1　放送される英文とその質問を聞いて，答えとして適切なものを，次のアからエまでの中からそれぞれ一つずつ選び，記号で答えよ。

Section 1

No.1

ア．He can't decide which T-shirt he should buy.

イ．He doesn't know which shop to go to.

ウ．He doesn't know when his sister's birthday is.

エ．He doesn't have enough money.

No.2

ア．Buy a cellphone.　イ．Get a job.

ウ．Find her cellphone.　エ．Go to the station.

Section 2

No.1

ア．At 1:00.　イ．At 1:10.　ウ．At 1:20.　エ．At 1:30.

No.2

ア．Visit Hawaii.　イ．Visit Canada.　ウ．Go skiing.　エ．Stay home.

No.3

ア．They cannot stop talking with their friends in class.

イ．They cannot use the Internet.

ウ．They use computers too much.

エ．They don't know how to use computers.

＜リスニングテストスクリプト＞

Section 1

No.1

Boy: I'd like to buy a T-shirt, but I don't know which one to choose.

Clerk: Who is it for?

Boy: I'm going to give it to my sister. Her birthday is coming soon.

Clerk: Well, this blue T-shirt is the most popular among girls.

Question: What is the boy's problem?

No.2

Customer: Excuse me. I think I left my cellphone on the train.

Service clerk: What color is your cellphone?

Customer: It's gold, and the case is black.

Service clerk: OK. I'll call Gifu station. They may know.

Question: What does the woman want to do?

Section2

No.1

Mike is going to see a movie with his girlfriend tomorrow. The movie theater is a 30-minute walk from his house. It begins at 1:30. He is going to meet her in front of the movie theater ten minutes before the movie starts.

Question: What time is Mike going to meet his girlfriend?

No.2

Tom's family is going to take a vacation this winter. He wants to go skiing in Canada, but his mother doesn't like cold weather. So, they decided to go to Hawaii, because it is warm there.

Question: What is Tom's family going to do for their winter vacation?

No.3

Today, many high school students can use the Internet, but there is one problem. Some students cannot stop using it. They play computer games all the time at home. They are even absent from school because of this. Many teachers are worried about those students.

Question: What problem do some students have?

2 次の文章を読んで，あとの問いに答えよ。

最近は，映画をテレビやパソコン，携帯電話などを使って自宅で鑑賞することができます。

(問い) あなたは，自宅で映画を鑑賞することは好きですか，好きではないですか。あなたの意見に合う方を一つ選び，その理由を二つ，英語で述べよ。

<答え方>

(　) 内の語句のいずれかを○で囲み，理由を二つ，それぞれ5語以上の英語で書く。

I (like / don't like) to watch movies at home. I have two reasons.

First, ______________________.

Second, ______________________.

なお，下の語句を参考にしてもよい。

a movie theater：映画館　　alone：一人で

the sound：(映画の) 音　　relax：くつろぐ

3 次の英文を読んで，以下の設問に答えよ。

For many centuries, people have watched birds and dreamed that they could also fly. We are not strong enough in our arms to move *wings up and down, so we cannot fly like birds. We also really need the power of an *engine to drive us forward. Many people lost their lives before they were able to fly.

In 875, a man built a flying machine to carry people. He invited the people of the town to come and watch as he jumped off a mountain. He flew some *distance but it was hard to *land. He had a serious injury on his back and he was never able to fly again. He didn't know that birds land on their tails - he forgot to put a tail on the machine.

In the last years of the fifteenth century, the Italian *Leonardo da Vinci studied the *flight of birds and made a lot of pictures of machines to fly like birds. He drew a picture of a flying machine with wings. After he died in 1519, one of these machines was made, and it really flew. It was very dangerous, so it needed to be held to the ground with a rope.

The most successful flight of early times was in 1638. A man built wings with da Vinci's ideas. He made nine practice flights and then he jumped off a high building and flew across the sea to land in the town.

Another way of flying was tried in France. The *Montgolfier brothers sent up a hot-air *balloon in 1783. Later that same year, they tried their new idea. This time the balloon carried some animals. The first flight driven by a man was in November. Two men in a balloon flew up twenty-five meters. In January 1784, one of the Montgolfier brothers finally flew with six other people. A year later, a balloon flew between France and *England. The trip took about two hours.

In the twentieth century, two American bike *mechanics, *Wilbur and Orville Wright, used an engine when they built their flying machine. On December 17, 1903, this went up to the sky in twelve seconds. It was the first *powered and manned flight.

The Wright brothers built a second machine, but their *total flying time in 1904 was only forty-five minutes. Then they learned ( ), and in October 1905, they flew thirty-nine kilometers in thirty-eight minutes and three seconds.

Our dream of flying went up to space. The space *race continued through the 1960s and on July 20, 1969, *Neil Armstrong became the first person to walk on the moon. A space station was sent up in 1973. Eight years later, *Columbia became the first *space shuttle to go into space and return to Earth. Americans are going to send people again to the moon in 2023. There is no end to flight.

（注）　wing(s)　羽　　engine　エンジン　　distance　距離　　land　着陸する
Leonardo da Vinci　レオナルド・ダ・ビンチ（人名）　　flight　飛行
Montgolfier　モンゴルフィエ（人名）　　balloon　気球　　England　イギリス
mechanics　整備士　　Wilbur and Orville Wright　ライト兄弟
powered and manned flight　有人動力飛行　　total　すべての　　race　競争
Neil Armstrong　ニール・アームストロング（人名）　　Columbia　コロンビア（宇宙船）
space shuttle　スペースシャトル（宇宙船）

問１　次のページの⑴，⑵の答えとして適切なものをそれぞれあとから一つずつ選び，記号で答えよ。

⑴ What should we have to fly like birds?

ア．We need to learn how many people tried to fly and died.

イ．We just have to watch birds and dream of flying like birds.

ウ．We have to know that a lot of people died when they tried to fly.

エ．We need not only wings but also an engine.

⑵ Why did a man get injured when he flew in 875?

ア．Because he knew it was not possible to fly in the town.

イ．Because he jumped off a mountain without wings.

ウ．Because he didn't understand what was important to land.

エ．Because he tried to fly in front of the people of the town.

問2　Leonardo da Vinci の功績として適切なものを下から一つ選び，記号で答えよ。

ア．飛行機を操縦することができた。　　イ．亡くなる直前に飛行機を制作させた。

ウ．鳥の飛び方を飛行機の設計に採用した。　エ．飛行機で海を渡ることができた。

問3　空所（　）に入る適切なものを下から一つ選び，記号で答えよ。

ア．how to give more power to the machine

イ．where the airplane would land

ウ．how they could turn the airplane

エ．what kind of bikes they should ride

問4　The Montgolfier brothers の足跡を以下のようにまとめるとき，（　）に入る数字を答えなさい。

彼らは1783年，フランスで熱気球を飛ばすことができた。そして同年（　あ　）月，初めての有人飛行に成功した。1784年には，合わせて（　い　）名を乗せて飛行し，（　う　）年にはフランスとイギリスの間を約（　え　）時間で渡ることに成功した。

問5　本文の内容と合わないものを下から一つ選び，記号で答えよ。

ア．An engine was used for the first time when the Wright brothers flew in 1904.

イ．A flight made in 1905 went 39 kilometers in 38 minutes and 3 seconds.

ウ．People sent a space station four years after a man first walked on the moon.

エ．The space shuttle Columbia went to space and came back for the first time in 1981.

4　次の英文の（　）に入る適切なものを，あとのアからエまでの中からそれぞれ一つずつ選び，記号で答えよ。

⑴ English is a language (　　　) all over the world.

ア．spoken　　イ．speaking　　ウ．talked　　エ．talking

⑵ Let's keep in touch (　　　) each other.

ア．on　　イ．of　　ウ．with　　エ．to

⑶ We will go to Tokyo by car instead (　　　) train.

ア．for　イ．to　ウ．on　エ．of

⑷ I'm looking forward to (　) you again.

ア．see　イ．seeing　ウ．saw　エ．seen

⑸ The girls playing the piano (　) my friends.

ア．do　イ．.is　ウ．be　エ．are

5 次の各組の英文がほぼ同じ内容を表すように（　）に入る適切な英語を答えよ。

⑴ The actor died three years ago.
The actor (　)(　) dead for three years.

⑵ Mike is not as tall as Kento.
Mike is (　)(　) Kento.

⑶ Did Tom send the letter to Takeshi?
(　) the letter (　) to Takeshi by Tom?

6 次の日本語の意味になるように，［　］内の語（句）を並べかえて英文を完成させるとき，（A）と（B）に入る適切なものを，それぞれ下から選び，記号で答えよ。ただし，文頭にくる語も小文字になっている。

⑴ 携帯電話は私たちの生活に役立っています。

(　)(A)(　)(　)(B)(　)(　).

［ア．have　イ．to　ウ．cell phones　エ．our　オ．helpful　カ．been　キ．lives］

⑵ 彼女の母は彼女に18時に家に帰ってきて欲しいと思っていました。

(　)(　)(A)(　)(B)(　) at six.

［ア．home　イ．wanted　ウ．her　エ．come　オ．her mother　カ．to］

⑶ 市立病院までの行き方を教えてもらえませんか。

(　)(　)(A)(　)(　)(B)(　) the city hospital?

［ア．way　イ．the　ウ．tell　エ．you　オ．me　カ．to　キ．can］

⑷ 私は友達と昼食を食べると，楽しいです。

(A)(　)(　) my friends (B)(　)(　).

［ア．makes　イ．lunch　ウ．eating　エ．happy　オ．with　カ．me］

⑸ もし電話で長く話すなら，あなたの部屋に行くべきです。

(　)(　)(　)(　)(A)(B)(　), you should go to your room.

［ア．the phone　イ．talk on　ウ．long time　エ．if　オ．for　カ．a　キ．you］

【理　科】（40分）　＜満点：100点＞

1　次の⑴，⑵の問いに答えよ。

⑴　図はヒトの血液循環の模式図である。血液の循環に関する次の文の（①），（②）にそれぞれにあてはまる組み合わせとして，最も適当なものを，あとのアからカまでの中から選んで，記号で答えよ。

図

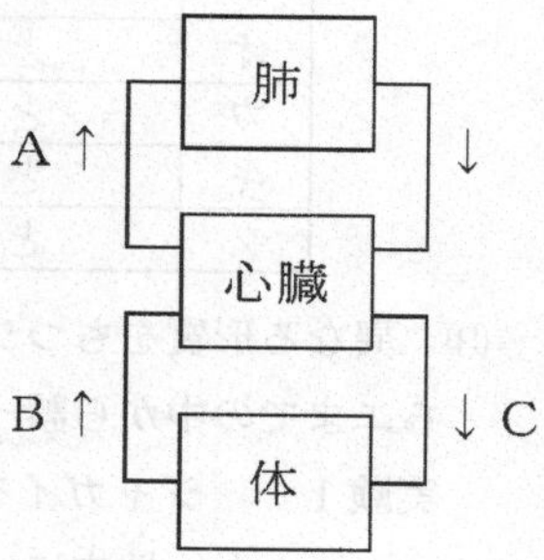

肺静脈を流れる血液を（　①　）といい，（　①　）が流れる他の血管は図中の（　②　）である。

ア　①　静脈血　　②　A
イ　①　静脈血　　②　B
ウ　①　静脈血　　②　C
エ　①　動脈血　　②　A
オ　①　動脈血　　②　B
カ　①　動脈血　　②　C

⑵　炭酸水素ナトリウムを熱すると，気体と液体が生じる。この反応に関する記述として，誤っているものを，次のアからオまでの中から一つ選んで，記号で答えよ。

ア　このように１種類の物質が２種類以上の別の物質に分かれる化学変化を分解という。
イ　炭酸水素ナトリウムのように２種類以上の原子でできている物質を化合物という。
ウ　熱した後の物質を水に溶かしたあと，フェノールフタレイン溶液を加えると赤色を示す。
エ　化学反応の前後で，分子の総数は等しい。
オ　化学反応の前後で，物質全体の質量は変化しない。

2　ジャガイモは無性生殖で子をつくるが，有性生殖によっても子をつくることができる。次の⑴から⑷までの問いに答えよ。

⑴　ジャガイモと同様に，栄養生殖を行う生物として，最も適当なものを，次のアからエまでの中から選んで，記号で答えよ。

ア　オランダイチゴ
イ　イソギンチャク
ウ　ミカヅキモ
エ　ヒキガエル

⑵　生物の生殖に関する次の文章の（①）から（④）に適する語の組み合わせとして，最も適当なものを，次のページのアからクまでの中から選んで，記号で答えよ。

生殖には有性生殖と無性生殖があり，一部の単細胞生物（　①　）で無性生殖を行うものがみられる。無性生殖では，受精を行わずに個体を増やすことができる。このとき行われる分裂は（　②　）分裂である。有性生殖では，（　③　）分裂によって生殖のための特別な細胞を作り，２種類のこの細胞が結合することで個体を増やす。受精してから，個体としてのからだのつくりが完成していく過程を（　④　）という。

	①	②	③	④
ア	だけ	体細胞	減数	生殖
イ	だけ	体細胞	体細胞	発生
ウ	だけ	減数	体細胞	生殖
エ	だけ	減数	体細胞	発生
オ	と一部の多細胞生物	体細胞	減数	生殖
カ	と一部の多細胞生物	体細胞	減数	発生
キ	と一部の多細胞生物	減数	体細胞	生殖
ク	と一部の多細胞生物	減数	減数	発生

(3) 異なる形質をもつジャガイモAとジャガイモBを用いて，次の栽培実験を行った。あとのアからエまでの中から誤っているものを一つ選んで，記号で答えよ。

実験１　ジャガイモAの柱頭にジャガイモBの花粉を受粉させたところ，種子ができた。また，地中にはいもCができた。

実験２　いもCを発芽させ，栽培したところ，地中にはいもDができた。

実験３　実験１でできた種子を発芽させ，栽培したところ，地中にはいもEができた。

ア　ジャガイモAにできるいもは，いもDと全く同じ遺伝子をもつ。

イ　ジャガイモBにできるいもと全く同じ遺伝子をもついもは，いもC，いもD，いもEにはない。

ウ　いもCは，ジャガイモAとジャガイモBの遺伝子の一部を受け継いでいる。

エ　いもEは，ジャガイモAとジャガイモBと異なる遺伝子の組み合わせをもつ。

(4) ジャガイモから伸びた根や花粉を使い，細胞分裂のようすを観察した。①，②の問いに答えよ。

① 根の細胞を観察したとき，以下のような細胞が観察された。aから分裂を開始した場合，正しいと考えられる順番として，最も適当なものを，次のアからエまでの中から選んで，記号で答えよ。

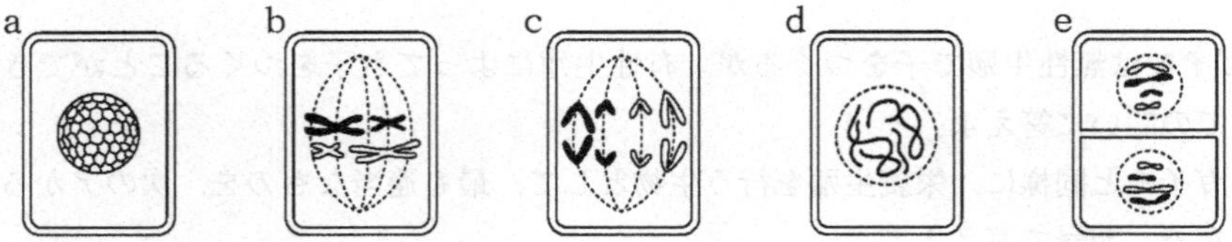

ア　a→d→b→c→e

イ　a→d→c→b→e

ウ　a→c→b→d→e

エ　a→b→c→d→e

② ジャガイモのいもの細胞の染色体数をn本としたとき，いもから出ている根にある細胞の染色体数α，精細胞の染色体数βは，それぞれどのように表されるか。その組み合わせとして，最も適当なものを，次のアからエまでの中から選んで，記号で答えよ。

ア　$\alpha=\frac{1}{2}$n本　$\beta=\frac{1}{2}$n本　　イ　$\alpha=\frac{1}{2}$n本　$\beta=$n本

ウ　$\alpha=$n本　$\beta=\frac{1}{2}$n本　　エ　$\alpha=$n本　$\beta=$n本

3 次の実験Ⅰ，Ⅱに関する文章を読み，あとの(1)から(4)までの問いに答えよ。

それぞれ種類の異なる５種類のプラスチック製品の種類と密度を調べたところ，**表１**の結果が得られた。

表１

種類	密度 (g/cm^3)
ポリプロピレン	0.90
ポリエチレン	0.94
ポリスチレン	1.06
ポリ塩化ビニル	1.2
ポリエチレンテレフタラート	1.40

次に，それぞれのプラスチック製品を１ cm^2 程度に切り，プラスチック片を作成した。プラスチックの性質を調べるために実験Ⅰを行った。

＜実験Ⅰ＞

① アルミニウムはくを巻いた燃焼さじにプラスチック片をのせ，ガスバーナーで加熱した。

② プラスチック片に火がついたら，燃焼さじを少量の石灰水が入った集気びんに入れ，燃えるようすを観察した。

③ 火が消えたら燃焼さじを集気びんから取り出した。

④ 集気びんにふたをしてよく振り，石灰水のようすを観察したところ，すべての集気びんの石灰水が白くにごった。

それぞれのプラスチック片がどの種類のプラスチックか分からなくなってしまったため，５種類のプラスチック片をＡからＥとした。

プラスチック片ＡからＥのさまざまな液体への浮き沈みを調べ，プラスチックの種類を判別するために実験Ⅱを行うこととした。なお，プラスチック片ＡからＥは**表１**のいずれかの種類のプラスチックであり，重複はしていないものとする。

＜実験Ⅱ＞

① 硝酸カリウムを水に溶かし，飽和硝酸カリウム水溶液をつくった。

② 水70.0ｇに砂糖17.5ｇを溶かして，砂糖水Ｘをつくった。

③ プラスチック片ＡからＥをそれぞれ，水，飽和硝酸カリウム水溶液，砂糖水Ｘに入れ，ようすを観察したところ次の結果が得られた。

プラスチック片	Ａ	Ｂ	Ｃ	Ｄ	Ｅ
水	沈んだ	浮いた	沈んだ	沈んだ	浮いた
飽和硝酸カリウム水溶液	浮いた	浮いた	浮いた	沈んだ	浮いた
砂糖水Ｘ	浮いた	浮いた	沈んだ	沈んだ	浮いた

表２は水と飽和硝酸カリウム水溶液の密度，次のページの**表３**は質量パーセント濃度ごとの砂糖水の密度，**表４**は質量パーセント濃度ごとのエタノールの密度を示している。

表２　水と飽和硝酸カリウム水溶液の密度

液体	水	飽和硝酸カリウム水溶液
密度 (g/cm^3)	1.00	1.31

表３　質量パーセント濃度ごとの砂糖水の密度

質量パーセント濃度	5%	10%	15%	20%
密度（g/cm^3）	1.02	1.04	1.06	1.08

表４　質量パーセント濃度ごとのエタノールの密度

質量パーセント濃度	20%	40%	60%	80%
密度（g/cm^3）	0.98	0.93	0.89	0.84

⑴　プラスチック片を燃やしたとき，石灰水の変化から生じたと予想される気体に関する記述として，誤っているものを，次のアからオまでの中から一つ選んで，記号で答えよ。

ア　無色，無臭の気体である。

イ　二酸化マンガンにオキシドールを加えると発生する。

ウ　空気よりも重い気体である。

エ　発生した気体は水上置換法，下方置換法のどちらでも集めることができる。

オ　水に少し溶け，酸性を示す。

⑵　硝酸カリウムに関する記述として，誤っているものを，次のアからエまでの中から一つ選んで，記号で答えよ。

ア　硝酸に水酸化カリウム水溶液を加えると，硝酸カリウムが得られる。

イ　硝酸カリウムのように，酸の陽イオンとアルカリの陰イオンとが結び付いてできた物質を塩とよぶ。

ウ　硝酸カリウム水溶液を蒸発させると，硝酸カリウムの結晶が生じる。

エ　硝酸カリウム水溶液にBTB溶液を加えると，緑色を示す。

⑶　砂糖水を５日間放置したとき，予想される砂糖の粒子のモデルとして，最も適当なものを，次の図のアからエまでの中から選んで，記号で答えよ。

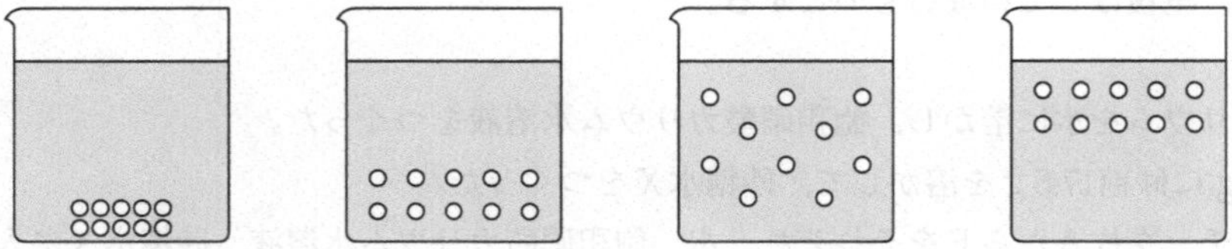

ア　　　イ　　　ウ　　　エ

⑷　実験Ⅱの結果では，プラスチック片Ｂとプラスチック片Ｅを区別することができなかった。そこで，水96ｇにエタノールを64ｇ加え，エタノール水溶液Ｙをつくり，プラスチック片Ｂとプラスチック片Ｅを入れてようすを見た。以下の①と②の問いに答えよ。

①　エタノール水溶液Ｙの質量パーセント濃度を求めよ。

②　エタノール水溶液Ｙにプラスチック片Ｂは浮き，プラスチック片Ｅは沈んだ。これらの結果からプラスチック片Ａ，Ｅの組み合わせとして，最も適当なものを，次のページのアからケまでの中から選んで，記号で答えよ。

A　E

ア　ポリスチレン　ポリ塩化ビニル
イ　ポリスチレン　ポリエチレン
ウ　ポリスチレン　ポリプロピレン
エ　ポリエチレン　ポリ塩化ビニル
オ　ポリエチレン　ポリスチレン
カ　ポリエチレン　ポリプロピレン
キ　ポリ塩化ビニル　ポリスチレン
ク　ポリ塩化ビニル　ポリエチレン
ケ　ポリ塩化ビニル　ポリプロピレン

4　図のように固定したプーリーつき発電機を豆電球につなげ，豆電球に流れる電流とその両端の電圧を調べるために電流計と電圧計もつなげて回路を作った。また，プーリー発電機を500 gのおもりにもつなぎ，おもりの落下で発電ができるようにした。おもりを高さ1.2mから落下させたところ，次のような結果になった。あとの(1)から(5)までの問いに答えよ。ただし，100 gのおもりにはたらく重力の大きさを１Nとする。

図

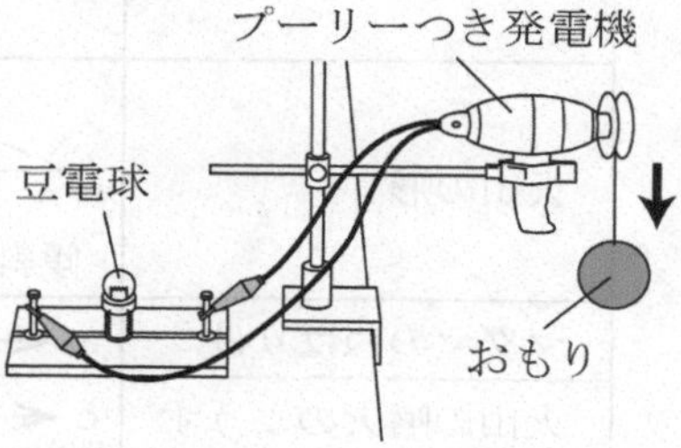

※設問の関係から省略されている器具がある

表

豆電球にかかった電圧	豆電球に流れた電流	落下にかかった時間
1.5V	0.25A	4.0秒

(1)　豆電球の電流と電圧を調べるときの電流計と電圧計の正しいつなぎ方として，最も適当なものを，次のアからエまでの中から選んで，記号で答えよ。

ア　豆電球に電流計を直列で接続し，電圧計も直列で接続する。
イ　豆電球に電流計を直列で接続し，電圧計は並列で接続する。
ウ　豆電球に電流計を並列で接続し，電圧計は直列で接続する。
エ　豆電球に電流計を並列で接続し，電圧計も並列で接続する。

(2)　このとき発電機が発電したエネルギーの総量を答えよ。

(3)　おもりに対して重力がした仕事の仕事率を答えよ。

(4)　この発電機のエネルギー変換効率は変換前後のエネルギーの大きさの比で求められる。この発電機のエネルギー変換効率は何％か答えよ。

(5)　豆電球においてもエネルギーすべてが光として使われるわけではなく，熱エネルギーが発熱という形で使われる。白熱電球，LED電球の場合について考えると，照明としてのエネルギー変換効率は白熱電球よりもLED電球のほうが高い。同じ程度の明るさにしたときの両者を比較した記述として，最も適当なものを，次のアからオまでの中から選んで，記号で答えよ。

ア　白熱電球はエネルギー変換効率が低いため，発熱はLED電球と比べて小さくなり，必要な消費電力はLEDよりも大きくなる。
イ　白熱電球はエネルギー変換効率が低いため，発熱はLED電球と比べて大きくなるが，必要な消費電力はLEDと同じになる。

ウ　白熱電球はエネルギー変換効率が低いため，発熱はLED電球と比べて大きくなり，必要な消費電力はLEDよりも大きくなる。

エ　LED電球はエネルギー変換効率が高いため，発熱は白熱電球と比べて小さくなり，必要な消費電力は白熱電球よりも大きくなる。

オ　LED電球はエネルギー変換効率が高いため，発熱は白熱電球と比べて大きくなり，必要な消費電力は白熱電球よりも大きくなる。

5　火山の形は，大きく３つに分けることができる。図１は，火山の形とマグマのねばりけ，火山の噴火のようすの関係をまとめたものである。これについて，次の問いに答えよ。

図１

	A	B	C
火山の形	 傾斜が緩やかな形	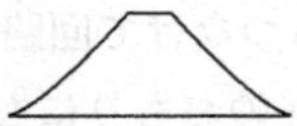 円すいの形	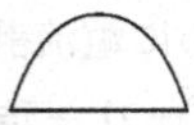 ドーム状の形
マグマのねばりけ	a ←――――――――――――――――――――→ b		
火山の噴火のようす	c ←――――――――――――――――――――→ d		

⑴　図１中のａ～ｄにあてはまる語の組み合わせとして，最も適当なものを，次のアからエまでの中から選んで，記号で答えよ。

	a	b	c	d
ア	弱い	強い	激しい	おだやか
イ	弱い	強い	おだやか	激しい
ウ	強い	弱い	激しい	おだやか
エ	強い	弱い	おだやか	激しい

⑵　火山の表面に見られる溶岩の色について述べた文として，最も適当なものを，次のアからエまでの中から選んで，記号で答えよ。

ア　Ａの火山の溶岩は黒っぽく，Ｃの火山の溶岩は白っぽい。

イ　Ａの火山の溶岩は白っぽく，Ｃの火山の溶岩は黒っぽい。

ウ　Ｂの火山の溶岩は，頂上付近では黒っぽく，ふもとでは白っぽい。

エ　Ｂの火山の溶岩は，頂上付近では白っぽく，ふもとでは黒っぽい。

⑶　Ｃの形の火山に分類されるものとして，最も適当なものを，次のアからエまでの中から選んで，記号で答えよ。

ア　浅間山

イ　マウナロア

ウ　雲仙岳

エ　桜島

図２は，ある火山で採取した火成岩の表面を，双眼実体顕微鏡で観察したものである。

この火成岩には，セキエイ，クロウンモ，チョウ石などの結晶が見られる。

図２

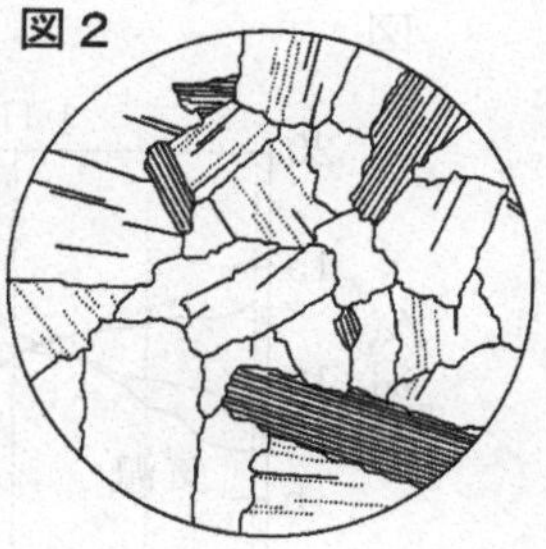

⑷　このような岩石のつくりを何というか，名前を漢字で書け。

⑸　図２のような火成岩のでき方について，考えられるものとして，最も適当なものを次のアからエまでの中から選んで，記号で答えよ。

ア　マグマが地下深くでゆっくりと冷え固まってできた。

イ　マグマが地下深くで急速に冷え固まってできた。

ウ　マグマが地表や地表近くでゆっくりと冷え固まってできた。

エ　マグマが地表や地表近くで急速に冷え固まってできた。

6　次の⑴から⑶までの問いに答えよ。

⑴　図のように容器に高さ50㎝まで水を満たして，高さ20㎝，30㎝，40㎝の部分に同じ大きさの穴を開けたところ，穴の高さによって水の飛び出る勢いに違いが見られた。水の深さと水圧に関する記述として，最も適当なものを，次のアからカまでの中から選んで，記号で答えよ。

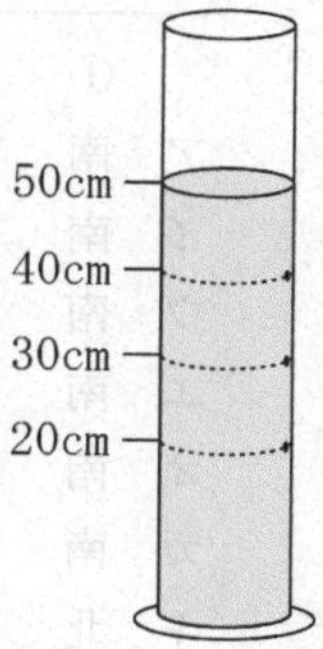

ア　水が一番強く飛び出たのは20㎝の穴で，水の飛び出る勢いを強くするためには容器の太さを太くして高さ50㎝まで水を満たせば良い。

イ　水が一番強く飛び出たのは20㎝の穴で，水の飛び出る勢いを強くするためには水を満たす高さを50㎝より高くすれば良い。

ウ　水が一番強く飛び出たのは30㎝の穴で，水の飛び出る勢いを強くするためには容器の太さを太くして高さ50㎝まで水を満たせば良い。

エ　水が一番強く飛び出たのは30㎝の穴で，水の飛び出る勢いを強くするためには水を満たす高さを50㎝より高くすれば良い。

オ　水が一番強く飛び出たのは40㎝の穴で，水の飛び出る勢いを強くするためには容器の太さを太くして高さ50㎝まで水を満たせば良い。

カ　水が一番強く飛び出たのは40㎝の穴で，水の飛び出る勢いを強くするためには水を満たす高さを50㎝より高くすれば良い。

⑵　次のページの図は，ある連続した３日間の気象観測の結果をまとめたものである。この図を参考にあとの文章にあてはまる語句の組み合わせとして，最も適当だと考えられるものを，あとのアからシまでの中から選んで，記号で答えよ。

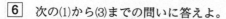

図

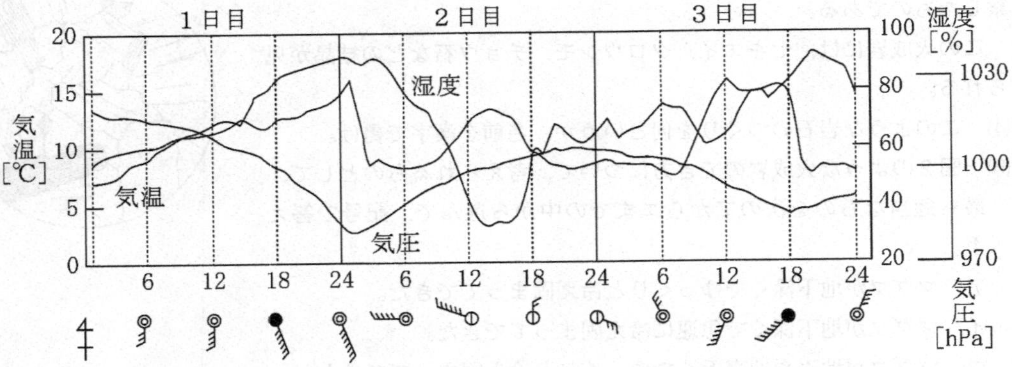

図からこの観測点で1日目の12時には風が（　①　）から吹いていたことがわかる。また，2日目の18時の天気は（　②　）であった。
全体としては気圧が（　③　）場合，天気はくもりや雨になることが多いといえる。

	①	②	③
ア	南	晴れ	高くなる
イ	南	晴れ	低くなる
ウ	南	曇り	高くなる
エ	南	曇り	低くなる
オ	南	雨	高くなる
カ	南	雨	低くなる
キ	北	晴れ	高くなる
ク	北	晴れ	低くなる
ケ	北	曇り	高くなる
コ	北	曇り	低くなる
サ	北	雨	高くなる
シ	北	雨	低くなる

(3)　次の文はそれぞれの［実験操作・観察の内容］とその［結果・まとめ］について書かれている。実際に観察される実験結果が［結果・まとめ］と異なると予想される実験を，あとのアからオまでの中から一つ選んで，記号で答えよ。

	［実験操作・観察の内容］	［結果・まとめ］
ア	植物の成長に必要な水をどのように吸い上げているのかを確かめるため，トウモロコシとヒマワリの苗を用意し，赤インクを垂らした水溶液を３時間ほど吸わせた。	茎を切断し，横断面を観察したところ，トウモロコシは茎の一部のみが赤く染まっていたが，ヒマワリは茎全体が赤く染まっているようすが観察できた。
イ	力の大きさとばねののびの関係を調べるため，同じ質量のおもりを１個，２個と順に増やしてゆき，ばねが伸びた長さを測定し記録した。	同じばねであれば，おもりの数に比例してばねが伸びるようすが確認できた。ちがうばねに変えた場合は１つのおもりを吊り下げたときののびは異なるものの，おもりの数にのびが比例していることが確認できた。
ウ	化学変化による温度変化を観察するため，鉄粉と活性炭を混ぜたものにうすい食塩水を加えたものと，水酸化バリウムと塩化アンモニウム，水を混ぜたものを用意した。	鉄粉に活性炭を混ぜたものにうすい食塩水を加えたものは時間とともに温度の上昇が見られた反面，水酸化バリウムと塩化アンモニウムを混ぜたものでは温度の低下が見られた。
エ	空気を膨張させると気温が下がり雲が発生することを確かめるため，簡易真空容器を用意し，中の空気をぬいて気圧と気温の関係を記録しながらようすを観察した。なお，この操作にあたって容器内に少量の水と線香の煙が入れてある。	気圧を下げ，空気を膨張させると，気温が低下し，ある一定の温度まで下がると内部が白くくもるようすを観察することができた。
オ	金属板とうすい塩酸を用いて電池のはたらきについて調べるため，銅板と亜鉛板を用意し，モーターにつなぎ，取り出した電流でモーターが回転するかどうかを調べた。	亜鉛板－銅板の組み合わせの場合，モーターの回転が確認できた。銅板どうし，亜鉛板どうしで実験をおこなった場合，モーターの回転は確認できなかった。

【社　会】（40分）　＜満点：100点＞

1　次のⅠ～Ⅳの文章を読み，あとの⑴から⑻の問いに答えよ。

Ⅰ　愛知県は尾張と三河に大別され，名古屋市を含む愛知県西部は尾張に属している。この地域には約３万年前の旧石器時代から人々が生活していたと考えられており，開発が進んだ現在でも，①各地に多くの遺跡が残されている。

中学校の歴史の教科書には，尾張出身の人物も数多く登場している。熱田神宮の西側にある②誓願寺は，後鳥羽天皇によって征夷大将軍に任命された人物の誕生地として伝えられている。

また，尾張は重要な合戦の舞台ともなった。リニモ（愛知高速交通東部丘陵線）の「長久手古戦場駅」は，羽柴（豊臣）秀吉が戦った小牧・長久手の戦いで戦場となった場所の一つである。名古屋市緑区および豊明市には，③1560年に尾張出身の戦国大名が勝利した合戦の古戦場跡がある。この戦国大名はこの後，鉄砲を活用した戦法で甲斐の戦国大名を破り，比叡山延暦寺や一向一揆など自分に従わない仏教勢力と戦い，武力による天下統一を目指した。

⑴　下線部①について，次のＡ～Ｃの説明文で取り上げられている遺跡や，そこから発見された遺物がつくられた時代に関して，年代の古い順に並べたものはどれか。あとの**ア**から**カ**までの中から一つ選んで，記号で答えよ。

Ａ　瑞穂陸上競技場（パロマ瑞穂スタジアム）の西側に隣接する**大曲輪（おおぐるわ）貝塚**からは，土器や土偶のほか，犬を抱いた状態の人骨なども見つかった。

Ｂ　熱田神宮公園内にある**断夫山（だんぷさん）古墳**は，全長が約150mあり，東海地方最大の古墳である。守山区にある**志段味（しだみ）古墳群**とともに，当時この地方を支配した豪族尾張氏の墓と考えられている。

Ｃ　名古屋市西区から清須市にかけて広がる**朝日遺跡**は，この時期の東海地方最大規模の遺跡であり，銅鐸をつくる鋳型が見つかっている。また，南区にある**見晴台（みはらしだい）遺跡**は，銅鐸の形をした土製品が見つかったことで注目され，その後の発掘調査に多くの市民が参加してきたことでも知られる。

ア　Ａ→Ｂ→Ｃ　　**イ**　Ａ→Ｃ→Ｂ　　**ウ**　Ｂ→Ａ→Ｃ

エ　Ｂ→Ｃ→Ａ　　**オ**　Ｃ→Ａ→Ｂ　　**カ**　Ｃ→Ｂ→Ａ

⑵　下線部②について，誓願寺の門前には，「右大将［　　　］公誕生舊地」という文字が刻まれた石碑が立てられている。空欄に当てはまる人物名として正しいものを，次の**ア**から**エ**までの中から一つ選んで，記号で答えよ。

ア　家康

イ　尊氏

ウ　田村麻呂

エ　頼朝

⑶　下線部③について，この合戦の名称と，この合戦で敗れた人物の組み合わせとして正しいものを，次のアからエまでの中から一つ選んで，記号で答えよ。

ア　桶狭間の戦い　－　今川義元　　**イ**　桶狭間の戦い　－　明智光秀

ウ　関ヶ原の戦い　－　石田三成　　**エ**　関ヶ原の戦い　－　武田勝頼

Ⅱ　律令制のもとで誕生した尾張国は，現在の稲沢市に政治の中心である国府が置かれ，国内には８つ郡が設置された。国司には中央の貴族が任命され，郡司にはその地方の豪族が任命されて，国司の監督のもとで民衆を支配した。10世紀になると，地方の政治はほとんど国司に任されるようになり，郡司の権限は国司に吸収されていった。国司のなかには自分の収入を増やすことだけを目指す者も現れ，地方の政治は乱れていった。次の史料は，988年に出された④「尾張国郡司百姓等解」と呼ばれるものである。（原文は漢文。一部書き改めている。）「解（げ）」とは，律令制で太政官などの上級官庁に申し出る文書のことで，逆に上級官庁から下される文書は「符（ふ）」と呼ばれた。

尾張国《おわりのくに》郡司《ぐんじ》百 姓《ひゃくしょう》等《ら》解《げ》し申《もう》し，官裁《かんさい》(注１)を請《こ》ふの事《こと》

裁断《さいだん》せられむことを請《こ》ふ，当国《とうこく》の守《かみ》(注２)藤原朝臣元命《ふじわらあそんもとなが》，三箇年《さんかねん》の内《うち》に責《せ》め取《と》る非法《ひほう》の官物《かんもつ》，并《あわ》せて濫行横法三十一箇条《らんぎょうおうほうさんじゅういちかじょう》の愁状《しゅうじょう》(注３)（中略）

一，裁断《さいだん》せられむことを請《こ》ふ，交易《こうえき》と号《ごう》して誣《し》ひ取《と》る(注４)絹《きぬ》，手作《てづくり》の布《ぬの》，信濃《しなの》の布《ぬの》，麻布《あさぬの》，漆《うるし》，油《あぶら》，苧《からむし》，茜《あかね》，綿《わた》等《とう》の事《こと》…（中略）

一，裁断《さいだん》せられむことを請《こ》ふ，元命朝臣《もとながあそん》が子弟郎等《していろうどう》，郡司百姓《ぐんじひゃくしょう》の手《て》より雑物等《ぞうもつとう》を乞《こ》ひ取《と》る(注５)の事《こと》…（中略）

一，裁断《さいだん》せられむことを請《こ》ふ，守元命朝臣《かみもとながあそん》，京《きょう》より下向《げこう》する度毎《たびごと》に，有官《うかん》・散位《さんに》の従類《じゅうるい》，同《おな》じき不善《ふぜん》の輩《ともがら》(注６)を引率《いんそつ》するの事《こと》…（中略）

…望《のぞ》み請《こ》ふらくは件《くだん》の元命朝臣《もとながあそん》を停止《ちょうじ》(注７)して良吏《りょうり》を改任《かいにん》せられ，（中略）仍《よ》りて具《つぶ》さに三十一箇条《さんじゅういちかじょう》の事状《じじょう》を勒《ろく》し，謹《つつし》みて解《げ》す。

永延二年十一月八日《えいえんにねんじゅういちがつようか》　群司《ぐんじ》百 姓《ひゃくしょう》等《ら》

（注１）官裁：太政官の裁決　（注２）守：国司の長官　（注３）愁状：嘆願書

（注４）誣ひ取る：だまし取る　（注５）乞ひ取る：奪い取る　（注６）不善の輩：よからぬ者たち

（注７）停止：罷免・解任

⑷　下線部④について，この史料の内容として最も適当なものを，あとのアからエまでの中から選んで，記号で答えよ。

ア　尾張国の国司が，生活に苦しんでいる郡司や百姓らの要求を代表して，税の減免を朝廷に嘆願した文書である。

イ　尾張国の国司が，税を納めることを拒否している郡司や百姓らに対して，朝廷が決定した処分の内容を伝える文書である。

ウ　尾張国の郡司や百姓らが，不当な行為をする国司の解任を求めて，朝廷に訴えた文書である。

エ　尾張国の百姓らが，不当な行為をする郡司の解任を求めて，国司に訴えた文書である。

Ⅲ　名古屋城は1610年に築城が始まり，約４年の歳月を経て完成した。それまで尾張の中心は清州であったが，名古屋城の築城にともない，「清州越し」と呼ばれる清州から名古屋への都市の機能の移転がおこなわれた。

名古屋城はその後，尾張徳川家の居城となった。1730年に尾張藩の７代藩主となった⑤徳川宗春は，享保の改革で質素倹約を徹底していた幕府の方針に反して，祭りや芝居を盛んにするなど，名古屋城下を活性化させたことで知られているが，1739年には幕府から隠居謹慎を命じられ，藩主を退いた。

1930年，名古屋城は城郭として国宝に指定された第１号となったが，⑥第二次世界大戦中，1945年５月14日の空襲によって焼失してしまった。1959年にはコンクリートで天守が再建されたが，現在，木造で再建しようという計画が議論されている。

(5) 下線部⑤について，徳川宗春が尾張藩主をつとめていた時期の出来事として最も適当なものを，次のアからエまでの中から選んで，記号で答えよ。

ア 公事方御定書が定められた。
イ ポルトガル船の来航が禁止された。
ウ 大塩平八郎が反乱を起こした。
エ 江戸の湯島に昌平坂学問所がつくられた。

(6) 下線部⑥について，第二次世界大戦に関する記述として最も適当なものを，次のアからエまでの中から選んで，記号で答えよ。

ア オーストリアの皇太子夫妻が暗殺されたことをきっかけに，第二次世界大戦が始まった。
イ 第二次世界大戦中に，アメリカのルーズベルト大統領とイギリスのチャーチル首相が会談し，大西洋憲章を発表した。
ウ イタリアやドイツが降伏した後に，アメリカは原子爆弾を広島・長崎・沖縄に投下した。
エ フランスのパリで開かれた第二次世界大戦の講和会議によって，日本の独立が回復した。

Ⅳ 尾張藩は，1869年の版籍奉還によって名古屋藩となり，さらに1871年の廃藩置県によって名古屋県となった。その後，犬山県と合併して⑦1872年に愛知県が誕生し，さらに三河の額田県との合併により，ほぼ現在の愛知県の姿となった。

1889年には市制の施行によって名古屋市が誕生し，1908年には最初の区として東区・西区・南区・中区の４区が設置された。その後，次第に市域が拡大し，新しい区も設置され，1975年には現在の16区制となった。

また，これまでに⑧愛知県出身の内閣総理大臣は２人誕生している。第24代（1924～1926年）の首相をつとめた加藤高明は現在の愛西市の出身であり，第76・77代（1989～1991年）の首相をつとめた海部俊樹は名古屋市の出身であった。

(7) 下線部⑦について，次の文ａ～ｄのうち，愛知県の誕生よりも後に発生した出来事として正しいものの組み合わせを，あとのアからエまでの中から一つ選んで，記号で答えよ。

ａ アメリカで南北戦争が発生した。
ｂ 日本で西南戦争が発生した。
ｃ ドイツでワイマール憲法が制定された。
ｄ フランスで人権宣言が発表された。

ア ａ・ｃ　**イ** ａ・ｄ　**ウ** ｂ・ｃ　**エ** ｂ・ｄ

(8) 下線部⑧に関する次のページの文Ｘ・Ｙについて，その正誤の組み合わせとして正しいものを，あとのアからエまでの中から一つ選んで，記号で答えよ。

X　加藤高明内閣のときに，米騒動が発生した。
Y　海部俊樹内閣のときに，アメリカで同時多発テロ事件が発生した。
ア　X　正　Y　正　　イ　X　正　Y　誤
ウ　X　誤　Y　正　　エ　X　誤　Y　誤

2　次の文章を読み，あとの(1)から(5)の問いに答えよ。

東さん：私は，最近，「SDGs（エスディージーズ）」にとても興味を持っているのよ。「SDGs」って，「Sustainable Development Goals（持続可能な開発目標）」の略称で，2015年9月，①国連総会で，全会一致で採択されたの。これは，2030年までの達成を目指すのよ。

学くん：聞いたことあるよ。それに，四角のカラフルなロゴを見たことあるよ。印象的だよ。テレビでは，胸にピンバッチをつけている企業の人も見たことあるよ。

東さん：そうよ，カラフルなロゴは，17分野の目標を表しているのだけれど，他にも具体的な169のターゲットから構成されているわ。「持続可能な世界」の実現のために定められた世界共通の目標なのよ。

学くん：「持続可能な世界」ってどういうことなんだろう。

東さん：今現在生活している私たちの要求を満たして，そして，②将来の世代が必要とする資産を損なうことのない社会を意味するんだと思うわ。

学くん：なるほどね，「次の人のこと」を考えるってことか。今，地球上にはいろんな課題があふれてるよね。貧困や飢餓，不平等や紛争，地球温暖化，エネルギー問題…。

東さん：そうよね。例えば，目標1の「貧困をなくそう」は発展途上国だけが取り組む問題ではなく，先進国の中にも「相対的貧困」の課題があるわ。途上国も先進国も，国連や国・政府だけでなく，企業や個人など社会全体で解決していくように取り組もうという考え方よ。

学くん：あと，17分野の目標は関連してるよね。例えば，地球温暖化による異常気象で干ばつや大洪水などの大きな災害が起きて，貧困や飢餓に苦しむ人が今より増えるかもしれない。そうすると，目標13の「気候変動に具体的な対策を」に取り組むことは，目標1や目標2の「飢餓をゼロに」を解決することに繋がるね。

東さん：温暖化の問題は，これまで③エネルギーを浪費してきた先進国が責任をとって対策すべきだけれど，今や先進国・途上国を問わずに取り組まないと間に合わないわ。こういう意味で，「SDGs」の基本理念に地球上の「誰一人取り残さない」ことを誓っているの。

学くん：「SDGs」が採択されて５年が経ったけれど，日本の達成度はどのくらいなのかな。

東さん：日本の達成度は，世界で17位よ。2018年は15位，2017年は11位だったわ。

学くん：えー！下降傾向にあってはダメだよね。上位はどこの国なんだい？

東さん：世界の「SDGs」到達度は，2020年６月時点で，166カ国中１位から10位には，北欧諸国が多くを占めているわ。１位から順に④スウェーデン，デンマーク，フィンランド，**フランス**，**ドイツ**，**ノルウェー**，オーストリア，チェコ共和国，**オランダ**，エストニアとなっていて，ちなみに⑤アメリカは31位，中国は48位よ。

学くん：日本もこの国々の取り組みを参考にしたいね。僕もこれから時代，「SDGs」の視点を踏まえて色々な学び方や働き方を考えていきたいな。

⑴　下線部①について，次の図は国際連合の旗である。この旗に表されている地図について，誤っているものを，あとの**ア**から**エ**までの中から一つ選んで，記号で答えよ。

ア　この地図は，北極を中心に描かれている。

イ　この地図は，中心からの距離と方位を正しく表した地図である。

ウ　この地図には，３大洋全てが表されている。

エ　この地図には，６大陸全てが表されている。

⑵　下線部②について，世界人口の変化は，「SDGs」の達成に大きく影響するといわれている。2020年６月に国連から発表された国連人口統計によると，わずか十数年のうちに，地球上の人口は77億人（2019年）から約85億人に，さらに2050年までにほぼ100億人に達する見込みとなっている。2019年から2050年にかけて，最も大幅な人口増加が起きると見られる９カ国（インド，ナイジェリア，パキスタン，コンゴ民主共和国，エチオピア，タンザニア，インドネシア，エジプト，アメリカ）がある。次のページの表は，この９カ国のうち，**インド・ナイジェリア・エチオピア・インドネシア・アメリカ**の５カ国の輸出入額と主要輸出品の輸出額に占める割合などを示した。**ナイジェリア**と**インドネシア**の組み合わせとして正しいものを，次の**ア**から**オ**までの中から一つ選んで，記号で答えよ。

ア　A－ナイジェリア　B－インドネシア　**イ**　B－ナイジェリア　C－インドネシア

ウ　C－ナイジェリア　D－インドネシア　**エ**　D－ナイジェリア　E－インドネシア

オ　E－ナイジェリア　A－インドネシア

	人口 （千人）	輸出額 （百万ドル）	輸入額 （百万ドル）	日本の 輸入額 （億円）	主要輸出品の輸出額に占める割合 （%）
A	329 065	1 664 085	2 614 327	90 111	機械類 24.1 自動車 7.6 石油製品 5.7
B	112 079	2 793	16 234	117	コーヒー豆 41.5 豆類 14.4 金 7.5
C	200 964	62 396	43 007	1 013	原油 82.3 液化天然ガス 9.9 石油ガス 0.8
D	270 626	168 729	156 893	23 848	石炭 11.4 パーム油 9.2 機械類 8.2
E	1 366 418	324 496	513 661	6 076	石油製品 14.6 機械類 10.4 ダイヤモンド 7.9

（「データブック オブ・ザ・ワールド 2020 年版」より作成）

(3) 下線部③について，次のグラフは2017年度の中国・ロシア・日本・カナダ・フランスの発電電力量を表したものである。表中のA・B・C・Dは，原子力・火力・水力・新エネルギーのいずれかである。新エネルギーとは太陽光・風力などである。B・Cの組み合わせとして最も適当なものを，あとのアからクまでの中から選んで，記号で答えよ。

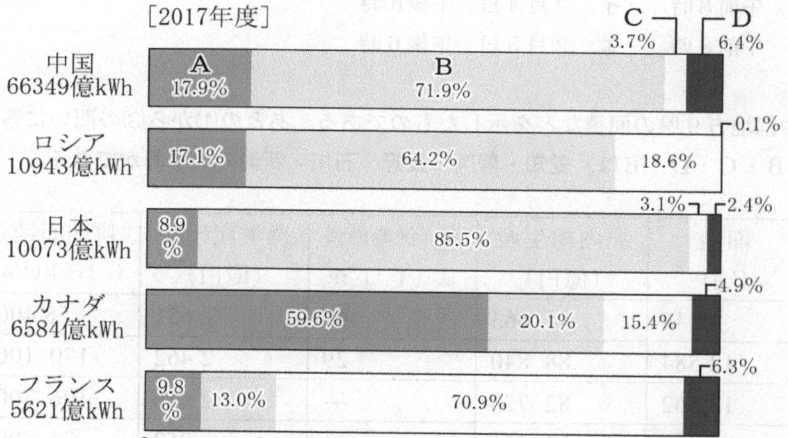

（「日本国勢図会 2020/21 年版」より作成）

ア B－水力 C－火力
イ B－水力 C－原子力
ウ B－火力 C－原子力
エ B－火力 C－新エネルギー
オ B－原子力 C－新エネルギー
カ B－原子力 C－水力
キ B－新エネルギー C－水力
ク B－新エネルギー C－火力

(4) 下線部④について，次の文 (A) (B) (C) は，**フランス・ドイツ・ノルウェー・オランダ**のいずれかの国の特徴を述べている。次のページの文 (A) (B) (C) に当てはまらない国の位置を，あとの地図中アからエまでの中から一つ選んで，記号で答えよ。

(A) 古くから北海の低地を仕切る堤防をつくり，さらに風車を利用し低湿地や湖の水を排水する干拓が行われてきた。平坦な土地が多いので自転車を利用する人々も多い。

(B) 氷河によってけずられたフィヨルドと呼ばれる奥行きのある湾が，多く見られる。夏は１日中太陽の沈まない白夜となる。

(C) ヨーロッパを代表する農業国で「EUの穀倉」と呼ばれている。なだらかな地形と温暖な気候に恵まれた盆地をもち，大規模な畑作農業が営まれている。

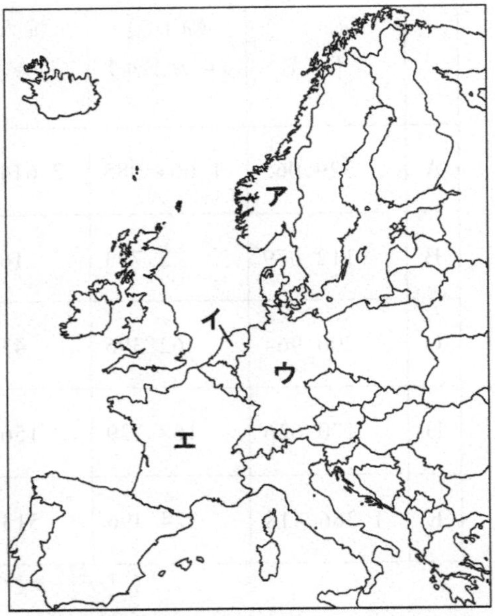

(5) 下線部⑤について，成田国際空港（東経135度）を2021年２月４日午後３時に出発する飛行機に乗って，アメリカのロサンゼルス（西経120度）へ行く。所要時間は10時間である。ロサンゼルス到着時の現地の日時を，次のアからエまでの中から一つ選んで，記号で答えよ。（サマータイムは考慮に入れないこととする）

ア　２月４日　午前８時　　イ　２月４日　午後10時

ウ　２月５日　午前８時　　エ　２月５日　午後６時

3 次の表は，中部地方９県の面積などを示したものである。あとの(1)から(3)の問いに答えよ。なお，表中のA・B・C・D・Eは，愛知・静岡・長野・石川・新潟のいずれかである。

県名	面積（km²）	県内総生産（億円）	海面漁業漁獲量（千t）※	農業産出額（億円）	耕地面積(ha)（ ）は水田率（%）
富山県	4 248	45 663	42	651	58 400(96)
A	12 584	88 840	29	2 462	170 100(89)
B	13 562	82 723	—	2 616	106 700(49)
山梨県	4 465	33 656	—	953	23 700(33)
岐阜県	10 621	76 218	—	1 104	56 000(77)
C	5 173	394 094	62	3 115	74 900(57)
福井県	4 191	32 111	11	470	40 200(91)
D	4 186	46 230	62	545	41 200(83)
E	7 777	170 444	195	2 120	65 300(34)

※養殖業は含まない。表中の「—」は全くないことを示している。

（「日本国勢図会 2020/21 年版」「データでみる県勢 2020 年版」より作成）

⑴　前のページの表中のAの県について述べた文として，最も適当なものを，次のアからエまでの中から選んで，記号で答えよ。

ア　信濃川の下流には，越後平野が広がっている。長い冬の期間を利用した地場産業・伝統産業が発達し，三条の金物や小千谷ちぢみなどが有名である。

イ　政令指定都市が２つあり，そのうちの１つは，ピアノやオートバイの生産が盛んである。牧ノ原台地では，水はけの良い土地を活かして茶の栽培がおこなわれている。

ウ　2015年に北陸新幹線が開業し，関東との結びつきが強くなった。長い冬の期間を利用した地場産業・伝統産業が発達し，輪島塗や加賀友禅などが有名である。

エ　諏訪湖の周辺地域では，時計やカメラの精密機械工業や電子部品やプリンターなどの電子機器が発達している。軽井沢などの別荘地もあり，大都市圏からの観光客も多い。

⑵　次の気温と降水量のグラフは，表中のB・C・D・Eのいずれかの県庁所在地のものである。表中のBの県庁所在地のグラフはどれか，あとのアからウまでの中から一つ選んで，記号で答えよ。

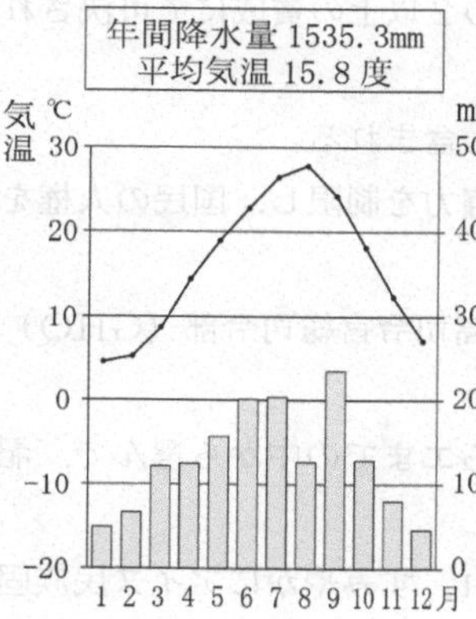

ア

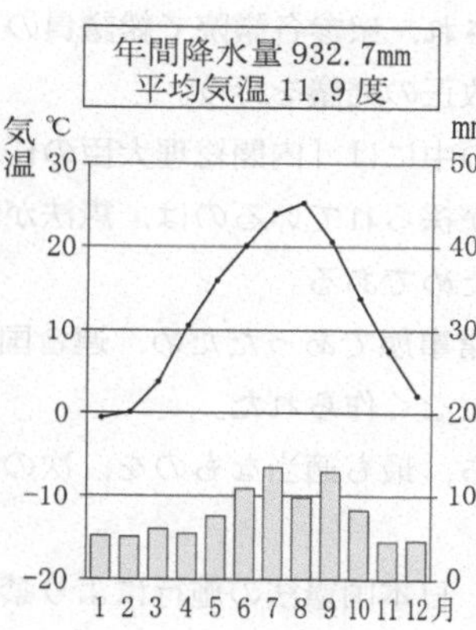

イ

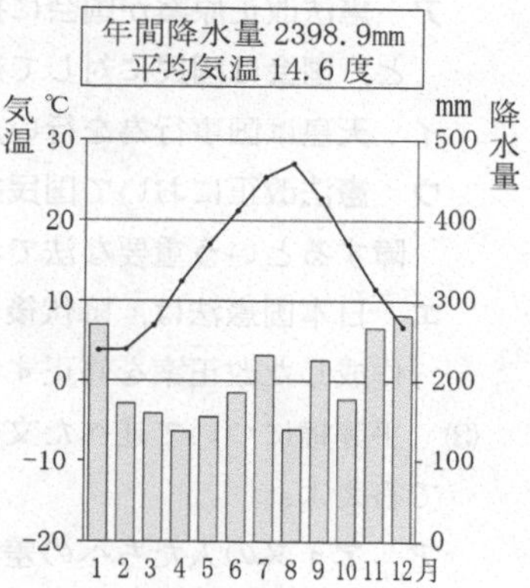

ウ

（「理科年表 28 年度」より作成）

⑶　中部地方について述べた次の文章を読み，（A）（B）に当てはまるものの組み合わせとして正しいものを，あとのアからカまでの中から一つ選んで，記号で答えよ。

中部地方には，９つの県があり，県名とその県庁所在地が異なっている県が（　A　）県ある。中部地方の人口の多くは，沿岸の平野部に集中しており，日本アルプスと呼ばれる飛騨山脈・木曽山脈・赤石山脈などの山間部では過疎地域が目立つ。新潟県糸魚川市と静岡県静岡市を結ぶ線を西の端として，その一帯を（　B　）といい，活断層が集まっている。ここは，北アメリカプレートとユーラシアプレートの境界とされている。

ア　A－２　　B－アルプス＝ヒマラヤ造山帯
イ　A－２　　B－太平洋ベルト
ウ　A－３　　B－フォッサマグナ
エ　A－３　　B－アルプス＝ヒマラヤ造山帯
オ　A－４　　B－太平洋ベルト
カ　A－４　　B－フォッサマグナ

4 次の(1)から(4)の問いに答えよ。

(1) 人権思想について述べた文のうち，適当でないものを，次のアからエまでの中から一つ選んで，記号で答えよ。

ア モンテスキューはフランスの思想家で，「社会契約論」で人民主権を唱えた。

イ アメリカ独立宣言は，「人間はみな平等に創られ，ゆずりわたすことのできない権利を神によってあたえられていること，その中には，生命，自由，幸福の追求がふくまれている。」と宣言した。

ウ 1919年のドイツのワイマール憲法は，「人間に値する生存」の保障などの社会権を取り入れた最初の憲法として有名である。

エ 日本では，明治時代に人権の思想が伝えられたが，1889年に発布された大日本帝国憲法では，国民の権利は法律で制限できるものであった。

(2) 日本の立憲主義について述べた文のうち，適当でないものを，次のアからエまでの中から一つ選んで，記号で答えよ。

ア 憲法改正原案が国会に提出され，衆参各議院で総議員の３分の２以上の賛成にて可決されると，国会は国民に対して憲法改正の発議を行う。

イ 天皇は国事行為を行い，その中には「内閣総理大臣の任命」も含まれる。

ウ 憲法改正において国民投票が採られているのは，憲法が政治権力を制限し，国民の人権を保障するという重要な法であるためである。

エ 日本国憲法は，降伏後の非常事態であったため，連合国軍最高司令官総司令部（GHQ）が作成した改正案を修正することなく作られた。

(3) 平等権について述べた文のうち，最も適当なものを，次のアからエまでの中から選んで，記号で答えよ。

ア アイヌの人たちへの差別は，日本国憲法の施行により禁止され，すみやかにアイヌ民族固有の文化や伝統が尊重されるようになった。

イ 2013年には，障害のある人に対する差別を禁止する障害者差別解消法が制定された。

ウ 「男性は仕事，女性は家事と育児」という性別役割分業の考え方は，少子化が長期化し男性も育児に参加することで，ほぼ消滅した。

エ 障がいのある人がよりよく暮らせるために，公共の交通機関や建造物の段差を取り除くなどのユニバーサルデザインが必要であり，その為の法律も制定されている。

(4) 参政権や請求権について述べた文のうち，最も適当なものを，次のアからエまでの中から選んで，記号で答えよ。

ア 地方税を納めていない人に，都道府県や市町村で行われる地方選挙の選挙権を与えなくても，日本国憲法の普通選挙の原則には反しない。

イ 国家賠償請求権は，公務員の行為によって受けた損害に対して賠償を求める権利である。

ウ 請求権には国家賠償請求権や刑事補償請求権があるが，裁判を受ける権利は含まれない。

エ 憲法改正の国民投票権や最高裁判所の国民審査権などのように，国民が直接決定に参加する権利は参政権には含まれない。

5 次の文章を読み，あとの⑴から⑷の問いに答えよ。

日本国憲法のもとでの日本の政治は［A］を持つ国会，［B］を持つ内閣，［C］を持つ裁判所の三つの機関を中心に行われています。このように，日本では国の権力を三つに分け，それぞれ独立した機関に担当させる（ ① ）をとっています。これによって国の権力が一つの機関に集中することを防ぎ，国民の自由や権利が守られています。下図は，これら三つの機関の抑制と均衡の関係を［D］から［I］で図示したものです。

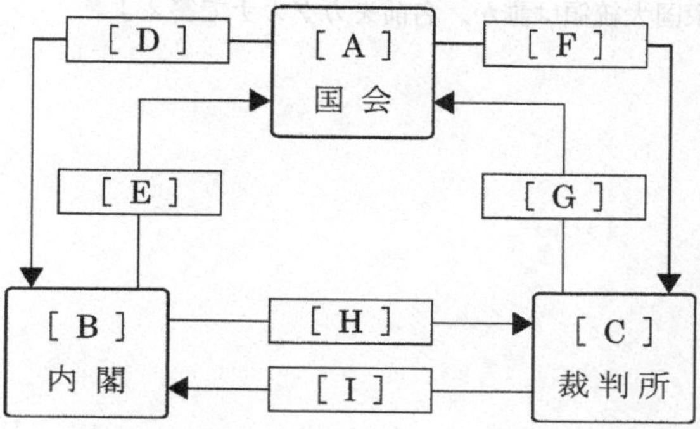

⑴ 文中の［A］から［C］に当てはまるものの組み合わせとして，最も適当なものを，次のアからカまでの中から選んで，記号で答えよ。

ア A－司法権　B－立法権　C－行政権
イ A－司法権　B－行政権　C－立法権
ウ A－立法権　B－司法権　C－行政権
エ A－立法権　B－行政権　C－司法権
オ A－行政権　B－司法権　C－立法権
カ A－行政権　B－立法権　C－司法権

⑵ 文中の（①）に当てはまる語句として，最も適当なものを，次のアからエまでの中から選んで，記号で答えよ。

ア 権力集中制　**イ** 直接民主制　**ウ** 立憲君主制　**エ** 三権分立制

⑶ 図中の国会と内閣の関係を示す［D］［E］に関連して述べた文のうち，適当でないものを，次のアからエまでの中から一つ選んで，記号で答えよ。

ア 国会は，選挙の結果をふまえて国会議員の中から内閣総理大臣を指名する。
イ 内閣総理大臣は，国会で可決された法律案に対する拒否権を持つ。
ウ 国会の衆議院で内閣不信任案が可決されると，内閣は10日以内に衆議院を解散するか，総辞職しなければならない。
エ 内閣は国権の最高機関である国会の信任に基づいて成立し，国会に対して連帯して責任を負う。

⑷ 図中の国会と裁判所の関係を示す［F］［G］に関連して述べた文のうち，最も適当なものを，次のアからエまでの中から選んで，記号で答えよ。

ア 国会は，最高裁判所長官を指名し，その他の裁判官の任命をする権限を持ち，裁判所は衆議院参議院の議長を任命する。
イ 裁判所は，国会が制定する法律が憲法に違反していないか審査する違憲審査権を持ち，国会は弾劾裁判所をもうけて，問題のある裁判官を辞めさせることができる。

ウ　国会は，最高裁判所の裁判官に対して任命が適切かどうか審査することができ，裁判所は参議院の解散をすることができる。

エ　司法制度改革によって，2009年から裁判員制度が始まったが，裁判員は衆議院参議院の国会議員から選出される。

6　現在のアメリカ合衆国大統領は誰か，名前をカタカナで答えよ。

3　十五城…「城」は城壁で囲まれた都市。城市ともいう。
4　佞臣…主君にこびへつらう家来。

（一）①召し使はれて、天下を行ひき　を現代かなづかいに直してひらがなで書きなさい。（ただし、漢字はそのままでよい。）

（二）②遣す　の主語を次のアからエまでの中から選んで、記号で答えなさい。

ア　趙王　　イ　秦王　　ウ　余臣　　エ　人

（三）③道にて相如を殺して、玉を奪ひ取らん　とあるが、「余臣」はなぜこのように言っているのか。その理由として最も適当なものを、次のアからエまでの中から選んで、記号で答えなさい。

ア　相如が重要な任務を果たしてしまうと、自分たちの身分が下がることになるから。
イ　重要な任務が身分の低い相如に任されることは、自分たちの名誉に関わることだから。
ウ　身分の低い相如には、任された役割の重要性が理解できないと思われるから。
エ　相如から玉を奪い取ってしまえば、趙王を王の位から追放することができるから。

（四）④敢へて辞すべからず　の解釈として最も適当なものを、次のアからエまでの中から選んで、記号で答えなさい。

ア　無理に使いを呼び戻そうとは思いません
イ　やはり使いは辞退した方がいいでしょう
ウ　どうして使いの命ばかり心配するのですか
エ　決して使いを辞退するわけにはいきません

（五）本文の内容と合致するものを、次のアからエまでの中から一つ選んで、記号で答えなさい。

ア　相如を討とうとした者たちは、その場で相如から諭されたことで心を入れかえて思いとどまった。
イ　相如が自分たちよりも身分が高いと気づいた者たちは、一転して相如に礼儀正しく接することにした。
ウ　相如を討つことを計画していた者たちは、命をかけた相如の覚悟を知ってとても太刀打ちできないと思った。
エ　反乱の計画を知った趙王は、それをやめさせる役割を信頼する相如に任せることにした。

選んで、記号で答えなさい。

ア　従来の地図の扱い方がだんだん下手になる自分に気づかなくなること。

イ　その時々の自分の居場所を中心にしてしか世界が見られなくなること。

ウ　生活に関わるあらゆる情報がナビゲーションを通してしか得られなくなってしまうこと。

エ　全ての人の行動がデータ化され、誰もが生活の全てをナビゲーションに把握されてしまうこと。

オ　広い世界を知ることが可能だが、自分の必要な情報だけを取り入れるようになること。

カ　地図を眺めながら見知らぬ土地を思うような、想像を楽しむ時間が少なくなること。

【三】　次の（一）から（二）までの問いに答えなさい。

（一）　①から③までの——をつけたカタカナを漢字に直しなさい。

①　世の中のチツジョを保つ。

②　急病人をエンゴする。

③　ダイタンな発言をする。

（二）　④から⑥までの——をつけた漢字の読みをひらがなで書きなさい。

④　扇子であおぐ。

⑤　友達を慰める。

⑥　差が狭まる。

【四】　次の文章を読んで、後の（一）から（五）までの問いに答えなさい。（本文の----の左側は現代語訳である。）

昔、(※1)趙《てう》の藺相如《りんしやうじよ》と云《い》ひし者は、下賤《げせん》の人なりしかども、賢によりて、（身分の低い人であったが、その賢いことによって、）趙王《てうわう》に①召し使はれて、天下を行ひき。（趙王に呼び寄せられて、国全体の政治を指導した。）趙王の使《つかひ》として、（(ある時) 趙王は自分の使者として、）趙璧《てうへき》と云ふ玉を(※2)秦《しん》の国へ遣《つかは》し給ふ。（お贈り届けになった。）かの玉を(※3)十五城に替へん（十五の城市と交換しよう）と秦王の云ひし故に、相如に持たせて②遣す時、余臣議して云はく、（他の臣下が相談して言うには、）「これほどの宝を、相如如《ごと》きの賤《いや》しき人に持たせて遣すこと、国に人なきに似たり。余臣の恥なり。後代の謗《そし》りならん。（後世に非難されることになるだろう。）③道にて相如を殺して、玉を奪ひ取らん（宝玉を奪い取ろう）」と議しけるを、人、相如に告げて云はく、「この使を辞して、命を保つべし」と。相如が云はく、「某《それがし》、④敢《あ》へて辞すべからず。我、王の使として、玉を持ちて秦王に向《むか》ふに、(※4)佞臣《ねいしん》のために殺されたると後代に聞《きこ》えんは、（後世に知れ渡ることは、）我がために喜びなり。たとひ、我が身は死すとも、賢名は残るべし」と云って、終《つひ》に向ひぬ。（結局秦の国に向かった。）余臣、この言葉を聴いて、「この人を討ち得《う》ることあるべからず」とて、留《とどま》りぬ。（思いとどまった。）

（『正法眼蔵随聞記』）

※ 1　趙…中国の戦国時代に存在した国名。

2　秦…中国の春秋・戦国時代に存在した国名。

フラットに並べられた膨大な地図情報をスクリーニング（選別）することになる。その結果、④人びとのまなざしは「いま・ここ」へと内閉していくのである。

（松岡慧祐『グーグルマップの社会学』）

※ 1 ユーザー…使用者。
2 マッピング…ここでは地図上に示されるという意味。
3 ナビゲート…道案内すること。
4 グーグルマップ…グーグル社がインターネットを通して提供する地図情報サービス。
5 辺鄙…都会から離れていて不便なこと。
6 インドアビュー…地図上にある施設などの屋内の様子を閲覧《えつらん》できる機能。
7 GPS…地球上の現在位置を、人工衛星からの電波で測り知る装置。

（一） aられる、bれる、cられる の各助動詞の文法的意味として最も適当なものを、次のアからエまでの中から選んで、記号で答えなさい。

ア 受身　イ 可能　ウ 自発　エ 尊敬

（二） X・Y には、次に示す言葉の対義語が入る。それぞれ漢字二字で答えなさい。

X …「具体」の対義語
Y …「権利」の対義語

（三） ①「ここではないどこか」をイメージしておく必要はない とあるが、それはなぜか。その理由として最も適当なものを、次のアからエまでの中から選んで、記号で答えなさい。

ア 移動先において、地図が示す特定のエリア外に出ることはあまりないから。
イ 常に地図を携帯し、それを見ながら移動することを前提にして作られているから。
ウ どのような場所であっても、自分がいる場所の情報を地図が詳細に示してくれるから。
エ 地図の使用者が、自分と関わりのない場所への興味を失ってしまっているから。

（四） ②空白地帯 とほぼ同じ内容を示す十一字の部分を、1～6段落の中から探し、そのまま抜き出して答えなさい。（ただし、句読点や「」などの記号は字数に含めない。）

（五） ③あらゆる場所の地図情報が〝フラット〟に並置されている とあるが、どういうことか。その説明として最も適当なものを、次のアからエまでの中から選んで、記号で答えなさい。

ア 地図の使用者が自分にとって必要な情報を選びやすいように、世界中の膨大な地理的データを取りそろえているということ。
イ 本来情報量が豊富で複雑な大都市の中心部であっても、地図上では見やすいように単純化されているということ。
ウ ガイドマップのような使用者が求める情報だけではなく、見向きもしないような場所にも価値を見出しているということ。
エ 自分が住んでいる町でも、よく知らない遠く離れた場所でも、同じような形式で地図上に表示されているということ。

（六） ④人びとのまなざしは「いま・ここ」へと内閉していくのである とあるが、「人々のまなざし」が「内閉していく」とは、どういうことか。その説明として適当なものを、次のアからカまでの中から二つ

（※5）辺鄙《へんぴ》なところでないかぎり、基本的にどこにいても「いま・ここ」の地図を呼びだすことができる。それゆえ、事前に地図を読みこんで<u>①「ここではないどこか」をイメージしておく必要はないのである。</u>

4　地図は、自己の身体からは遠く離れた未知の場所や、自己の身体を超越した「世界」や「社会」という［X］的な存在を、全体として見わたすことを可能にするものである。まだみずからが生活を営む「ここ」の外側にかぎりない未知の世界が広がっていた前近代社会には、地図は正確であろうとなかろうと、そうした人びとの想像力を「ここではないどこか」へと拡張するメディアとして重要な役割を果たしていた。

5　もちろん現在も、地図はそのような役割をけっして終えたわけではない。子どもたちは地図をとおして世界や日本の地理を学ぶことを［Y］づけられているし、たとえ大人でも地図をとおして、自分にとって未知の場所へと想像力を広げる余地はいくらでもあるはずだ。

6　しかし、グーグルマップが世界中の地理をデータベース化し、いつでもあらゆる場所の地図を選びとることができるようになったにもかかわらず、人びとの視野は外側に開かれるどころか、むしろ内側へと閉ざされているように思わｂれる。それはなぜなのだろうか。

7　たしかに、遠く離れた場所のことをよく知らないのは当然であるが、他方で、わたしたちは身近な場所のことを完璧《かんぺき》に把握しているかといえば、けっしてそういうわけでもない。自分が住んでいる国や地域のなかでも、多かれ少なかれ地理的な知識が曖昧《あいまい》な「<u>②空白地帯</u>」はあるだろう。たとえば自分が住んでいる町でも、細い路地の奥まで本当にすべての場所を知りつくしているといえるだろうか。つまり個人にとっては、遠隔地であれ居住地であれ、よく知らない部分があるものなのだ。

8　そしてグーグルマップでは、そんな遠隔地も居住地も含めて、<u>③あらゆる場所の地図情報が〝フラット〟に並置されている。</u>ガイドマップのように観光地や繁華街だけがピックアップされているわけではなく、何の変哲もない普通の住宅街や田舎《いなか》の農村地帯も同じように見ることができる。ただし、大都市の中心部ほど情報が充実し、（※6）インドアビューの新機能にも対応しているという意味では、グーグルマップにも少なからず凹凸《おうとつ》はある。それでも、世界中の地図を網羅《もうら》し、基本的にどんな場所も同じ形式で地図を表示できるグーグルマップは「フラットな地図のデータベース」と呼ぶことができよう。

9　こうしてあらゆる場所の地図情報がデータベース化され、選択肢としてフラットに並べｃられると、ユーザーは必然的にそのなかから自分にとって必要な地図情報を選びだすことを求められる。

10　ここで選択肢として最も優先度が高くなるのは、「自分の行動範囲や目的地のなかで、よく知らない場所」だ。巨大なデータベースのなかから何らかの地図情報を選ぶことを求められるユーザーにとって、たんに「よく知らない」というだけでは、その地図情報を選ぶ動機としては不十分である。自分の行動とはまったくむすびつかない場所のことを、よく知らないからといって、わざわざ地図を操作してまで見に行くことはしないだろう。他方、自分の行動範囲や目的地にあたる場所であるにもかかわらず、その場所についてよく知らないという場合に、そこはマッピングすべき場所として浮上することになる。そして、その地図情報は（※7）GPSによって現地でただちに呼びだされ、自動的にマッピングされるのである。

11　こうしてグーグルマップのユーザーは、自分の行動を基準にして、

イ　苦しんだ末に思い立った感情のままに
ウ　突然独自の考えが浮かんできたかのように
エ　何がきっかけになったのか分からないままに

(二)　②ふりむくと、焼けた肌を水滴で光らせた少年がとがった視線をむけていた　とあるが、この時の知季と要一の説明として適当なものを、次のアからカまでの中から二つ選んで、記号で答えなさい。

ア　知季は勝手に近くまで入ったことを怒られるのではないかと思っている。
イ　知季は自分が飛込みを始めたいので相談に乗ってほしいと考えている。
ウ　知季は要一のかっこよさに惹かれてしまい、ただ呆然《ぼうぜん》としている。
エ　要一は知季が自分に憧れて近づいてきたのだと思い、話してみようとした。
オ　要一は飛込みの危険性も知らずに近づいてきたことに腹を立てて、追い返そうとした。
カ　要一は知季が飛込みに興味を持ったのかもしれないと感じ、声をかけてみた。

(三)　⑤はなむけの言葉　とあるが、この言葉の本来の意味として最も適当なものを、次のアからエまでの中から選んで、記号で答えなさい。

ア　若い人間への注意　　イ　旅立つ人へ贈る言葉
ウ　懐かしい思い出話　　エ　相手への期待の表明

(四)　⑥運命の分かれ道　とあるが、ここではどのようなことについてこのように表現しているのか。本文中から指定の字数の部分を抜き出して、次の文を完成しなさい。

なんでもやりたがりの毎日を過ごすのではなく、
（　十二字の部分　）道を選んだこと。

(五)　本文の知季にとって、「飛込み」はどのような存在だと考えられるか。四十字以上六十字以内で答えなさい。

【二】

次の文章を読んで、後の(一)から(六)までの問いに答えなさい。なお、1から11は、段落符号である。

1　地図を見ながら移動するという行為自体は、昔から普通におこなわれていたことである。たとえば、ガイドマップを片手に観光地を歩いたり、道路地図を運転席の脇に置いてドライブしたりするようなことは、紙に印刷された地図でも可能だった。しかし、そうしたナビゲーションを目的とした地図でも、そこに個々の(※1)ユーザーにとっての「いま・ここ」が(※2)マッピングされるわけではなかった。それもたしかに局所的な場所を(※3)ナビゲートする地図だったかもしれないが、自分がいまどこにいるかを教えてくれるものでもなければ、普段わたしたちが生きている(三次元であったり、インドアであったりするような)リアルな世界を表象するものでもなかった。

2　また、紙に印刷されたガイドマップは特定のエリアを対象に特定の縮尺で描かれたものであったため、もしも現地でエリア外に出ることになったり、より詳しい情報を知りたくなったりしても、そのガイドマップだけでは対応しきれないことがあった。つまり、いつでもどこでも手持ちの地図のなかに「いま・ここ」を見つけaられる保証はなかったのである。

3　しかし、現在は(※4)グーグルマップさえ携帯していれば、よほど

りゃあおまえの人生だから、おまえの好きに使えばいいけどさ、でも何かひとつを最後までやりぬくってのもいいかもしれないぞ」

と、これが飛込みをはじめる知季に父親が贈った⑤はなむけの言葉だった。

だからというわけではないけれど、知季はＭＤＣに入会するなり、それまで通っていた少年サッカーと英語教室をやめた。夢中で集めていたモンスターカードにも、そのころ好きだった女の子にも興味をなくした。

当時をふりかえりながら桜木高校の飛込み台をあおいでいると、本当にここが⑥運命の分かれ道だったんだなあ、としみじみ思えてくる。あれ以降の六年間、知季だって弘也《ひろや》のようになんでもやりたがりの毎日を送ることもできたのだ。けれどこのコンクリート・ドラゴンに魅《み》せられ、吸いよせられ、ぺろりと呑《の》みこまれてぬけだせなくなってしまった。水の世界の恐怖と快感にはまりこんでしまった。

やばい、時間に遅れる。

自転車をこぐ足にターボをかけながら、知季はなぜ自分が練習に行きたくなかったのか少しだけわかった気がした。

仲間の言葉にいじけたり、いやになったりしながらも、あの青々としたダイビングプールを目の前にしたら、自分は飛込み台へ上《のぼ》らずにはいられなくなる。好意と悪意をなみなみとたたえる水の世界に身を投じずにはいられなくなる。

なんだかんだ言いながらも結局は飛込みが好きで、水から離れられない。そんな自分がくやしかったのかもしれない。

（森絵都『ＤＩＶＥ!!』）

※
1　ドラゴン…桜木高校のダイビングプールにある飛び込み台を例えた表現。後に出てくるコンクリート・ドラゴンも同様の例えである。
2　富士谷コーチ…要一の父で、飛込みの元オリンピック選手。ＭＤＣで、小中学生の監督をしている。
3　辰巳…東京辰巳国際水泳場。都内で唯一の屋内ダイビングプールを有する施設。
4　神童…並外れて優秀な児童。
5　器用貧乏…何でもやってみるが、どれもあまりうまくはならないこと。
6　ヒロ…後に出てくる弘也のこと。知季の弟。

（一）①風変わりな　③無邪気な　④熱にでも浮かされたように　のここでの意味として最も適当なものを、それぞれのアからエまでの中から選んで、記号で答えなさい。

① 風変わりな
ア　風向きでどんどん変わるような
イ　多くの人が嫌うだろうというような
ウ　普通とは違う感じのするような
エ　大きな勇気を必要とするような

③ 無邪気な
ア　元気いっぱいな　イ　なんの考えもない
ウ　自信なさげな　エ　素直で悪気がない

④ 熱にでも浮かされたように
ア　冷静さを忘れて夢中になったように

【国語】（四〇分）〈満点：一〇〇点〉

【一】 現在中学生の知季《ともき》は、かつて要一《よういち》が飛び込む美しい姿を見て以来、MDC（ミズキダイビングクラブ）に通っている。しかし、同級生との会話がきっかけで、数日前から練習に参加していない。以下、知季が要一との出会いのころを思い出している場面である。これをふまえて次の文章を読み、後の（一）から（五）までの問いに答えなさい。

下にプールがあったのか……。

ブロック塀に隠されていた世界を目《ま》のあたりにして、知季はへなりと脱力した。と同時に、(※1)ドラゴンの頭から飛ぶ①風変わりな遊びに心惹《こころひ》かれた。

「おい、おまえ」

プールサイドに立ちつくす知季の背中に、だれかの声が突きささったのは、そのときだ。②ふりむくと、焼けた肌を水滴で光らせた少年がとがった視線をむけていた。

長い手足。均整のとれた体型。そしてなによりこの黒さ。さっきドラゴンの上にいた子だ、とすぐにわかった。

「あ……あの、ぼく……」

無断で入ってきたのを責められるのでは……と後ずさりした知季に、しかし少年は怒ったような顔のまま言った。

「おまえ、飛びたいのか？」

「え？」

「飛込《とびこ》みがしたいなら、おれがMDCに入れてやる」

飛込み、なんて言葉さえ、知季はまだ知らなかったのだ。けれども子供なりに肝心なところはかぎつけ、「うん」と即座にうなずいた。

「ぼく、それに入る。入ってあれにのる」

知季の③無邪気な返答に、仏頂面《ぶっちょうづら》の少年は初めて白い歯をのぞかせた。

「え」

「後悔するぞ」

「いっぱい後悔して強くなれよ」

と、笑いながら彼――六年前の要一は言ったのだ。

飛込みをやりたい。突然、④熱にでも浮かされたようにそんなことを言いだした息子に対して、知季の両親はめずらしく慎重だった。まずはMDCに電話をして入会の案内を受け、続いて(※2)富士谷コーチからくわしい話をきくためにミズキスポーツクラブへ足を運んだ。桜木高校にも見学におもむいた。結果、飛込みは彼らが案じていたほど危険なスポーツではなく、注意さえ怠《おこた》らなければ大きな事故に至ることは稀《まれ》であることが分かって、安心したらしい。冬場は桜木高校のプールが使えず、(※3)辰巳《たつみ》まで通わなければならないのがネックになったものの、最終的には両親そろって賛成してくれた。

「いいか、トモ。今だから言うが、おれは子供のころ、天才的な運動神経をさずかった(※4)神童とうたわれた男だった。が、なんでもやりたがりだったおれは、ひとつの競技に的をしぼれず、やたらあれこれ手をだしてその能力を浪費しちまった。ま、(※5)器用貧乏ってやつだな。おまえと(※6)ヒロを見てると、おまえはおれの運動神経を、ヒロはなんでもやりたがりの性分を受けついだように思えてならないんだよ。そ

MEMO

大切なことはメモしておこうネ！

2021年度

解　答　と　解　説

《2021年度の配点は解答欄に掲載してあります。》

＜数学解答＞

1 (1) 70　(2) $\frac{11a+2}{3}$　(3) 16　(4) $x=\frac{1\pm\sqrt{5}}{3}$　(5) $(x-3)(x-8)$
(6) $x=-2,\ y=3$

2 (1) 30個　(2) $\frac{9}{2}\pi\,\mathrm{cm}^3$　(3) 8個　(4) $\frac{1}{2}$　(5) (ア)

3 (1) $240\mathrm{cm}^3$　(2) 60度

4 (1) $a=-\frac{1}{2}$　(2) $y=3x+4$　(3) P(0, −4)　(4) 8

5 (1) 80%　(2) 633票　(3) 422票

○推定配点○
各5点×20　　計100点

＜数学解説＞

1 (小問群－数・式の計算，平方根，二次方程式，因数分解，連立方程式)

基本 (1) $(-2)^2+\frac{49}{10}\div0.07-2^2=4+\frac{49}{10}\div\frac{7}{100}-4=4+\frac{49}{10}\times\frac{100}{7}-4=70$

(2) $4a-\frac{a-2}{3}=\frac{12a}{3}-\frac{a-2}{3}=\frac{12a-(a-2)}{3}=\frac{12a-a+2}{3}=\frac{11a+2}{3}$

(3) $(3+\sqrt{5})^2(3-\sqrt{5})^2=\{(3+\sqrt{5})(3-\sqrt{5})\}^2=(9-5)^2=16$

重要 (4) $x^2-\frac{2}{3}x-\frac{4}{9}=0$　両辺を9倍すると，$9x^2-6x-4=0$　$(3x)^2-2\times3x-4=0$　$3x=\mathrm{A}$とおくと，$\mathrm{A}^2-2\mathrm{A}-4=0$　$\mathrm{A}^2-2\mathrm{A}=4$　$\mathrm{A}^2-2\mathrm{A}+1=4+1$　$(\mathrm{A}-1)^2=5$　両辺の平方根を求めて$\mathrm{A}-1=\pm\sqrt{5}$　$\mathrm{A}=1\pm\sqrt{5}$　Aを元に戻すと，$3x=1\pm\sqrt{5}$　$x=\frac{1\pm\sqrt{5}}{3}$

(5) $x-7=\mathrm{A}$とおくと，$-(x-7)=-\mathrm{A}$　つまり，$7-x=-\mathrm{A}$　よって，$(x-7)^2-3(7-x)-4=\mathrm{A}^2-3\times(-\mathrm{A})-4=\mathrm{A}^2+3\mathrm{A}-4=(\mathrm{A}+4)(\mathrm{A}-1)$　Aを元に戻すと，$(x-7+4)(x-7-1)=(x-3)(x-8)$

(6) $2x+5y=11$…①　$-2x+3y=13$…②　①＋②から，$8y=24$　$y=3$　①に代入すると，$2x+5\times3=11$　$2x=-4$　$x=-2$

2 (小問群－自然数の性質，球の表面積・体積，反比例のグラフ，確率，資料の整理)

(1) 2桁の自然数は10から99までである。1から99までに3で割り切れる数は$99\div3=33$より，33個ある。1から9までに3で割り切れる数は$9\div3=3$より，3個ある。よって，10から99までに3で割り切れる数は$33-3=30$より，30個ある。

(2) この球の半径をrとすると，表面積は$4\pi r^2$，体積は$\frac{4}{3}\pi r^3$と表せる。$4\pi r^2=9\pi$から，$r^2=\frac{9}{4}$
$r=\sqrt{\frac{9}{4}}=\frac{3}{2}$　よって，この球の体積は$\frac{4}{3}\pi r^3=\frac{4}{3}\times\pi\times\left(\frac{3}{2}\right)^3=\frac{9}{2}\pi\ (\mathrm{cm}^3)$

(3) x座標が6の約数であるときy座標は整数になる。6の約数は1，2，3，6の4個あり，x座標が-1，-2，-3，-6の場合にもy座標は整数になるから，$y=\frac{6}{x}$のグラフ上で，x座標，y座標ともに整数である点は8個ある。

(4) 2枚の硬貨をA，Bとすると，表と裏の出方は，(A，B)＝(表，表)，(表，裏)，(裏，表)，(裏，裏)の4通りある。1枚は表で1枚は裏となる出方は2通りあるから，その確率は，$\frac{2}{4}=\frac{1}{2}$

(5) (ア) 35人の平均点58点だから，合計点は$58\times35=2030$(点) よって，正しい。
(イ)・(ウ) 例えば，16人の生徒が59点，16人の生徒が57点のとき，32人の生徒の平均点は58点であり，残りの3人の生徒が60点，59点，55点のときに3人の生徒の平均点が58点となる。つまり，35人の生徒の平均点が58点となる。よって，かならずいえることにはならない。(エ)は，例えば，60点の生徒が11人，59点の生徒が1人，57点の生徒が23人いたときにも平均点は58点となるので，かならずいえることにはならない。

3 (小問群—直方体，辺の長さと平面の面積，合同，角度)

重要 (1) $AB=x$とすると，長方形ABCDの面積が48であることから，$BC=\frac{48}{x}$ また，長方形AEFBの面積が30であることから，$BF=\frac{30}{x}$ 長方形BFGCの面積は$BC\times BF$で求められるので，$\frac{48}{x}\times\frac{30}{x}=40$ $48\times30=40x^2$ $x^2=\frac{48\times30}{40}=36$ よって，$x=\sqrt{36}=6$ $BC=\frac{48}{6}=8$，$BF=\frac{30}{6}=5$ したがって，この直方体の体積は，$6\times8\times5=240$(cm^3)

(2) △ABCは正三角形なので$AB=BC=CA$ $AD=BE=CF$のとき，$AF=BD=CE$ また，∠A＝∠B＝∠D したがって，△ADF，△BED，△CFEは2辺とその間の角がそれぞれ等しいので合同である。よって，∠BDE＝∠CEF…① ところで，∠BDE＋∠BED＝180°－∠B＝180°－60°＝120°…② ①を②に代入すると，∠CEF＋∠BED＝120° よって，∠DEF＝180°－120°＝60°

4 (関数・グラフと図形—放物線のグラフ，直線，グラフの式，線対称，面積)

基本 (1) $y=ax^2$のグラフがA$(-2,\ -2)$を通るので，$-2=a\times(-2)^2$ $4a=-2$ $a=-\frac{1}{2}$

重要 (2) 直線ℓの傾きは，$\frac{yの値の増加量}{xの値の増加量}=\frac{-2-(-8)}{-2-(-4)}=\frac{6}{2}=3$ 直線ℓの式を$y=3x+b$とおいてA$(-2,\ -2)$を代入すると，$-2=3\times(-2)+b$ $b=-2+6=4$ よって，直線ℓの式は，$y=3x+4$

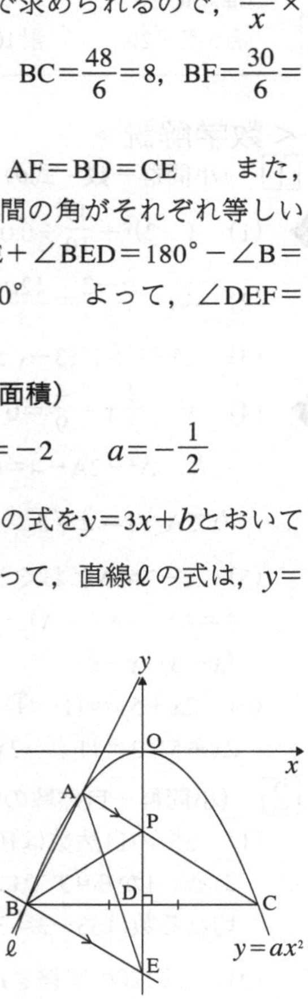

やや難 (3) y軸について点Bと対称な点をCとすると，C$(4,\ -8)$ BCとy軸との交点をDとすると，点Pがy軸上の点D以外にあるとき，$BD=CD$，$PD=PD$，∠PDB＝∠PDC 2辺とその間の角がそれぞれ等しいので，△BPD≡△CPD よって，$BP=CP$ したがって，$AP+CP$が最小になるとき，$AP+BP$が最小になる。点Aと点Cを結ぶ線が線分ACになるときに最小になるから，点Pは直線ACとy軸との交点である。直線ACの傾きは，$\frac{-8-(-2)}{4-(-2)}=-1$ $y=-x+c$とおいてA$(-2,\ -2)$を代入すると，$-2=-(-2)+b$ $b=-4$ 直線ACとy軸との交点がPだから，P$(0,\ -4)$

重要 (4) 点Bを通るACに平行な直線とy軸との交点をEとすると，AP//BEなので，△ABPと△AEPは，

APをそれぞれの三角形の底辺とみたときの高さが等しいから面積は等しい。平行な直線は傾きが等しいので，直線BEの式を$y=-x+e$とおいて，B$(-4,\ -8)$を代入すると，$-8=-(-4)+e$
$e=-12$　よって，E$(0,\ -12)$　EP$=-4-(-12)=8$，点Aからy軸までの距離は2だから，
$\triangle ABP=\triangle AEP=\frac{1}{2}\times 8\times 2=8$

5　(その他の問題—選挙の立候補者数と当選者，票数)

基本　(1)　Aさんは1265票中1012票を獲得したから，その割合は，$\frac{1012}{1265}=0.8=\frac{80}{100}$　よって，80％の票を獲得したことになる。

(2)　もう一人の立候補者とほぼ同数で1票以上多ければ当選する。$1265\div 2=632$余り1　よって，Aさんは633票以上獲得すれば必ず会長に選ばれる。

(3)　書記は4人の立候補者の一人が0票のときに，残り3人の得票の合計が最も多い1265票になる。$1265\div 3=421$余り2　よって，422票以上獲得すれば必ず書記に選ばれる。

★ワンポイントアドバイス★

1(4)は両辺を9倍して$3x=A$とおく。(5)は$7-x=-(x-7)$に注意。3は，どこかの辺をxとして，他の辺をxで表す。4(4)は平行線を使っての等積変形が求めやすい。5は，いろいろなケースを考えてみる。

＜英語解答＞

1　Section 1　No.1　ア　No.2　ウ　Section 2　No.1　ウ　No.2　ア　No.3　ウ

2　(例)　I like to watch movies at home. (First,) I can watch them anytime I want. (Second,) I can enjoy them with my family and friends. ／ I don’t like to watch movies at home. (First,) I like the big screen of the movie theater. (Second,) the sound there is also great.

3　問1　(1)　エ　(2)　ウ　問2　ウ　問3　ア　問4　あ　11　い　7　う　1785　え　2　問5　ア

4　(1)　ア　(2)　ウ　(3)　エ　(4)　イ　(5)　エ

5　(1)　has been　(2)　smaller[shorter] than　(3)　Was, sent

6　(1)　A　ア　B　イ　(2)　A　ウ　B　エ　(3)　A　ウ　B　ア
(4)　A　ウ　B　ア　(5)　A　オ　B　カ

○推定配点○

1　各3点×5　2　10点(理由1つ5点)　3　各4点×9　4〜6　各3点×13(5・6各完答)
計100点

＜英語解説＞

1 リスニングテスト解説省略。

重要 2 （条件英作文）

自宅で映画を鑑賞することが好きな場合は，First, I can watch them anytime I want. Second, I can enjoy them with my family and friends.「第1に，いつでも見たい時に見ることができます。第2に，家族や友人たちと楽しむことができます」などとする。自宅で鑑賞するのが好きではない場合は，First, I like the big screen of the movie theater. Second, the sound there is also great.「第1に，私は映画館の大きなスクリーンが好きです。第2に，そこの音もまた素晴らしいです」などとし，映画館の良さを述べるとよいだろう。

3 （長文読解問題・歴史：英問英答，内容吟味，語句補充・選択，内容一致）

（全訳） 何世紀もの間，人々は鳥を眺めて自分たちも飛べたらいいのにと夢見てきた。私たちは腕が翼を上下に動かせるほど強くないので，鳥のようには飛べない。私たちを前進させるエンジンの動力も必要だ。多くの人が飛べるようになる前に，命を失った。

875年，ある男性が人を乗せて運ぶ飛行装置を作った。彼は町の人々を招待し，彼が山から飛び降りるところを見に来させた。彼はある程度の距離を飛んだが，着地するのが難しかった。彼は背中をひどくけがして，2度と飛ぶことができなかった。彼は鳥が尾で着地することを知らなかった。彼はその装置に尾を付けるのを忘れてしまった。

15世紀の終わりに，イタリア人のレオナルド・ダ・ビンチは鳥の飛行を研究し，鳥のように飛ぶ装置の絵をたくさん制作した。彼は翼がある飛行装置の絵を描いた。1519年に彼が死んだ後，これらの装置のうちの1つが製造され，実際に飛んだ。それはとても危険だったので，ロープで地面とつないでおく必要があった。

昔の時代における最も成功した飛行は，1638年に起きた。ある男性がダ・ビンチのアイデアを使って翼を作った。彼は9回の練習飛行を行い，その後，高い建物から飛び降りて海を渡り，街中に着地した。

空を飛ぶ別の方法がフランスで試された。モンゴルフィエ兄弟が1783年に熱気球を上げた。その後，同じ年に彼らは新しいアイデアを試した。今回は気球が何匹かの動物を運んだ。人が運転する最初の飛行は11月に行われた。気球に乗った2人の男性は25メートルの高さまで上昇した。1784年1月，モンゴルフィエ兄弟の1人はついに，他の6人と一緒に飛行した。1年後，気球はフランスとイングランド間を飛行した。その旅はおよそ2時間かかった。

20世紀に，2人のアメリカ人自転車整備士であるライト兄弟は，自分たちの飛行装置を組み立てる時にエンジンを使った。1903年12月17日，これは空を12秒間飛んだ。それは初の有人動力飛行だった。

ライト兄弟は2つめの装置を組み立てたが，彼らの1904年の合計飛行時間はわずか45分だった。その後彼らは装置にもっと力を与える方法を学び，1905年10月，彼らは39キロメートルを38分3秒で飛行した。

私たちの空を飛ぶ夢は宇宙に行った。宇宙競争は1960年代を通じて続き，1969年7月20日，ニール・アームストロングは月面歩行した最初の人となった。宇宙ステーションが1973年に打ち上げられた。8年後，コロンビア号は宇宙に行って地球に戻った最初のスペースシャトルになった。アメリカ人たちは2023年に再び人を月へ送る予定だ。空を飛ぶことに終わりはない。

問1 (1)「私たちが鳥のように飛ぶには，何が必要か」 エ「私たちは翼だけでなくエンジンも必要だ」 第1段落第3文参照。 (2)「ある男性が875年に飛んだ時，なぜけがをしたのか」 ウ「彼は着地するためには何が重要か理解していなかったから」 第2段落最終文参照。

問2　第3段落第1文より，ウが適切。

やや難　問3　全訳下線部参照。装置にさらに力を与えたことで，長い距離を飛行できるようになった。

問4　第5段落参照。（い）　第5段落第7文参照。モンゴルフィエ兄弟のうちの1人＋他の6人＝計7人。（う）　第5段落第7，8文参照。1784年の1年後は1785年。

重要　問5　ア「ライト兄弟が1904年に飛行した時，エンジンが初めて使われた」（×）　第6段落参照。エンジンが初めて使われたのは1904年ではなく1903年。

基本　4　（語句補充・選択：分詞，熟語，前置詞，動名詞）

(1)　「英語は世界中で話されている言語だ」　形容詞的用法の過去分詞句 spoken all over the world「世界中で話されている」が language を後ろから修飾する。

(2)　「お互いに連絡を取り合おう」　keep in touch with ～「～と連絡を取り合っている」

(3)　「私たちは電車の代わりに車で東京に行く」　instead of ～「～の代わりに」

(4)　「私はあなたにまた会えるのを楽しみにしています」　look forward to ～ing「～するのを楽しみにする」

(5)　「ピアノを弾いている少女たちは私の友人だ」　主語は複数の girls なのでbe動詞は are が適切。

基本　5　（言い換え・書き換え：現在完了，比較，受動態）

(1)　「その俳優は3年前に亡くなった」「その俳優は3年間死んだ状態である」　下の文は継続を表す現在完了の文。

(2)　「マイクはケントほど背が高くない」「マイクはケンタより背が低い」〈比較級＋ than ～〉「～よりも…」

(3)　「トムはタケシにその手紙を送りましたか」「その手紙はトムによってタケシに送られましたか」　能動態から受動態〈be動詞＋過去分詞〉への書き換え。過去形の文なので，be動詞は was とする。

6　（語句整序：現在完了，不定詞，助動詞，動名詞，接続詞）

(1)　Cell phones have been helpful to our lives.　be helpful to ～「～に役立つ」　継続を表す現在完了の文で「ずっと役立っている」と表現する。

(2)　Her mother wanted her to come home (at six.)　〈want ＋人＋ to ＋動詞の原形〉「(人)に～してほしい」　come home「帰宅する」

(3)　Can you tell me the way to (the city hospital?)　Call you ～?「～してくれませんか」　the way to ～「～への行き方」

(4)　Eating lunch with (my friends) makes me happy.　直訳は「友達と一緒に昼食を食べることは私を幸せにする」となる。主語は同名詞句 Eating lunch with my friends「友達と一緒に昼食を食べること」。〈make ＋目的語＋形容詞〉「～を…にする」

(5)　If you talk on the phone for a long time, (you should go to your room.)　if ～「もし～ならば」　talk on the phone「電話で話す」　for a long time「長い時間」

★ワンポイントアドバイス★

3の長文読解問題は，人間が空を飛ぶことの歴史についての文章。いつ，誰がどのような飛行装置を発明したか，年代を追って正確に読み取る必要がある。

＜理科解答＞

1　(1)　カ　(2)　エ
2　(1)　ア　(2)　カ　(3)　ウ　(4)　①　ア　②　ウ
3　(1)　イ　(2)　イ　(3)　ウ　(4)　①　40(％)　②　イ
4　(1)　イ　(2)　1.5(J)　(3)　1.5(W)　(4)　25(％)　(5)　ウ
5　(1)　イ　(2)　ア　(3)　ウ　(4)　等粒状組織　(5)　ア
6　(1)　イ　(2)　イ　(3)　ア

○推定配点○

各4点×25　計100点

＜理科解説＞

重要　**1　(小問集合―血液循環，炭酸水素ナトリウムの分解)**

(1)　肺静脈やCの大動脈を流れる血液には酸素が多い動脈血が流れている。

(2)　炭酸水素ナトリウムを加熱すると，炭酸ナトリウムと水と二酸化炭素に分解する。また，炭酸ナトリウムは炭酸水素ナトリウムよりもアルカリ性が強く，フェノールフタレイン溶液を加えると赤色を示す。また，化学変化の前後では，原子の種類と数には変化がなく，質量の総和も変化しないが，分子の総数は等しくない。

2　(生殖と遺伝―ジャガイモの生殖)

重要　(1)　オランダイチゴは，枝が地面をはい，その先端から葉や根が出て，やがて新しい個体ができる。なお，このような枝を走出枝《そうしゅつし》(ランナー)という。また，同じ無性生殖であるが，ミカヅキモは分裂で増える。

重要　(2)　有性生殖では，減数分裂によって生殖細胞がつくられる。また，受精してから，個体としてのからだのつくりが完成していく過程を発生といい，途中のものを胚という。

やや難　(3)　ジャガイモAの柱頭にジャガイモBの花粉を受粉させてできた種子を発芽させてできたいもEは，ジャガイモAやジャガイモBとは異なる遺伝子の組み合わせをもつが，ジャガイモAの地中にできたいもCやいもDは，ジャガイモAと同じ遺伝子をもっている。

重要　(4)　①　細胞分裂は次の順に起こる。a(核に変化が始まる。)→d(核の中に染色体が見える。)→b(染色体が細胞の中央に並ぶ。)→c(染色体が細胞の両端に分かれる。)→e(細胞の中央に仕切りができて，2個の細胞になる。)

②　ジャガイモの根にある細胞の染色体の数αは，いもの細胞の染色体の数と同じである。また，精細胞の染色体の数βは，いもの細胞の染色体の数の半分である。

3　(物質とその変化―プラスチックの密度，溶解度と質量パーセント濃度)

重要　(1)　プラスチックは有機物なので，燃えると二酸化炭素が発生する。また，二酸化炭素は，無色・無臭の気体であり，空気の約1.5倍の重さがあり，水に少し溶け，炭酸水になる。なお，二酸化マンガンにオキシドールを加えると酸素が発生する。

(2)　硝酸と水酸化カリウムの中和において，酸の陰イオンである硝酸イオンNO^{3-}とアルカリの陽イオンであるカリウムイオンK^{+}が結びついて，硝酸カリウムKNO_3が生じる。

(3)　水溶液中に砂糖などの溶質は均一に広がっている。

(4)　①　エタノール水溶液の質量は，96(g)＋64(g)＝160(g)なので，質量パーセント濃度は，$\frac{64(g)}{160(g)}\times100=40(\%)$である。

やや難　② 表4より，40％のエタノール水溶液Yの密度は0.93g/cm^{3}である。また，エタノール水溶液Yに浮くプラスチックBは，密度が0.93g/cm^{3}よりも小さい0.90g/cm^{3}のポリプロピレンである。一方，実験Ⅱで，飽和硝酸カリウム水溶液の密度は1.31g/cm^{3}である。さらに，砂糖水の質量は，70.0(g)＋17.5(g)＝87.5(g)なので，質量パーセント濃度は，$\frac{17.5(g)}{87.5(g)}\times100=20(\%)$である。したがって，砂糖水の密度は表3より1.08g/cm^{3}である。

なお，プラスチックBとともに，すべての液に浮いたプラスチックEは密度が0.94g/cm^{3}のポリエチレンである。また，反対に，すべての液に沈んだプラスチックDは密度が1.40g/cm^{3}で最も大きいポリエチレンテレフタラートであり，プラスチックCは飽和硝酸カリウム水溶液だけに浮いたので，密度が1.2g/cm^{3}のポリ塩化ビニルである。したがって，残りのプラスチックAはポリスチレンである。

4 (運動とエネルギー―発電機とエネルギー)

基本　(1) 電流計は回路に直列につなぎ，電圧計は回路に並列につなぐ。

(2) 豆電球には1.5Vの電圧がかかり，0.25Aの電流が4.0秒流れたので，発電機が発電したエネルギーは，1.5(V)×0.25(A)×4.0(秒)＝1.5(J)である。

(3) 500gのおもりに働く重力の大きさは5Nである。また，おもりは1.2mの高さから落下するのに4.0秒かかったので，重力がした仕事の仕事率は，$\frac{5(N)\times1.2(m)}{4.0(秒)}=1.5(W)$である。

(4) おもりに対して重力がした仕事は，5(N)×1.2(m)＝6.0(J)なので，この発電機のエネルギー変換効率は，$\frac{1.5(J)}{6.0(J)}\times100=25(\%)$である。

(5) 白熱電球は電気エネルギーを光エネルギーだけではなく，多くのエネルギーを熱エネルギーに変換するので，効率が悪い。

5 (地層と岩石―火山と火成岩)

基本　(1) 傾斜が緩やかなAの火山は，マグマのねばり気が弱く，火山の噴火がおだやかである。一方，ドーム状火山のCの火山は，マグマのねばり気が強く，火山の噴火が激しい。

(2) Aの火山の溶岩は有色鉱物が多いので，黒っぽい。一方，Cの火山の溶岩は白色鉱物が多いので，白っぽい。

基本　(3) マウナロアはAの火山，浅間山と桜島はBの火山に分類される。

重要　(4)・(5) 深成岩は，マグマが地下深くでゆっくり冷え固まってできるので，図2のような等粒状組織である。

6 (小問集合―水圧，天気の変化，単子葉類と双子葉類)

基本　(1) 水圧は水の深さに比例するので，高さが低いところにある穴ほど，勢いよく水が飛び出る。

(2) 1日目の12時はくもりで，南の風，風力が4である。また，2日目の18時は晴れで，北の風，風力は2である。なお，全体としては，気圧が低くなると，くもりや雨になる。

(3) 単子葉類のトウモロコシは維管束が散らばっているので，茎全体が赤く染まるが，双子葉類のヒマワリは，維管束が形成層に沿って輪状に並んでいるので，形成層に沿って赤く染まる。

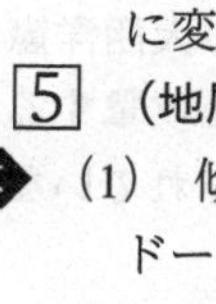

★ワンポイントアドバイス★

教科書に基づいた基本問題をしっかり練習しておこう。その上で，計算問題についてもしっかり練習しておこう。

＜社会解答＞

1 (1) イ　(2) エ　(3) ア　(4) ウ　(5) ア　(6) イ　(7) ウ
(8) エ

2 (1) エ　(2) ウ　(3) ウ　(4) ウ　(5) ア

3 (1) ア　(2) イ　(3) ウ

4 (1) ア　(2) エ　(3) イ　(4) イ

5 (1) エ　(2) エ　(3) イ　(4) イ

6 (ジョー・)バイデン

○推定配点○

各4点×25　　計100点

＜社会解説＞

1 (日本と世界の歴史―愛知県に関連する歴史の問題)

(1) イ　A　縄文時代→C　弥生時代→B　古墳時代の順。

やや難 (2) エ　後鳥羽天皇は後の承久の乱を起こした後鳥羽上皇。年代的に近いのは頼朝のみ。

重要 (3) ア　1560年の桶狭間の戦いで，織田信長が守護大名の今川義元を倒したのは典型的な下剋上。

(4) ウ「尾張国郡司百姓等解」は国司の横暴ぶりをその下の郡司らが訴え出た記録として有名。

(5) ア　享保の改革は1716年から45年まで，徳川吉宗が実施した幕府の財政を立て直すための改革。公事方御定書はこの時期に，吉宗が登用した江戸町奉行大岡忠相が中心となって定めた裁判の基準を示すもの。イは1639年で家光の時代，ウは1837年で家斉の時代，エも家斉の時代。

基本 (6) イ　アメリカのフランクリン・ルーズベルト大統領とイギリスのチャーチル首相が大西洋憲章を発表したのは1941年8月で第二次世界大戦はすでに始まっていて，日本が真珠湾を攻撃する少し前のこと。アは第一次世界大戦のきっかけなので誤り，ウは原爆は沖縄には投下されていないので誤り，エは日本の独立が回復したのはサンフランシスコ講和会議なので誤り。

(7) ウ　1872年以後のものの組み合わせを選ぶ。bは1877年，cは1919年。aは1861年，dは1789年。

(8) エ　Xは米騒動の際の首相は寺内正毅なので誤り。加藤高明が首相となるのは1924年の第二次護憲運動の際。Yは同時多発テロが発生したのは2001年9月11日で，当時の日本の首相は小泉純一郎。海部俊樹内閣は1989年8月から1991年11月まで。

2 (地理―SDGsに関連する世界地理の問題)

重要 (1) エ　国際連合の旗の図案は北極点を中心とした正距方位図法の地図をオリーブで囲ったもの。この正距方位図法の地図では，中心の対蹠点が図の一番外側にくるので，省略がなければ南極大陸が図の一番外側に円状に描かれることになるのだが，それがないので，南極大陸が省略されていることが分かる。

(2) ウ　Cはナイジェリア。人口が日本よりも多い2億人強で，石油関連のものが輸出品の中心になっている。Dはインドネシアで，こちらも日本より人口が多く，輸出品を見ると，地下資源や農産物関連のものだけではなく機械類もあるので，やや工業化が進んでいることが分かる。Eは人口が一番多い13億人以上なのでインド，Aが3億人以上の人口で，輸出入額が一番大きく，日本との貿易も多いのでアメリカ，Bは人口が日本よりも少なく，貿易の規模も小さいのでエチオピアと判断できる。エチオピアはコーヒーの原産国で，コーヒーの生産はある。

基本 (3) ウ　現在の日本の電力は火力発電が中心なのでBが火力と判断できる。Cはフランスが7割を超えていることで有名な原子力，Aはカナダの比率が高いので水力，残りのDは新エネルギーとなる。

(4)　Aは風車で低湿地や湖の水を排水，平坦な土地が多いということでオランダのイ，Bはフィヨルドが多くみられ，白夜があるのでノルウェーのア，Cはヨーロッパを代表する農業国ということでフランスのエとなり，残るのはウのドイツとなる。

(5)　ア　日本とロサンゼルスの間の時差は経度の開きで255度分になるので17時間となり，日本で2月4日午後3時の時，ロサンゼルスは2月3日の午後10時になる。そこに飛行時間分の10時間を足せば，2月4日の午前8時となる。

3 （日本の地理―中部地方）

基本　(1)　ア　Aは新潟県。イは静岡県，ウは石川県，エは長野県。Bは長野県，Cは愛知県，Dは石川県，Eは静岡県になる。

(2)　Bは長野県なので，長野市の気候は中央高地のもので降水量は少なめで年間を通して気温はやや低く冬の冷え込みが厳しくなるのでイ。アは愛知県名古屋市。静岡県静岡市は愛知県名古屋市と比べると降水量が多くなる。ウは冬の降水量が多い日本海側の特徴がみられるのでDの石川県金沢市になる。

(3)　ウ　Aは県名と県庁所在地名とが異なる県の数で，中部地方では石川県金沢市，愛知県名古屋市，山梨県甲府市の3市が該当。Bは新潟県の糸魚川市と静岡県静岡市を結ぶ線がフォッサマグナの西端になる。

4 （公民―政治に関連する様々な問題）

重要　(1)　ア「社会契約論」を著したフランスの思想家はルソー。モンテスキューは「法の精神」の中で権力分立を唱えた。

(2)　エ　日本国憲法はGHQの示した改正案をかなり参考にしてはいるが，そのままではない。

(3)　ア　アイヌに関して，文化を保護する法律は戦前から存在していたが，アイヌの民族の権利を保障する法律は戦後かなりたって2019年に成立したアイヌ民族支援法が最初。　ウ　男女の性別の役割分業は，現状ではまだ解消されず女性の方が負担が大きい。　エ　ユニバーサルデザインではなくバリアフリー。

(4)　ア　現在の選挙制度では有権者資格に関しては年齢と国籍以外の制限はなく，これは地方自治の分野でも同様なので誤り。　ウ　裁判を受ける権利も請求権の一つ。　エ　憲法改正の国民投票や最高裁判事の国民審査も参政権の一つ。

5 （公民―三権に関連する問題）

基本　(1)　エ　現在の日本で国会が立法権を，内閣が行政権を，裁判所が司法権をそれぞれ握っている。

(2)　エ　三権分立制はそれぞれの権力体を他の権力体が互いにチェックしあうことで，権力の暴走を防ぎ，国民の権利が守られるようにしている。日本の場合，三権の中の立法権と行政権とが密接な関係にある議院内閣制を採用している。

(3)　イ　現行の制度では内閣総理大臣には国会で可決された法案に対しての拒否権はない。国会の議決に対して内閣総理大臣が対抗して行うことがあるのは衆議院の解散である。なお地方自治では議会の議決に対して首長が拒否権を行使することはできるが，その場合，議会が再度同様の議決をし直した場合には，首長はそれを受け入れざるを得なくなる。

重要　(4)　ア　最高裁長官を指名し，その他の裁判官の任命権を握るのは国会ではなく内閣。裁判所には他の権力体の長の指名権はない。　ウ　最高裁の裁判官の任命が適切か否かを審査する権限は国会にはなく有権者が総選挙の際に実施する。また参議院には解散はない。　エ　裁判員制度の裁判員は，地方裁判所が都道府県の選挙管理委員会がもつ有権者名簿の中から選出する。

6 （時事問題）

2020年の大統領選挙で当選しアメリカの第46代大統領となったのは民主党のジョー・バイデン。オバマ元大統領の副大統領を2009年から2017年まで務めた。歴代大統領の中で大統領になった年齢は最高齢の78歳。

★ワンポイントアドバイス★

時間，小問数の割には読む量が多いので，要領よく解いていくことが必要。記号選択がほとんどだが，問題の指示をしっかりと把握し，選択肢を選んでいくことが大事。

＜国語解答＞

【一】 (一) ① ウ　③ エ　④ ア　(二) ア・カ　(三) イ
(四) ひとつを最後までやりぬく　(五) (例) 嫌になることがあってもくやしいほど離れられず，はまりこんでしまう恐怖と快感を与えてくれる存在。(47字)

【二】 (一) a イ　b ウ　c ア　(二) X 抽象　Y 義務　(三) ウ
(四) 自分にとって未知の場所　(五) エ　(六) イ・オ

【三】 (一) ① 秩序　② 援護　③ 大胆　(二) ④ せんす　⑤ なぐさ(める)
⑥ せば(まる)

【四】 (一) 召し使われて，天下を行いき　(二) ア　(三) イ　(四) エ
(五) ウ

○推定配点○

【一】 (一) 各2点×3　(五) 10点　他 各4点×4　【二】 (一)・(二) 各2点×5
他 各4点×5　【三】 各3点×6　【四】 各4点×5　計100点

＜国語解説＞

【一】 （小説―情景・心情，文脈把握，語句の意味）

基本 (一) ①「ふうが(わりな)」と読む。直前の「ドラゴンの頭から飛ぶ」のは普通とは違っている。③「むじゃき(な)」と読む。「邪気」は悪意の意味。④「熱に浮かされる」には，他に高熱のためにうわごとを言うという意味もある。

(二) 「焼けた肌を水滴で光らせた少年」が要一であることを確認し，要一と知季の会話に注目する。直後の段落の「無断で入ってきたのを責められるのでは……と後ずさりした知季に」には，アが適当。さらに「『飛込みがしたいなら，おれがMDCに入れてやる』飛込み，なんて言葉さえ，知季はまだ知らなかった……笑いながら彼――六年前の要一は言ったのだ」には，カが適当。イの「相談に乗ってほしい」，ウの「かっこよさに惹かれて」，エの「自分に憧れて近づいてきたのだと思い」，オの「腹を立てて追い返そうとした」ことは読み取れない。

(三) 「はなむけ」は，旅立ちにあたって馬の鼻を向けたことからできた言葉。

(四) 「運命の分かれ道」について述べた文に「なんでもやりたがりの毎日」とあるので，「なんでもやりたがり」と対照的な「道」を探す。前の父親の言葉「何かひとつを最後までやりぬくってのもいいかもしれないぞ」に着目し，ここから適当な十二字の部分を抜き出す。

やや難 (五) 知季が「飛込み」について述べている部分に着目する。「当時をふりかえりながら」で始まる段落の「このコンクリート・ドラゴンに魅せられ，吸いよせられ，ぺろりと呑みこまれてぬけだせなくなってしまった。水の世界の恐怖と快感にはまりこんでしまった」や，最終段落の「なんだかんだ言いながらも結局は飛込みが好きで，水から離れられない。そんな自分がくやしかったのかもしれない」などの表現をもとにまとめる。どのような存在かと問われているので，「～存在。」の形で結ぶ。

【二】 (論説文―内容吟味，文脈把握，同義語・対義語，品詞・用法)

(一) a 「～ることができる」と言い換えられるので，可能の意味を表す。 b 自然と思えるという意味なので，自発の意味を表す。 c 他から動作を受けているので，受身の意味を表す。

(二) X 「具体」は物事がはっきりした形を備えていて直接知覚できること。対義語は物事からある要素をぬきだして把握することを意味する「チュウショウ」。 Y 「権利」は物事を自由に行うことができる資格のこと。対義語は当然しなければならない務めを意味する「ギム」。

(三) ①を含む文の冒頭に「それゆえ」とあるので，直前の文に理由が書かれている。直前の文には「現在はグーグルマップさえ携帯していれば，よほど辺鄙なところでないかぎり，基本的にどこにいても『いま・ここ』の地図を呼びだすことができる」とある。ここから，どのような場所にいても，自分が「いま」「ここ」にいると知ることができるからだとわかる。この内容を述べているウが最も適当。他の選択肢は，①を含む文の直前の文の内容にはそぐわない。

(四) 直前の「地理的な知識が曖昧な」から，自分がよく知らない場所のことを「空白地帯」としている。自分がよく知らない場所とほぼ同じ内容を示す部分を探すと，5段落に「自分にとって未知の場所」という表現があるのに気づく。

(五) ③の「〝フラット〟に並置されている」について，直後の文で「ガイドマップのように観光地や繁華街だけがピックアップされているわけではなく，何の変哲もない普通の住宅街や田舎の農村地帯も同じように見ることができる」と具体的に説明している。知っている場所も知らない場所も同じように地図上に表示されているというのであるから，エが最も適当。「〝フラット〟」は平らに，「並置」は並べて置く，という意味なので，アの「膨大な地理的データを取りそろえている」やイの「見やすいように単純化されている」，ウの「見向きもしないような場所にも価値を見出している」は合わない。

重要 (六) ④は，人々の意識が自分が今いる場所にしか向かなくなるという意味なので，イが適当。さらに，10段落の「自分の行動とはまったくむすびつかない場所のことを，よく知らないからといって，わざわざ地図を操作してまで見に行くことはしないだろう」に着目する。よく知らない場所を知ることも可能だが，自分の行動とむすびつく場所のことしか調べなくなるということになり，これが④に通じる。アの「地図の扱い方がだんだん下手になる」ことについては本文で述べていない。ウやエ，カの「想像を楽しむ時間が少なくなる」は「『いま・ここ』へと内閉していく」という表現にそぐわない。

【三】 (漢字の読み書き)

(一) ① 社会や集団などが望ましい状態を保つためのきまり。 ② 困っている人を助け守ること。 ③ 度胸があって恐れをしらないこと。

(二) ④ 「扇」の訓読みは「おうぎ」。 ⑤ 音読みは「イ」で，「慰労」などの熟語がある。 ⑥ 他の訓読みは「せま(い)」。音読みは「キョウ」で，「狭量」などの熟語がある。

【四】 (古文―内容吟味，文脈把握，文と文節，仮名遣い，口語訳)

〈口語訳〉 昔，趙の藺相如といった者は，身分の低い人であったが，その賢いことによって，趙王に呼び寄せられて，国全体の政治を指導した。

(ある時)趙王は自分の使者として，趙璧という玉を，秦の国へお贈り届けになった。その宝玉を十五の城市と交換しようと秦王が言ったので，(趙王は)相如に持たせてお贈り届ける時，他の臣下が相談して言うには，「これほどの宝玉を，相如のような卑しい者に持たせて贈り届けさせることは，(この趙の)国に人財がないと言っているようなものだ。他の臣下にとって恥である。後世に非難されることになるだろう。(秦へ行く)道中で相如を殺して，宝玉を奪い取ろう」と相談していたのを，(ある)人が，相如に告げてい言うには，「この使いを辞任して，命を守ってください」と。相如が言うには，「私は，決して使いを辞退するわけにはいきません。私は，王の使いとして，宝玉を持って秦王(の所に)向かうのに，主君にこびへつらう臣下によって殺されたと後世に知れ渡ることは，私にとっては喜びなのです。たとえ，我が身は死んだとしても，(私が)賢いという評判は残るでしょう」と言って，結局秦の国に向かった。他の家臣たちは，この(相如の)言葉を聞いて，「この人を殺すようなことがあってはならない」と，(相如の殺害を)思いとどまった。

基本 (一)　語頭以外のハ行は現代かなづかいではワ行に直す。「使はれて」は「使われて」に，「行ひき」は「行いき」と直す。

(二)　「趙璧」を「相如に持たせて」「秦の国」へ遣わしたのは，「趙王」。

(三)　直前の「これほどの宝を，相如如きの賤しき人に持たせて遣すこと，国に人なきに似たり。余臣の恥なり。後代の謗りならん」から理由を読み取る。「余臣の恥」を「自分たちの名誉にかかわる」と言い換えてるイが最も適当。アの「自分たちの身分が下がる」や，ウの「役割の重要性が理解できない」は本文の内容にそぐわない。エについては本文で述べられていない。

(四)　「敢へて」は打消しの語を伴って，決してという意味になる。「辞す」は，秦の国へ宝玉を届ける使いを辞任するという意味であることから判断する。使いを辞退するわけにはいかないとあるエの解釈が適当。

重要 (五)　最終文の「余臣，この言葉を聴いて，『この人を討ち得ることあるべからず』とて，留りぬ」に，ウが合致する。アの「その場で相如から諭された」，イの「自分たちよりも身分が高いと気づいた」，エの「反乱の計画を知った趙王は，それをやめさせる役割を」「相如に任せる」という描写は本文には見られない。

★ワンポイントアドバイス★

文法や語句の意味など基本的知識を確かなものにしておくことで，得点に結びつけることができる。その上で，練習問題などを利用して文脈を読み取る練習を重ねよう。

2020年度

★★★★★★★★★★★★★★★★★★★★★★★★★

入　試　問　題

2020年度

東海学園高等学校入試問題

【数　学】（40分）　＜満点：100点＞

1 次の各問いに答えよ。

(1) $8.7+0\div(-2.9)$ を計算せよ。

(2) $\dfrac{2x-y}{6}-\dfrac{x-2y}{4}$ を計算せよ。

(3) $\sqrt{3}-\sqrt{48}-\sqrt{300}$ を計算せよ。

(4) 二次方程式 $3x^2=x$ を解け。

(5) $x=\dfrac{11}{9}$，$y=\dfrac{15}{4}$ のとき，$(x+y)^2-(x-y)^2$ の値を求めよ。

(6) $\dfrac{1001}{78}$ を約分せよ。

2 次の各問いに答えよ。

(1) 三角形（ア）から（エ）までの中から，直角三角形であるものをすべて選んで，記号で答えよ。

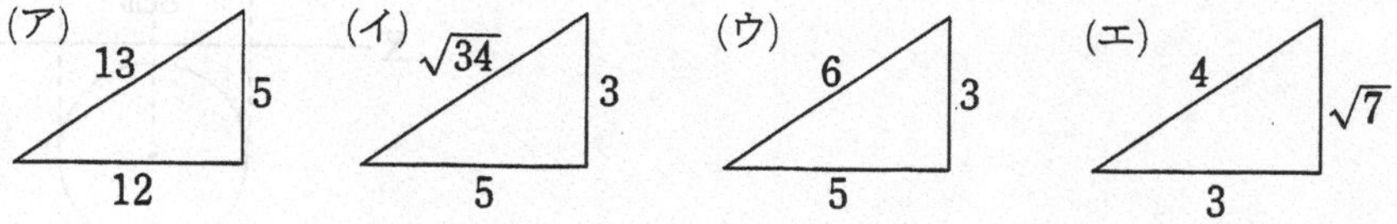

(2) 関数 $y=ax^2$ のグラフは，直線 $y=-\dfrac{1}{3}x-4$ と直線 $y=\dfrac{1}{2}x+1$ の交点を通る。このとき，a の値を求めよ。

(3) ２つのさいころを同時に投げるとき，出る目の差が２になる確率を求めよ。

(4) 袋の中にアサガオの種がたくさん入っている。この数を調べるために，種を150個取り出し，すべてに印をつけて袋に戻した。袋の中をよくかき混ぜた後，無作為に50個取り出し，印のない種と印のある種の数を数える作業を２回繰り返した。２回の結果は，下の表の通りであった。袋の中にあるアサガオの種の数はおよそ何個であると推測されるか，２回の平均値を用いて求めよ。ただし，取り出した種は，数え終わったら袋に戻し，よくかき混ぜることとする。

	印なし	印あり
１回目	32	18
２回目	38	12
平均	？	？

3　次の各問いに答えよ。

⑴　右の図の三角形ABCにおいて，印をつけた角の大きさが等しいとき，CDの長さを求めよ。

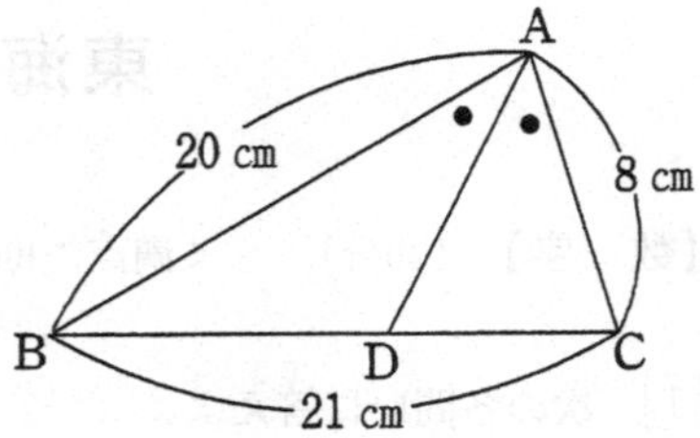

⑵　右の図の立方体ABCD－EFGHにおいて，∠CAFの大きさを求めよ。

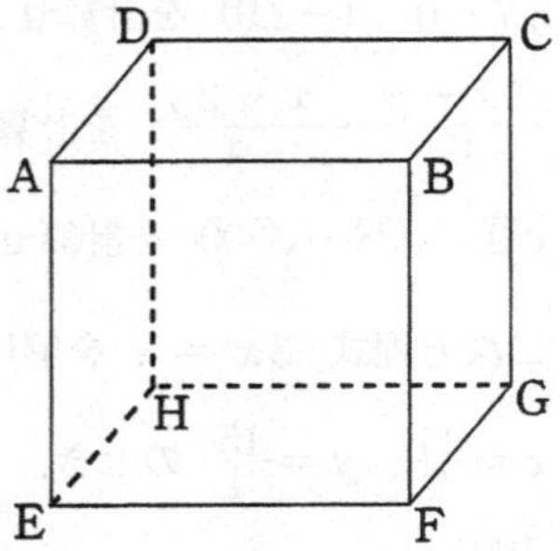

⑶　右の投影図で表される立体の表面積を求めよ。ただし，円周率はπとする。

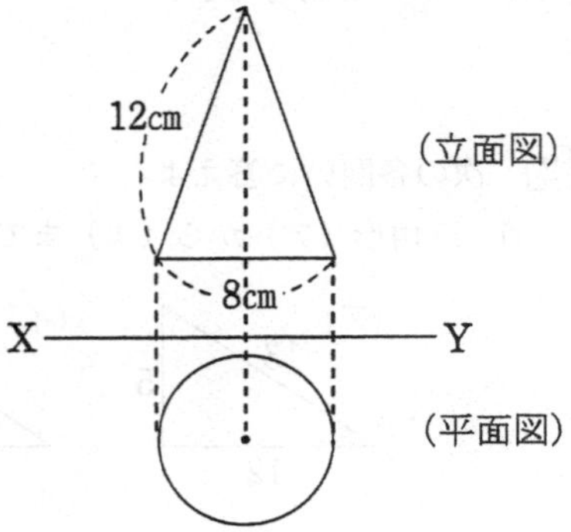

4　花子さんは買った鉛筆の総数を求めるために，生徒の人数をxとして以下の方程式を立てた。

$$3x+120=5x-50$$

⑴　花子さんが立てた方程式の意味として正しいものを（ア）から（エ）までの中から一つ選んで，記号で答えよ。

（ア）x人の生徒に鉛筆を３本ずつ配ると120本足らず，５本ずつ配ると50本足りない。

（イ）x人の生徒に鉛筆を３本ずつ配ると120本あまり，５本ずつ配ると50本あまる。

（ウ）x人の生徒に鉛筆を３本ずつ配ると120本足らず，５本ずつ配ると50本あまる。

（エ）x人の生徒に鉛筆を３本ずつ配ると120本あまり，５本ずつ配ると50本足りない。

⑵　鉛筆の総数を答えよ。

5　次のページの図において，点Aの座標は（0，6），点B，Cのx座標はそれぞれ－4，12である。また，２点A，Bを通る直線の式は$y=x+6$，２点A，Cを通る直線の式は$y=-x+6$である。点Pは，線分AC間を動き，２点B，Pを通る直線をlとする。

次の各問いに答えよ。

⑴　点Pが点（2，4）にあるとき，直線 l の式を求めよ。

⑵　△BAPと△BPCの面積の比が　1：2　になるとき，点Pの座標を求めよ。

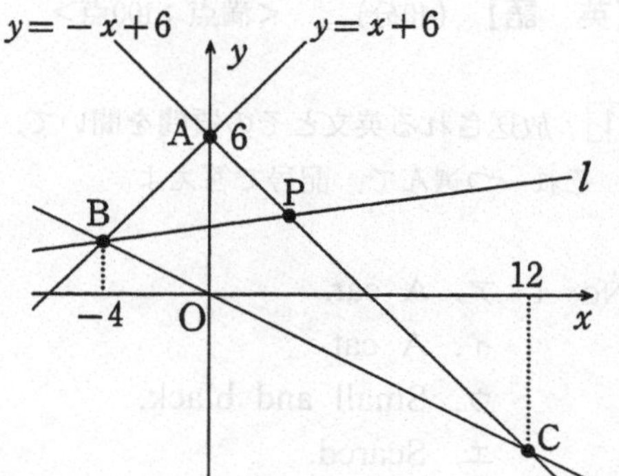

6　平面上において，AB＝40㎝，BC＝30㎝，CA＝50㎝，∠ABC＝90°の直角三角形ABC，PQ＝20㎝，QR＝30㎝ の長方形PQRSがある。

図１のように，直角三角形ABCの辺ACと，長方形PQRSの辺PQは直線 l 上にある。図２は頂点A，Pが重なっていることを表しており，図４は頂点C，Pが重なっていることを表している。直角三角形ABCは固定されており，長方形PQRSは図２の状態から動き始め，図３，図４のように直線 l に沿って矢印（→）の方向に移動する。

AP＝x㎝ とし，直角三角形ABCと長方形PQRSが重なってできる部分の面積を y ㎠とするとき，次の各問いに答えよ。

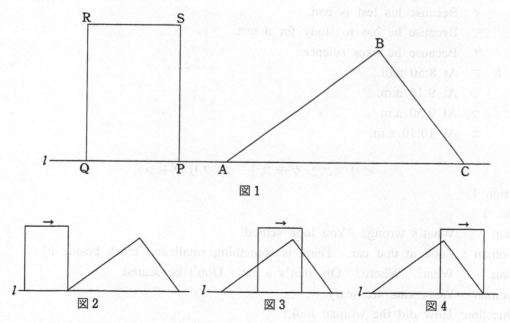

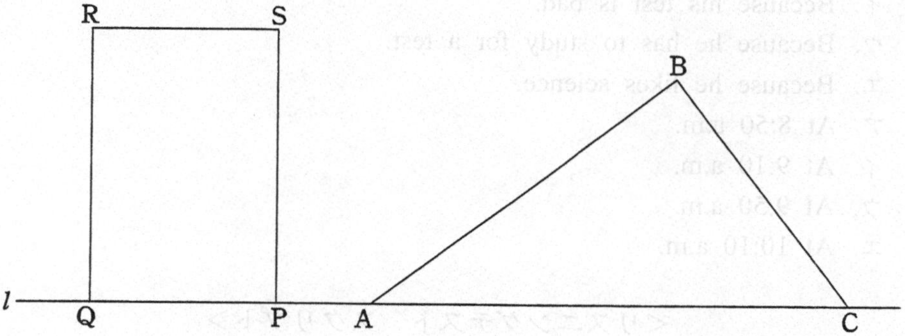

図１

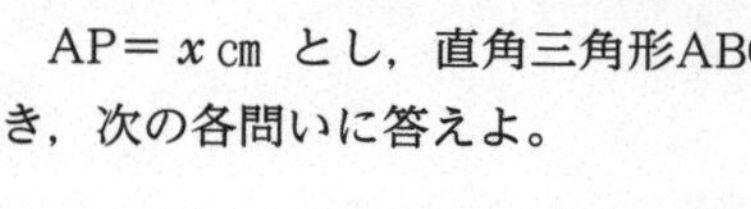

図２

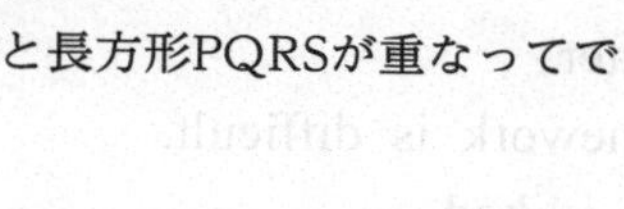

図３

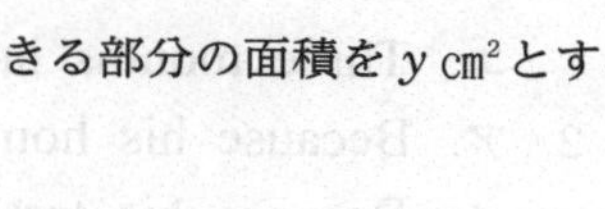

図４

⑴　点Bが長方形PQRSの辺SP上にあるとき，x の値を求めよ。

⑵　x が０㎝以上20㎝以下のとき，y ＝96㎠ となった。x の値を求めよ。

⑶　x ＝40㎝ のとき，y の値を求めよ。

【英　語】（40分）　＜満点：100点＞

[1]　放送される英文とその質問を聞いて，答えとして適切なものを，次のアからエまでの中からそれぞれ一つ選んで，記号で答えよ。

Section 1

No. 1　ア．A car.
　　　イ．A cat.
　　　ウ．Small and black.
　　　エ．Scared.

No. 2　ア．Yuko is popular.
　　　イ．Yuko likes the party.
　　　ウ．Yuko needs his help.
　　　エ．Yuko will introduce her friends.

Section 2

No. 1　ア．Next year.
　　　イ．Next month.
　　　ウ．This weekend.
　　　エ．Three months later.

No. 2　ア．Because his homework is difficult.
　　　イ．Because his test is bad.
　　　ウ．Because he has to study for a test.
　　　エ．Because he likes science.

No. 3　ア．At 8:50 a.m.
　　　イ．At 9:10 a.m.
　　　ウ．At 9:50 a.m.
　　　エ．At 10:10 a.m.

＜リスニングテスト　スクリプト＞

Section 1

No. 1

man　　: What's wrong?　You look scared.
woman : Look at that car.　There is something small and black beside it!
man　　: What?　Where?　Oh, that's a cat.　Don't be scared.
woman : Wow, cats are scary.
Question: How did the woman look?

No. 2

man　　: May I ask you a favor?
woman : Sure.　What is it?

man　: Will you invite Yuko to your party tomorrow?
She is loved by everyone and I want to be her friend. Please introduce me to her.
woman : O.K. I'll ask her.
Question: What do we learn about Yuko?

Section2

No. 1

Pi...

Hi, Saki. This is your father. Thank you for sending us an email and a video. Your mother and I enjoyed watching it yesterday. It has been 3 months since you went to Canada. Your host mother Mrs. Anderson looks kind. I am happy to hear that you're enjoying your life there. We are going to visit you next month. Please tell your host family about this. We'll see you soon.

Question: When will Saki's father come to Canada?

No. 2

My favorite subject is science. I like studying it because my teacher is fun. I don't like math because the teacher gives me a lot of homework every day. I must prepare for a math test next month, so I am nervous.

Question: Why is the speaker nervous?

No. 3

Pi...

Hello, Sandy. This is Ken speaking. I would like to tell you about the meeting tomorrow. It will start at 9:00 a.m. Please come to see me 10 minutes before the meeting. We have to talk about our school festival then. See you tomorrow.

Question: What time will Sandy and Ken meet tomorrow?

2 次の英文を読んで，以下の設問に答えよ。

During the spring vacation of her second year in high school, Takako went to Okinawa on a school trip for three days. Takako was looking forward to it very much. It was not only because she wanted to see the nature of Okinawa, but also because she wanted to visit her brother, Taro. He was living there to study science at a university. They didn't see each other for almost one year.

On the first day, Takako and her classmates got to *Naha *Airport around noon and went to a hotel by bus. After they had lunch, they visited an aquarium to watch a dolphin show. The dolphins swam very fast and jumped very high. Takako and her classmates were very excited. Then, they went back to the hotel. Before the dinner with a special traditional dance show, her teacher said to Takako, "You can go out and visit your brother instead of enjoying the show." So she went out to see her brother and had *Okinawan food with him. This was the happiest memory for her on that day.

The next day, Takako and her classmates went to a *cave in the morning. An old man taught them the history of Okinawa. He said that during the *war, this was used as a *shelter for the people around there and as a place for *treatment of people who were injured. In those days, water was very important and they needed to go to a river to get it. It was very dangerous to go out of the cave. Sometimes people were caught and never came back. ①Takako became very sad. In the afternoon, Takako and her classmates went to the war *memorial museum and **Himeyuri-no-to*. They learned the *tragic reality of the war through pictures there. They found that the young people who were as old as she lost their lives. They felt very sad again.

On the last day, they walked in a large forest park. They enjoyed the beautiful nature of Okinawa and bought some gifts for their friends and family. They had a plan to visit **Manzamo* after the forest park, but they didn't have enough time to go there. They had to go back to Nagoya. Taro went to the airport to say goodbye to Takako and her friends.

Takako really enjoyed the school trip. Okinawa is a place with traditional culture and a lot of nature. Takako got ②a lot of experiences there and spent three *precious days with her classmates. She also told her family that her brother enjoyed his university life in Okinawa. Now she wants to visit Okinawa to see her brother again and ask him to show her around his university.

（注） Naha 那覇（沖縄の都市） airport 空港 Okinawan 沖縄の cave 洞くつ war 戦争
shelter 避難所 treatment 治療 memorial 追悼の *Himeyuri-no-to* ひめゆりの塔
tragic 悲惨な *Manzamo* 万座毛（地名） precious 貴重な

問１ 下線部①の理由として適切なものを，次のアからエまでの中から一つ選んで，記号で答えよ。

ア．水をくみに行って，戻って来なかった人がいたから。

イ．洞くつが真っ暗で，転んで動けなくなったから。

ウ．ひめゆりの塔で当時の写真を見たから。

エ．洞くつの水を飲んで，体調を崩したから。

問２ 下線部②の内容を表すものとして適切でないものを，次のアからエまでの中から一つ選んで，記号で答えよ。

ア．沖縄の美しい自然に触れたこと

イ．沖縄の歴史を学んだこと

ウ．沖縄の伝統的な踊りを見たこと

エ．沖縄の料理を食べたこと

問３ 次の⑴，⑵の答えとして適切なものを，あとのアからエまでの中からそれぞれ一つ選んで，記号で答えよ。

⑴ What was the happiest memory Takako had on the first day in Okinawa?

ア．Watching a dolphin show.

イ．Staying at a nice hotel.

ウ．Learning about Okinawan culture.

エ．Seeing her brother.

⑵ Where did Takako get gifts for her family?

ア．At the hotel.　　イ．At the aquarium.

ウ．At the large forest park.　　エ．At the airport.

問4 本文の内容に合うものは○，合わないものは×と答えよ。

ア．Takako visited *Himeyuri-no-to* on the afternoon of the third day.

イ．Takako and her friends were going to visit *Manzamo* but they couldn't.

ウ．Takako saw her brother at the airport on the last day.

エ．Takako is studying science to go to the same university as her brother.

3 次の英文は，日本に住んでいるケンタ（Kenta）から，英国に住んでいるマイク（Mike）に宛てられた手紙である。その手紙を読み，以下の設問に答えよ。

September 5th

Dear Mike,

Thank you for writing a letter to me so soon. It was nice to meet you last month in the U.K. I came back to Nagoya last Sunday. I had to go back to school the next day, so I couldn't sleep well. I was very tired, but I am fine now.

I *miss the U.K. a lot. London is a very beautiful city. It has many tall buildings and many beautiful parks. Every day I think of the things which we did together. I enjoyed staying with you and your family. I went to your high school and had a very good time with your friends. It was fun to take a London bus with you, too. I also liked fishing in the lake near your home and riding a beautiful horse in the country. The most exciting event was a picnic that we had with some of your friends. After we walked through the forest, we had lunch near the beautiful river. The food was very delicious and everyone was so nice. We played soccer after lunch. I want to play with you again.

When I was in the U.K., I wanted to talk with your friends more. You and your family spoke both English and Chinese, so I was able to *communicate with you. But some of your friends spoke only Chinese and I couldn't understand them. Now I'm thinking about studying Chinese in Nagoya. I will try to write a letter in Chinese. On my next trip to the U.K., I hope I'll be able to talk with you and your friends in Chinese!

I'm sending a picture of my family with this letter. The boy on the right is my younger brother, Takeshi. He is ten years old now and wants to be a soccer player in the future.

I hope you can visit Japan and meet my family soon.

Kenta

（注） miss ～　～がなくて寂しい　　communicate　意思疎通をはかる

問１　下線部に含まれないものを，次のアからエまでの中から一つ選んで，記号で答えよ。

ア．マイクの学校を訪れたこと。

イ．ロンドンバスに乗ったこと。

ウ．マイクの家の近くにある湖で魚釣りをしたこと。

エ．フードコートで紅茶を飲んだこと。

問２　次の⑴，⑵の英文に続くものとして適切なものを，あとのアからエまでの中からそれぞれ一つ選んで，記号で答えよ。

⑴ Kenta was tired on Monday because he ＿＿＿＿＿＿＿＿＿.

ア．studied for the tests very hard

イ．did not have a good sleep

ウ．had to write a letter in English

エ．talked a lot about the trip

⑵ When Kenta went on a picnic, he ＿＿＿＿＿＿＿＿＿.

ア．slept well near the river

イ．swam in the big pool

ウ．played baseball and soccer

エ．walked through the forest and ate lunch

問３　次の英文の答えとして適切なものを，あとのアからエまでの中から一つ選んで，記号で答えよ。

What does Kenta want to do when he goes to the U.K. again?

ア．To ride a horse in the country.

イ．To study Chinese at school.

ウ．To talk with Mike and his friends in Chinese.

エ．To take a London bus.

4 次の英文の（　）に入る適切なものを，あとのアからエまでの中からそれぞれ一つ選んで，記号で答えよ。

⑴ Look at those robots (　　) the drums.

ア．player　イ．playing　ウ．played　エ．plays

⑵ Do you know where the tickets (　　)?

ア．selling　イ．sells　ウ．to sell　エ．are sold

⑶ Let's meet (　　) front of your hotel at 10:30.

ア．at　イ．on　ウ．in　エ．to

⑷ If you want to know more about Canada, ask someone (　) has been there.

ア．he　イ．which　ウ．where　エ．who

5 次の英文を（　）内の指示に従って，全文を書きかえよ。

⑴ He has three sisters.（下線部を問う疑問文に）

⑵ My mother cleaned this room yesterday.（下線部を主語にして同じ意味の文に）

6 次の各組の英文がほぼ同じ内容を表すように，（　）に入る適切な英語を答えよ。

⑴ Taro went to Australia two years ago. He is still there.
Taro (　　　)(　　　) in Australia (　　　) two years.

⑵ We don't have any boys in our class.
(　　　)(　　　) not any boys in our class.

7 次の日本語の意味になるように，［　］内の語（句）を並べかえて英文を完成させるとき，（A）と（B）に入る適切なものを，それぞれ下から選び，記号で答えよ。ただし，文頭にくる語も小文字になっている。

⑴ これは人々を楽しくさせる映画です。
This is (　　　)(　　　)(A)(　　　)(B).
[ア. makes　イ. a movie　ウ. people　エ. happy　オ. that]

⑵ レストランで食事をすることは家で食事をするよりも費用がかかる。
Eating (　　　)(　　　)(A)(　　　)(B)(　　　) at home.
[ア. at a restaurant　イ. than　ウ. expensive　エ. is　オ. more　カ. eating]

⑶ ここから名古屋駅までどのくらい時間がかかりますか。
(　　　)(A)(　　　)(B)(　　　)(　　　) here to Nagoya Station?
[ア. does　イ. long　ウ. from　エ. take　オ. how　カ. it]

⑷ ポルトガル語を理解するのは私にとって難しい。
(　　　)(　　　)(A)(　　　)(　　　)(B)(　　　) Portuguese.
[ア. me　イ. understand　ウ. to　エ. is　オ. difficult　カ. it　キ. for]

【理　科】（40分）＜満点：100点＞

[1]　次の⑴，⑵の問いに答えよ。

⑴　「生命のつながり」について説明した文として誤っているものを，次のアからオまでの中から一つ選んで，記号で答えよ。

ア　ソラマメの根の成長を観察すると，根の先端から離れた部分の細胞と比べて，根の先端に近い部分の細胞は小さいものが多い。

イ　細胞分裂の過程は，①染色体が複製，②複製された染色体が両端にそれぞれ移動，③細胞の真ん中にしきりが形成，の順で起こる。

ウ　細胞には，同じ形の染色体が２本ずつある。なお，すべての生物において，細胞に含まれる染色体の数は等しい。

エ　タマネギの根を用いて細胞分裂の核に起こる変化を観察する場合，観察する根を温めたうすい塩酸に浸して細胞と細胞の結合を切る。

オ　栄養生殖によって個体をふやすセイロンベンケイソウでは，親の個体と子の個体の遺伝子は同じである。

⑵　次の①から③の文には，正しいものと誤ったものがある。正しいものを○，誤っているものを×とすると，○と×の組み合わせとして最も適当なものを，次のアからクまでの中から選んで，記号で答えよ。

①　うすい塩酸に亜鉛板と銅板を互いの板が触れないように入れて，導線で２枚の板をつなぐと電流が流れ，銅板付近では泡が発生し，消毒液のようなにおいがした。

②　マグネシウムリボンを蒸留水に入れても反応しなかったが，水酸化ナトリウム水溶液や酢酸に入れると気体が発生した。

③　塩酸が酸性かアルカリ性であるかを調べた。塩酸に青色リトマス紙をつけると赤色に，ＢＴＢ溶液を加えると青色に変化した。

	①	②	③
ア	○	○	○
イ	○	○	×
ウ	○	×	○
エ	○	×	×
オ	×	○	○
カ	×	○	×
キ	×	×	○
ク	×	×	×

[2]　植物の体のつくりとそのはたらきについて，次の観察と実験を行った。あとの⑴から⑸までの問いに答えよ。

ある植物において蒸散がどこで起こっているのかを調べるために，葉の枚数や大きさなどの条件をそろえた枝を４本用意した。それぞれ同量の色のついた水をいれたメスシリンダーに油を少量注いだものを準備したうえ，水中で枝を切ってさし，枝についた葉について次のページの図１のような処理をほどこし，風通りがよく光が当たる場所に数時間放置した。

図１

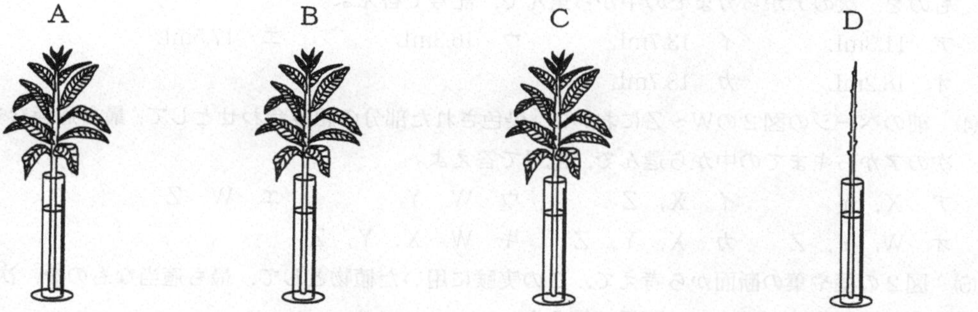

すべての葉に何も塗らない　　すべての葉の表側にワセリンを塗る　　すべての葉の裏側にワセリンを塗る　　葉をすべて取り，切り口にワセリンを塗る

実験後，色水の減少量は次の表の通りまとめられた。なお，色水の減少量を蒸散量とし，水に含まれる色は蒸散や水の吸収に影響を与えないものとする。

表

	A	B	C	D
減少した体積(mL)	x	12.5	5.0	1.2

同時に，この植物の葉と茎の断面の様子を観察してスケッチしたところ，図２のようであった。

図２

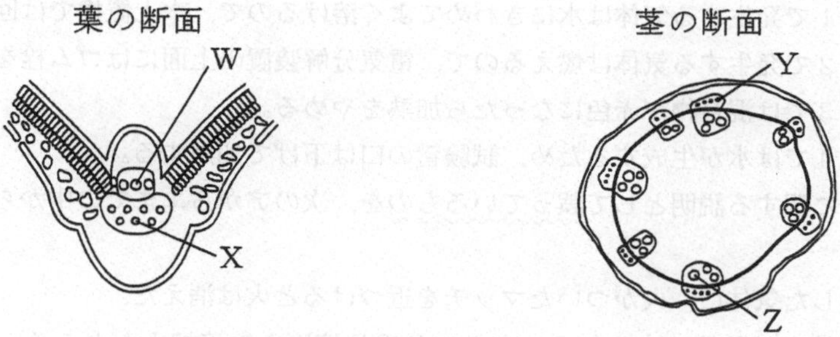

⑴　各操作についての説明として最も適当なものを，次のアからエまでの中から選んで，記号で答えよ。

ア　ワセリンを塗ることで，葉の表面からの水蒸気の吸収がさまたげられる。

イ　水中で枝を切ることで，色素が枝の中に入ることを抑えられる。

ウ　油を少量注ぐことで，メスシリンダーからの水の蒸発が抑えられる。

エ　メスシリンダーを風通りがよく光が当たる場所におくことで，酸素の吸収が早まる。

⑵　実験の考察として最も適当なものを，次のアからエまでの中から選んで，記号で答えよ。

ア　主に葉の表側で蒸散が起こっていると考えられる。

イ　茎でも蒸散が起こっていることが考えられる。

ウ　葉の表側よりも裏側からより多くの二酸化炭素を吸収すると考えられる。

エ　葉の裏側に存在する気孔の数は表側に存在する気孔の数の約2.5倍であると考えられる。

(3)　B，C，Dの結果から，前のページの表中のxの値として予想されるものとして，最も適当なものを，次のアからカまでの中から選んで，記号で答えよ。

ア　11.3mL　　イ　13.7mL　　ウ　16.3mL　　エ　17.5mL

オ　18.2mL　　カ　18.7mL

(4)　前のページの図２のW～Zにおいて，染色された部分の組み合わせとして，最も適当なものを，次のアからキまでの中から選んで，記号で答えよ。

ア　X，Y　　イ　X，Z　　ウ　W，Y　　エ　W，Z

オ　W，Y，Z　　カ　X，Y，Z　　キ　W，X，Y，Z

(5)　図２の茎や葉の断面から考えて，この実験に用いた植物として，最も適当なものを，次のアからエまでの中から選んで，記号で答えよ。

ア　ホウセンカ　　イ　イチョウ　　ウ　ゼニゴケ　　エ　ユリ

3　次の実験１から実験４について，あとの(1)から(5)の問いに答えよ。

実験１　炭酸水素ナトリウムを試験管に入れて加熱し，発生した気体を回収した。

実験２　電気分解装置にうすい水酸化ナトリウム水溶液を入れて，電気分解を行ったところ，気体が発生した。

実験３　よくすりつぶした鉄と硫黄を混合して，試験管に入れたのち，加熱した。

実験４　酸化銅と炭素の混合物を試験管に入れて，加熱した。

(1)　実験１から実験４を行う時の注意事項に関する説明として最も適当なものを，次のアからエまでの中から選んで，記号で答えよ。

ア　実験１で発生する気体は水にきわめてよく溶けるので，水上置換では回収できない。

イ　実験２で発生する気体は燃えるので，電気分解装置の上面にはゴム栓をしてはいけない。

ウ　実験３では混合物が赤色になったら加熱をやめる。

エ　実験４では水が生成するため，試験管の口は下げて加熱する。

(2)　実験１に関する説明として誤っているものを，次のアからエまでの中から一つ選んで，記号で答えよ。

ア　発生した気体に，火がついたマッチを近づけると火は消えた。

イ　実験後の試験管に水を加え，さらにＢＴＢ溶液を数滴加えたところ，緑色のまま変化しなかった。

ウ　実験後の試験管の口元に，青色の塩化コバルト紙を近づけると，赤色に変色した。

エ　発生した気体を捕集した試験管に石灰水を加えてよく混ぜると，白くにごった。

(3)　実験２の陰極で起こっている反応を，電子やイオンを用いた化学反応式で表すと次のように書ける。下線部の説明として誤っているものを，次のアからエまでの中から一つ選んで，記号で答えよ。なお，e^-は電子をあらわしている。

$$\underset{\text{ア}}{\underline{2}}\,H_{\underset{\text{イ}}{\underline{2}}}O + 2e^- \rightarrow H_2 + \underset{\text{ウ}}{\underline{2}}\,OH^{\underset{\text{エ}}{\underline{-}}}$$

ア　水分子が２個ある。　　イ　水分子１個に水素原子を２個含む。

ウ　水酸化物イオンが２個ある。　　エ　水素が電子を１個受け取っている。

⑷　化学変化に関する物質の質量の割合は一定であり，実験３の鉄と硫黄の反応では，反応する鉄と硫黄の質量の比は　7 : 4　である。鉄粉22ｇと硫黄12ｇの反応では，反応しないで残るものは鉄粉と硫黄のいずれか。また，何ｇ残るか答えよ。

⑸　実験４の反応の説明として最も適当なものを，次のアからオまでの中から選んで，記号で答えよ。

ア　酸化銅と水素が反応して，銅と水が生成された。

イ　酸化銅が還元され，炭素は酸化された。

ウ　酸化銅が酸化され，炭素は還元された。

エ　酸化銅の還元反応は起こっているが，炭素の酸化反応は起こっていない。

オ　酸化銅の酸化反応は起こっているが，炭素の還元反応は起こっていない。

4　音について，次の実験を行った。あとの⑴から⑸までの問いに答えよ。

実験　図１のように，モノコードの弦の右端を固定し，弦の左端におもりをつり下げた。駒の位置で弦の長さを，おもりをつるす数で弦の張りの強さを変え，さらに弦のはじき方の強さも変えながら，音を出した。このとき，つるすおもり１個の質量は全て等しい。出た音を一定の距離に置いたマイクロホンを使い，コンピュータの画面に表して観察した。

図１

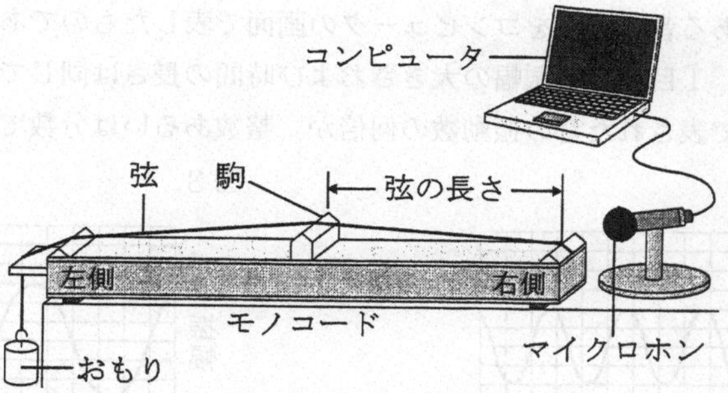

⑴　次のアからクは，音の伝わり方をまとめたものである。組み合わせとして最も適当なものを，次のアからクまでの中から選んで，記号で答えよ。

	気体の中	液体の中	固体の中	真空容器の中
ア	伝わる	伝わる	伝わる	伝わる
イ	伝わる	伝わらない	伝わる	伝わる
ウ	伝わる	伝わる	伝わらない	伝わる
エ	伝わる	伝わる	伝わる	伝わらない
オ	伝わる	伝わる	伝わらない	伝わらない
カ	伝わる	伝わらない	伝わらない	伝わらない
キ	伝わらない	伝わる	伝わらない	伝わらない
ク	伝わらない	伝わらない	伝わる	伝わらない

⑵　次のページのＡからＥの条件で音を出して実験したとき，音の高さは同じで，音の大きさが異なる組み合わせはどれとどれか。組み合わせとして適当なものを，あとのアからコまでの中から<u>すべて選んで</u>，記号で答えよ。

	はじき方	弦の長さ	おもりの数
A	強くはじく	40㎝	1個
B	強くはじく	40㎝	3個
C	強くはじく	20㎝	3個
D	弱くはじく	40㎝	1個
E	弱くはじく	20㎝	3個

ア　AとB　　イ　AとC　　ウ　AとD　　エ　AとE　　オ　BとC

カ　BとD　　キ　BとE　　ク　CとD　　ケ　CとE　　コ　DとE

⑶　弦が１秒間に振動する回数を振動数という。振動数の単位には何が使われるか。カタカナで書け。

⑷　次のアからエの条件で音を出して実験したとき，弦の振動数が最も多い場合はどれか。組み合わせとして最も適当なものを，次のアからエまでの中から選んで，記号で答えよ。

	はじき方	弦の長さ	おもりの数
ア	強くはじく	40㎝	１個
イ	強くはじく	20㎝	１個
ウ	弱くはじく	40㎝	４個
エ	弱くはじく	20㎝	４個

⑸　図２，図３は，ある音の波形をコンピュータの画面で表したものである。縦軸は音の振幅を，横軸は時間を表し，１目盛りの振幅の大きさおよび時間の長さは同じである。図２で表された音の振動数は，図３で表された音の振動数の何倍か。整数あるいは分数で答えよ。

図２

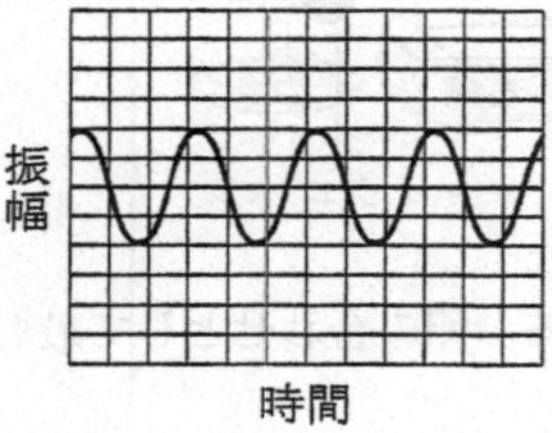

図３

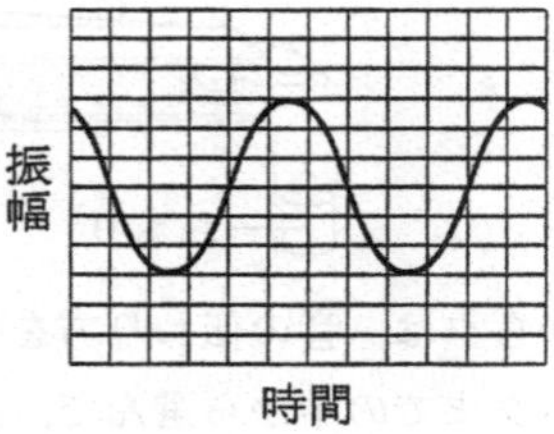

5　次の図は，日本の東北地方付近の地下のようすを表した垂直断面図である。あとの⑴から⑸までの問いに答えよ。

図

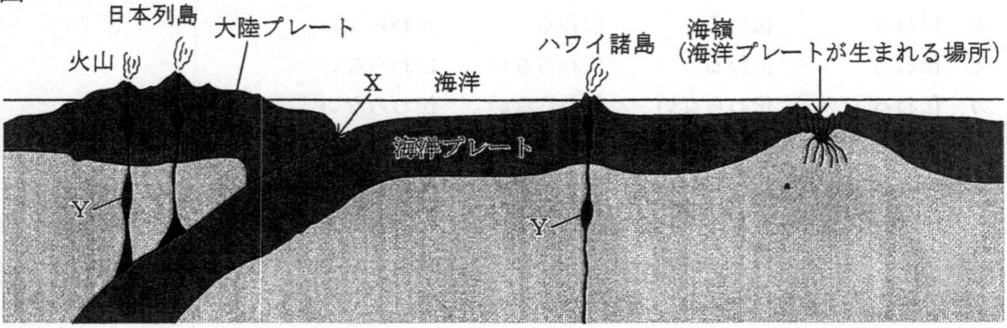

⑴　図中の大陸プレートと海洋プレートの名称について，組み合わせとして最も適当なものを，次のアからエまでの中から選んで，記号で答えよ。

ア　大陸プレート：ユーラシアプレート　　海洋プレート：フィリピン海プレート
イ　大陸プレート：ユーラシアプレート　　海洋プレート：太平洋プレート
ウ　大陸プレート：北アメリカプレート　　海洋プレート：フィリピン海プレート
エ　大陸プレート：北アメリカプレート　　海洋プレート：太平洋プレート

⑵　図中にXで示した部分は，大陸プレートと海洋プレートの境界の，海底で深い溝になっている。このような地形を何というか。その名前を書け。

⑶　図中のYで示されたものは何か。その名前を書け。

⑷　次の文は，プレートの動きによって大きな地震が発生するしくみについて述べたものである。文中のa，b，cの（　）内の正しいものを一つずつ選んで，記号で答えよ。

> 海洋プレートが大陸プレートの下に沈み込む動きをするので，大陸プレートは引きずり込まれてその先端部分がしだいに$_{a}$（ア　隆起　　イ　沈降）していき，ひずみが蓄積されてくる。そのひずみが限界に達すると，もとの状態に戻ろうとして急激に$_{b}$（ア　隆起　　イ　沈降）するため，大きな地震が発生する。
>
> こういった地震が発生する場合，海底の地形が急激に変化することで，沿岸部を襲う$_{c}$（ア　高潮　　イ　高波　　ウ　津波）が発生することもある。

⑸　図中のXで示した部分とハワイ諸島との距離は約6000㎞で，海洋プレートの動きは1年間に10㎝ほどである。このことから，ハワイ諸島がXで示した部分まで移動してくるのは約何万年後であると考えられるか答えよ。

6　次の⑴から⑶までの問いに答えよ。

⑴　仕事について説明した文として，最も適当なものを，次のアからエまでの中から選んで，その記号で答えよ。

ア　物体を手から離して落下させた場合，物体は落下距離の分だけ移動するが，力を受けていないので，物体にされた仕事は0である。

イ　荷物を持ち運ぶとき，荷物に加えた力が荷物を移動した向きと垂直な場合，この力がした仕事は0である。

ウ　道具を使うと小さな力で物体を動かすことができるため，道具を使うと仕事の大きさは小さくできる。これを仕事の原理という。

エ　物体にAさんとBさんが異なる大きさの仕事をした。AさんとBさんの仕事率が同じであるとき，仕事にかかった時間は等しくなる。

⑵　8時から15時までの1時間ごとの太陽の位置を，平らな板に固定した透明半球上に，サインペンを使って・印で記入した。次に，・印をなめらかな線でつなぎ，その線を透明半球のふちまで延長した。図1は，その結果を示したもので，S点は，太陽が南中したときの位置を，O点は透明半球の中心を示している。図1の透明半球に細長い紙をあて，記録した・印を写し取り，各点間の長さを測定した。図2は，その一部である。図1，2を参考にこの日の太陽の南中時刻を求めよ。

（図1，図2は次のページにあります。）

図１

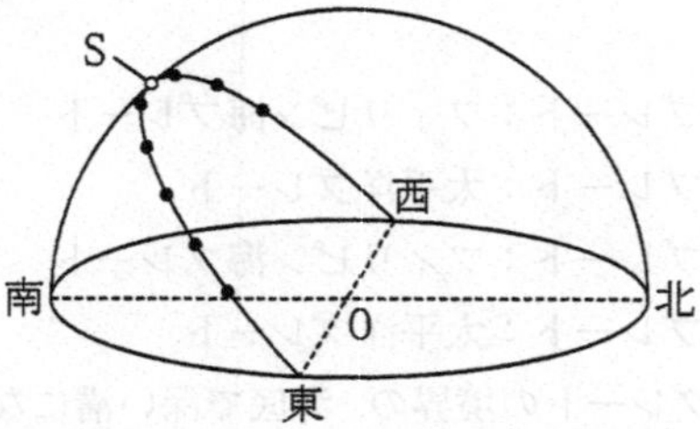

図２

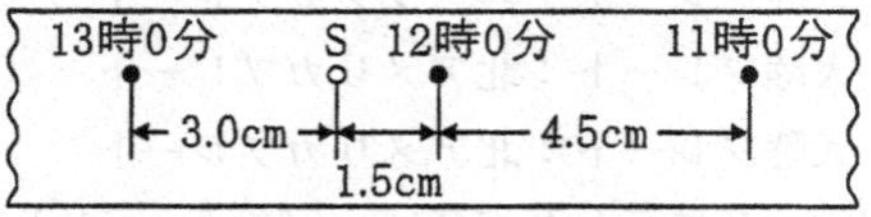

⑶　次の文はそれぞれの［実験操作・観察の内容］とその［結果・まとめ］について書かれている。実際に観察される実験結果が［結果・まとめ］と異なると予想される実験を，次のアからオまでの中から一つ選んで，記号で答えよ。

	［実験操作・観察の内容］	［結果・まとめ］
ア	二酸化炭素と酸素のちがいについて確かめるため，それぞれの気体を試験管に４本ずつ集め，集めた気体の性質を調べた。１本はにおいをかぎ，１本は火のついた線香を，１本は石灰水を入れ，１本はＢＴＢ溶液（緑色）を加えて，二酸化炭素と酸素の性質の違いを観察した。	においはどちらの気体についても無臭であったが，火のついた線香や石灰水を入れた場合やＢＴＢ溶液（緑色）を加えた場合，二酸化炭素と酸素では全く違う性質を示した。
イ	コイルと磁石による電流の発生について確かめるため，棒磁石，検流計と巻き数のみが異なる２個のコイルを準備し，コイルと検流計をそれぞれつないで実験を行った。	コイルに棒磁石を出し入れしたところ，検流計の針が振れることを確認した。２個のコイルのうち，巻き数の多い方が検流計の振れ幅が大きくなった。
ウ	植物と動物の細胞のつくりを確かめるため，オオカナダモとほおの内側の細胞を準備し，そのままプレパラートを作って顕微鏡で観察を続けた。	オオカナダモの細胞は，ほおの細胞に比べて大きく，葉緑体と思われる粒状のものや，細胞壁と思われる境界の線がはっきり観察できた。また，互いの細胞から，核と思われる丸いものがはっきり観察できた。
エ	天気の変化を確認するため，３日分の気象データと天気図を用意し，翌日の天気を予想した。西高東低の気圧配置で寒冷前線が通過するようにみえた。	与えられた天気図から，寒冷前線の通過が予想されるため，短時間で比較的強い雨が降り，また，寒冷前線の通過後は北からの風が吹き，気温が下がると思われる。
オ	斜面を下る台車の速さがどのように変化するかを調べるため，記録タイマーを用いて記録した。	斜面を下る台車の0.1秒間の移動距離は，時間とともに大きくなっていく事が確認できた。また，傾きをより大きくして同じ実験を行うと，0.1秒間の移動距離はより大きくなることがわかった。

【社　会】（40分）　　＜満点：100点＞

1　次のⅠ～Ⅳの文章を読み，あとの⑴から⑻の問いに答えよ。

Ⅰ　かつて人々は，自分が欲しいものを手に入れるために相手が欲しいものと交換をする，物々交換をおこなっていた。しかし，お互いの欲しいものが一致しないこともあり，やがて，米や布など，一定の価値があり，その価値を保存できるものが交換手段（物品貨幣）として使われるようになった。古代中国では，貝が用いられたことから，「貨」「買」「購」「販」など，お金に関係する漢字には「貝」がつくものが多くみられる。その後，金属が貨幣として使われるようになり，紀元前221年に中国を統一した秦の始皇帝の時代には，半両銭と呼ばれる，①円形で，四角い穴のあいた貨幣がつくられ，この形状はその後も受け継がれた。

日本では，中国の開元通宝にならって７世紀後半につくられた富本銭が，日本最初の銭貨（銅銭）と考えられている。また，律令政府は，平城京遷都に必要な莫大な経費を確保するため，708年に和同開珎を発行した。和同開珎から958年に発行された乾元大宝までの12種類の銭貨は②皇朝十二銭（本朝十二銭）と呼ばれるが，銅の不足もあって品質は次第に低下し，小型化していった。

⑴　下線部①について，次の写真Ａ～Ｅは，文中に記された５つの貨幣のいずれかである。これらを古いものから時代順に並び変えたものとして正しいものを，あとのアからエまでの中から一つ選んで，記号で答えよ。

Ａ　Ｂ　Ｃ　Ｄ　Ｅ

ア　Ａ　→　Ｂ　→　Ｅ　　　イ　Ｂ　→　Ａ　→　Ｃ
ウ　Ｃ　→　Ａ　→　Ｄ　　　エ　Ｄ　→　Ｂ　→　Ｅ

⑵　下線部②について，皇朝十二銭（本朝十二銭）が発行された期間の出来事として正しいものを，次のアからエまでの中から一つ選んで，記号で答えよ。

ア　藤原道長が４人の娘を天皇のきさきとして，権力を握った。
イ　坂上田村麻呂が太政大臣に任命され，東北地方の蝦夷と戦った。
ウ　墾田永年私財法が出され，新たに開墾した土地の私有が認められた。
エ　十七条の憲法が出され，役人の心構えが示された。

Ⅱ　乾元大宝の発行が中止された後，日本では約600年間，正式な貨幣はつくられなかった。米や布などの物品貨幣も用いられたが，次第に，③日宋貿易や日明貿易で輸入された銅銭が広く使われるようになった。しかし，輸入銭だけでは貨幣が不足したため，中国の銅銭をまねた私鋳銭（しちゅうせん）が日本国内で大量につくられた。これらは品質の悪いものが多く，悪銭・鐚銭（びたせん）などと呼ばれた。

約600年ぶりに正式な貨幣をつくったのは豊臣秀吉である。世界最大の金貨とされる天正大判がつくられたが，これは贈答用であり，通常の取り引きでは，これまで通り輸入銭や物品貨幣が用いられていた。

④江戸時代には，商業が発達し，貨幣の流通もさらに拡大した。江戸幕府は，金貨・銀貨・銭貨の三貨を発行した。金貨は「１両＝４分」，「１分＝４朱」の四進法で計算された。銀貨は重さをはかって使用する秤量貨幣（しょうりょうかへい）であった。また，各地の大名は，財政が苦しくなる中で，藩内でのみ通用する藩札（はんさつ）を発行するところも多かった。

⑶ 下線部③について，日宋貿易や日明貿易がおこなわれた時期に関する説明として，最も適当なものを，次のアからエまでの中から選んで，記号で答えよ。

ア 平清盛が積極的におこなった日宋貿易では，倭寇と区別するために勘合が用いられた。

イ 宋に渡った法然や親鸞は，座禅による厳しい修行で自ら悟りを開こうとする禅宗を伝えた。

ウ 鎌倉幕府の滅亡後，建武の新政をおこなった後醍醐天皇によって，日明貿易が開始された。

エ 室町幕府は，金貸しを営んで栄えていた土倉や酒屋に税を課すことで大きな収入を得た。

⑷ 下線部④について，江戸時代の商業の発達に関する説明として誤っているものを，次のアからエまでの中から一つ選んで，記号で答えよ。

ア 東北・北陸地方の年貢米を大阪に輸送するため，西まわり航路が開かれた。

イ 全国の商業の中心地であった江戸は，「天下の台所」と呼ばれた。

ウ 問屋や仲買などの大商人は，株仲間という同業者組織をつくって営業を独占した。

エ 北陸や西日本の諸藩は大阪に蔵屋敷を置き，年貢米や特産物を販売した。

Ⅲ 明治政府が1871年に制定した新貨条例によって，「円・銭・厘」を単位として，「１円＝100銭」，「１銭＝10厘」とする十進法が採用され，10円金貨や１円銀貨などがつくられた。紙幣については，1868年に太政官札（だじょうかんさつ）が発行されて以降，いくつかの紙幣が発行されていたが，1882年に設立された日本銀行が紙幣を発行できる唯一の機関とされ，1885年には初めての「日本銀行券」が発行された。

日本は，欧米諸国にならって，貨幣の価値を「金（きん）」と連動させる金本位制を目指したが，すぐには達成できなかった。1897年の貨幣法によって，ようやく「１円＝金0.75ｇ」とする⑤金本位制が確立し，金と交換することができる日本銀行券も新たに発行された。しかし，世界中で経済状況が悪くなると，世界の主な国々は次々と金本位制をやめていった。日本も1931年に金本位制をやめ，貨幣の価値を「金」に求めるのではなく，流通量をコントロールすることで安定させる管理通貨制度に移行していった。

⑥第二次世界大戦が長期化し，金属が不足した日本は，貨幣の材料を切りかえたり，穴をあけたり小型化するなどして，材料を節約しながら貨幣を鋳造していた。戦争末期には，「せともの」を材料とした貨幣（陶貨）までつくられたが，発行されることなく終戦を迎えた。

⑸ 下線部⑤について，日本が金本位制を確立することができた要因として，最も適当なものを，次のアからエまでの中から選んで，記号で答えよ。

ア 日清戦争に勝利し，多額の賠償金を得たため。

イ 第一次世界大戦が勃発し，日本の経済は大戦景気と呼ばれる好景気を迎えたため。

ウ 日本が国際連盟の常任理事国となり，国際的な信用が高まったため。

エ 日露戦争に勝利したことで，国際的な信用が高まったため。

⑹ 下線部⑥に関する次の文Ｘ・Ｙについて，その正誤の組合せとして正しいものを，あとのアか

らエまでの中から一つ選んで，記号で答えよ。

X　日本がアメリカの海軍基地を攻撃したミッドウェー海戦によって，太平洋戦争が始まった。

Y　日本がポツダム宣言を受け入れて降伏をすると，同盟国であったイタリアやドイツも，まもなく降伏をした。

ア　X　正　Y　正

イ　X　正　Y　誤

ウ　X　誤　Y　正

エ　X　誤　Y　誤

Ⅳ　1953年に制定された「小額通貨の整理及び支払金の端数計算に関する法律」（いわゆる小額通貨整理法）により，１円未満の紙幣や硬貨の発行が停止され，その後再び発行されることはなかった。現在，銭や厘は計算上の単位としてのみ使用されている。

2019年４月，紙幣のデザインが2024年から変更されることが発表された。現在は，⑦千円札が野口英世，五千円札が樋口一葉，一万円札が福沢諭吉の肖像であるが，新紙幣では，千円札が北里柴三郎，五千円札が津田梅子，一万円札が渋沢栄一に変更される予定となっている。

また，2000年に発行が開始された二千円札には，沖縄の守礼門が図柄として採用されている。⑧守礼門は，琉球王国の首里城に16世紀に建てられた門であり，沖縄戦で焼失したが，現在は再建され，多くの観光客が訪れる場所となっている。

⑺　下線部⑦について，紙幣の肖像に採用された人物に関する説明として，誤っているものを，次のアからエまでの中から一つ選んで，記号で答えよ。

ア　福沢諭吉は，『坊っちゃん』や『吾輩は猫である』など，個人の生き方を深く見つめる作品を多く残した。

イ　北里柴三郎は，細菌学の研究に取り組み，破傷風の血清療法を発見し，伝染病研究所を設立した。

ウ　津田梅子は，岩倉使節団に同行してアメリカに渡り，日本に帰国したのちは女子英学塾を設立するなど，女子教育の発展に力を尽くした。

エ　渋沢栄一は，富岡製糸場の建設や，大阪紡績会社など500に及ぶ企業の設立に関わり，近代産業の発展に力を尽くした。

⑻　下線部⑧について，琉球・沖縄に関する説明として，誤っているものを，次のアからエまでの中から一つ選んで，記号で答えよ。

ア　15世紀初め，中山王の尚氏が，北山・中山・南山の三つの王国を統一して，首里を都とする琉球王国を建てた。

イ　17世紀初め，琉球王国は薩摩藩に武力で征服されて服属し，江戸幕府の将軍の代替わりや，琉球国王の代替わりごとに，使節を江戸に派遣した。

ウ　1871年の廃藩置県とともに沖縄県が設置され，最後の琉球国王であった尚泰は東京へ移住させられた。

エ　戦後の沖縄は，サンフランシスコ平和条約の締結後もアメリカによる統治が続いたが，1972年，佐藤栄作首相のときに日本への本土復帰が実現した。

2 次の文章を読み，あとの⑴から⑶の問いに答えよ。

世界には様々な川がある。コロンビアの「キャノ・クリスタレス」は，世界で最も美しい川といわれている。それは，雨季と乾季の間だけ発生する植物などによって，川の色が5色に変化して見えるからだ。また沖縄の「塩川」は，日本で唯一塩分濃度の高い水（塩水）が流れている。この「塩川」は，1972年5月15日の沖縄返還当日に，国の天然記念物に指定された。世界でも，源流から塩水の流れる川は，沖縄とプエルトリコにしかないといわれている。また北海道には「ヤリキレナイ川」など，珍しい名前を持つ川もある。

川の長さについては諸説あるが，世界では「ナイル川」「アマゾン川」「長江」「ミシシッピ川」が上位の4つになるといわれている。なかでも「アマゾン川」については，流域面積が他の川の2倍以上あり，世界一大きな川といえる。日本では，「信濃川」「利根川」が300キロを超える長さを持っている。「信濃川」は（A県）から（B県）に流れて，日本海に注いでいる。ちなみに（A県）では，「信濃川」とは呼ばれず「千曲川」と呼ばれている。

⑴ 文章中に出てくる川が，流れていない州はどれか。次のアからエまでの中から一つ選んで，記号で答えよ。

ア ヨーロッパ州　**イ** アフリカ州　**ウ** アジア州　**エ** アメリカ州

⑵ 文章中の（A県）と（B県）の組合せとして正しいものを，次のアからエまでの中から一つ選んで，記号で答えよ。

ア （A県）群馬県　（B県）富山県
イ （A県）長野県　（B県）富山県
ウ （A県）群馬県　（B県）新潟県
エ （A県）長野県　（B県）新潟県

⑶ 日本の47都道府県名のうち「川」の字がつくものはいくつあるか，次のアからエまでの中から一つ選んで，記号で答えよ。

ア 1つ　**イ** 2つ　**ウ** 3つ　**エ** 4つ

3 次の北海道に関する文章を読み，A，B，C にそれぞれあてはまる用語の組合せとして正しいものを，あとのアからエまでの中から一つ選んで，記号で答えよ。

北海道は，もともと先住民族である A の人たちが住んでいた土地です。農耕しにくい気候や地形であったため，人々は主に漁や狩りをして暮らしていました。しかし，明治時代になると屯田兵などによって大規模な開拓が行われ，先住民族は土地を奪われ，人口も減少していきました。その後，現在では先住民族の伝統的な音楽や踊り，生活習慣などを将来へ引き継いでいくための取り組みも行われています。

北海道の気候を特徴づけるのは長い冬です。平地でも11月には初雪が降り，4月ごろまで雪が残ります。日本海側は特に積雪量が多く，1日の最高気温が0℃に満たない真冬日が多いために，降った雪も解けにくいのです。こうした多雪への対策として，排雪作業が行われ，雪を河川に流入させる流雪溝や，雪をためておく雪堆積場が作られています。また道路の B や，下水処理水や清掃工場の余熱などを利用した融雪槽（ゆうせつそう）なども整備されています。

気温が低く，農業に適していない泥炭地が広がる北海道は，もともと稲作には不向きな地域でした。しかし，品種改良で寒さに強い稲を生み出したり，水田に適した土を泥炭地に運び入れて土地を改良したり，排水施設の建設を進めたりして，稲作を発展させてきました。その結果，現在では新潟県と１位，２位を争うほどの米の生産地になっています。また［C］台地や十勝平野では，夏のすずしい気候や広い土地を生かし，牧草などの飼料を生産しながら，乳牛を飼育する酪農が盛んです。

ア	［A］アイヌ	［B］ロードヒーティング	［C］根釧
イ	［A］ハヤト	［B］セントラルヒーティング	［C］石狩
ウ	［A］ハヤト	［B］ロードヒーティング	［C］根釧
エ	［A］アイヌ	［B］セントラルヒーティング	［C］石狩

4 次の文章を読み，あとの表１，２を見て，誤っている文を，下のアからエまでの中から一つ選んで，記号で答えよ。

世界の人々は，それぞれの地域の環境に合わせて生活しています。したがって，食べ物も地域の特性を生かしたものが多くあります。世界各国の煮込み料理も様々です。

温暖な気候の南アジアや東南アジアでは豊富な香辛料が栽培され，各地でカレーが食べられています。一言でカレーといっても，各地域で様々なカレーが食べられています。インドではヒンドゥー教徒が多く，約13億人の人口の８割ほどがヒンドゥー教徒と言われています。ヒンドゥー教徒にとって，牛は神聖な動物として考えられているため，ビーフカレーは食べません。また，インドには全人口の約14%のイスラム教徒も生活しているため，イスラム教徒が不浄の動物としている豚肉や豚のエキスを使用することは，非常に気をつけられています。したがって，カレーに使われる肉類は，鶏肉や羊肉が多くなっています。そして，インド国内でもカレーの種類は様々です。インド北部では乾燥している地域で小麦がよく育ち，チャパティと呼ばれる小麦粉をこねて焼いたものが主食として食べられます。また気候も寒冷な地域があり，牛乳や生クリーム，バターを使った脂肪分の高いカレーが好まれていると言われています。一方，インド南部は年間を通して暖かく，河川も多いため稲作に適しているので，主食は米です。また，インド南部のカレーには魚介類や豆類が多く使われます。そして気温も高いため，水分量やスパイスを多く利用して食欲を増進するものとなっているそうです。タイ料理でもタイカレーが食べられていますが，これは外国人がその形状からカレーと名付けただけで，タイでの正式名称はゲーンと言います。このゲーンでは，シュリンプペーストと呼ばれる，塩漬エビをすりつぶしたものが使われるほか，ココナツミルクが使われることも大きな特徴です。またタイでは，トムヤムクンという，辛くて酸味のあるエビのスープも有名です。タイの多くは仏教徒で，主食は米です。

ポルトガル，ブラジル，東ティモールなどにはフェジョアーダと呼ばれる煮込み料理があります。これは，豆と牛肉・豚肉などを煮込んだ料理で，ポルトガルとその旧植民地で食べられています。一説では，アフリカから連れてこられた奴隷たちが，豚肉の余り部分である耳や鼻や内臓を入れて作ったことが起源とされています。ブラジルと同じ中南米にあるメキシコには，チリコンカンと呼ばれる煮込み料理があり，これは肉と豆をトマトとチリ（唐辛子）パウダーで煮込んだもので，チリコンカンとは，そのまま「肉入り唐辛子」という意味のようです。メキシコでは，とうもろこしを原料としたトルティーヤが主食として，よく食べられます。

表１：(2013 年)

	国名	万トン	%
牛肉の輸出	ブラジル	168	15.0
	インド	156	14.0
	オーストラリア	150	13.4
	アメリカ	109	9.7
	ニュージーランド	48	4.3
	世界計	1 117	100.0
牛肉の輸入	アメリカ	97	9.4
	ロシア	83	8.1
	日本	70	6.8
	ベトナム	53	5.2
	世界計	1 029	100.0

（「データブックオブザワールド 2018」より作成）

表２：(2014 年)

牛肉の生産（万トン）		牛の頭数（万頭）	
アメリカ	1 145	ブラジル	21 237
ブラジル	972	インド	18 700
中国	655	中国	11 397
アルゼンチン	267	アメリカ	8 853
オーストラリア	259	エチオピア	5 671
メキシコ	183	アルゼンチン	5 165
世界計	6 468	世界計	147 453

（「データブックオブザワールド 2018」より作成）

ア　世界には様々な煮込み料理が存在し，合わせて食べる主食についても，その地域の気候にあった作物から作られている。

イ　タイはヒンドゥー教徒が多く，肉食を禁じられているため，牛乳ではなくココナツミルクを使用するゲーンが食べられている。

ウ　インドには２億人弱のイスラム教徒がおり，牛肉の輸出や飼育されている牛の頭数は世界２位の数値になっている。

エ　牛肉の生産や牛の頭数では，南北アメリカ大陸の国々で上位６国のうちの半数以上を占めている。

5 次の文章を読み，あとの⑴，⑵の問いに答えよ。

第14回20か国・地域首脳会合（以下G20）が，2019年６月28・29日に大阪で開催されました。20か国は，日本（東経135度とする）・中国・韓国・インドネシア・サウジアラビア（東経45度とする）・トルコ・インド・アメリカ（西経100度とする）・カナダ・メキシコ・ブラジル（西経45度とする）・アルゼンチン・イギリス・フランス（東経15度とする）・ドイツ・イタリア・ロシア・欧州連合・オーストラリア・南アフリカ共和国。その他にも，東南アジア諸国連合や世界貿易機関といった組織や機関も招待されています。

東さん：大阪で行われたG20のことなんだけど，何か覚えてる？

学くん：う～ん，はっきり言って，あんまり覚えてないなぁ。ニュースで見たけど，「首都高速道路が閉鎖されて，困るわ～」っていう市民の声は覚えているよ。

東さん：そうかぁ。確かにあまりニュースでも内容については触れられていなかったよね。でも例えば，安倍首相は昨年１月にスイスで開かれた，世界経済フォーラムで，「大阪G20を世界的なデータガバナンスの始まった機会にしたい」と言っていたのよ。

学くん：「データガバナンス」？

東さん：そうねぇ，「情報についての国際的な取り決め」のようなものかな。いま，世界中では大量の情報が蓄積されているけど，その管理や使い方は国ごとにルールが全然違うの。情報化社会って言われているのにね。

学くん：確かに。情報技術が国家で管理されたり，民間企業で管理されたり，それぞれの国によってルールはたくさんありそうだね。

東さん：もしそれらが，共通のルールで相互利用できたら，医療の世界なんかは，ものすごいスピードで発展すると思うわ。

学くん：あ，そうだ！一つ思い出した。たしか，G20の最中にアメリカのトランプ大統領が，「北朝鮮（朝鮮民主主義人民共和国）の金委員長と２分間だけなら会える」と発言していたよ。

東さん：そうそう。突然のことだったけど，G20翌日の６月30日に，板門店で会談を行ったわね。こういった機会が，世界平和につながればいいけど…。

学くん：日本と韓国の関係も最悪だなんて言ってるけど，こういう時こそ非政府組織が活躍したり，僕たち国民一人一人の平和への願いが大切だよね。

⑴　次の**ア**から**エ**のうち，文章中に出てこない組織・機関はどれか，一つ選んで記号で答えよ。

ア　EU　　**イ**　ASEAN　　**ウ**　WHO　　**エ**　NGO

⑵　日本で６月29日の午前７時のとき，６月28日の午後11時の国はどれか，次の**ア**から**エ**までの中から一つ選んで，記号で答えよ。（ただし，サマータイムについては考えないものとする）

ア　アメリカ

イ　サウジアラビア

ウ　ブラジル

エ　フランス

6　次のA，B，C，Dの写真と，あとの①から④の文の組合せとして正しいものを，下のアからクまでの中から一つ選んで，記号で答えよ。

A

B

C

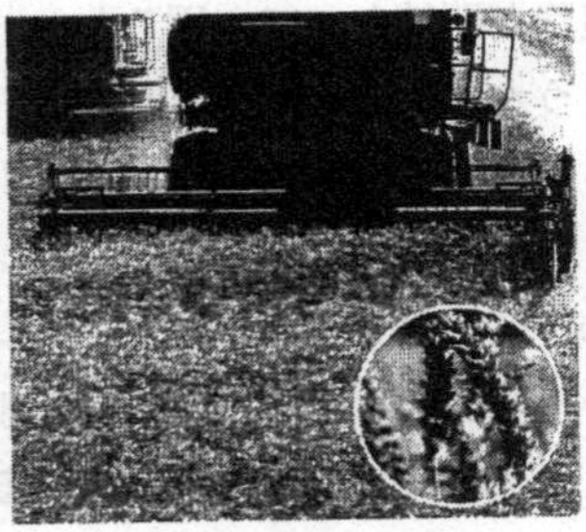

D

① サトウキビは南米でよく作られ，砂糖やアルコールの原料になる。また，バイオ燃料（バイオエタノール）という，石油に代わるエネルギー源として使用されている。

② ヨーロッパ北部では小麦やライ麦といった穀物栽培と，家畜の飼育を組み合わせる混合農業が発達した。フランスは国土の大部分が平地で，小麦生産の中心になっている。

③ 東南アジアでは，植民地時代に天然ゴムやコーヒーなどを大規模に生産するためプランテーションがつくられた。第二次世界大戦後，それは現地の人々によって経営されるようになった。

④ オーストラリアの内陸部分は乾燥した地域が広がっており，ユーカリの木などがまばらに生えた草地や砂漠が広がっている。また，羊の飼育が盛んであり，羊毛はおもな輸出品となっている。

ア　Aと②　**イ**　Aと③　**ウ**　Bと①　**エ**　Bと④　**オ**　Cと②　**カ**　Cと③
キ　Dと①　**ク**　Dと④

7　次の(1)から(4)の問いに答えよ。

(1) 司法制度改革について述べた文のうち，誤っているものを，次のアからエまでの中から一つ選んで，記号で答えよ。

ア　法テラスの仕事は，無料で法律相談を行ったり，弁護士の費用の立てかえなどを行ったりすることである。

イ　取り調べの可視化とは，被疑者や被告人の取り調べを録画・録音し，事後の確認を可能にすることをいう。2016年に一部の事件で義務づける法律が成立した。

ウ　国民の司法参加実現のために，裁判員制度が導入された。第一審が裁判員裁判だった場合は，第二審も裁判員裁判となる。

エ　被害者参加制度とは，犯罪の被害者などが，被告人に対する質問を行うなど，刑事裁判に直接参加する制度である。

⑵　刑事裁判について述べた文のうち，誤っているものを，次のアからエまでの中から一つ選んで，記号で答えよ。

ア　実刑判決が出ても，事情に応じて執行猶予が付くことがある。

イ　警察官は検察官が出す令状がなければ，逮捕や捜索を行うことはできない。

ウ　簡易裁判所の控訴審は高等裁判所である。

エ　弁護人は，原則として弁護士が務める。

⑶　裁判所について述べた文のうち，最も適当なものを，次のアからエまでの中から選んで，記号で答えよ。

ア　内閣は行政裁判によって，裁判所の制限を受ける。

イ　裁判所は違憲審査権を持っているので，下級裁判所も含めて「憲法の番人」と呼ばれる。

ウ　民事裁判で訴えられた人を被告人と呼ぶ。

エ　殺人事件でも，簡易裁判所が第一審となる場合がある。

⑷　最高裁判所について述べた文のうち，最も適当なものを，次のアからエまでの中から選んで，記号で答えよ。

ア　弾劾裁判所は最高裁判所のなかに設けられる。

イ　最高裁判所の長官が，他の裁判官を任命する。

ウ　最高裁判所の裁判官は，就任して最初の総選挙と，前回の審査から10年後以降の総選挙の際に国民審査される。しかし，これまでに辞めさせられた裁判官は一人もいない。

エ　最高裁判所の大法廷は11人で構成される。

8　次の文章を読み，あとの⑴から⑷の問いに答えよ。

政府（国・地方公共団体）の経済活動を財政という。政府は税金によって収入を得て，①社会保障や公共事業などの形で支出を行う。

税金には，②国が集める国税と，地方公共団体が集める地方税がある。また，納税者と担税者（税金を負担する人）が一致する税金を直接税，一致しない税を間接税という。

そして，税金は，国民の間で公平に負担されなければならないとされており，③所得税や相続税には所得が多くなればなるほど高い税率を適用する累進課税の方法がとられている。それに対して，④消費税などの間接税はその人の所得に関係なく同じ商品には同じ金額の税金を負担することになっている。

税金の制度は，複数の税金をうまく組み合わせることで全体として公平性を確保しなければならない。

⑴　下線部①について，日本の社会保障制度として，適当でないものを，次のアからオまでの中から一つ選んで，記号で答えよ。

ア　公衆衛生　　イ　公的扶助　　ウ　社会資本　　エ　社会保険　　オ　社会福祉

⑵　下線部②について，国税と地方税の組合せとして，最も適当なものを，次のページのアからカまでの中から選んで，記号で答えよ。

ア　国税…自動車税　　地方税…揮発油税
イ　国税…消費税　　　地方税…所得税
ウ　国税…事業税　　　地方税…相続税
エ　国税…法人税　　　地方税…固定資産税
オ　国税…入湯税　　　地方税…贈与税
カ　国税…たばこ税　　地方税…酒税

⑶　下線部③について，日本の所得税の累進課税は右の表のようになっている。課税対象所得額が600万円の場合，所得税額はいくらになるか，最も近い金額のものを，次のアからエまでの中から選んで，記号で答えよ。

課税対象所得額	税率
195 万円以下	5 %
195 ～ 330 万円以下	10 %
330 ～ 695 万円以下	20 %
695 ～ 900 万円以下	23 %
900 ～ 1800 万円以下	33 %
1800 ～ 4000 万円以下	40 %
4000 万円超	45 %

ア　12万円
イ　77万円
ウ　120万円
エ　180万円

⑷　下線部④の消費税は2019年10月より標準税率が10%に引き上げられたが，酒類以外の飲食料品や新聞の一部などについては８%のままとなっているが，この税率のことを何というか。最も適当なものを，次のアからエまでの中から選び，その記号で答えよ。

ア　特定税率　　イ　プレミアム税率　　ウ　追徴税率　エ　軽減税率

9　2019年にノーベル化学賞を受賞した吉野彰さんは，スマートフォンやノートパソコンに使用される「大容量電池」の発明に大きく貢献した。この電池を一般に何というか。カタカナ７文字で答えよ。

その説明として最も適当なものを、次のアからエまでの中から選んで、記号で答えなさい。

ア　貫之の和歌を理解した馬が、自分への思いに感動したから。
イ　貫之が詠んだ和歌を聞いた明神が、貫之の無礼を許したから。
ウ　貫之の状況を知った禰宜が、特別な方法で生き返らせたから。
エ　貫之の和歌を納めた神社が、馬の守り神を祀《まつ》る神社だったから。

り。いかなる事にかと驚き思ひて、火のほかげに（松明《たいまつ》の光で）見れば、神の鳥居《とりゐ》の見えければ、「いかなる神のおはしますぞ」（何神様の御社殿ですか）と尋ねければ、「これは、ありどほしの明神と申して、物とがめいみじくせさせ給《たま》ふ神なり。（何かにつけてとがめ立てをなさることが多い神様です。）もし、乗りながらや通り給へる」と人の言ひければ、（近所の人が言ったので、）「いかにも、くらさに、神おはしますとも知らで、（知らないで、）過ぎ侍《はべ》りにけり。②いかがすべき」と、社の（※2）禰宜《ねぎ》を呼びて問へば、その禰宜、ただにはあらぬさまなり。「汝《なんぢ》、③我が前を馬に乗りながら通る。すべからくは、知らざれば許しつかはすべきなり。（当然、知らないで行ったことは許すべきであろう。）しかはあれど、（だが、（お前は））和歌の道をきはめたる人なり。その道をあらはして（その極意を顕《あらわ》して）過ぎば、（ここを通りすぎるのならば、）馬、さだめて起《た》つことを得《え》むか。これ、明神の（※3）御託宣《たくせん》なり」といへり。貫之、たちまち水を浴《あ》みて、（ただちに沐浴《もくよく》して身を浄《きよ》めて、）この歌を（後述の「あま雲～」の歌）詠《よ》みて、紙に書きて、御社《みやしろ》の柱におしつけて、拝入《はいい》りて、とばかりある程《ほど》に、（はりつけて、丁寧に参拝して、しばらくの時が過ぎると、）馬起きて身ぶるひをして、いななきて立てり。禰宜、「許し給ふ」とて、④覚《さ》めにけりとぞ。

あま雲のたちかさなれる夜半《よは》なれば神ありとほし思ふべきかは
（雨雲が厚く空をおおっている夜半だったので、蟻通の神がいらっしゃるとは迂闊《うかつ》にも思いもしませんでした。お許し下さい。）

（『俊頼髄脳《としよりずいのう》』）

※
1 和泉の国…現在の大阪府の辺りにあった国名。
2 禰宜…神社に奉仕して神事に従う者。
3 御託宣…神が人に乗り移り、その意志を告げ知らせること。

（一） ①貫之 とあるが、これは紀貫之《きのつらゆき》のことである。紀貫之と最も関わりが深いものを、次のアからエまでの中から選んで、記号で答えなさい。

ア 万葉集　イ 古今和歌集
ウ 新古今和歌集　エ おくのほそ道

（二） ②いかがすべき の解釈として最も適当なものを、次のアからエまでの中から選んで、記号で答えなさい。

ア どうかしたのですか　イ どうにもなりません
ウ どうでもいいのでしょうか　エ どうしたらよいでしょうか

（三） ③我 とあるが、誰のことを指すか。最も適当なものを、次のアからエまでの中から選んで、記号で答えなさい。

ア 馬　イ 貫之　ウ 蟻通の明神　エ 禰宜

（四） ④覚めにけりとぞ とあるが、それまではどのような様子だったのか。その様子が分かる部分を、古文中から九字で抜き出して答えなさい。

（五） 馬起きて身ぶるひをして、いななきて立てり とあるが、なぜか。

して答えなさい。

演じる側が［A　八字］をしても、見る側はすぐに［B　三字］しまうから。

(三) ③能では、まったく違う発想をします　とあるが、どのような発想をすると言っているのか。四十字以上五十字以内で説明しなさい。

(四) ［④］・［⑤］には「もの」か「こと」かのどちらかが当てはまる。それぞれどちらが当てはまるか、答えなさい。

(五) ⑥開けてみると「あら曲もなや」の一句が紙片にしたためられ、その横に「何気なく謡え」と書かれてあった　とあるが、この部分を含む挿話は、どのようなことについて述べるために用いられているのか。その説明として最も適当なものを、次のアからエまでの中から選んで、記号で答えなさい。

ア　秘事の内容はたいしたことではないが、自身が苦心の末に知ることで秘事の大きな働きが生まれるということ。

イ　自分がもともと知っていることであっても、秘事ととらえ直すだけでその意味合いが大きくなるということ。

ウ　能についてはどんな演目についても、「何気なく謡え」ということこそが普遍的な秘事であるということ。

エ　本当は秘事など存在しないということは、修練を積み重ねた者にしかわからないということ。

(六) 本文の内容と合致するものを次のアからエまでの中から一つ選んで、記号で答えなさい。

ア　芸能を鑑賞する人の多くは欲望が強いため、演者はそれに対応しきれなくなることがある。

イ　世阿弥の芸能論は、当時の人ではなく現代の私たちにとってこそ役に立つものである。

ウ　能における「花」や「面白き」といった言葉のとらえ方は、現代使われているものとは違うものである。

エ　能を鑑賞する際には、その演目の「花」が何であるかを理解したうえで鑑賞した方が良い。

【三】後の(一)から(二)までの問いに答えなさい。

(一) 次の①から③までの——をつけたカタカナを漢字に直しなさい。

① 心のキンセンに触れる話。

② カンリョウ出身の大臣。

③ 天気が良いので、センタクをする。

(二) 次の④から⑥までの——をつけた漢字の読みをひらがなで書きなさい。

④ 衰退する。

⑤ 人を羨む。

⑥ 危険を冒す。

【四】次の文章を読んで、後の(一)から(五)までの問いに答えなさい。（本文の……の左側は現代語訳である。）

①貫之が馬にのりて、(※1)和泉《いづみ》の国におはしますなる（鎮座されている）、蟻通《ありどほし》の明神《みやうじん》の御まへを、暗きに、え知らで通りければ（闇夜だったので、わからず通り過ぎてしまったところ、）、馬にはかにたふれて死にけ

と書かれていることも忘れてはいけません。

⑬ 宝生新師《ほうしょうあらた》（新《しん》とも）が次のような芸談を残しています（『能楽全書』第七巻）。新師の曾祖父《そうそふ》の新之丞《しんのじょう》が若い頃、江戸城の奥の舞台で能『鉢《はち》木《のき》』を勧めることになった。そこで父である新八郎から稽古をしてもらい、ひと通りはできたけれども一カ所だけよしと言われない。（※6）ワキの僧が雪中に宿を借りるために主人を待っていたけれども断られます。そのときに「あら曲もなや（ああ、情けない）」と謡《うた》うのですが、その一句が何度やってもダメなのです。一度も及第点をもらえないままに当日になり、登城することになります。不安です。すると後から追って家の者が文箱《ふばこ》を届けた。⑥開けてみると「あら曲もなや」の一句が紙片にしたためられ、その横に「何気なく謡え」と書かれてあったというのです。

⑭ この「何気なく謡え」こそが秘すること、すなわち秘事です。父は、新之丞がもっと何気なく謡えばいいと思っていた。しかし、それを口には出さずに自身の工夫と苦心を待ち、そして本番直前になってそれを教えた。「何気なく謡え、って、なんだそんなもの」と思う人もいるかもしれません。「ケチケチしないで最初からそう言えばいいじゃないか」と思う人もいるでしょう。世阿弥も「秘事といっても、言葉にしてしまえば実はたいしたことはない」、そして「それをたいしたことはない、という人は、秘することの偉大な働きを知らない人だ」とも言っています。「何気なく謡え」は、苦しみに苦しみ抜いた新之丞だからこそ生きる秘伝です。それほどの苦労もせずに、「なんだそんなもの」という人には「秘すれば花」はわからない、そう世阿弥は言っているのです。

（安田　登『能』）

※
1 世阿弥…室町《むろまち》時代の能楽師《のうがくし》。夢幻能とは死者の霊などが登場する形式の能。
2 『伊勢物語』…平安時代初期の歌物語。主人公は在原業平と思われる人物。
3 トーキー…音声付きの映画。
4 3Dになり、近ごろは4D、VR…「3D」「4D」「VR」は、映像の種類のこと。
5 脳内AR…現実世界に別の情報を重ね合わせて投影する脳の働き。
6 ワキ…能における脇役のこと。

(一) ①また、「珍しき」も私たちが日常で使う「珍しい」とは違いますとあるが、ここで言う「珍しき」とはどのような内容を表すのか。その説明として最も適当なものを、次のアからエまでの中から選んで、記号で答えなさい。

ア めったにないことに心を奪われ、目を見張ってしまうようなこと。
イ 古くから大切にされてきたものの中に、かえって新鮮さを感じること。
ウ 日常的に経験し続けているにもかかわらず、慣れ親しめないようなこと。
エ 何度も見たことがあるものなのに、自然と心をひかれるようなこと。

(二) ②終わりなき発展とあるが、なぜそのようなことが起こると言っているのか。これについて説明した次の文の A ・ B に当てはまる最も適当な言葉を、本文中よりそれぞれ指定の字数で抜き出ています。

4 ここでの「面白き」とは目の前がパッと明るくなることをいいます。(※2)『伊勢物語《いせものがたり》』で都を追われた在原業平《ありわらのなりひら》がうつむいてとぼとぼと歩きながら三河の国まで来た。そこに杜若《かきつばた》の花が「いと面白く」咲いていた。美しい紫色の杜若の明るさに業平は顔を上げます。今までの暗い気持ちも吹き飛ぶような明るさ、美しさ、それが「面白き」です。見終わったあとに心が晴れ晴れとするような芸、それが「面白き芸」です。

5 ①また、「珍しき」も私たちが日常で使う「珍しい」とは違います。「珍しき」というのは「愛《め》ず」、すなわち愛らしいことであり、そして「目連らし」、目が自然にそちらに連《つ》られていくことです。いわゆる珍しいものや珍しいことは、二回目には当たり前になり、珍しくなくなります。そのような珍しさは「花」ではない。世阿弥のいう「珍しき」とは、まったくふつうのことの中に「あはれ（ああ、という感嘆）」を感じさせる工夫だといいます。

6 誰でもが見慣れているはずのものなのに、そこにまったく斬新な切り口、新しい視点を導入して「あはれ」を感じさせる。それが世阿弥の「珍しき」なのです。

7 そこで大切になるのが、「秘すれば花」です。世阿弥は「秘することによって、それは偉大な働きとなる」と言っています。現代でも新製品の発表前などは、その秘密が外に漏れないように細心の注意を払います。「こんな製品が出る」ということが先に知れてしまうと「なーんだ」となってしまいます。

8 芸能は「裸の王様」の衣服に似ています。見えないものを見る、それが芸能です。演じる側からいえば見えないものを見せる。そのためにいろいろな仕掛けをするのですが、しかし観客はすぐにその仕掛けに飽きて、さらなる仕掛けを要求します。たとえば映画でいえば、無声映画が(※3)トーキーになり、モノクロ映画がカラーになり、さらに画面が大きくなり、(※4)3Dになり、近ごろは4D、VRとなっています。「これでもか、これでもか」とより積極的に、より激しく観客に訴えていく。②終わりなき発展です。しかし、観客の欲望には限りがなく、やがてその欲望に対応できなくなり、どこかで行き詰まってしまうでしょう。

9 ③能では、まったく違う発想をします。演者はあまり観客に働きかけません。リアリティという観点からいえば、全然リアルではない。動きだって控えめですし、話している内容すらよくわからない。知りたかったら、そっちが来い、といわんばかりのわかりづらさです。まさに「秘して」います。

10 しかし、それによって観《み》る人が能動的になり、ふだんは眠っている、脳に内蔵されているはずの、見えないものを見せる(※5)脳内ARを活性化させます。そうすると、とてもシンプルな舞台なのに、山にかかる月が見えたり、波の音が聞こえたりと、見えないものが見え、聞こえない音が聞こえてしまうのです。秘することによってのみ咲く花があることを能は教えます。

11 そういったつかみどころのないものだということを踏まえて、「花」とは何かと言えば、それは私たちがふだん考える「花」とはまったく違った、幻の花なのかもしれません。

12 また、ちょっと禅問答のようになってしまうのですが、「秘すれば花」では、秘する「 ④ 」ではなく、秘する「 ⑤ 」が大切だ

(三) ④ に入る最も適当な語を、次のアからエまでの中から選んで、記号で答えなさい。

ア　深刻　　イ　軽薄　　ウ　高等　　エ　単純

(四) 段落符号6の段落（「彼は泣き出した。」から「ききにきた。」まで）の中において、「彼」の心情はどのように変化しているか。四十字以内で説明しなさい。

(五) ⑤私はおかしくてしかたがない　とあるが、なぜか。その説明として最も適当なものを、次のアからエまでの中から選んで、記号で答えなさい。

ア　怒りをなだめようとする行動の結果、かえって私を怒らせることに気づいていない「彼」の姿が、馬鹿げていると思ったから。

イ　無意味なことをしているだけなのに調子に乗っている「彼」の子どもっぽさが、とても可愛《かわい》らしく感じたから。

ウ　いいところを見せて先生に見直してもらおうとしている「彼」のずる賢さが、いらだちを感じさせるものだったから。

エ　急に働き出したことで、自分が悪いことをしたと思っているのを告白する結果になっている「彼」の姿が、微笑《ほほえ》ましかったから。

(六) この小説を読んだ生徒たちの言葉を次に挙げる。このうち、「私」に寄せる感想・意見として誤解がふくまれると思われることを言っているのは誰か。**生徒A**から**生徒F**の中から二人選んで、**AからFまでの記号で**答えなさい。

生徒A　先生として自信にあふれていて、自分が子どもたちの手本であるという誇りが一生ゆらがなかった人だろうと感じました。

生徒B　放課後になってからも何か考え事でもしているような姿があって、どこか孤独な感じの人だなと思いました。

生徒C　主任の先生に言われたことへの対応から、誰かの言いなりになるような人ではなさそうだと感じました。

生徒D　他の先生や有力者との関係を子どもの気持ちよりも重視していて、いかにも先生らしい人だなって思いました。

生徒E　自分自身がその立場にふさわしい人間かという問いかけを持ちながら先生をしていた人のように感じました。

生徒F　悪いことは悪いと言うけれど、そんな中でも子どもを突き放してしまったりはしない人ですよね。

［出題者より、本文についての注記］

本文は発表後数十年が経《た》ったものです。その作品価値を第一に考え、表現はほぼそのままにした上で、漢字等の文字遣《づか》いは読みやすく改めてあります。

【二】 次の文章を読んで、後の(一)から(六)までの問いに答えなさい。なお、1から14は、段落符号である。

1 夢幻能《むげんのう》の完成が(※1)世阿弥《ぜあみ》の最大の功績だと書きましたが、実はもうふたつほど大切なものがあります。ひとつは現代にまで上演される能を数多く書いたこと、そしてもうひとつは多角的な芸能論の執筆です。

2 世阿弥は20ほど芸能論を書いていますが、もっとも重要なキーワードは「花」です。人から見られる芸能者にとって「花」は何にもまして肝要です。

3 世阿弥は「花と面白きと珍しきと、これ三つは同じ心なり」と書いを自分で引き受けて、ガラスなどまでセッセと拭いたり、先生、便所がいっぱいだからくんでやろうか、そんなことできるのか、俺は働くことはなんでもできるよ、そうか、汲《く》んだものをどこへ持ってくのだ、裏の川へ流しちゃうよ、無茶言うな、ザッとこういうあんばいなのである。その時もマメマメしくやりだしたので、⑤私はおかしくてしかたがない。

8 私が彼の方へ歩いて行くと、彼はにわかに後じさりして、

「先生、叱っちゃ、いや」

彼は真剣に耳を押さえて目を閉じてしまった。

「ああ、叱らない」

「かんべんしてくれる」

「かんべんしてやる。これからは人をそのかして物を盗ませたりしちゃいけないよ。どうしても悪いことをせずにいられなかったら、人を使わずに、自分一人でやれ。善いことも悪いことも自分一人でやるんだ」

彼はいつもウンウンと云って、きいているのである。

9 こういう職業は、もし、たとえば少年達へのお説教というものを、自分自身の生き方として考えるなら、とても空虚で、つづけられるものではない。そのころは、しかし私は自信をもっていたものだ。今はとてもこんな風に子供にお説教などはできない。

（坂口安吾『風と光と二十の私と』）

※
1 朦朧…ぼんやりしている様子。
2 学務委員…現在のPTA会長のような存在。
3 屡々…よくやる様子。ひんぱんに行う様子。
4 癪だもの…「腹が立つから」というような意味。
5 懊悩…悩みもだえること。その悩み。
6 落第生…前の年に進級できなかった児童のこと。
7 二三十銭…「銭」はお金の単位。一円が百銭となる。

（一） ②長い物にはまかれろ ③虫のいどころのせいか のここでの意味として最も適当なものを、それぞれのアからエまでの中から選んで、記号で答えなさい。

②長い物にはまかれろ

ア 権力のある人には逆らってはいけない
イ 問題が起こったら早いうちに解決したほうがいい
ウ 強い立場の人は絶対に正しいものだ
エ わがままな子と争ってもしかたない

③虫のいどころのせいか

ア 相手を刺激したくないと判断したのか
イ 体の具合でもよくないのか
ウ 不思議にあまり機嫌が悪くならないようで
エ いつものこだわりを全く忘れたようで

（二） ①お父さんの馬鹿野郎、と云って、大変な暴れ方で手がつけられない とあるが、このときの「子供」の説明として最も適当なものを、次のアからエまでの中から選んで、記号で答えなさい。

ア いつも威張っている父親への反発が抑えきれなくなった。
イ 父親には言えないつらい思いがあってやつあたりした。
ウ 父親のせいで自分がこまっていることを訴えたかった。
エ 先生に叱られたことの悔しさを周囲に分かって欲しかった。

【国　語】（四〇分）〈満点：一〇〇点〉

【一】次の文章を読んで、後の（一）から（六）までの問いに答えなさい。なお、1から9は、段落符号である。

1 ある放課後、生徒も帰り、先生も帰り、私一人で職員室に(※1)朦朧《もうろう》としていると、外から窓のガラスをコツコツ叩《たた》く者がある。見ると、主任だ。

2 主任は帰る道に有力者の家へ寄った。すると子供が泣いて帰ってきて、先生に叱《しか》られたという。お父さんが(※2)学務委員などをして威張《いば》っているから、先生が俺を憎むのだ。①お父さんの馬鹿野郎、と云って、大変な暴れ方で手がつけられない。いったい、どうして、叱ったのだ、と言うのである。

3 あいにく私はその日はその子供を叱ってはいないのである。しかし子供のやることには必ず裏側に悲しい意味があるので、決して表面の事柄だけで判断してはいけないものだ。そうですか。たいしたことではないけれど、叱らねばならないことがあったから叱っただけです、じゃ、君、と、主任はいやらしい笑い方をして、君、ちょっと、出かけて行って釈明してくれ給《たま》え。②長い物にはまかれろというから、仕方がないさ、ヘッヘ、という。主任はヘッヘという笑い方を(※3)屡々《しばしば》つけたす男であった。

「僕は行く必要がないです。先生はお帰りの道順でしょうから、子供に、子供にだけです、ここへ来るように言っていただけませんか」

「そうかい。しかし、君、あんまり子供を叱っちゃ、いけないよ」

「ええ、まあ、僕の子供のことは僕にまかせておいて下さい」

「そうかい。しかし、お手やわらかに頼むよ、有力者の子供は特別にね」と、その日の主任は③虫のいどころのせいか、案外アッサリぴょこぴょこ歩いて行った。（中略）

4 まもなく子供はてれて笑いながらやってきて、先生と窓の外からよんで、隠れている。私はよく叱るけれども、この子供が大好きなのである。その親愛はこの子供には良く通じていた。

「どうして親父《おやじ》をこまらしたんだ」

「だって、(※4)癪《しゃく》だもの」

「本当のことを教えろよ。学校から帰る道に、なにか、やったんだろう」

5 子供の胸にひめられている苦悩(※5)懊悩《おうのう》は、大人と同様に、むしろそれよりもひたむきに、［ ④ ］なのである。その原因が幼稚であるといって、苦悩自体の深さを原因の幼稚さで片づけてはいけない。そういう自責や苦悩の深さは七つの子供も四十の男も変わりのあるものではない。

6 彼は泣き出した。彼は学校の隣の文房具屋で店先の鉛筆を盗んだのである。牛乳屋の(※6)落第生におどかされて、たぶん何か、おどかされる弱い尻尾《しっぽ》があったのだろう、そういうことは立ち入ってきいてやらない方がいいようだ、ともかく仕方なしに盗んだのである。お前の名前など言わずに鉛筆の代金は払っておいてやるから心配するなと云うと、喜んで帰って行った。その数日後、誰もいないのを見すましてソッと教員室へやってきて、(※7)二三十銭の金をとりだして、先生、払ってくれた？　ときにきた。

7 牛乳屋の落第生は悪いことがバレて叱られそうな気配が近づいているのを察しると、ひどくマメマメしく働きだすのである。掃除当番など

2020年度

解答と解説

《2020年度の配点は解答欄に掲載してあります。》

＜数学解答＞

[1]　(1)　8.7　(2)　$\dfrac{x+4y}{12}$　(3)　$-13\sqrt{3}$　(4)　$x=0,\ \dfrac{1}{3}$　(5)　$\dfrac{55}{3}$　(6)　$\dfrac{77}{6}$

[2]　(1)　(ア)，(イ)，(エ)　(2)　$a=-\dfrac{1}{18}$　(3)　$\dfrac{2}{9}$　(4)　およそ500個

[3]　(1)　6cm　(2)　60度　(3)　$64\pi\,\mathrm{cm}^2$

[4]　(1)　(エ)　(2)　375本

[5]　(1)　$y=\dfrac{1}{3}x+\dfrac{10}{3}$　(2)　P(4，2)

[6]　(1)　$x=32\mathrm{cm}$　(2)　$x=16\mathrm{cm}$　(3)　$\dfrac{1150}{3}\mathrm{cm}^2$

○推定配点○

各5点×20([2](1)完答)　計100点

＜数学解説＞

[1]　(小問群―数・式の計算，平方根，二次方程式，式の値，数の性質)

基本　(1)　$8.7+0\div(-2.9)=8.7+0=8.7$

(2)　$\dfrac{2x-y}{6}-\dfrac{x-2y}{4}=\dfrac{2(2x-y)-3(x-2y)}{12}=\dfrac{4x-2y-3x+6y}{12}=\dfrac{x+4y}{12}$

(3)　$\sqrt{3}-\sqrt{48}-\sqrt{300}=\sqrt{3}-\sqrt{3\times4^2}-\sqrt{3\times10^2}=\sqrt{3}-4\sqrt{3}-10\sqrt{3}=-13\sqrt{3}$

(4)　$3x^2=x$　$3x^2-x=0$　$x(3x-1)=0$　$x=0$または$3x-1=0$　よって，$x=0,\ \dfrac{1}{3}$

(5)　$(x+y)^2-(x-y)^2=(x^2+2xy+y^2)-(x^2-2xy+y^2)=x^2+2xy+y^2-x^2+2xy-y^2=4xy$　$x=\dfrac{11}{9}$，$y=\dfrac{15}{4}$を代入すると，$4\times\dfrac{11}{9}\times\dfrac{15}{4}=\dfrac{55}{3}$

(6)　$78=2\times3\times13$なので，1001を13で割ってみると，$1001=13\times77=7\times11\times13$　よって，$\dfrac{1001}{78}=\dfrac{7\times11\times13}{2\times3\times13}=\dfrac{77}{6}$

[2]　(小問群―直角三角形の条件，グラフの式と交点，確率，標本調査)

基本　(1)　三角形の最も長い辺の長さの2乗が他の2辺の長さの2乗の和に等しいとき，その三角形は直角三角形となる。(ア)　$13^2=169$，$12^2+5^2=169$　(イ)　$(\sqrt{34})^2=34$，$5^2+3^2=34$　(ウ)　$6^2=36$，$5^2+3^2=34$　(エ)　$4^2=16$，$(\sqrt{7})^2+3^2=16$　したがって，直角三角形になるのは，(ア)，(イ)，(エ)

(2)　直線$y=-\dfrac{1}{3}x-4$と直線$y=\dfrac{1}{2}x+1$の交点の座標は，この2つの式を連立方程式とみたときの解として求められる。x座標は，$-\dfrac{1}{3}x-4=\dfrac{1}{2}x+1$から求められるので，両辺を6倍して，$-2x-24=3x+6$　$-5x=30$　$x=-6$　y座標は，$y=-\dfrac{1}{3}\times(-6)-4=-2$　$y=ax^2$に$x=-6$，

$y=-2$を代入すると，$-2=a\times(-6)^2$　$36a=-2$　$a=-\frac{1}{18}$

(3)　2つのさいころをA，Bとすると，Aの目の出方は6通りあり，そのそれぞれに対してBの目の出方が6通りずつあるから，目の出方の総数は$6^2=36$(通り)　そのうち，出る目の差が2となる場合は，(A，B)＝(1，3)，(2，4)，(3，1)，(3，5)，(4，2)，(4，6)，(5，3)，(6，4)の8通りある。よって，その確率は$\frac{8}{36}=\frac{2}{9}$

(4)　2回の平均値は，印なしが，$(32+38)\div2=35$，印ありが，$(18+12)\div2=15$　よって，無作為に取り出した50個と印ありの個数との比は，$50:15=10:3$　印をつけた種は150個だったのだから，袋の中にある種の数をxとすると，$x:150=10:3$　$3x=1500$　$x=500$　よって，袋の中にあるアサガオの種の数はおよそ500個

3　(小問群―角の二等分線の性質，立方体の切断，円すいの表面積)

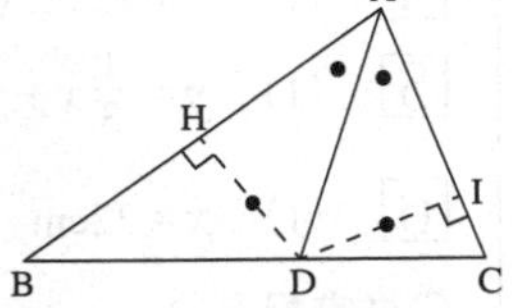

重要　(1)　点DからAB，ACに垂線DH，DIを引くと，角の二等分線上の点は角を作る2辺から等しい距離にあるので，DH＝DI　△ABDと△ACDの底辺をそれぞれAB，ACとすると，高さが等しいので面積の比は底辺の比に等しい。よって，△ABD：△ACD＝AB：AC＝20：8＝5：2　△ABDと△ACDの底辺をそれぞれBD，CDとみたときの高さが共通だから，△ABD：△ACD＝BD：CD　したがって，BD：CD＝5：2　CD：BC＝2：7　よって，CD＝$\frac{2}{7}$BC＝$\frac{2}{7}\times21=6$(cm)

(2)　立方体の面の対角線CA，AF，FCは等しいので，3点C，A，Fを通る面で立方体を切断したときの切り口は正三角形CAFとなる。よって，∠CAF＝60(度)

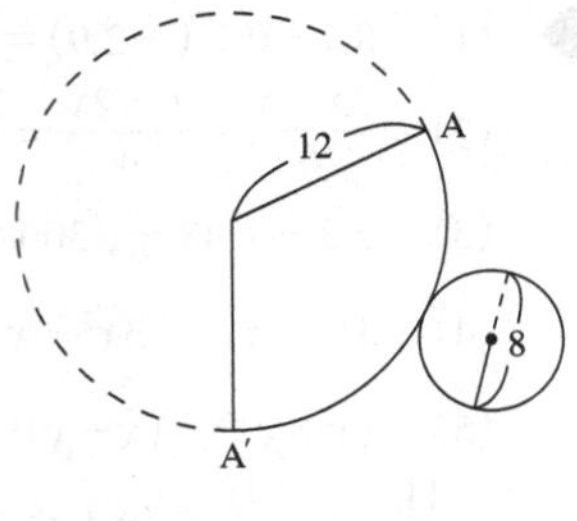

重要　(3)　投影図で示された立体は，底面の円の直径が8cm，母線の長さが12cmの円すいである。右図で，底面の円周は8πだから，弧AA′は8πである。弧AA′は半径12の円Oの円周の$\frac{8\pi}{2\times12\pi}=\frac{1}{3}$なので，円すいの側面積は，$\pi\times12^2\times\frac{1}{3}=48\pi$　底面積は$\pi\times4^2=16\pi$だから，表面積は，$48\pi+16\pi=64\pi$(cm²)

4　(方程式の応用―人数と本数)

(1)　x人に3本ずつ鉛筆を配ると$3x$本配ることになる。その他に150本あったのだから，$3x+120$は鉛筆の総数を表している。x人に5本ずつ鉛筆を配ると$5x$本配ることになり，$5x-50$は5本ずつ配るためには50本足りないことを表している。よって，(エ)が正しい。

基本　(2)　方程式$3x+120=5x-50$を解くと，$3x-5x=-50-120$　$-2x=-170$　$x=85$　85人いたことになるから，鉛筆の総数は，$3\times85+120=375$(本)

5　(関数・グラフと図形―一次関数，直線の式，三角形の面積の比)

(1)　点Bのx座標が-4で，点Bは直線$y=x+6$の上にあるから，点Bのy座標は$y=-4+6=2$　直線BPの傾きは，$\frac{4-2}{2-(-4)}=\frac{2}{6}=\frac{1}{3}$　$y=\frac{1}{3}x+b$とおいて，(2，4)を代入すると，$4=\frac{2}{3}+b$　$b=4-\frac{2}{3}=\frac{10}{3}$　よって，$y=\frac{1}{3}x+\frac{10}{3}$

重要　(2)　△BAPと△BPCの面積の比が1：2になるとき，△BAPと△BPCはそれぞれの底辺をAP，PCとしたときの高さが共通なので，AP：PC＝1：2となる。B(－4，2)なので，直線BOの式は$y=-\frac{1}{2}x$

点Cのx座標が12だから，点Cのy座標は，$y=-\frac{1}{2}\times 12=-6$　点P，Cからy軸に垂線PH，CIを引くと，平行線と線分の比の関係から，AH：HI＝1：2　点Pのy座標をmとすると，$(6-m):\{m-(-6)\}=1:2$　$12-2m=m+6$　$3m=6$　$m=2$　点Pは直線$y=-x+6$の上にあって，y座標が2だから，$2=-x+6$　$x=4$　よって，P(4，2)

6 （平面図形―図形の移動，相似，長さ，面積）

基本 (1)　点BがPS上にあるとき，△PABと△BACにおいて，∠APB＝∠ABC，∠BAP＝∠CAB　2組の角がそれぞれ等しいので，△PAB∽△BAC　よって，AP：AB＝AB：AC　AP：40＝40：50　50AP＝1600　AP＝x＝32(cm)

(2)　PSが点Bを通るとき$x=32$なので，$0\leqq x\leqq 20$のときには，PSはABと交わり，PQ＝20なので，重なった部分は三角形となる。図1のように，点BからACに垂線BHを引き，ABとPSの交点をTとすると，∠APT＝∠ABC，∠PAT＝∠BACなので，△APT∽△ABC　AP：AB＝PT：BC　x：40＝PT：30　PT＝$\frac{3}{4}x$

図1
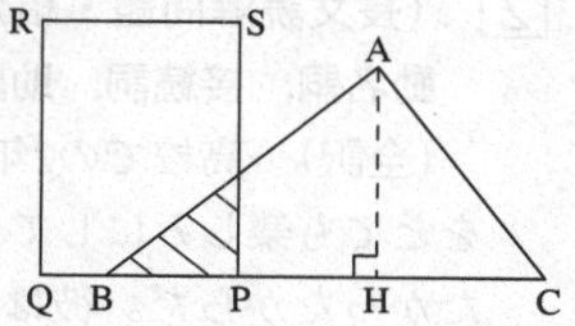

よって，$y=\frac{1}{2}\times x\times\frac{3}{4}x=\frac{3}{8}x^2$　$y=96$となるときは，$\frac{3}{8}x^2=96$　$x^2=96\times\frac{8}{3}=256=16^2$　したがって，$x=16$(cm)

重要 (3)　図2で，△AHB∽△ABCから，AH：AB＝HB：BC　32：40＝BH：30　BH＝24　RQとABの交点，PSとBCの交点をそれぞれU，Vとすると，UQ：BH＝AQ：AH＝20：32　UQ＝15　また，VP：BH＝CP：CH＝10：18　VP＝$\frac{40}{3}$　y＝△ABC－△AQU－△CPVだから，$y=\frac{1}{2}\times 50\times 24-\frac{1}{2}\times 20\times 15-\frac{1}{2}\times 10\times\frac{40}{3}=600-150-\frac{200}{3}=\frac{1150}{3}$(cm²)

図2
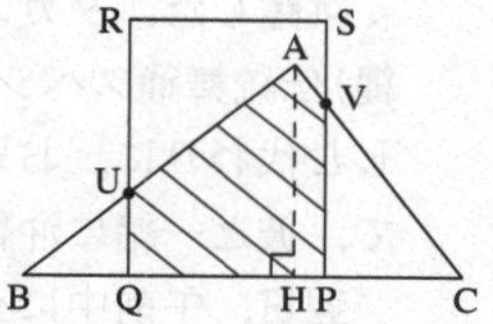

★ワンポイントアドバイス★

1の(5)は文字式を簡単にしてから代入する。2の(2)は，三平方の定理が成り立つかどうか。3の(1)は角の二等分線の性質を使う。5の(3)は，同一直線上の線分の比は座標の差の比を用いて求められる。6は，相似な三角形の辺の比を使う。

＜英語解答＞

1　Section 1　No.1　エ　No.2　ア　Section 2　No.1　イ　No.2　ウ　No.3　ア

2　問1　ア　問2　ウ　問3　(1)　エ　(2)　ウ
　問4　ア　×　イ　○　ウ　○　エ　×

3　問1　エ　問2　(1)　イ　(2)　エ　(3)　ウ

4　(1)　イ　(2)　エ　(3)　ウ　(4)　エ

5　(1)　How many sisters does he have(?)
　(2)　This room was cleaned by my mother yesterday(.)

6　(1)　has been for　(2)　There are

7 (1) A ア B エ (2) A オ B イ (3) A イ B カ
(4) A オ B ウ

○推定配点○

1 各2点×5 2 各4点×8 3 各4点×4 4 各2点×4 5 各5点×2
6 各4点×2 7 各4点×4(各完答) 計100点

＜英語解説＞

1 リスニング問題解説省略。

2 **(長文読解問題・紹介文：内容吟味，英問英答・選択，要旨把握，指示語，比較，関係代名詞，動名詞，接続詞，助動詞，不定詞)**

(全訳) 高校での2年目の春休みの間に，タカコは3日間修学旅行で沖縄に行った。タカコはそれをとても楽しみにしていた。沖縄の自然を見たかっただけではなくて，彼女の兄，タロウを訪問したかったからだ。彼は大学で科学[化学]を学ぶためにそこに住んでいた。ほぼ1年間お互いに会っていなかった。

初日，タカコと彼女の級友らは，昼頃，那覇空港へ到着して，バスでホテルへ向かった。彼女らは昼食を食べた後，イルカショーを見学するために水族館を訪れた。イルカはとても速く泳ぎ，高く跳躍した。タカコと彼女の級友たちは，非常に興奮した。そして，彼女らはホテルへ戻った。(沖縄)伝統舞踊スペシャル・ショーを伴った夕食の前に，彼女の先生がタカコに言った。「ショーを楽しむ代わりに，お兄さんに会うために外出しても良いよ」そこで，彼女は兄に会うために外出をして，彼と一緒に沖縄料理を食べた。このことが，当日彼女にとって最も楽しい記憶だった。

翌日，午前中にタカコと彼女の級友たちは洞くつへ行った。一人の年輩の男性が，彼女らに沖縄の歴史について教えてくれた。彼は次のように語った。戦時中に，ここは周囲の人々のための避難所，そして，けがした人々の治療場所として使われた。当時，水は非常に貴重で，それを入手するためには川まで行く必要があった。洞くつから外へ出るのは非常に危険だった。時には，人々は捕まって，決して戻って来ないことがあった。①タカコはとても悲しくなった。午後になると，タカコと彼女の級友たちは，戦争追悼博物館とひめゆりの塔へ行った。そこで写真や絵を通して，彼女らは戦争の悲惨な現実を学んだ。自分と同じ年齢の若い人々が命を落とした，ということを彼女らは知った。再び彼女らはとても悲しくなった。

最終日に，彼女らは大きな森林公園内を歩いた。彼女らは沖縄の美しい自然を楽しみ，友人や家族のためにお土産を購入した。森林公園の後に，万座毛を訪ねる計画があったが，そこへ行くのに十分な時間がなかった。彼女らは名古屋に戻らなければならなかった。タロウはタカコや彼女の友人に別れを告げるために空港まで来た。

タカコは修学旅行を満喫した。沖縄は伝統文化と多くの自然を有する場所だ。タカコはその地で②たくさんの経験を積み，彼女の級友らと一緒に，貴重な3日間を費やした。彼女は家族に対して，兄が沖縄での大学生活を楽しんでいる，ということも報告することができた。現在，彼女は沖縄を訪れたいと願っている。再び兄に会い，彼が通う大学の周辺を案内してもらうことを頼むために。

基本 問1 下線部①に先行する箇所では，避難所や治療所として使用された洞くつから，水を入手するために外へ出て戻って来ない人々がいた，ということが記されており，このことを参考にすること。

基本 問2 第2段落後半で，伝統舞踊スペシャル・ショーを伴った夕食にタカコは参加せずに，兄に会うために外出した，ということが記されている点から考えること。

やや難 問3 (1) 質問：「沖縄の初日にタカコ感じた最も楽しかった記憶は何か」初日の体験は第2段落に記載されている。第2段落最終文に「これが最も楽しい記憶だった」とあるので，その直前の文から内容を確認すること。正解は，エ「彼女の兄に会うこと」(○) happiest ← happy の最上級 the happiest memory▼Takako had ← 目的格の関係代名詞の省略〈先行詞＋(目的格の関係代名詞)＋主語＋動詞〉「主語が動詞する名詞」，動名詞[doing]「～すること」 他の選択肢は次の通り。ア「イルカショーを見ること」 イ「素晴らしいホテルに滞在すること」 ウ「沖縄の文化について学ぶこと」 (2) 質問：「どこでタカコは家族への贈り物を入手したか」第4段落第1・2文参照。正解は，ウ「大きな森林公園」。他の選択肢は次の通り。ア「ホテルで」 イ「水族館にて」 エ「空港で」

重要 問4 ア「3日目の午後に，タカコはひめゆりの塔を訪ねた」(×) 第3段落に2日目の旅程について記されており，その午後に，ひめゆりの塔に行ったことが記されている。 イ 「タカコと彼女の友人は万座毛を訪れるつもりだったが，実現しなかった」(○) 第4段落第3文に一致。〈be動詞＋ going ＋不定詞[to do]〉「～するつもりだ／しそうだ」 but「しかし／けれども／だが」 could ← can「～できる」の過去形 They had a plan to visit Manzamo ～ but they didn't have enough time to go ～／a plan to visit「訪れる計画」／time to go「行く時間」←〈名詞＋不定詞〉「～するための[するべき]名詞」不定詞の形容詞的用法。 ウ 「タカコは最終日に空港で彼女の兄に会った」(○) 最終日に関しては，第4段落に記載されており，最終文に，タロウが空港にタカコたちを見送りに来たことが書かれている。say goodbye to／see～off「～を見送る」 エ 「タカコは彼女の兄と同じ大学へ行くために，科学[化学]を勉強している」(×) 言及なし。〈be動詞＋現在分詞[doing]〉「～しているところだ」進行形，〈the same ＋名詞＋ as ～〉「～と同じ名詞」

3 **(長文読解問題・手紙文：内容吟味，語句補充・選択，英問英答・選択，関係代名詞，不定詞，助動詞，接続詞，接続詞，動名詞)**

(全訳)

9月5日

親愛なるマイク，

こんなにすぐに僕に対して手紙を書いてくれてありがとう。先月，英国で君に会えて良かった。この前の日曜日に名古屋に戻ってきた。翌日には学校に復帰しなければならなかったので，十分に睡眠が取れなかった。とても疲れたけれど，今，体調は良いよ。

僕は英国のことを非常になつかしく思っている。ロンドンは非常に美しい都市だ。多くの高層ビルがあり，たくさんの美しい公園がある。毎日，僕らが一緒に行ったことを思い出すよ。君と君の家族のところに滞在できて，楽しかった。僕は君の高校へ通い，君の友達と非常に楽しい時を過ごした。君とロンドンバスに乗車したことも楽しかった。君の家の近くにある湖で魚釣りをしたり，田舎で素晴らしい馬に乗ったりすることも，僕のお気に入りだった。最も興奮した出来事は，君の何人かの友達と一緒に過ごしたピクニックだった。森林を練り歩き，きれいな川の近くで昼食を食べたよね。食べ物は非常に美味しかったし，みんながとても親切だった。食後にサッカーをしたよね。もう一度，君と遊びたいなあ。

英国に滞在中に，君の友達ともっと話をしたかった。君と君の家族は英語と中国語の両方を話したので，君らと意思疎通をはかることができた。でも，君の友達の中には，中国語しか話さない人がいたので，僕は彼らのことが理解できなかった。今，僕は名古屋で，中国語を勉強しようかと考えているよ。中国語で手紙を書いてみようと思う。今度英国へ行く際には，君と君の友人と中国語で話すことができたら，と思う。

この手紙と一緒に，僕の家族との写真を送るね。右側の少年は弟のタケシ。彼は今10歳で，将来サッカー選手になりたいと望んでいるんだ。
まもなく君が来日して，僕の家族と会えることを願っている。
ケンタ

基本 問1　下線部を含む英文は「毎日，僕らが一緒に行ったことを考える」ケンタが英国滞在中にマイクと一緒に行ったことを確認すること。ア　第2段落第6文に一致。　イ　第2段落第7文に一致。ウ　第2段落第8文に一致。　エ　言及なし。The things which we did 目的格の関係代名詞〈先行詞＋目的格の関係代名詞＋主語＋動詞〉「主語が動詞する名詞」，〈It is ＋形容詞＋不定詞[to do]〉「～[不定詞]するのは…[形容詞]だ」，like fishing ～ and riding ← 動名詞[doing]「～すること」

重要 問2　(1)「(　)ので，ケンタは月曜日に疲れていた」正解はイ「よく眠れなかった」(○)。第1段落最終文と最後から第2文に一致。〈had ＋不定詞〉←〈have[has]＋不定詞[to do]〉「～しなければならない／に違いない」～, so…「～，それで[だから]，…」，tired「疲れた」他の選択肢は次の通り。ア「テストのために懸命に勉強した」(×) ウ「英語で手紙を書かなければならなかった」(×) エ「その旅行についてたくさん話した」(×)　(2)「ケンタがピクニックへ行ったとき，(　)」正解はエ「森を歩いて通り抜けて，昼食を食べた」(○)。第2段落最後から第4番目の文に一致。through「～を通り抜けて，の間じゅう」他の選択肢は次の通り。ア「川の近くでよく眠った」(×)　川の近くで行ったのは昼食を食べたこと。(第2段落最後から第4文)　イ「大きなプールで泳いだ」(×)　言及なし。　ウ「野球やサッカーをした」(×)　野球は行っていない。(第2段落最後から第2文)

やや難 問3「再び英国へ行くとしたら，ケンタは何をしたいか」正解は，ウ「中国語でマイクと彼の友人とはなすこと」。第3段落最終文参照。〈will be able ＋不定詞[to do]〉「～できるでしょう」他の選択肢は次の通り。ア「田舎で馬に乗ること」(×)　(第2段落第8文)　エ「ロンドンバスに乗ること」(×)　(第2段落第7文)共に今回の滞在中に実現しており，次回の訪問で実行したいこと，として言及されていない。　イ「学校で中国語を学ぶこと」(×)「名古屋で中国の勉強を思案中」(第3段落第4文)という記述はあるが，次回の英国訪問において，学校で実行したいこと，として述べられていない。〈be動詞＋ thinking about ＋動名詞[doing]〉「～することを考えているところだ」← think about の進行形[be動詞＋現在分詞[doing]]「～しているところだ」

4 **(文法問題：語句補充選択，分詞，間接疑問文，受動態，前置詞，関係代名詞，現在完了，比較)**

重要 (1)「ドラムを演奏しているあれらのロボットを見てください」「ロボットがドラムを演奏する」ので現在分詞がふさわしい。robots イplaying the drums ← 現在分詞の形容詞的用法「名詞＋現在分詞＋他の語句」「～している名詞」

重要 (2)「どこで切符が売られているか知っているか」切符は売られるので，受動態「～される」〈be動詞＋過去分詞〉が正しい。Do you know where the tickets エare sold?　間接疑問文(疑問文が他の文に組み込まれた形)は〈疑問詞＋主語＋動詞〉の語順になるので注意。← Where are the tickets sold?

基本 (3)「10時30分にあなたの滞在しているホテルの正面で会いましょう」in front of「～の正面」，〈Let's ＋原形〉「～しよう」

重要 (4)「もしカナダについてもっと知りたければ，そこに行ったことがある人に尋ねなさい」someone who has been there「そこへ行ったことがある人」who は先行詞が人で主格の関係代名詞。〈人の先行詞＋ who[that]＋主語＋動詞〉「主語が動詞する先行詞」，〈have[has] been to〉「～へ行ったことがある」現在完了(経験)，more ←many／much の比較級「もっと多数[多量]の／もっと」

基本 **5** **(文法問題：言い換え・書き換え，条件英作文，受動態)**

(1) 「彼には何人の姉妹がいるか」という意味になる英文を作成すること。数を尋ねる表現〈How many ＋複数名詞～？〉

(2) 「この部屋は昨日私の母により清掃された」という意味になるような受動態の文をつくること。受動態「…により～される」〈主語＋be動詞＋過去分詞＋ by ＋行為者〉

重要 **6** **(文法問題：言い換え・書き換え，現在完了)**

(1) 「彼は2年間そこにいる」という意味を表す文を作ること。現在完了〈have[has]＋過去分詞〉(完了・継続・経験・結果)，〈for ＋期間を表す語〉「～の間」

(2) 「私たちのクラスには男子が全くいない」という意味を表す文を作ること。〈There ＋be動詞＋主語 ～〉「主語がある[いる]」，not ～ any「まったくない」

7 **(英文法問題：語句整序，関係代名詞，比較)**

(1) (There is) a movie that makes people happy(.) that 主格の関係代名詞〈先行詞＋主格の関係代名詞＋動詞〉「動詞する先行詞」，make A B「AをBの状態にする」

(2) (Eating) at a restaurant is more expensive than eating (at home.) 長い語の比較級〈more ＋原級〉，expensive「(値段が)高い」

(3) How long does it take from (here to Nagoya Station?) How long does it take from A to B?「AからBまでどのくらい(時間が)かかるか」

(4) It is difficult for me to understand (Portuguese.) 〈It is ＋形容詞＋ for ＋ S ＋不定詞[to do]〉「Sが～[不定詞]するのは…[形容詞]だ」

★ワンポイントアドバイス★

英文法の独立問題の出題があり，空所補充，書き換え，語句整序と，その出題形式もバラエティに富んでいるが，英文法の基礎をしっかりと身につければ解けない問題ではない。問題集などで問題演習を積んでおこう。

＜理科解答＞

1 (1) ウ　(2) ク

2 (1) ウ　(2) イ　(3) ウ　(4) エ　(5) ア

3 (1) ウ　(2) イ　(3) エ　(4) 鉄，1g　(5) イ

4 (1) エ　(2) ウ，ケ　(3) ヘルツ　(4) エ　(5) 2

5 (1) エ　(2) 海溝　(3) マグマ(だまり)　(4) a イ　b ア　c ウ
(5) 約6000万年後

6 (1) イ　(2) 12時20分　(3) ウ

○推定配点○

各4点×25(3(4)，4(2)，5(4)各完答)　計100点

＜理科解説＞

1 （小問集合―植物・化学変化）

(1)　ウが間違い。細胞に含まれる遺伝子の数は，生物の種類によって異なる。

(2)　①　銅板付近で気体が発生するが，これは水素で無臭の気体である。　②　マグネシウムは塩酸とは反応するが，水酸化ナトリウム水溶液とは反応しない。　③　塩酸は青色リトマス紙を赤くするが，BTB溶液は酸性では黄色になる。

2 （植物の体のしくみ―蒸散・維管束）

(1)　ア　ワセリンは水蒸気の蒸発を抑えるために塗る。　イ　水中で枝を切ることで，色素を含んだ水を吸い上げやすくする。　ウ　正しい。メスシリンダー内の水の表面からの蒸発を抑える。　エ　風通りがよく光が当たる場所に置くと，蒸散が活発になる。

重要 (2)　ア　Bで最も蒸散が活発なので，葉の裏側からの蒸散量が最も多い。　イ　正しい。Dでも蒸散が起きるので，茎からも蒸散が起こっている。　ウ　この実験では，二酸化炭素の吸収量はわからない。　エ　この実験では，気孔の数が何倍かはわからない。

重要 (3)　Bは葉の裏側と茎からの蒸散量を表す。Cは葉の表側と茎からの蒸散量を，Dは茎のみからの蒸散量を示す。$x=12.5+5.0-1.2=16.3$(mL)になる。

(4)　根から吸い上げられた色素を含む水は，道管の中を通って運ばれる。葉ではWが道管であり，茎では内側のZが道管である。これらが染まる。

(5)　茎の断面図から，維管束が環状に規則正しく並ぶものは双子葉類である。ホウセンカは双子葉類である。

3 （化学変化―いろいろな反応）

(1)　ア　実験1で発生する気体は二酸化炭素であり，二酸化炭素はわずかに水に溶ける。　イ　ゴム栓をしないと発生した気体を集められない。　ウ　正しい。混合物が赤くなると，その後は発生する熱で反応が進むので加熱をやめる。　エ　この反応では水は発生しない。

重要 (2)　ア　実験1で発生する気体は二酸化炭素なので正しい。　イ　間違い。二酸化炭素の水溶液は酸性を示すので，BTB溶液は黄色になる。　ウ　同時に水蒸気も発生し，塩化コバルト紙を赤くする。　エ　二酸化炭素は石灰水を白く濁らせる。水に溶けない炭酸カルシウムが生じるためである。

(3)　エ　間違い。水が電子を受け取っている。係数比より，1分子の水が1個の電子を受け取る。

(4)　22gの鉄と12gの硫黄の質量比は，硫黄を4に合わせると7.33：4となり鉄が過剰量であることがわかる。よって硫黄がすべて反応し，その時反応する鉄の質量をx(g)とすると，$7:4=x:12$　$x=21$g　これより22－21＝1(g)の鉄が反応せずに残る。

重要 (5)　この反応の化学反応式は，$2CuO+C \rightarrow 2Cu+CO_2$である。酸化銅は酸素原子を失って還元され，炭素は酸素を受け取って酸化された。

4 （光と音の性質―音の性質）

基本 (1)　音が伝わるには，音の原因である振動を伝える物質が存在しなければならない。真空中ではそれがないので，音が伝わらない。

(2)　音の大きさは，はじき方できまる。音の高さは，弦の長さとおもりの数で決まる。弦の長さとおもりの数が等しく，はじき方が異なるものを選ぶとウとケになる。

(3)　振動数の単位はHz(ヘルツ)である。

(4)　振動数が多いほど音が高くなる。音の高さは弦の長さが短くおもりの数が多いほど高くなるので，エが最も振動数が多い。

(5)　図2の波は1往復するのに時間の目盛が3目盛である。図3では6目盛である。よって同じ時間では図2の波は図3の2倍の波の数となり振動数は2倍になる。

5　**(大地の動き・地震―日本列島のプレート)**

基本　(1)　東北地方の太平洋側の海底で，北米プレートと大平洋プレートがぶつかり合っている。

(2)　プレートの沈み込む部分にできる谷を海溝，盛り上がる部分にできる山脈を海嶺という。

(3)　地下の岩石が溶けてできるどろどろの物質がマグマであり，マグマのたまっている場所をマグマだまりという。

(4)　海洋プレートが大陸プレートの下に沈み込む時，大陸プレートの先端部分が引きずり込まれ沈降する。このとき折り曲げられてひずみがたまっていき，限界に達するとはじくように隆起する。このとき巨大地震が発生する。海底でこのような地震が生じると津波を引き起こす。東日本大震災の津波はこのようにして生じた。

(5)　6000kmをcm単位に直すと6000×1000×100cmなので，6000×1000×100÷10＝60000000年　6000万年後である。

6　**(小問集合―仕事・南中時刻)**

重要　(1)　仕事の大きさは，力の大きさ(N)×力の向きに移動した距離(m)で求まる。

ア　物体には重力がはたらくので，重力によって仕事がされる。　イ　正しい。力の向きと移動方向が垂直なので，仕事は0である。　ウ　道具を使うと力の大きさを小さくできるが，移動距離が長くなり仕事の大きさは変わらない。　エ　仕事率は仕事(J)を時間(秒)で割って求める。仕事率が同じとき，異なる大きさの仕事をすると時間も異なる。

重要　(2)　11時から12時までの印の間隔が4.5cmなので，1.5cmは60÷3＝20分に相当する。Sが南中時刻なので，12時20分になる。

(3)　ウが間違い。細胞を染色せずにプレパラートを作ったので，核は観察できない。

★ワンポイントアドバイス★

理科全般からの出題で，偏りのない学習が大切である。基礎的な事柄の理解が問われている。標準レベルの問題集をしっかりと演習してテストに備えたい。

＜社会解答＞

1　(1)　イ　(2)　ウ　(3)　エ　(4)　イ　(5)　ア　(6)　エ　(7)　ア　(8)　ウ

2　(1)　ア　(2)　エ　(3)　ウ　　3　ア　　4　イ

5　(1)　ウ　(2)　エ　　6　カ

7　(1)　ウ　(2)　イ　(3)　ア　(4)　ウ

8　(1)　ウ　(2)　エ　(3)　イ　(4)　エ

9　リチウムイオン電池

○推定配点○

各4点×25　　計100点

＜社会解説＞

1 （歴史―貨幣に関連する世界と日本の歴史の問題）

(1)　イ　Bが開元通宝，Aが和同開珎。CとEは写真が少し不鮮明なので判別しづらいかもしれない。Dは富本銭。判別できるものの順で考えればB，D，Aと並ぶので他の選択肢はすべて当てはまらない。

(2)　ウ　墾田永年私財法が出されるのは743年。アは10世紀末から11世紀末なので皇朝十二銭よりも後，イは坂上田村麻呂は征夷大将軍に任命されるので太政大臣ではないので誤り，エは7世紀なので皇朝十二銭よりも前。

重要 (3)　ア　日宋貿易では勘合符は使われていない。　イ　法然の浄土宗，親鸞の浄土真宗は禅宗ではない。　ウ　室町時代の日明貿易は足利義満の時代なので後醍醐天皇はすでにいない。

(4)　イ　天下の台所は大阪(大坂)。各藩の蔵屋敷が集まり，そこと取引する商人や廻船が回ってくる場所でもありにぎわった。

(5)　ア　日清戦争で得た賠償金は約3億円で，更に三国干渉でリャオトン半島を返還したことの見返りに7000万円ほど追加で入ってきており，この総額は当時の国家予算のほぼ4年分ほどにもなったという。

(6)　X　日本がアメリカとの戦争を始めるのは真珠湾攻撃からなのでミッドウェー海戦ではない。Y　日本がポツダム宣言を受け入れるのよりも前にイタリアやドイツは降伏している。

(7)　ア　『坊っちゃん』『吾輩は猫である』の作者は夏目漱石。福沢諭吉の著作は『学問のすゝめ』『西洋事情』など。

やや難 (8)　ウ　版籍奉還，廃藩置県の流れとは別に琉球は1872年に琉球藩となり，1879年に琉球藩が沖縄県となった。

2 （地理―世界と日本の地理に関連する問題）

(1)　ア　キャノ・クリスタレスは南米，塩川，ヤリキレナイ川は日本なのでアジア，ナイル川はアフリカ，アマゾン川は南米，長江はアジア，ミシシッピ川は北米，信濃川，利根川，千曲川はアジアなのでヨーロッパの川はこの中にない。

(2)　エ　信濃川は長野県の東部の，埼玉県，山梨県と県境が接するあたりの甲武信ヶ岳から流れだして千曲川として長野県内を流れ，その後新潟県に入ると信濃川となる。

(3)　ウ　川が県名にあるのは神奈川県，石川県，香川県の3県。

3 （地理―北海道に関する地誌の問題）

ア　北海道の先住民族はアイヌ。ハヤトは九州のもの。道路の路面の下に電熱線などを入れて雪を溶かせるようにした設備がロードヒーティング。セントラルヒーティングは建物全体に配管して一か所で加熱した湯を回して建物全体を暖房するもの。酪農が盛んなのは根釧台地。石狩平野は泥炭地が広がるが客土などで水田も作られるようになった。

やや難 4 （地理―世界の各地の食べ物に関する問題）

イ　タイに多いのは仏教徒。ゲーンはタイでよく食べられているもので，種類は多く，日本でいうタイ風のカレーもこの中に入る。肉や魚介類も使われる。

5 （地理―G20に関連する世界地理の問題）

(1)　ウ　WHO世界保健機関は文中にない。欧州連合がEU，東南アジア諸国連合はASEAN，世界貿易機関はWTO。

(2)　エ　日本との時差が8時間の国を考える。日本は東経135度が標準時子午線なので，日本よりも8時間先行するというのはない。135度線から8時間分の時差の位置は東経15度の位置になるのでフランスが答え。

6 （地理―世界各地の農業に関する世界地理の問題）

カ　Aはサトウキビで①の説明文，Bは綿花で該当する説明文はない，Cは天然ゴムで③の説明文，Dは小麦で②の説明文。

7 （公民―様々な政治に関する問題）

重要 (1)　ウ　裁判員裁判は重大事件の刑事裁判の一審のみ。

(2)　イ　令状を出すのは裁判所。

(3)　イ　「憲法の番人」と呼ばれるのは，憲法に関しての最終的な判断を行う最高裁のみ。
ウ　民事裁判で訴えられた人は被告。被告人は刑事裁判の場合。　エ　殺人事件は地方裁判所もしくは家庭裁判所が一審になる。

(4)　ア　弾劾裁判所は国会に設置する。　イ　最高裁判所裁判官の任命は内閣の権限。　エ　最高裁判所の大法廷は長官を含む15人で構成。

8 （公民―様々な経済に関する問題）

(1)　ウ　社会資本は公共財とも呼ばれる，国民すべてが共有し恩恵を受けるような施設を指す。

やや難 (2)　エが正しい。自動車税は地方税，揮発油税は国税，所得税は国税，事業税は地方税，入湯税は地方税，贈与税は国税，酒税は国税。たばこ税は国と地方の両方がある。なお自動車の税は他に自動車取得税というのが地方税，自動車重量税というのが国税にある。

(3)　イ　累進課税の計算は細かく，600万円の所得に対して単純に20％をかけるというのではなく，600万の中の195万は5％，330万－195万＝135万は10％，600万－330万＝270万は20％を課すという形になる。195万×0.05＋(330万－195万)×0.1＋(600万－330万)×0.2＝772500(円)となる。

(4)　エ　消費税は一般に所得が少ない人ほど所得に対する税の負担率が重くなる大衆課税の性格があるため，消費税率引き上げが一般の国民に与える影響は大きいので，食品や新聞などの税率を据え置きにする軽減税率が導入された。

9 （時事問題）

リチウムイオン電池はマンガン乾電池やアルカリ乾電池と比べて，大容量の電池。パソコンやデジカメ，携帯電話などに使われている繰り返し充電が可能なものは厳密にはリチウムイオン二次電池と呼ぶ。単なるリチウムイオン電池は充電は不可能なもの。

★ワンポイントアドバイス★

小問数が25題で，比較的時間にも余裕があるので，落ち着いて一つずつ正確に解答欄を埋めていきたい。選択肢を選ぶ際に，正解がすぐに選べない場合は消去法で正解でないものを消していった方が選びやすいものもある。

＜国語解答＞

【一】　(一)　②　ア　③　ウ　(二)　イ　(三)　ア　(四)　(例)　盗みをしたことへの自責や苦悩を感じていたが，先生の励ましによって不安が和らいだ。
(五)　エ　(六)　A・D

【二】　(一)　エ　(二)　A　いろいろな仕掛け　B　飽きて　(三)　(例)　演者があまり観客に働きかけないことで観る人を能動的にさせ，見えないものを見せるという発想。
(四)　④　もの　⑤　こと　(五)　ア　(六)　ウ

【三】 (一) ① 琴線　② 官僚　③ 洗濯　(二) ④ すいたい　⑤ うらや(む)　⑥ おか(す)

【四】 (一) イ　(二) エ　(三) ウ　(四) ただにはあらぬさま　(五) イ

○推定配点○

【一】 (一) 各2点×2　(四) 10点　他 各4点×5　【二】 (三) 10点　他 各4点×6 ((四)完答)　【三】 各2点×6　【四】 各4点×5　計100点

＜国語解説＞

【一】 (小説―大意・要旨，情景・心情，文脈把握，脱文・脱語補充，ことわざ・慣用句)

基本 (一) ② 「大きな物にはのまれろ」などとも言う。主任が，「私」に学級委員をしている父親のところへ行って「釈明してくれ」と言っていることからも意味を推測できる。 ③ 「虫のいどころ」は，人の機嫌のこと。主任は「そうかい……お手やわらかに頼むよ」と言って，「案外アッサリぴょこぴょこ歩いて行った」というのであるから，機嫌は悪くないとわかる。

(二) 直後の[3]段落の冒頭で「あいにく私はその日はその子供を叱ってはいない……しかし子供のやることには必ず裏側に悲しい意味がある」と，「私」の考えを述べている。この「子供のやること」の裏側について，[6]段落で「彼は学校の隣の文房具屋で店先の鉛筆を盗んだのである。牛乳屋の落第生におどかされて……おどかされる弱い尻尾があったのだろう」と説明している。「子供」は父親に真相を言えず，つらい思いから暴れていることが読み取れる。

(三) 同じ文の文脈から，大人と比べて「子供の胸にひめられている苦悩」は，どのようなものかを考える。直後の文の「苦悩自体の深さ」に通じるものを選ぶ。

やや難 (四) [6]段落の冒頭「彼は泣き出した。彼は学校の隣の文房具屋で店先の鉛筆を盗んだのである」から，「子供」は盗みをしたことへの自責や苦悩を感じていたことが読み取れる。「ともかく仕方なしに盗んだのである。お前の名前など言わずに鉛筆の代金は払っておいてやるから心配するなと云うと，喜んで帰って行った」から，「子供」は先生の助言によって安心したなどと付け加えて，簡潔にまとめる。

(五) 同級生に鉛筆を万引きさせた牛乳屋の落第生が「マメマメしく」働こうとしている様子を見て，「私はおかしくてしかたがない」と思っている。[7]段落に「牛乳屋の落第生は悪いことがバレて叱られそうな気配が近づいているのを察しると，ひどくマメマメしく働きだす」とあり，牛乳屋の落第生が「マメマメしく働き出す」ことで，自分の悪事を告白する結果になっている。

重要 (六) [9]段落「そのころは，しかし私は自信をもっていたものだ。今はとてもこんな風に子供にお説教などはできない」とあるので，「自分が子どもたちの手本であるという誇りが一生ゆらがなかった人」という生徒Aの感想・意見には誤解がふくまれる。[3]段落で，「私」は主任に学級委員のところへ行って「釈明してくれ」と言われたが，「僕は行く必要がないです」と言って，「子供」から直接事情を聞いている。したがって，「他の先生や有力者との関係を子どもの気持ちよりも重視していて」とある生徒Dの感想・意見にも誤解がふくまれる。

【二】 (論説文―大意・要旨，内容吟味，文脈把握，脱文・脱語補充)

(一) ここで言う「珍しき」は，[3]段落に「花と面白きと珍しきと」とあるように，世阿弥の言う「珍しき」である。世阿弥の「珍しき」について，[5]段落で「世阿弥のいう『珍しき』とは，まったくふつうのことの中に『あはれ(ああ，という感嘆)』を感じさせる工夫」，さらに[6]段落で「誰でもが見慣れているはずのものなのに，そこにまったく斬新な切り口，新しい視点を導入して『あはれ』を感じさせる。それが世阿弥の『珍しき』なのです」と説明している。この内容を述べているものを選ぶ。

（二）　傍線部②「終わりなき発展」について，同じ[8]段落で「演じる側からいえば見えないものを見せる。そのためにいろいろな仕掛けをするのですが……観客はすぐにその仕掛けに飽きて，さらなる仕掛けを要求します」と具体的に説明している。ここから適当な言葉を抜き出す。

やや難　（三）「能」について，直後で「演者は，あまり観客に働きかけません」と述べ，そのことによってもたらされる効果を，[10]段落で「それによって観る人が能動的になり……見えないものを見せる」と説明している。この部分を「～発想。」につながる形でまとめる。

（四）[④]・[⑤]は「秘すれば花」について説明している。この「花」について，[10]段落で「秘することによってのみ咲く花」，[11]段落で「つかみどころのないもの」「私たちがふだん考える『花』とはまったく違った，幻の花」と述べている。したがって，「秘すれば花」の「花」は，実際に目に見える「こと」ではなく，「つかみどころのないもの」だとわかる。

（五）「何気なく謡え」について述べている部分を探すと，直後の[14]段落に「この『何気なく謡え』こそが秘すること，すなわち秘事」とあり，「秘事といっても，言葉にしてしまえば実はたいしたことはない」と世阿弥の言葉を引用して続けた後，「『何気なく謡え』は，苦しみに苦しみ抜いた新之丞だからこそ生きる秘伝」とまとめている。このことを述べるために「何気なく謡え」の挿話は用いられている。

重要　（六）[4]段落と[11]段落の内容と，ウが合致する。

【三】（漢字の読み書き）

（一）①　物事に感動する心情。「琴」の訓読みは「こと」。　②　政策の決定に影響力を持つ上級の役人。　③　衣類などを洗って汚れを落とすこと。

（二）④　勢いや活力が衰え弱まること。「衰」の訓読みは「おとろ(える)」。「退」の訓読みは「しりぞ(く)」。　⑤　音読みは「セン」で，「羨望」などの熟語がある。　⑥　音読みは「ボウ」で，「冒険」「感冒」などの熟語がある。

【四】（古文―情景・心情，文脈把握，文と文節，仮名遣い，口語訳，文学史）

〈口語訳〉　紀貫之が馬に乗って，和泉の国に鎮座されている，蟻通しの明神の前を，闇夜だったので，わからず通り過ぎてしまったところ，馬が急に倒れて死んでしまった。(貫之は)どういう事かと驚いて思って，松明の光で見ると，神様の鳥居が見えたので，「何神様の御社殿ですか」と尋ねると，「これは，蟻通しの明神と申しまして，何かにつけてとがめ立てをなさることが多い神様です。もしかしたら，(馬に)乗ったままお通りになったのですか」と近所の人が言ったので，「そのとおり，暗さで，神様がいらっしゃるとも知らないで，通り過ぎてしまいました。どうしたらよいでしょうか」と，神社の禰宜を呼んで尋ねると，その禰宜は，普通の様子ではなかった。「お前は，私の前を馬に乗ったままで通る。当然，知らないで行ったことは許すべきであろう。だが，(お前は)和歌の道を究めた人だ。その極意を顕してここを通りすぎるのならば，馬は，きっと立つことができるだろう。これは，明神の御託宣である」と言った。貫之は，ただちに沐浴して身を浄めて，この歌を詠んで，紙に書いて，(神社の)御柱にはりつけて，丁寧に参拝して，しばらくの時が過ぎると，馬が起き上がって身震いをして，いなないて立ち上がった。禰宜は，「許しましょう」と(言って)，はっと正常な様子になったことだった。

あま雲のたちかさなれる夜半なれば神ありとほし思ふべきかは(雨雲が厚く空をおおっている夜半だったので，蟻通の神がいらっしゃるとは迂闊にも思いもしませんでした。お許し下さい。)

基本　（一）紀貫之は平安時代初期の歌人で，イの「古今和歌集」の選者。

（二）「いかが」はどうしたらという意味，「べき」は適当の意味を表す助動詞。「ありどほしの明神」の前を，知らずに通りすぎてしまった貫之の言葉であることからも判断できる。

やや難 (三) 傍線部③は禰宜の言葉であるが，同じ会話の最後に「これ，明神の御託宣なり」とあることから，蟻通しの明神が禰宜にのりうつって言っているとわかる。

(四) 傍線部④の「覚めにけり」は，「禰宜」の様子を言っている。それまでの禰宜の様子を述べている部分を探すと，禰宜が現れた場面で「その禰宜，ただにはあらぬさまなり」とあるのに気づく。

重要 (五) 明神の「和歌の道をきはめたる人なり。その道をあらはして過ぎば，馬，さだめて起つことを得むか」という御託宣を聞いて，貫之が「あま雲の」の和歌を詠むと，「馬起きて……立てり」という内容から考える。後に「許し給ふ」とあることからも，明神が貫之の歌に満足をして貫之の無礼を許したことがわかる。

★ワンポイントアドバイス★

読解問題の記述式では，簡潔にまとめる力が要求されている。人物の心情や，段落の内容などふだんから簡潔にまとめる練習を重ねておこう。

解答用紙集

○月×日 △曜日　天気（合格日和）

◆ご利用のみなさまへ

＊解答用紙の公表を行っていない学校につきましては、弊社の責任において、解答用紙を制作いたしました。

＊編集上の理由により一部縮小掲載した解答用紙がございます。

＊編集上の理由により一部実物と異なる形式の解答用紙がございます。

人間の最も偉大な力とは、その一番の弱点を克服したところから生まれてくるものである。──カール・ヒルティ──

東京学参株式会社

東海学園高等学校　　2024年度

◇数学◇

※この解答用紙は学校からの発表がないため，東京学参が制作いたしました。

1	(1)	1	±	−	1	2	3	4	5	6	7	8	9	0
		2	±	−	1	2	3	4	5	6	7	8	9	0
	(2)	3	±	−	1	2	3	4	5	6	7	8	9	0
		4	±	−	1	2	3	4	5	6	7	8	9	0
		5	±	−	1	2	3	4	5	6	7	8	9	0
		6	±	−	1	2	3	4	5	6	7	8	9	0
	(3)	7	±	−	1	2	3	4	5	6	7	8	9	0
		8	±	−	1	2	3	4	5	6	7	8	9	0
	(4)	9	±	−	1	2	3	4	5	6	7	8	9	0
		10	±	−	1	2	3	4	5	6	7	8	9	0
		11	±	−	1	2	3	4	5	6	7	8	9	0
	(5)	12	±	−	1	2	3	4	5	6	7	8	9	0
		13	±	−	1	2	3	4	5	6	7	8	9	0
		14	±	−	1	2	3	4	5	6	7	8	9	0

2	(1)	15	±	−	1	2	3	4	5	6	7	8	9	0
	(2)	16	±	−	1	2	3	4	5	6	7	8	9	0
	(3)	17	±	−	1	2	3	4	5	6	7	8	9	0
		18	±	−	1	2	3	4	5	6	7	8	9	0
	(4)	19	±	−	1	2	3	4	5	6	7	8	9	0
		20	±	−	1	2	3	4	5	6	7	8	9	0
		21	±	−	1	2	3	4	5	6	7	8	9	0
		22	±	−	1	2	3	4	5	6	7	8	9	0
	(5)	23	±	−	1	2	3	4	5	6	7	8	9	0
		24	±	−	1	2	3	4	5	6	7	8	9	0
		25	±	−	1	2	3	4	5	6	7	8	9	0

3	(1)	26	±	−	1	2	3	4	5	6	7	8	9	0
		27	±	−	1	2	3	4	5	6	7	8	9	0
		28	±	−	1	2	3	4	5	6	7	8	9	0
		29	±	−	1	2	3	4	5	6	7	8	9	0
	(2)	30	±	−	1	2	3	4	5	6	7	8	9	0

4	(1)	31	±	−	1	2	3	4	5	6	7	8	9	0
		32	±	−	1	2	3	4	5	6	7	8	9	0
		33	±	−	1	2	3	4	5	6	7	8	9	0
	(2)	34	±	−	1	2	3	4	5	6	7	8	9	0

5	(1)	35	±	−	1	2	3	4	5	6	7	8	9	0
		36	±	−	1	2	3	4	5	6	7	8	9	0
	(2)	37	±	−	1	2	3	4	5	6	7	8	9	0
		38	±	−	1	2	3	4	5	6	7	8	9	0
	(3)	39	±	−	1	2	3	4	5	6	7	8	9	0
		40	±	−	1	2	3	4	5	6	7	8	9	0
		41	±	−	1	2	3	4	5	6	7	8	9	0
		42	±	−	1	2	3	4	5	6	7	8	9	0

6	(1)	43	±	−	1	2	3	4	5	6	7	8	9	0
		44	±	−	1	2	3	4	5	6	7	8	9	0
	(2)	45	±	−	1	2	3	4	5	6	7	8	9	0
		46	±	−	1	2	3	4	5	6	7	8	9	0
	(3)	47	±	−	1	2	3	4	5	6	7	8	9	0
		48	±	−	1	2	3	4	5	6	7	8	9	0
		49	±	−	1	2	3	4	5	6	7	8	9	0
		50	±	−	1	2	3	4	5	6	7	8	9	0
		51	±	−	1	2	3	4	5	6	7	8	9	0

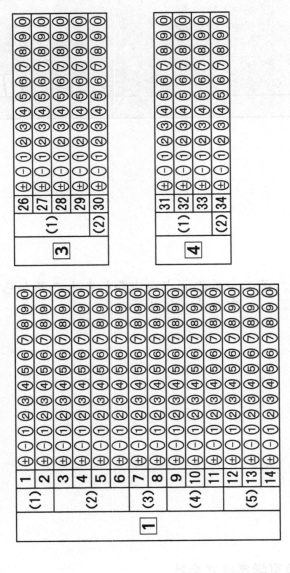

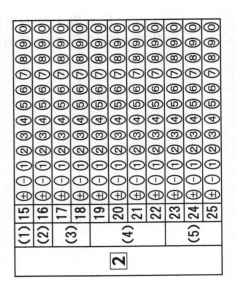

東海学園高等学校　　2024年度

◇英語◇

※この解答用紙は学校からの発表がないため，東京学参が制作いたしました。

1	Section1	No.1	1	± − 1 2 3 4 5 6 7 8 9 0
		No.2	2	± − 1 2 3 4 5 6 7 8 9 0
		No.3	3	± − 1 2 3 4 5 6 7 8 9 0
	Section2	No.1	4	± − 1 2 3 4 5 6 7 8 9 0
		No.2	5	± − 1 2 3 4 5 6 7 8 9 0
		No.3	6	± − 1 2 3 4 5 6 7 8 9 0
		No.4	7	± − 1 2 3 4 5 6 7 8 9 0
	Section3	No.1	8	± − 1 2 3 4 5 6 7 8 9 0
		No.2	9	± − 1 2 3 4 5 6 7 8 9 0
		No.3	10	± − 1 2 3 4 5 6 7 8 9 0

2	問1	(1)	11	± − 1 2 3 4 5 6 7 8 9 0
		(2)	12	± − 1 2 3 4 5 6 7 8 9 0
	問2		13	± − 1 2 3 4 5 6 7 8 9 0
	問3		14	± − 1 2 3 4 5 6 7 8 9 0
	問4		15	± − 1 2 3 4 5 6 7 8 9 0
			16	± − 1 2 3 4 5 6 7 8 9 0

3	(1)	17	± − 1 2 3 4 5 6 7 8 9 0
	(2)	18	± − 1 2 3 4 5 6 7 8 9 0
	(3)	19	± − 1 2 3 4 5 6 7 8 9 0
	(4)	20	± − 1 2 3 4 5 6 7 8 9 0
	(5)	21	± − 1 2 3 4 5 6 7 8 9 0

4	(1)	22	± − 1 2 3 4 5 6 7 8 9 0
		23	± − 1 2 3 4 5 6 7 8 9 0
	(2)	24	± − 1 2 3 4 5 6 7 8 9 0
		25	± − 1 2 3 4 5 6 7 8 9 0
	(3)	26	± − 1 2 3 4 5 6 7 8 9 0
		27	± − 1 2 3 4 5 6 7 8 9 0
	(4)	28	± − 1 2 3 4 5 6 7 8 9 0
		29	± − 1 2 3 4 5 6 7 8 9 0
	(5)	30	± − 1 2 3 4 5 6 7 8 9 0
		31	± − 1 2 3 4 5 6 7 8 9 0
	(6)	32	± − 1 2 3 4 5 6 7 8 9 0
		33	± − 1 2 3 4 5 6 7 8 9 0
	(7)	34	± − 1 2 3 4 5 6 7 8 9 0
		35	± − 1 2 3 4 5 6 7 8 9 0
	(8)	36	± − 1 2 3 4 5 6 7 8 9 0
		37	± − 1 2 3 4 5 6 7 8 9 0

※この解答用紙は学校からの発表がないため，東京学参が制作いたしました。

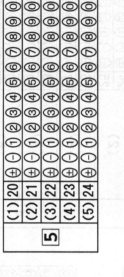

東海学園高等学校　2024年度

◇社会◇

※この解答用紙は学校からの発表がないため，東京学参が制作いたしました。

第1問	Ⅰ	(1)	1	± − 1 2 3 4 5 6 7 8 9 0
		(2)	2	± − 1 2 3 4 5 6 7 8 9 0
	Ⅱ	(3)	3	± − 1 2 3 4 5 6 7 8 9 0
		(4)	4	± − 1 2 3 4 5 6 7 8 9 0
	Ⅲ	(5)	5	± − 1 2 3 4 5 6 7 8 9 0
		(6)	6	± − 1 2 3 4 5 6 7 8 9 0
	Ⅳ	(7)	7	± − 1 2 3 4 5 6 7 8 9 0
		(8)	8	± − 1 2 3 4 5 6 7 8 9 0

第2問	(1)		9	± − 1 2 3 4 5 6 7 8 9 0
	(2)		10	± − 1 2 3 4 5 6 7 8 9 0
	(3)		11	± − 1 2 3 4 5 6 7 8 9 0
	(4)		12	± − 1 2 3 4 5 6 7 8 9 0
	(5)		13	± − 1 2 3 4 5 6 7 8 9 0
	(6)	問1	14	± − 1 2 3 4 5 6 7 8 9 0
		問2	15	± − 1 2 3 4 5 6 7 8 9 0
	(7)		16	± − 1 2 3 4 5 6 7 8 9 0

第3問	(1)	17	± − 1 2 3 4 5 6 7 8 9 0
	(2)	18	± − 1 2 3 4 5 6 7 8 9 0
	(3)	19	± − 1 2 3 4 5 6 7 8 9 0
	(4)	20	± − 1 2 3 4 5 6 7 8 9 0

第4問	(1)	21	± − 1 2 3 4 5 6 7 8 9 0
	(2)	22	± − 1 2 3 4 5 6 7 8 9 0
	(3)	23	± − 1 2 3 4 5 6 7 8 9 0
	(4)	24	± − 1 2 3 4 5 6 7 8 9 0

第5問	25	± − 1 2 3 4 5 6 7 8 9 0

◇国語◇

※この解答用紙は学校からの発表がないため、東京学参が制作いたしました。

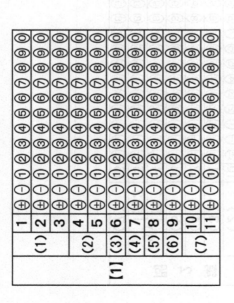

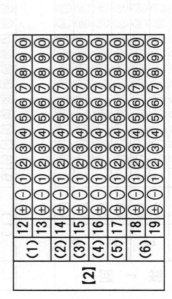

◇数学◇

東海学園高等学校　2023年度

※この解答用紙は学校からの発表がないため、東京学参が制作いたしました。

（マークシート解答欄：問題1～6、解答番号1～38）

◇英語◇

東海学園高等学校　2023年度

1

Section1	No.1	1
	No.2	2
	No.3	3
Section2	No.1	4
	No.2	5
	No.3	6
	No.4	7
Section3	No.1	8
	No.2	9
	No.3	10

2

問1	11
問2	12
問3	13
問4	14
問5	15
問6	16
問7	17

3

(1)	18
(2)	19
(3)	20
(4)	21
(5)	22

4

(1)	23
(2)	24
(3)	25
(4)	26
(5)	27
(6)	28

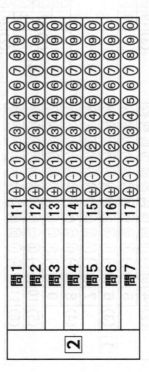

◇理科◇

東海学園高等学校　2023年度

※この解答用紙は学校からの発表がないため，東京学参が制作いたしました。

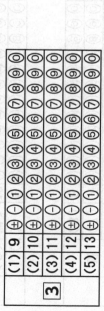

東海学園高等学校　2023年度

◇社会◇

※この解答用紙は学校からの発表がないため，東京学参が制作いたしました。

第1問	Ⅰ	（1）	1	⊕ ⊖ ① ② ③ ④ ⑤ ⑥ ⑦ ⑧ ⑨ ⓪
		（2）	2	⊕ ⊖ ① ② ③ ④ ⑤ ⑥ ⑦ ⑧ ⑨ ⓪
	Ⅱ	（3）	3	⊕ ⊖ ① ② ③ ④ ⑤ ⑥ ⑦ ⑧ ⑨ ⓪
		（4）	4	⊕ ⊖ ① ② ③ ④ ⑤ ⑥ ⑦ ⑧ ⑨ ⓪
		（5）	5	⊕ ⊖ ① ② ③ ④ ⑤ ⑥ ⑦ ⑧ ⑨ ⓪
	Ⅲ	（6）	6	⊕ ⊖ ① ② ③ ④ ⑤ ⑥ ⑦ ⑧ ⑨ ⓪
		（7）	7	⊕ ⊖ ① ② ③ ④ ⑤ ⑥ ⑦ ⑧ ⑨ ⓪
		（8）	8	⊕ ⊖ ① ② ③ ④ ⑤ ⑥ ⑦ ⑧ ⑨ ⓪

第2問	（1）		9	⊕ ⊖ ① ② ③ ④ ⑤ ⑥ ⑦ ⑧ ⑨ ⓪
	（2）	問1	10	⊕ ⊖ ① ② ③ ④ ⑤ ⑥ ⑦ ⑧ ⑨ ⓪
	（3）	問1	11	⊕ ⊖ ① ② ③ ④ ⑤ ⑥ ⑦ ⑧ ⑨ ⓪
	（4）		12	⊕ ⊖ ① ② ③ ④ ⑤ ⑥ ⑦ ⑧ ⑨ ⓪
	（5）		13	⊕ ⊖ ① ② ③ ④ ⑤ ⑥ ⑦ ⑧ ⑨ ⓪
	（6）		14	⊕ ⊖ ① ② ③ ④ ⑤ ⑥ ⑦ ⑧ ⑨ ⓪
	（7）		15	⊕ ⊖ ① ② ③ ④ ⑤ ⑥ ⑦ ⑧ ⑨ ⓪
	（8）		16	⊕ ⊖ ① ② ③ ④ ⑤ ⑥ ⑦ ⑧ ⑨ ⓪

第3問	（1）	17	⊕ ⊖ ① ② ③ ④ ⑤ ⑥ ⑦ ⑧ ⑨ ⓪
	（2）	18	⊕ ⊖ ① ② ③ ④ ⑤ ⑥ ⑦ ⑧ ⑨ ⓪
	（3）	19	⊕ ⊖ ① ② ③ ④ ⑤ ⑥ ⑦ ⑧ ⑨ ⓪
	（4）	20	⊕ ⊖ ① ② ③ ④ ⑤ ⑥ ⑦ ⑧ ⑨ ⓪

第4問	（1）	21	⊕ ⊖ ① ② ③ ④ ⑤ ⑥ ⑦ ⑧ ⑨ ⓪
	（2）	22	⊕ ⊖ ① ② ③ ④ ⑤ ⑥ ⑦ ⑧ ⑨ ⓪
	（3）	23	⊕ ⊖ ① ② ③ ④ ⑤ ⑥ ⑦ ⑧ ⑨ ⓪
	（4）	24	⊕ ⊖ ① ② ③ ④ ⑤ ⑥ ⑦ ⑧ ⑨ ⓪
	（5）	25	⊕ ⊖ ① ② ③ ④ ⑤ ⑥ ⑦ ⑧ ⑨ ⓪

東海学園高等学校　2023年度

◇国語◇

※この解答用紙は学校からの発表がないため，東京学参が制作いたしました。

【1】	(1)	1	±	−	1	2	3	4	5	6	7	8	9	0
		2	±	−	1	2	3	4	5	6	7	8	9	0
	(2)	3	±	−	1	2	3	4	5	6	7	8	9	0
	(3)	4	±	−	1	2	3	4	5	6	7	8	9	0
	(4)	5	±	−	1	2	3	4	5	6	7	8	9	0
	(5)	6	±	−	1	2	3	4	5	6	7	8	9	0
	(6)	7	±	−	1	2	3	4	5	6	7	8	9	0
	(7)	8	±	−	1	2	3	4	5	6	7	8	9	0

【2】	(1)	9	±	−	1	2	3	4	5	6	7	8	9	0
		10	±	−	1	2	3	4	5	6	7	8	9	0
	(2)	11	±	−	1	2	3	4	5	6	7	8	9	0
	(3)	12	±	−	1	2	3	4	5	6	7	8	9	0
	(4)	13	±	−	1	2	3	4	5	6	7	8	9	0
	(5)	14	±	−	1	2	3	4	5	6	7	8	9	0
	(6)	15	±	−	1	2	3	4	5	6	7	8	9	0
	(7)	16	±	−	1	2	3	4	5	6	7	8	9	0
		17	±	−	1	2	3	4	5	6	7	8	9	0

【3】	A	18	±	−	1	2	3	4	5	6	7	8	9	0
	B	19	±	−	1	2	3	4	5	6	7	8	9	0
	C	20	±	−	1	2	3	4	5	6	7	8	9	0
	D	21	±	−	1	2	3	4	5	6	7	8	9	0

【4】	(1)	22	±	−	1	2	3	4	5	6	7	8	9	0
	(2)	23	±	−	1	2	3	4	5	6	7	8	9	0
	(3)	24	±	−	1	2	3	4	5	6	7	8	9	0
	(4)	25	±	−	1	2	3	4	5	6	7	8	9	0
	(5)	26	±	−	1	2	3	4	5	6	7	8	9	0

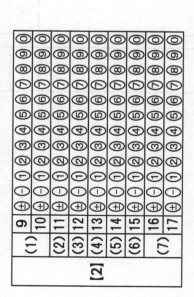

東海学園高等学校　2022年度

◇数学◇

※解答欄は実物大になります。

1

(1)		(2)	
(3)		(4)	
(5)		(6)	$x=$

2

(1)	個	(2)	
(3)		(4)	試合
(5)	通り		

3

(1)	cm^2	(2)	度
(3)	cm		

4

(1)	$a=$	(2)	$y=$
(3)	C(　　　,　　　)	(4)	

5

(1)		(2)	

※ 103％に拡大していただくと，解答欄は実物大になります。

1

Section 1

No.1		No.2	

Section 2

No.1		No.2		No.3	

2

I like (summer / winter) better. I have two reasons.

First, ______________________________ .

Second, ______________________________ .

3

問1	(1)		(2)		問2		問3	(A)		(B)	
問4											

4

(1)		(2)		(3)		(4)		(5)	

5

(1)				(2)		
(3)						

6

(1)	A	B	(2)	A	B	(3)	A	B
(4)	A	B	(5)	A	B			

東海学園高等学校　　2022年度

◇理科◇

※ 109%に拡大していただくと，解答欄は実物大になります。

1	(1)		(2)			
2	(1)		(2)			
	(3)		(4)		(5)	
3	(1)		(2)			
	(3)		(4)		(5)	
4	(1)	N	(2)		(3)	Pa
	(4)	N	(5)			
5	(1)	前線	(2)		(3)	
	(4)		(5)			
6	(1)		(2)		(3)	

東海学園高等学校　2022年度

◇社会◇

※解答欄は実物大になります。

1	(1)	
	(2)	
	(3)	
	(4)	
	(5)	
	(6)	
	(7)	
	(8)	

2	(1)		
	(2)	i	
	(2)	ii	
	(3)		
	(4)		
3	(1)		
	(2)		
	(3)		

4	(1)	
	(2)	
	(3)	
	(4)	
5	(1)	
	(2)	
	(3)	
	(4)	

6	

◇国語◇

東海学園高等学校　２０２２年度

※１２８％に拡大していただくと、解答欄は実物大になります。

【一】

(一) ③ ⑥

(二)

(三) 〜

(四)

(五)

【二】

(一)

(二)

(三)

(四)

(五) Ⅰ Ⅱ

(六)

【三】

① ② ③ ④

【四】

(一)

(二)

(三)

(四)

(五)

東海学園高等学校　2021年度　◇数学◇

※解答欄は実物大になります。

1

(1)		(2)	
(3)		(4)	$x=$
(5)		(6)	$x=$　，$y=$

2

(1)	個	(2)	cm^3
(3)	個	(4)	
(5)			

3

(1)	cm^3	(2)	度

4

(1)	$a=$	(2)	$y=$
(3)	P(　　，　　)	(4)	

5

(1)	%	(2)	票
(3)	票		

東海学園高等学校　2021年度

◇英語◇

※ 106％に拡大していただくと，解答欄は実物大になります。

1

Section 1

No.1		No.2	

Section 2

No.1		No.2		No.3	

2

I（ like / don’t like ）to watch movies at home. I have two reasons.

First, ＿＿＿＿＿＿＿＿＿＿＿＿＿＿＿＿＿＿＿＿＿＿＿＿＿＿＿＿＿＿ .

Second, ＿＿＿＿＿＿＿＿＿＿＿＿＿＿＿＿＿＿＿＿＿＿＿＿＿＿＿＿＿ .

3

問1	(1)		(2)		問2		問3

問4	あ	い	う	え	問5	

4

(1)		(2)		(3)		(4)		(5)	

5

(1)			(2)		
(3)					

6

(1)	A	B	(2)	A	B	(3)	A	B
(4)	A	B	(5)	A	B			

東海学園高等学校　2021年度　◇理科◇

※ 112％に拡大していただくと，解答欄は実物大になります。

1	(1)		(2)			
2	(1)		(2)			
	(3)		(4) ①		②	
3	(1)		(2)		(3)	
	(4) ①	%	②			
4	(1)		(2)	J	(3)	W
	(4)	%	(5)			
5	(1)		(2)		(3)	
	(4)		(5)			
6	(1)		(2)		(3)	

東海学園高等学校　2021年度

◇社会◇

※ 106％に拡大していただくと，解答欄は実物大になります。

1	(1)	
	(2)	
	(3)	
	(4)	
	(5)	
	(6)	
	(7)	
	(8)	

2	(1)	
	(2)	
	(3)	
	(4)	
	(5)	
3	(1)	
	(2)	
	(3)	

4	(1)	
	(2)	
	(3)	
	(4)	
5	(1)	
	(2)	
	(3)	
	(4)	

6	

◇国語◇

東海学園高等学校　２０２１年度

※１４７％に拡大していただくと、解答欄は実物大になります。

【一】

(一) ①　③　④

(二) ・

(三)

(四)

(五) 40

【二】

(一) a　b　c

(二) X　Y

(三)

(四)

(五)

(六) ・

【三】

(一) ①　②　③

(二) ④　⑤ める　⑥ まる

【四】

(一)

(二)

(三)

(四)

(五)

東海学園高等学校　2020年度

◇数学◇

※105％に拡大していただくと，解答欄は実物大になります。

1

(1)		(2)	
(3)		(4)	$x=$
(5)		(6)	

2

(1)		(2)	$a=$
(3)		(4)	およそ　　　　個

3

(1)	cm	(2)	度
(3)	cm^2		

4

(1)		(2)	本

5

(1)	$y=$	(2)	P(　　　　,　　　　)

6

(1)	$x=$　　　　cm	(2)	$x=$　　　　cm
(3)	$y=$　　　　cm^2		

※119％に拡大していただくと，解答欄は実物大になります。

1

Section 1

No.1		No.2	

Section 2

No.1		No.2		No.3	

2

問1		問2		問3	(1)		(2)	

問4	ア	イ	ウ	エ

3

問1		問2	(1)		(2)		問3	

4

(1)		(2)		(3)		(4)	

5

(1)	?
(2)	.

6

(1)				(2)		

7

(1)	A	B	(2)	A	B	(3)	A	B
(4)	A	B						

東海学園高等学校　　2020年度　　◇理科◇

※解答欄は実物大です。

1	(1)		(2)			
2	(1)		(2)			
	(3)		(4)		(5)	
3	(1)		(2)		(3)	
	(4)	残るものは（　　　　）で（　　　　）g残る。	(5)			
4	(1)		(2)		(3)	
	(4)		(5)	倍		
5	(1)		(2)		(3)	
	(4)	a	b	c	(5)	約　　　万年後
6	(1)		(2)	時　　分	(3)	

東海学園高等学校　2020年度　　◇社会◇

※115％に拡大していただくと，解答欄は実物大になります。

1	(1)	
	(2)	
	(3)	
	(4)	
	(5)	
	(6)	
	(7)	
	(8)	

2	(1)	
	(2)	
	(3)	
3		
4		
5	(1)	
	(2)	
6		

7	(1)	
	(2)	
	(3)	
	(4)	
8	(1)	
	(2)	
	(3)	
	(4)	

9	電池

◇国語◇

東海学園高等学校　２０２０年度

※１２０％に拡大していただくと、解答欄は実物大になります。

【一】

(一)	②　③
(二)	
(三)	
(四)	
(五)	
(六)	・

【二】

(一)	
(二)	A　B
(三)	40
(四)	④　⑤
(五)	
(六)	

【三】

(一)	①	②	③
(二)	④	⑤　む	⑥　す

【四】

(一)	
(二)	
(三)	
(四)	
(五)	

～公立高校志望の皆様に愛されるロングセラーシリーズ～

公立高校入試シリーズ

・全国の都道府県公立高校入試問題から良問を厳選
※実力錬成編には独自問題も！
・見やすい紙面、わかりやすい解説

数学

合格のために必要な点数をゲット

目標得点別・公立入試の数学 基礎編

- 効率的に対策できる！　30・50・70点の目標得点別の章立て
- web解説には豊富な例題167問！
- 実力確認用の総まとめテストつき

定価：1,210円（本体1,100円＋税10%）／ISBN：978-4-8141-2558-6

応用問題の頻出パターンをつかんで80点の壁を破る！

実戦問題演習・公立入試の数学 実力錬成編

- 応用問題の頻出パターンを網羅
- 難問にはweb解説で追加解説を掲載
- 実力確認用の総まとめテストつき

定価：1,540円（本体1,400円＋税10%）／ISBN：978-4-8141-2560-9

英語

「なんとなく」ではなく確実に長文読解・英作文が解ける

実戦問題演習・公立入試の英語 基礎編

- 解き方がわかる！　問題内にヒント入り
- ステップアップ式で確かな実力がつく

定価：1,100円（本体1,000円＋税10%）／ISBN：978-4-8141-2123-6

公立難関・上位校合格のためのゆるがぬ実戦力を身につける

実戦問題演習・公立入試の英語 実力錬成編

- 総合読解・英作文問題へのアプローチ手法がつかめる
- 文法、構文、表現を一つひとつ詳しく解説

定価：1,320円（本体1,200円＋税10%）／ISBN：978-4-8141-2169-4

理科

短期間で弱点補強・総仕上げ

実戦問題演習・公立入試の理科

- 解き方のコツがつかめる！　豊富なヒント入り
- 基礎～思考・表現を問う問題まで重要項目を網羅

定価：1,045円（本体950円＋税10%）
ISBN：978-4-8141-0454-3

社会

弱点補強・総合力で社会が武器になる

実戦問題演習・公立入試の社会

- 基礎から学び弱点を克服！　豊富なヒント入り
- 分野別総合・分野複合の融合などあらゆる問題形式を網羅
※時事用語集を弊社HPで無料配信

定価：1,045円（本体950円＋税10%）
ISBN：978-4-8141-0455-0

国語

最後まで解ききれる力をつける

形式別演習・公立入試の国語

- 解き方がわかる！　問題内にヒント入り
- 基礎～標準レベルの問題で確かな基礎力を築く
- 実力確認用の総合テストつき

定価：1,045円（本体950円＋税10%）
ISBN：978-4-8141-0453-6

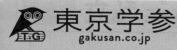

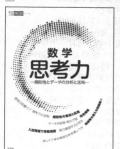

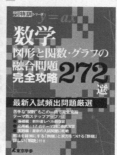

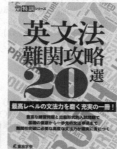

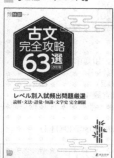

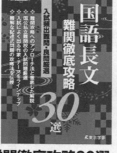

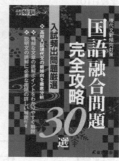

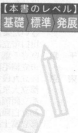

東京学参の
高校別入試過去問題シリーズ

＊出版校は一部変更することがあります。一覧にない学校はお問い合わせください。

東京ラインナップ

あ　愛国高校(A59)
　　青山学院高等部(A16)★
　　桜美林高校(A37)
　　お茶の水女子大附属高校(A04)
か　開成高校(A05)★
　　共立女子第二高校(A40)★
　　慶應義塾女子高校(A13)
　　啓明学園高校(A68)★
　　国学院高校(A30)
　　国学院大久我山高校(A31)
　　国際基督教大高校(A06)
　　小平錦城高校(A61)★
　　駒澤大高校(A32)
さ　芝浦工業大附属高校(A35)
　　修徳高校(A52)
　　城北高校(A21)
　　専修大附属高校(A28)
　　創価高校(A66)★
た　拓殖大第一高校(A53)
　　立川女子高校(A41)
　　玉川学園高等部(A56)
　　中央大高校(A19)
　　中央大杉並高校(A18)★
　　中央大附属高校(A17)
　　筑波大附属高校(A01)
　　筑波大附属駒場高校(A02)
　　帝京大高校(A60)
　　東海大菅生高校(A42)
　　東京学芸大附属高校(A03)
　　東京農業大第一高校(A39)
　　桐朋高校(A15)
　　都立青山高校(A73)★
　　都立国立高校(A76)★
　　都立国際高校(A80)★
　　都立国分寺高校(A78)★
　　都立新宿高校(A77)★
　　都立墨田川高校(A81)★
　　都立立川高校(A75)★
　　都立戸山高校(A72)★
　　都立西高校(A71)★
　　都立八王子東高校(A74)★
　　都立日比谷高校(A70)★
な　日本大櫻丘高校(A25)
　　日本大第一高校(A50)
　　日本大第三高校(A48)
　　日本大第二高校(A27)
　　日本大鶴ヶ丘高校(A26)
　　日本大豊山高校(A23)
は　八王子学園八王子高校(A64)
　　法政大高校(A29)
ま　明治学院高校(A38)
　　明治学院東村山高校(A49)
　　明治大付属中野高校(A33)
　　明治大付属八王子高校(A67)
　　明治大付属明治高校(A34)★
　　明法高校(A63)
わ　早稲田実業学校高等部(A09)
　　早稲田大高等学院(A07)

神奈川ラインナップ

あ　麻布大附属高校(B04)
　　アレセイア湘南高校(B24)
か　慶應義塾高校(A11)
　　神奈川県公立高校特色検査(B00)
さ　相洋高校(B18)
た　立花学園高校(B23)
　　桐蔭学園高校(B01)
　　東海大付属相模高校(B03)★
　　桐光学園高校(B11)
な　日本大高校(B06)
　　日本大藤沢高校(B07)
は　平塚学園高校(B22)
　　藤沢翔陵高校(B08)
　　法政大国際高校(B17)
　　法政大第二高校(B02)★
や　山手学院高校(B09)
　　横須賀学院高校(B20)
　　横浜商科大高校(B05)
　　横浜市立横浜サイエンスフロンティア高校(B70)
　　横浜翠陵高校(B14)
　　横浜清風高校(B10)
　　横浜創英高校(B21)
　　横浜隼人高校(B16)
　　横浜富士見丘学園高校(B25)

千葉ラインナップ

あ　愛国学園大附属四街道高校(C26)
　　我孫子二階堂高校(C17)
　　市川高校(C01)★
か　敬愛学園高校(C15)
さ　芝浦工業大柏高校(C09)
　　渋谷教育学園幕張高校(C16)★
　　翔凜高校(C34)
　　昭和学院秀英高校(C23)
　　専修大松戸高校(C02)
た　千葉英和高校(C18)
　　千葉敬愛高校(C05)
　　千葉経済大附属高校(C27)
　　千葉日本大第一高校(C06)★
　　千葉明徳高校(C20)
　　千葉黎明高校(C24)
　　東海大付属浦安高校(C03)
　　東京学館高校(C14)
　　東京学館浦安高校(C31)
な　日本体育大柏高校(C30)
　　日本大習志野高校(C07)
は　日出学園高校(C08)
や　八千代松陰高校(C12)
ら　流通経済大付属柏高校(C19)★

埼玉ラインナップ

あ　浦和学院高校(D21)
　　大妻嵐山高校(D04)★
か　開智高校(D08)
　　開智未来高校(D13)★
　　春日部共栄高校(D07)
　　川越東高校(D12)
　　慶應義塾志木高校(A12)
さ　埼玉栄高校(D09)
　　栄東高校(D14)
　　狭山ヶ丘高校(D24)
　　昌平高校(D23)
　　西武学園文理高校(D10)
　　西武台高校(D06)
た　東京農業大第三高校(D18)
は　武南高校(D05)
　　本庄東高校(D20)
や　山村国際高校(D19)
ら　立教新座高校(A14)
わ　早稲田大本庄高等学院(A10)

北関東・甲信越ラインナップ

あ　愛国学園大附属龍ヶ崎高校(E07)
　　宇都宮短大附属高校(E24)
か　鹿島学園高校(E08)
　　霞ヶ浦高校(E03)
　　共愛学園高校(E31)
　　甲陵高校(E43)
　　国立高等専門学校(A00)
さ　作新学院高校
　　　(トップ英進・英進部)(E21)
　　　(情報科学・総合進学部)(E22)
　　常総学院高校(E04)
た　中越高校(R03)＊
　　土浦日本大高校(E01)
　　東洋大附属牛久高校(E02)
な　新潟青陵高校(R02)
　　新潟明訓高校(R04)
　　日本文理高校(R01)
は　白鷗大足利高校(E25)
ま　前橋育英高校(E32)
や　山梨学院高校(E41)

中京圏ラインナップ

あ　愛知高校(F02)
　　愛知啓成高校(F09)
　　愛知工業大名電高校(F06)
　　愛知みずほ大瑞穂高校(F25)
　　暁高校(3年制)(F50)
　　鶯谷高校(F60)
　　栄徳高校(F29)
　　桜花学園高校(F14)
　　岡崎城西高校(F34)
か　岐阜聖徳学園高校(F62)
　　岐阜東高校(F61)
　　享栄高校(F18)
さ　桜丘高校(F36)
　　至学館高校(F19)
　　椙山女学園高校(F10)
　　鈴鹿高校(F53)
　　星城高校(F27)★
　　誠信高校(F33)
　　清林館高校(F16)★
た　大成高校(F28)
　　大同大大同高校(F30)
　　高田高校(F51)
　　滝高校(F03)★
　　中京高校(F63)
　　中京大附属中京高校(F11)★
　　中部大春日丘高校(F26)★
　　中部大第一高校(F32)
　　津田学園高校(F54)
　　東海高校(F04)★
　　東海学園高校(F20)
　　東邦高校(F12)
　　同朋高校(F22)
　　豊田大谷高校(F35)
な　名古屋高校(F13)
　　名古屋大谷高校(F23)
　　名古屋経済大市邨高校(F08)
　　名古屋経済大高蔵高校(F05)
　　名古屋女子大高校(F24)
　　名古屋たちばな高校(F21)
　　日本福祉大付属高校(F17)
　　人間環境大附属岡崎高校(F37)
は　光ヶ丘女子高校(F38)
　　誉高校(F31)
ま　三重高校(F52)
　　名城大附属高校(F15)

宮城ラインナップ

さ　尚絅学院高校(G02)
　　聖ウルスラ学院英智高校(G01)★
　　聖和学園高校(G05)
　　仙台育英学園高校(G04)
　　仙台城南高校(G06)
　　仙台白百合学園高校(G12)
た　東北学院高校(G03)★
　　東北学院榴ヶ岡高校(G08)
　　東北高校(G11)
　　東北生活文化大高校(G10)
　　常盤木学園高校(G07)
は　古川学園高校(G13)
ま　宮城学院高校(G09)★

北海道ラインナップ

さ　札幌光星高校(H06)
　　札幌静修高校(H09)
　　札幌第一高校(H01)
　　札幌北斗高校(H04)
　　札幌龍谷学園高校(H08)
は　北海高校(H03)
　　北海学園札幌高校(H07)
　　北海道科学大高校(H05)
ら　立命館慶祥高校(H02)

★はリスニング音声データのダウンロード付き。

都道府県別 公立高校入試過去問 シリーズ

- 全国47都道府県別に出版
- 最近数年間の検査問題収録
- リスニングテスト音声対応

公立高校入試対策 問題集シリーズ

- 目標得点別・公立入試の数学(基礎編)
- 実戦問題演習・公立入試の数学(実力錬成編)
- 実戦問題演習・公立入試の英語(基礎編・実力錬成編)
- 形式別演習・公立入試の国語
- 実戦問題演習・公立入試の理科
- 実戦問題演習・公立入試の社会

高校入試特訓問題集 シリーズ

- 英語長文難関攻略33選(改訂版)
- 英語長文テーマ別難関攻略30選
- 英文法難関攻略20選
- 英語難関徹底攻略33選
- 古文完全攻略63選(改訂版)
- 国語融合問題完全攻略30選
- 国語長文難関徹底攻略30選
- 国語知識問題完全攻略13選
- 数学の図形と関数・グラフの融合問題完全攻略272選
- 数学難関徹底攻略700選
- 数学の難問80選
- 数学　思考力―規則性とデータの分析と活用―

〈ダウンロードコンテンツについて〉

本問題集のダウンロードコンテンツ、弊社ホームページで配信しております。現在ご利用いただけるのは「2025年度受験用」に対応したもので、**2025年3月末日**までダウンロード可能です。弊社ホームページにアクセスの上、ご利用ください。
※配信期間が終了いたしますと、ご利用いただけませんのでご了承ください。

高校別入試過去問題シリーズ

東海学園高等学校　2025年度

ISBN978-4-8141-3053-5

［発行所］東京学参株式会社
〒153-0043　東京都目黒区東山2-6-4

書籍の内容についてのお問い合わせは右のQRコードから　⇒

※書籍の内容についてのお電話でのお問い合わせ、本書の内容を超えたご質問には対応できませんのでご了承ください。

2024年7月4日　初版